H. F. Peters

Zarathustras Schwester

H. F. Peters

Zarathustras Schwester

Fritz und Lieschen Nietzsche –
ein deutsches Trauerspiel

verlegt bei Kindler

Die amerikanische Originalausgabe ist unter dem Titel
»Zarathustra's Sister. The Case of Elisabeth and Friedrich Nietzsche« im Verlag
Crown Publishers, Inc., New York, erschienen.
Der Autor hat den Text für die deutschsprachigen Leser bearbeitet und
ins Deutsche übertragen.

Meiner Frau Mollie

Umschlaggestaltung: Klaus Dempel, Stuttgart
Satzarbeiten: Satz-Rechen-Zentrum, Berlin
Druck- und Bindearbeiten: Ebner Ulm
Printed in Germany
8-1-4-3-3

ISBN 3-463-00857-2

Inhalt

An den deutschen Leser 7
Einleitung 9

Erster Teil: 1846–1876

1. Pastorales Vorspiel 18
2. Eine Naumburger Kindheit 25
3. Wir Narren des Schicksals 31
4. Das Leben mit dem Bruder 43
5. Mißklänge in Bayreuth 57

Zweiter Teil: 1877–1885

6. Wendepunkt 66
7. Lou – ein Melodram in vier Akten 82
8. Die Jagd nach dem Mann 116
9. Ritter, Tod und Teufel 127

Dritter Teil: 1886–1893

10. Die Königin von Neugermanien 140
11. 1889 – Drama und Tragödie 153
12. Heimkehr 165
13. Flucht 176

Vierter Teil: 1894–1900

14. Meines Bruders Hüter 182
15. Der arme Koegel 192
16. Mutter und Tochter 200
17. Der Fall Elisabeth 210
18. Villa Silberblick 223
19. Die Grablegung Zarathustras 231

Fünfter Teil: 1901–1935

20. Das verlorene Manuskript 244
21. Ein schwedischer Engel 256
22. Der Nietzsche-Kult und der Erste Weltkrieg 266
23. Der Kampf gegen die Weimarer Republik 278
24. Elisabeth und Hitler 291

Nachwort – Zornige Asche 304
Bibliographie 309
Anmerkungen 313
Namenverzeichnis 325

An den deutschen Leser

Zu den stärksten Bindungen in Nietzsches Leben gehörten bekannt-
lich seine Beziehungen zu seiner engsten Familie, seinem frühver-
storbenen Vater, seiner Mutter und seiner Schwester. Wenn wir uns
vor allem auf Nietzsches Verhältnis zu seiner Schwester konzentrieren, so daher, weil dieses Geschwisterverhältnis Folgen hatte, die
weit über den Rahmen des rein persönlichen reichen, ja von dem
man sagen kann, daß es mit dem Schicksal Deutschlands eng verknüpft ist.

Mutmaßungen über die Beziehungen Nietzsches zu seiner Schwester sind des öfteren gemacht worden, sowohl von Nietzsche-Ken-
nern wie Overbeck, Bernoulli, Hofmiller, Schlechta und anderen, als
auch von gänzlich Unberufenen. Hier denke ich vor allem an ein
englisches Traktat, *My Sister and I,* das vorgibt, die Übersetzung
einer Nietzscheschen Handschrift zu sein, in Wirklichkeit aber eine
Fälschung ist. Die in diesem Traktat veröffentlichten sensationellen
Enthüllungen über die anfänglich kindlich-erotischen Spiele der
Geschwister Nietzsche, die angeblich in Inzest gipfelten, seien hier
als warnendes Beispiel dafür genannt, daß es gefährlich ist, auf
Grund der Beziehungen anderer Geschwisterpaare – wie zum Beispiel der Byrons zu seiner Halbschwester Augusta – Schlüsse zu ziehen, für die Beweise fehlen.

Ich verzichte daher auf Mutmaßungen und versuche, an Hand der
von den Geschwistern selbst überlieferten Dokumente – veröffentlichten wie unveröffentlichten – und Überlieferungen glaubwürdiger
Zeugen ein Verhältnis zu rekonstruieren, das kompliziert genug war
und für das selbst ein Ausdruck wie »Haß-Liebe« nicht ganz adäquat
ist.

Wie sehr Nietzsche unter dem Verhältnis zu seiner Schwester litt,
zeigt eine auf Betreiben Elisabeths lange unterdrückte Stelle aus
einem Brief Nietzsches an seinen Freund Franz Overbeck zu Weihnachten 1888, also kurz vor Nietzsches Zusammenbruch: »Ich wage

noch zu erzählen, daß es in Paraguay so schlimm als möglich steht. Die hinübergelockten Deutschen sind in Empörung, verlangen ihr Geld zurück – man hat keins. Es sind schon Brutalitäten vorgekommen; ich fürchte das Äußerste. – Dies hindert meine Schwester nicht, mir zum 15. Oktober mit äußerstem Hohn zu schreiben, ich wolle wohl auch anfangen, ›berühmt‹ zu werden. Das sei freilich eine süße Sache! Und was für Gesindel ich mir nur ausgesucht hätte, Juden, die an allen Töpfen geleckt hätten, wie Georg Brandes… Dabei nennt sie mich ›Herzensfritz‹… Dies dauert nun sieben Jahre! Meine Mutter hat keine Ahnung bisher davon – das ist *mein* Meisterstück. Sie schickte mir zu Weihnachten ein Spiel: *Fritz und Lieschen*…«*

Was es mit diesem Spiel, das Frau Pastor Nietzsche ihrem 44jährigen Sohn von Naumburg nach Turin schickte, auf sich hatte, wissen wir nicht. Man wird es mir daher nicht verübeln, wenn ich es symbolisch für die Beziehungen des Geschwisterpaares betrachte und ein Trauerspiel nenne.

Zugegeben, ein Buch mit dem Titel *Fritz und Lieschen Nietzsche – Ein deutsches Trauerspiel* ist eine heikle Angelegenheit. Literarisch geschulte deutsche Ohren könnten daran Anstoß nehmen, denn wer sich in so familiärem Ton einem der bedeutendsten deutschen Denker zu nähern wagt, zeigt, daß es ihm an gebührender Achtung vor Geistesgröße mangelt. Gegebenenfalls könnte man mich sogar der Majestätsbeleidigung bezichtigen, wie es Nietzsche denen gegenüber tat, die Darwin mit Goethe verglichen.

Mit Nachdruck muß darauf hingewiesen werden, daß gerade Nietzsche das »Menschlich Allzumenschliche« aller Lebensbereiche, Handlungen und Personen betont hat, ja daß der Sinn seines Denkens in seiner Entmythologisierung unserer Helden- und Heiligenlegenden liegt – kurz, daß man ihn gründlich mißversteht, wenn man ihn vergöttert; daß man ihn ebenso gründlich mißversteht, wenn man ihn verteufelt, versteht sich von selbst.

Incipit tragoedia heißt der letzte Aphorismus im vierten Buch der *Fröhlichen Wissenschaft*, dessen Schluß-Satz lautet »Also begann Zarathustras Untergang«… Das Trauerspiel beginnt.

---

* Friedrich Nietzsche, *Werke in drei Bänden*, Bd. 3, S. 1345

Einleitung

Nietzsche starb zweimal. Einmal im Januar 1889, einige Monate nach seinem 44. Geburtstag, als er auf einer Straße in Turin infolge einer Parese zusammenbrach, die zuerst zu seinem Größenwahn führte und schließlich seine geistige Umnachtung zur Folge hatte. Er starb zum zweiten Mal im August 1900. Sein Körper ging an demselben Gift zugrunde, das seinen Geist zerstört hatte. Sein steiler Aufstieg zum Ruhm vollzog sich in den elf Jahren zwischen seinem geistigen und seinem körperlichen Tod. Da jedoch »Ruhm schließlich nur der Inbegriff aller Mißverständnisse ist, die sich um einen neuen Namen sammeln«,[1] öffnete Nietzsches Ruhm – vielmehr die Vulgarisierung seiner Ideen – eine Pandora-Büchse zerstörerischer Kräfte, die die Welt von Grund auf veränderten.

Nietzsche lehrte: »Gott ist tot«,[2] und seine Jünger versuchten zu beweisen, daß er recht hatte. Nietzsche lehrte: »Ein guter Krieg heiligt jede Sache«,[3] und seine Jünger klatschten Beifall. Nietzsche lehrte: »Diese Welt ist der Wille zur Macht – und nichts außerdem«,[4] und seine Jünger handelten dementsprechend. Berauscht von dem starken Trunk seiner Sprache, erklärten seine Jünger, daß sie als Vertreter einer »Herrenrasse« vom Schicksal erwählt seien, die »Herren der Erde« zu werden. Sie haben es zweimal versucht, und zweimal ist es ihnen mißlungen, falls das Urteil der Geschichte in zwei Weltkriegen Beweis genug für das Mißlingen ist.

Die Umsetzung von Ideen, Ideologien, Hoffnungen, Wünschen und Träumen in Taten ist ein komplizierter Prozeß und läßt widersprüchliche Deutungen zu. Es ist einfach aufzuzeigen, daß die Französische Revolution von Rousseau beeinflußt war; ob sie auch ausgebrochen wäre, wenn Rousseau keine Zeile geschrieben hätte, ist eine andere Frage. Ebenso ist es zweifellos wahr, daß die Schriften von Karl Marx einen großen Einfluß auf Lenin hatten, der Marx' Ideen in die Praxis umsetzte, der Millionen von Menschen zum Opfer fielen. Marx wäre entsetzt gewesen, hätte er miterleben müssen, was Stalin aus seinen Ideen gemacht hat; ebenso hätte sich Rousseau im Grabe umgedreht bei dem Gedanken, daß einer seiner begeistertsten Jünger Robespierre war. Nun ist es sicher absurd, Marx oder Rousseau für die Verbrechen verantwortlich zu machen, die in ihrem Namen begangen wurden. Aber es ist ebenso absurd zu leugnen, daß durch die Ideen, die sie propagierten, Revolutionäre und Rebellen zu gefährlichen Unternehmungen animiert worden sind. Nietzsche jedenfalls war sich bewußt, daß seine Ideen »Dynamit« waren. Es irritierte ihn, daß ihn die *Kreuzzeitung,* das Hausorgan preußischer Junker, mit Beifall zitierte, und er war empört, als er entdeckte, daß sein Name auf der Empfängerliste des provokativsten antisemitischen Nachrichtenblattes stand, das im wilhelminischen Deutschland erschienen ist. Er gestand Malwida von Meysenbug, daß ihm der Gedanke Sorgen mache, »was für Unberechtigte und gänzlich Ungeeignete sich einmal auf meine Autorität berufen werden.«[5]

Und doch ist im Fall Nietzsche das Verhältnis zwischen dem ideologischen Gehalt seiner Schriften und ihrer politischen Wirkung besonders auffallend und nicht zufällig – Nietzsche wollte diese Wirkung. Er war nicht damit zufrieden, ein Meisterdiagnostiker der Gebrechen von Mensch und Gesellschaft zu sein, er wollte auch Arzt sein – er bestand darauf, Kuren zu verschreiben. Er verlangte Taten, politische Taten, die durch einen neuen Cäsar die Welt verändern sollten und rief aus: »Ich kenne mein Los. Es wird sich einmal an meinen Namen die Erinnerung an etwas Ungeheures anknüpfen, – an eine Krisis, wie es keine auf Erden gab ... Ich bin kein Mensch, ich bin Dynamit!«[6]

Als Nietzsche diese erstaunlichen Äußerungen machte, nahm sie niemand ernst, weil niemand sie hörte. Zur Zeit seines Zusammenbruchs war er noch so gut wie unbekannt. Seine zahlreichen Bücher und Streitschriften fanden so wenige Leser, daß er sie auf eigene Kosten drucken lassen mußte. Und abgesehen von einigen esoterischen Geistern – wie Georg Brandes und August Strindberg – interessierte sich niemand für seine Ideen. Seine Universitätskollegen hatten ihn längst vergessen; und in den Augen seiner Freunde war er ein einsamer Sonderling, der körperlich – manche fürchteten, auch geistig – krank war. Sie verfolgten sein ruheloses Umherirren auf der Suche nach dem idealen Ort und Klima, wo er seine selbstgewählte Aufgabe der Umwertung aller Werte fortsetzen könnte, mit steigender Besorgnis. Für seine Verwandten, seine Mutter und seine Schwester, war er ein verlorener Sohn, der den Glauben seiner Väter verworfen hatte. Als fromme Lutheraner beteten sie für das Heil seiner Seele.

Das war Nietzsches Situation an jenem schönen Herbsttag, dem 15. Oktober 1888, seinem 44. Geburtstag, als der Philosoph rückblickend auf sein Leben, einen autobiographischen Essay zu schreiben begann, in dem er seine Unsterblichkeit proklamierte. Er orientierte sich an einem Text aus der Bibel – »Also ging Jesus heraus, und trug eine Dornenkrone und Purpurkleid. Und Pilatus spricht zu ihnen: ecce homo (sehet welch ein Mensch)!« – und gab seinem Essay den Titel *Ecce homo*.

Dieses erstaunliche Produkt eines bis zum Zerspringen angespannten Geistes, der zitternd am Rande des Wahnsinns steht, wirft Licht in die dunkle Nacht einer verstörten Seele. Obwohl als Auslegung seiner Lehre gedacht, ist *Ecce homo* in Wirklichkeit deren *reductio ad absurdum*. In einer Sprache, die in Wahnsinn glitzert, schildert das Werk den Propheten Zarathustra als Spaßvogel, der viel lieber ein Hanswurst als ein Heiliger sein möchte und der seine Jünger warnt, sich nicht von ihm täuschen zu lassen. »Allein gehe ich nun, meine Jünger! Auch Ihr gehet nun davon und allein! So will ich es. Wahrlich, ich rate Euch: geht fort von mir und wehrt Euch gegen Zarathustra! Und besser noch: schämt Euch seiner! Vielleicht betrog er Euch.«[7]

Niemand beachtete Nietzsches Warnung, denn die Ironie seines Schicksals wollte es, daß man ihn erst zu lesen begann, als er wahnsinnig war. Seine Gedanken, ignoriert oder verspottet bis dahin, lösten lebhafte Debatten in Zeitungen und Zeitschriften aus und wurden von der intellektuellen Bohème Mitteleuropas in Cafés und Weinstuben heftig diskutiert. Nietzsches Formulierungen, wie ›Übermensch‹, ›Herrenrasse‹, ›werde hart‹, ›lebe gefährlich‹ wurden über Nacht zu Schlagwörtern und tauchten unter anderem auch im Wortschatz von Politikern auf. Einer friedensmüden Welt imponierte der Ausdruck ›Wille zur Macht‹; Krämer und Händler wurden verachtet, Krieger und Helden gelobt. Deutschlands geistige Elite, darunter Dichter wie Stefan George und Thomas Mann, sahen in Nietzsches ›aristokratischem Radikalismus‹ eine Antwort auf die ›dekadenten‹ demokratischen Ideale des Westens. Begeisterte Jünglinge trafen sich zu rituellen *Zarathustra*-Lesungen. Hymnen wurden zum Heil der neuen Religion komponiert, und als der Körper des kranken Philosophen beerdigt wurde, wurde er für heilig erklärt. Was Nietzsche am meisten gefürchtet hatte, war geschehen: »Ich habe eine schreckliche Angst davor, daß man mich eines Tages heilig spricht... Ich will kein Heiliger sein, lieber noch ein Hanswurst... Vielleicht bin ich ein Hanswurst.«[8]

Die Hohepriesterin des Nietzschekults, der weit über Deutschlands Grenzen reichte, war Nietzsches Schwester Elisabeth, zwei Jahre jünger als ihr Bruder. Zur Zeit von Nietzsches Zusammenbruch war sie in Paraguay. Gemeinsam mit ihrem Mann, dem berüchtigten Antisemiten Bernhard Förster, versuchte sie, im Urwald eine deutsche Kolonie zu gründen. Der Versuch scheiterte jedoch. Im Frühjahr 1889 stand Förster vor dem Bankrott und nahm sich das Leben. Innerhalb von sechs Monaten verlor Elisabeth die beiden Männer, die ihrem Herzen am nächsten standen: ihren Mann und ihren Bruder. Ein so grausamer doppelter Schlag hätte die meisten Frauen überfordert, aber Elisabeth verlor keine Zeit damit, ihren Verlust zu betrauern. Sie rettete die Überreste ihres glücklosen kolonialen Unternehmens, überließ die deutschen Kolonisten in Paraguay ihrem Schicksal und kehrte nach Deutschland zurück. Dort begann die Nachfrage nach Nietzsches Büchern, die jahrelang ungelesen und unverkauft auf dem Speicher seines Verlegers gelegen hatten, größer und größer zu werden. Elisabeth erkannte ihre Möglichkeit sofort, zwang ihre Mutter, ihr die Rechte am literarischen Nachlaß ihres Bruders zu überantworten und verwaltete sein Werk so geschickt und rücksichtslos, daß sie innerhalb weniger Jahre ein Vermögen daran verdiente.

Die Literatur über Nietzsche füllt Regale. Man hat ihn gepriesen als Verkünder der Morgendämmerung freier Geister und verflucht als Vater des Faschismus. Schon zu Lebzeiten eine Legende, ist er auch heute noch eine legendäre Gestalt und zwar hauptsächlich deshalb, weil niemand den unheilvollen Einfluß von Elisabeth auf die Entwicklung der Nietzsche-Legende beachtet hat. Gewiß: Lange bevor Karl Schlechta das ganze Ausmaß ihrer betrügerischen Tätigkeit aufdeckte, haben Nietzsche-Forscher gewußt, daß die Herrin des Nietzsche-Archivs keine sehr vertrauenswürdige Zeugin für das Leben und Werk ihres Bruders war. Und viele von Nietzsches engsten Freunden waren empört darüber, wie Elisabeth den Ruhm ihres Bruders ausbeutete und verdammten ihre boshafte Zunge und Feder.

Aber selbst ihre Feinde mußten zugeben, daß sie unermüdlich Propaganda für die Ideen ihres Bruders machte, die sie in Büchern, Artikeln, Vorträgen und in Briefen an die Herausgeber literarischen Zeitschriften verbreitete. Außerdem führte sie eine Reihe vielbeachteter Prozesse, in denen sie behauptete, von ihrem Bruder beauftragt worden zu sein, in seinem Namen zu sprechen und seine Philosophie zu interpretieren.

Als Hohepriesterin des Nietzschekults spielte ›Zarathustras Schwester‹ eine wichtige Rolle im kulturellen und politischen Leben Deutschlands von Bismarck bis Hitler. Nicht weniger als dreimal – 1908, 1911 und 1923 – wurde sie von prominenten deutschen Gelehrten der Schwedischen Akademie für den Nobelpreis für Literatur vorgeschlagen. Als sie, fast neunzigjährig, starb, feierte sie die deutsche Presse als »furchtlose Vorkämpferin der deutschen Sache« und man nannte sie »die erste Frau Europas«. Hitler nahm persönlich an ihrem Begräbnis teil und legte einen Lorbeerkranz an ihrem Grab nieder.

Der einzige Bericht, den wir vom Leben und Wirken dieser ungewöhnlichen und umstrittenen Frau haben, ist ein hagiographischer Essay, *Die Schwester*, geschrieben von Luise Marcelle, einer ihrer Verehrerinnen; in diesem Buch wird Elisabeth als treue Gefährtin, Gehilfin und Vertraute ihres berühmten Bruders geschildert. Nun war sie zwar bestimmt nicht die treue, sanftmütige, alles verstehende Schwester, aber soviel ist wahr: Die Lebenswege Nietzsches und seiner Schwester waren so eng verschlungen, daß es unmöglich ist, über einen der beiden ohne Bezugnahme auf den anderen zu schreiben. Eine klar erkennbare Familienzusammengehörigkeit verband beide Geschwister, obwohl Nietzsche, der seine Schwester ja oft verfluchte, dies nicht wahrhaben wollte. Und wenn die Makel in Elisabeths Charakter viel sichtbarer sind als die allzumenschlichen Schwächen ihres Bruders, so hauptsächlich deswegen, weil Elisabeth bewußt die Legende von Nietzsches »edler Lichtgestalt« erfand. In Wirklichkeit war Nietzsche ein krankes und gequältes Genie, das jahrelang nahe am Abgrund des Wahnsinns lebte, ehe er darin versank.

Der Grund, warum es bisher nicht möglich war, das Bruder-Schwester-Verhältnis der beiden Nietzsches zu erhellen, lag darin, daß zu Elisabeths Lebenszeit niemand in ihre persönlichen Briefe und Tagebücher Einblick nehmen durfte; und selbst noch nach ihrem Tode im November 1935 blieben alle persönlichen Dokumente im Nietzsche-Archiv verschlossen – und zwar unter der Aufsicht ihres Vetters, des Majors Max Oehler. Erst nach dem Zusammenbruch des Dritten Reiches konnte der Versuch gemacht werden, den Fall »Nietzsche und Elisabeth« darzustellen. Und selbst damals dauerte es noch Jahre, ehe die Behörden der Deutschen Demokratischen Republik, die das Nietzsche-Archiv verwalteten, sich bereit erklärten, das betreffende Material der Forschung zugänglich zu machen. Elisabeth war eine begeisterte Nationalsozialistin gewesen, eine Freundin Hitlers und Mussolinis, und daher in der DDR *persona non grata*. Ihre persönlichen Aufzeichnungen, Tagebücher und Briefwechsel blieben jahrelang in Verwahrung der Nationalen Forschungs- und Gedenkstätten in Weimar.

Meine Versuche, Zugang zu diesen Dokumenten zu erhalten, haben sich über viele Jahre erstreckt und waren auch der Anlaß verschiedener Besuche in Weimar. Im Dezember 1969 erhielt ich zum ersten Mal die offizielle Erlaubnis, das Elisabeth-Material in Weimar einzusehen, Notizen zu machen und Fotokopien umfassender Dokumente anfertigen zu lassen. Meiner Bitte um die Publikationsgenehmigung einiger historischer Fotografien – z. B. *Hitler und Elisabeth* oder *Hitler vor der Büste Nietzsches* (siehe Bildteil) – wurde stattgegeben. Ich bin allen Mitarbeitern der Weimarer Forschungs- und Gedenkstätten zu großem Dank verpflichtet. Sie haben meine zahlreichen Forschungswünsche mit verständnisvoller Freundlichkeit zu erfüllen versucht. Wenn ich mir erlaube, Herrn Professor Dr. Karl-Heinz Hahn und Frau Anneliese Clauss namentlich zu nennen, so geschieht dies deshalb, weil sie mit meiner Arbeit am vertrautesten waren. Ich habe zwar versucht, das Material, das sie mir zur Einsicht überließen, mit Sorgfalt und Diskretion zu behandeln, bitte aber schon im voraus um Entschuldigung für etwaige Mißverständnisse in der Interpretation dieser Dokumente.

Das Hauptquellenmaterial für meine Arbeit fand ich in Weimar; sie wäre aber einseitig geblieben, wenn ich nicht außerdem Zugang gehabt hätte zu der umfangreichen Nietzsche-Sammlung der Universität Basel. Mit Hilfe eines Forschungsstipendiums der Portland State University konnte ich Xerokopien der gesamten Nietzscheana machen, die in der Universitätsbibliothek von Basel aufbewahrt werden. Die Baseler Dokumente lieferten die nötigen Korrekturen zu dem Weimarer Nietzsche-Bild. Andere nützliche Quellen für meine Arbeit boten mir Dokumente im Marbacher Schiller-Archiv, in den Thielska Galleriet und der Universität von Stockholm. Dank schulde ich auch zahlreichen Kollegen in den USA und in Deutschland, vor allem Professor Dr. Karl Schlechta, der mir seine persönlichen Eindrücke über Elisabeth Nietzsche schilderte, und Professor Dr. Mazzino Montinari, einem der beiden Herausgeber der kritischen Gesamtausgabe der Werke Nietzsches, der mir einige unveröffentlichte Briefe von Elisabeth an ihre Mutter gezeigt hat.

Und schließlich bin ich meinen Kollegen an der Bibliothek der Portland State University, Edmond Gnoza und Elmer Magnuson, zu großem Dank verpflichtet. Sie haben zur Lösung vieler technischer Probleme beigetragen, die sich bei der Arbeit am Manuskript ergaben.

Ich habe dieses Buch geschrieben, um das Verhältnis Elisabeth Nietzsches zu ihrem Bruder Friedrich detailliert darzustellen. Möge sich der Leser sein eigenes Urteil bilden.

Erster Teil
1846–1876

1. Pastorales Vorspiel

Am 10. Juli 1846, bei Tagesanbruch, wurde die junge Frau des Pastors Carl Ludwig Nietzsche im Pfarrhaus zu Röcken von ihrem zweiten Kind, einer Tochter, entbunden. Es war ein Ereignis, das besonders für die drei Frauen, die im Pfarrhaus lebten – Pastor Nietzsches Mutter und seine zwei unverheirateten Schwestern – von großer Bedeutung war. Und Freudentränen füllten die Augen des Pastors, als ihm die Hebamme seine gerade geborene Tochter in die Arme legte. Seinem Tagebuch vertraute er an: ›Heute, am 10. Juli, schenkte mir der Herr ein Töchterchen. Gelobet sei der Herr!‹

Das Dörfchen Röcken, einige Kilometer südwestlich von Leipzig gelegen, ist so klein, daß sein Name auf keiner Landkarte Mitteleuropas erscheint. Das Nachbardorf Lützen ist nicht viel größer, aber es nimmt einen prominenten Platz in allen deutschen Geschichtsbüchern ein. Denn an einem trüben Novembertag 1632 schlugen hier die Schweden unter ihrem König Gustav Adolf das von Wallenstein befehligte kaiserliche Heer und retteten dadurch die protestantische Sache, allerdings auf Kosten des Lebens ihres Königs. Zur Erinnerung an diese historische Schlacht überragt heute das Gustav-Adolf-Denkmal die flachen Felder Lützens, das der Schauplatz einer zweiten Schlacht wurde, die dort am 2. Mai 1813 von Sonnenaufgang bis Sonnenuntergang wütete. Die vereinten Heere Rußlands und Preußens kämpften an jenem Tage gegen Napoleons Truppen. Obwohl die Franzosen zahlenmäßig unterlegen waren, triumphierte der militärische Genius ihres Kaisers. Es war allerdings das letzte Mal. Wenige Monate später wurde seine Armee geschlagen und über den Rhein gejagt.

Im Pfarrhaus zu Röcken wurden diese Schlachten oft diskutiert. Wenn man Elisabeths Bruder Friedrich fragte, wo er geboren wurde, pflegte er zu antworten: »Auf dem Schlachtfeld zu Lützen.« Stolz und Prahlerei klingen in den Worten, mit denen Nietzsche dem dänischen Literaturkritiker Georg Brandes mitteilte, daß der erste

Name, den er in seiner Kindheit gehört hatte, Gustav Adolf war. Sein Vater, Pastor Nietzsche, war ein leidenschaftlicher Verehrer des schwedischen Königs. Daß es ein König und nicht nur ein Mönch – wie Luther – war, der sein Leben seines Glaubens wegen geopfert hatte, schien dem Pastor von Röcken besonders bemerkenswert, denn er verehrte den Adel. Wie viele Geistlichen war auch er von dem Gottesgnadentum der Könige überzeugt und bestand darauf, sie dementsprechend zu verehren. Er selbst verdankte sein Amt dem preußischen König Friedrich Wilhelm IV. Es heißt, daß ihm der König zwei persönliche Audienzen gewährt hatte und einen so guten Eindruck von dem Ernst, der Pflichterfüllung und Königstreue des jungen Mannes hatte, daß er ihn zum Pfarrer von Röcken ernannte.

In seinen Sonntagspredigten rühmte Pastor Nietzsche die vaterländischen Verdienste der Hohenzollern und ermahnte seine Gemeinde, daß sie ihrem Landesvater dieselbe Treue wie ihrem Vater im Himmel schuldeten. Es erschien ihm als ein besonders günstiges Omen, daß sein Sohn am 15. Oktober, dem Geburtstag König Friedrich Wilhelms IV., geboren wurde. Als Zeichen seiner Dankbarkeit und in Erinnerung an seinen königlichen Wohltäter taufte er seinen Sohn Friedrich Wilhelm.

Zwei Jahre später, als seine Tochter Elisabeth geboren wurde, fühlte sich Pastor Nietzsche abermals einem adeligen Gönner zu Dank verpflichtet. Ehe er sein Amt in Röcken erhielt, war er Hauslehrer am Hofe von Altenburg gewesen. Seine Zöglinge waren die drei jungen Prinzessinnen des Herzogs von Sachsen-Altenburg: Elisabeth, Therese und Alexandra. Als Pastor Nietzsche in jener Mittsommernacht hörte, daß ihm der Herr ein Töchterchen geschenkt hatte, entschloß er sich, ihr die Namen aller drei Prinzessinen zu geben. Die Eintragung im Taufbuch, das in der Sakristei von Röcken aufbewahrt wird, lautet: Elisabeth Therese Alexandra Nietzsche.

Pastor Nietzsches Vorliebe für den Adel und seine herablassende Haltung dem Volke gegenüber vererbte sich auf seine Kinder. Elisabeth mahnte eine Freundin: »Ich meine wir Frauen der vornehmen Stände sollen uns nicht dem Volkswohl widmen, denn uns trennt ein Abgrund von der Anschauungsweise dieser Leute, sie sind und bleiben gemein.«[1] Und Bernoulli berichtet, daß Nietzsche unwirsch wurde, wenn man von den Rechten des Volkes sprach. »Ach was«, warf er ein, »die sollten Sklaven sein!«[2]

Die Revolution von 1848 zerstörte Pastor Nietzsches Weltbild; er empfand sie als einen persönlichen Affront, ein Verbrechen, begangen von vaterlandslosen Gesellen, Nihilisten und Anarchisten gegen die bestehende göttliche Ordnung. Er erwartete, daß sein König die Aufrührer kurzerhand erschießen ließ wie tollwütige Hunde. Das Zögern des Königs beunruhigte ihn, und als die Zeitungen berichteten, der König habe sich den Forderungen der Revolutionäre gebeugt und die verhaßte schwarz-rot-goldene Kokarde getragen, verstand Pastor Nietzsche die Welt nicht mehr. Weinkrämpfe überfielen ihn. Er schloß sich stundenlang in sein Studierzimmer ein und überließ sich seinem Schmerz. Als er endlich herauskam, verbot er seiner Familie, auch nur ein Wort über die verabscheuungswürdige Szene verlauten zu lassen, die vor dem königlichen Palast in Berlin stattgefunden hatte.

Einige Monate später verfiel er abermals in eine tiefe Depression. Er bekam heftige Krämpfe, litt mehr und mehr an Gedächtnisschwund und konnte seinen geistlichen Pflichten nicht mehr nachkommen. Seine junge Frau versuchte vergebens, seine Schmerzen zu lindern. Sein Zustand, von den Ärzten als »Gehirnerweichung« bezeichnet, verschlimmerte sich von Tag zu Tag. Elf Monate lang lebte Pastor Nietzsche mit schrecklichen Schmerzen, erblindet und unfähig zu sprechen, bis ihn 1849 der Tod von seinen Qualen erlöste. Er ist nur 36 Jahre alt geworden.

Als Elisabeth 1893 die Lebensgeschichte ihres Bruders schrieb, war dieser bereits seit vier Jahren ebenfalls geisteskrank, Opfer einer Parese, die ihn in seinem 44. Lebensjahr überfallen hatte. Nietzsches Krankheit tat seinem schnell wachsenden Ruhm keinen Abbruch. Im Gegenteil – viele, die seine Bücher nicht gelesen hatten, als er gesund war, beeilten sich nun, die Bücher des ›verrückten Philosophen‹ zu kaufen. Aber Elisabeth befürchtete, daß nach Bekanntwerden der Gehirnerkrankung von Nietzsches Vater die Krankheit ihres Bruders als erblich bedingt betrachtet werden könnte und Nietzsches Ideen als Ergüsse eines kranken Geistes in Mißkredit geraten könnten. Sie war in Paraguay, als ihr ihre Mutter schrieb, daß ihr Bruder geistig erkrankt sei und daß ihn sein Freund Overbeck in eine Baseler Irrenanstalt eingeliefert habe. Elisabeth war empört. Sie war überzeugt, daß ihr Bruder nicht wahnsinnig war. Overbeck hatte ihrer Meinung nach seinen Freund grausam verraten, indem er ihn in eine Irrenanstalt brachte. In ihren Briefen aus Paraguay riet sie ihrer Mutter, vorsichtig zu sein mit allem, was sie den Leuten über die Familie erzählte. Sie könnten sonst sagen, daß »Wahnsinn ein Zug der Oehlers sei. Onkel Edmund war auch schon einmal so seltsam, dann Onkel Theobald, Gustav Knieling und das arme Lieschen... Wehre Dich gegen solche Geschichten. Fritz ist durch Überarbeitung zusammengebrochen und durch die schrecklichen Schlafmittel. Und bitte, rede kein so seltsames Zeug von dem lieben Papa. Wenn er die steinerne Treppe nicht hinuntergefallen wäre, lebte er wahrscheinlich heute noch.«[3]

In der Biographie ihres Bruders wiederholte Elisabeth die Geschichte vom Sturz ihres Vaters, die bis heute als offizielle Version für den Tod Pastor Nietzsches gilt.

Elisabeth war drei Jahre alt, als ihre Mutter das Pfarrhaus von Röcken, in dem sie sechs Jahre als Ehefrau gelebt hatte, verlassen mußte – ein geräumiges, zweistöckiges Haus, dessen drei Giebelfenster wie Augen über das Land blickten, auf Felder, Wiesen und Teiche und auf die Pappelallee an der Landstraße nach Lützen. Es war ein trauriger Abschied für die junge Witwe und ihre beiden Kinder, obwohl sie kein leichtes Leben in dem Pfarrhaus gehabt hatte, das sie mit ihrer Schwiegermutter und den beiden unverheirateten Schwestern ihres Mannes teilen mußte. Pastor Nietzsche hatte seine Verwandten in dem Pfarrhaus einquartiert, ehe er Franziska Oehler, die junge Tochter eines Glaubensbruders im benachbarten Pobles, heiratete, und die drei Frauen blieben nach seiner Heirat bei ihm.

Franziska, oder Fränzchen, wie sie in der Familie hieß, war siebzehn, als sie den 30jährigen Pastor Ludwig Nietzsche traf. War es auch nicht Liebe auf den ersten Blick, die sie für ihn fühlte, so doch Staunen und Hochachtung, denn der Pastor trat wie ein Märchenprinz in ihr junges, sorgloses Leben. Seine ernste, vornehme Haltung, seine eleganten Anzüge aus feinstem englischen Stoff, seine gewählte Sprache und besonders sein virtuoses Klavierspiel unterschieden ihn von allen Männern, die sie kannte. Im Vergleich mit Ludwig waren die anderen Bauern; und auch sie war eher ein Bauernkind als die Tochter eines Pastors. Ihr Zuhause, das Pfarrhaus in Pobles – mit seinen Scheunen und Ställen, Pferden, Hühnern, Kühen und der Vorliebe ihres Vaters für die Landwirtschaft und Jagd – glich mehr dem Gutshaus eines Landjunkers als dem eines Landgeistlichen. Es war voller Leben, Lachen und Lärm ihrer zehn Geschwister, gesunder Landkinder, die im Sommer schwammen und ritten, im Winter Schlittschuh liefen und rodelten. Siebzehn Jahre lang war das Pfarrhaus in Pobles Fränzchens Heim gewesen; alles was sie von der Welt wußte, hatte sie dort gelernt. Sie hatte nie eine Schule besucht. Mit der Hilfe junger Theologiestudenten, die sich in Pobles auf ihren künftigen Beruf vorbereiteten, lehrte Fränzchens Vater seine Kinder selbst lesen, schreiben und rechnen und vermittelte ihnen eine gründliche Kenntnis der Bibel. Sein schlichter und unerschütterlicher Glaube beeindruckte Fränzchen tief und war in den schweren Zeiten ihres langen Lebens die Quelle ihrer Kraft. Sie war ein aufgewecktes Kind und begriff sehr schnell, wenn auch das Lernen nicht gerade ihre Lieblingsbeschäftigung war. ›Rein in ein Ohr, raus aus dem anderen‹, seufzte ihr Vater, wenn er der Familie von Fränzchens Fortschritten berichtete. Es wurde viel gelacht und geneckt bei den Oehlers, aber weder Pastor Oehler noch seine Frau wurden zornig, wenn ihre Kinder einmal die Hausaufgaben vernachlässigten oder in ihrem jugendlichen Übermut die ungeschriebenen Anstandsregeln verletzten.

Ein natürlicher Rhythmus beherrschte das Leben in Pobles: Fränzchen und ihre Schwestern halfen ihrer Mutter bei den häuslichen Pflichten, ihre Brüder verbrachten einen Teil des Tages im Studierzimmer ihres Vaters oder tummelten sich auf den Feldern. Nach dem Abendessen versammelte sich die Familie oft um das Klavier, Pastor Oehler schlug die Akkorde seiner geliebten Luther-Hymne *Ein feste Burg ist unser Gott* an, und seine elf Kinder stimmten so freudig ein, daß die Balken bebten und die Bauern unten im Dorfe aufsahen und lauschten. Sonntags ging die ganze Familie in ihren besten Kleidern zur Kirche. Voran der Pastor im Talar, in ehrwürdigem Abstand gefolgt von den Seinen. Nach dem Gottesdienst gab es ein gesundes Mittagessen. Man saß um den großen eichenen Eßtisch und sprach mit dem Vater über die Predigt, die er gehalten hatte, oder machte Spaß miteinander. Es waren lebhafte, ungehemmte Kinder, kerngesund und absolut frei von jenen seelischen Störungen, die zu Neurosen oder Nervenzusammenbrüchen führen. Während ihrer Verlobungszeit mit Ludwig Nietzsche hörte Fränzchen von ihrem Verlobten, daß seine Schwester Rosalie einer Einladung nicht hatte folgen können, weil sie krank war. Als Fränzchen fragte, was ihr fehlte, bekam sie nur das Wort ›Nerven‹ zur Antwort. »Ich hatte es noch nie gehört und kam mir ganz dumm vor, nicht zu wissen, was das sei. Als eben unsere Gäste fort waren, erzählte ich Mütterchen das Gespräch und frug, was das eigentlich wären, ›Nerven‹. Mütterchen wußte für den Augenblick auch keine rechte Antwort zu geben und meinte: ›Ich glaube, das ist so eine allgemeine Schwäche.‹ «[4]

Die Welt, in die Franziska Oehler eintrat, als sie Frau Pastor Nietzsche wurde, war so anders als die Welt ihrer Kindheit, daß sie es nicht über sich brachte, sie in einer autobiographischen Aufzeichnung, die sie ein halbes Jahrhundert später zu schreiben begann, darzustellen. Die lange Zeit hatte den Schmerz der Jahre nicht gelindert. Sie wagte nicht daran zu denken und gab es auf, das idyllische Bild vom Leben in Röcken, das ihre Tochter in ihrem in der Presse sehr gelobten Buch *Der junge Nietzsche* dargestellt hatte, zu korrigieren. Warum auch sollte sie, die Mutter, sich von ihrer Tochter in aller Öffentlichkeit distanzieren? Sie kannte Elisabeth. Diese war durchaus fähig, zu behaupten, ihre Mutter leide an Gedächtnisschwäche. Nein, es war besser, einen Schleier des Schweigens über jene traurigen Jahre zu ziehen.

Noch rückblickend schauderte Franziska, wenn sie der morbiden Atmosphäre im Pfarrhaus von Röcken gedachte. Sie, die in ihrem Elternhaus das Wort ›Nerven‹ nie gehört hatte, lernte es nun in allen Formen kennen. Da war die Mutter ihres Mannes, Erdmuthe, eine alte Dame – mit einer ungeheuren Empfindlichkeit gegen Lärm –, die sich nur für die höchsten Kreise der Gesellschaft interessierte und das Leben auf dem Lande verabscheute; sodann Rosalie, die immer kränkelnde Schwester ihres Mannes, mit einer Vorliebe für geistreiche Diskussionen über theologische Probleme; und schließlich Augusta, die andere Schwester, eine praktisch veranlagte alte Jungfer, die gemeinsam mit Mina, dem treuen Faktotum der Familie, den Haushalt führte. Und dann natürlich ihr geliebter Ludwig – es waren ihre schönsten Stunden, wenn sie mit ihm in seinem Arbeitszimmer saß und, während er seine Sonntagspredigt vorbereitete oder Klavier spielte, Babysachen strickte. Daß sie bald nach ihrer Hochzeit schwanger wurde, war ein Geschenk Gottes und versprach Erfüllung für ihr sonst so leeres Leben.

Doch selbst diese Stunden ehelichen Glückes wurden gelegentlich durch erschreckende Vorkommnisse unterbrochen. Dann bemerkte Franziska, daß ihr Mann plötzlich in der Mitte eines Satzes zu sprechen aufhörte, sich in seinen Stuhl zurücklehnte und starr vor sich hinsah. Wenn sie zu ihm eilte und ihn schüttelte, wachte er wie aus einem tiefen Schlaf auf, sah sie überrascht an und fragte erstaunt: »Was ist los Fränzchen?« Offenbar wußte er nicht, was geschehen war. Franziska sprach über diese ›Anfälle‹ mit ihrem Hausarzt, Dr. Gutjahr, der dem Pastor Ruhe verordnete. Nietzsches Vater war ein überaus sensibler Mensch mit einem reizbaren Nervensystem. Er brauchte in der Tat viel Ruhe. Hier war es also wieder, das gefürchtete Wort ›Nerven‹.

Ein Jahr und fünf Tage nach ihrer Hochzeit gebar Franziska einen Sohn. Sie liebte den Säugling mit solcher Hingabe, daß er kaum den Mund öffnen mußte, um jeden Wunsch erfüllt zu bekommen. Fritz wuchs schnell und wurde ein gesunder und rundlicher kleiner Junge, aber er schwieg beharrlich, und das in einem Alter, da die meisten Kinder bereits zu sprechen anfangen. Besorgt wandte sich Franziska an ihren Arzt, der ihr riet, ihrem Sohn keine solch übertriebene Aufmerksamkeit zu widmen, damit er lerne, seine Wünsche und Bedürfnisse selbst auszudrücken. Das half und Fritz lernte schnell sprechen. Mit ihrer Tochter Elisabeth, die zwei Jahre später geboren wurde, hatte Franziska diese Probleme nicht. Sie lernte leicht, war lebhaft und temperamentvoll. Fritz jedoch war ein langsamer Lerner und ein stilles Kind.

Die vier Jahre ihrer Ehe verbrachte Franziska zumeist mit der Pflege ihrer Kinder. Dann kam 1848 und die Krankheit ihres Mannes, die zusammenfiel mit der Geburt ihres dritten Kindes, eines Knaben, der in Erinnerung an den Herzog von Altenburg auf den Namen Joseph getauft wurde. Auch dieser Sohn entwickelte sich zunächst gut, aber einige Monate nach dem Tod seines Vaters wurde er plötzlich sehr krank, heftige Krämpfe überfielen ihn und er starb.

Franziska war dreiundzwanzig Jahre alt, als sie, nun Witwe mit zwei kleinen Kindern, das Pfarrhaus von Röcken verließ. Hinter ihr lagen ein kurzes eheliches Glück und Erinnerungen an Stunden der Freude, der Angst und der Sorge – und zwei frische Gräber.

2. Eine Naumburger Kindheit

Für Franziska war das Leben im Pfarrhaus zu Röcken schon vor dem Tode ihres Mannes nicht leicht gewesen. Nach Ludwigs Tod wurde es noch schwerer. Ihre Witwenpension betrug knappe 30 Taler im Jahr, was für den Lebensunterhalt nicht ausreichte – ganz zu schweigen von der Erziehung ihrer Kinder. Die Verwandten ihres Mannes waren relativ wohlhabend und zwar hauptsächlich deswegen, weil sie einen Stiefbruder Pastor Nietzsches, der in England ein Vermögen erworben und keine Kinder gehabt hatte, beerbt hatten. Nach dem Tode Pastor Nietzsches fiel sein Teil des englischen Erbes seinen Kindern zu. Franziska bekam – abgesehen von den Zinsen bis zur Großjährigkeit ihrer Kinder – nichts. Sie war daher mehr denn je auf die Gnade ihrer Verwandten angewiesen. Als diese entschieden, in die benachbarte Stadt Naumburg zu ziehen, ging sie mit. Die Wahl fiel auf Naumburg, weil ihre Schwiegermutter dort, wo ihr Lieblingsbruder Pastor gewesen war, viele Freunde aus den besten Familien besaß.

In der Mitte des 19. Jahrhunderts hatte die alte Domstadt Naumburg an der Saale ungefähr 15 000 Einwohner. Sie konnte auf eine lange Geschichte zurückblicken. Otto I. hatte dort im 10. Jahrhundert einen Bischofssitz gegründet und zum Schutze des christlichen Europas vor den heidnischen Slawen eine Festung gebaut. Als Franziska mit ihren Verwandten 1850 nach Naumburg zog, war die Stadt noch von hohen Mauern umgeben, deren fünf massive Tore zwischen 10.00 Uhr nachts und 5.00 Uhr morgens verbarrikadiert und geschlossen wurden. Die vier Türme des Domes überragten die Stadt, die auch der Sitz des Appellationsgerichtshofes war. An der Spitze der Bürgerschaft standen hohe Geistliche, Rechtsanwälte und Geheimräte. Elisabeth nannte Naumburg eine »streng christliche, konservative und königstreue Stadt, eine Stütze des Thrones und des Altars«.[1] Und in einer der zahlreichen autobiographischen Skizzen, die ihr Bruder in früher Jugend niederschrieb, heißt es: »Naumburg, das Ziel unserer Reise machte auf mich einen höchst sonderbaren Eindruck. Das viele Neue, Kirchen und Häuser, öffentliche Plätze und Straßen, alles erregte mein Erstaunen und verwirrte zuerst meine Sinne. Auch die Umgebung zog mich sehr an, die durch ihre schönen Berge und Flußtäler, Schlösser und Burgen die ländliche Einfachheit meiner alten Heimat sehr in Schatten stellte.«[2]

Die Nietzsches mieteten eine große Wohnung im Erdgeschoß des Hauses eines Eisenbahninspektors. Franziskas Schwiegermutter richtete sich im großen Vorderzimmer ein, wo sie auch ihre distinguierten Besucher empfing, darunter die Frauen der Geheimräte Wilhelm Pinder und Gustav Krug. Augusta und Rosalie bezogen die dahinterliegenden Zimmer. Franziska und ihre Kinder mußten sich mit zwei kleinen hinteren Stuben begnügen. Fünf Jahre lang ertrug Franziska diese Aschenputtelexistenz. Heiter und ohne zu klagen widmete sie sich der Erziehung ihrer Kinder, die in einer geheimen Verschwörung gegen eine von Frauen beherrschte Welt aufwuchsen. Spielkameraden hatten sie nicht; sie spielten und schliefen in einer Stube und erklärten irgendwann zur Erheiterung ihrer Mutter, daß sie heiraten würden, wenn sie erwachsen seien. Die kleine Elisabeth verehrte ihren Bruder. »Fritz sagt es«, war ihre ständige Antwort, wenn sie von ihrer Mutter oder ihren Tanten zur Rede gestellt wurde. Sie war überzeugt, daß ihr Bruder auch dann recht hatte, wenn alle anderen anderer Meinung waren. Auch Fritz war seiner Schwester treu ergeben, obwohl sie ihn von Zeit zu Zeit mit plötzlichen Wutausbrüchen überraschte. Dann schrie sie ihn an und bearbeitete ihn mit ihren kleinen Fäusten in heillosem Jähzorn. Wenn er sich verächtlich von ihr abwandte, spuckte sie ihn an. Deshalb gab er ihr den Spitznamen ›Lama‹.

In ihrem Buch über ihren Bruder schildert Elisabeth, wie erfreut sie darüber war, daß er sie ›Lama‹ nannte, weil die Eigenschaften dieses Tieres nach der Beschreibung, die er in einem Lexikon gelesen hatte, so gut auf sie paßten. »Das Lama ist ein merkwürdiges Tier, freiwillig trägt es die schwersten Lasten, wenn man es aber zwingen will oder übel behandelt, so verweigert es Nahrung zu sich zu nehmen und legt sich in den Staub, um zu sterben.«[3] Was Elisabeth nicht zitiert, ist der Zusatz: »Wenn ein Lama nicht weitergehen will, dreht es seinen Kopf um, und spritzt dem Reiter seinen übelriechenden Speichel ins Gesicht.«[4] Nietzsche wußte sehr wohl, warum er seine Schwester bis zum Ende seines Lebens ›sein treues Lama‹ nannte.

Trotzdem liebte er sie und war gerührt, mit welcher Sorgfalt sie jeden Zettel, auf den er etwas geschrieben hatte, aufbewahrte. Für Elisabeth waren jede seiner jugendlichen Kompositionen, jeder Aufsatz und jedes Gedicht ein Manuskript von unschätzbarem Wert. Zwar machte sich Nietzsche zuweilen lustig über Lisbeths »Schatzkästchen«, wie sie ihren Hort seiner Schreibereien nannte, aber dann fühlte er sich wieder geschmeichelt von ihrer ungestümen Verehrung, weil sie die einzige in der Familie war, die seine literarischen Ambitionen ernst nahm. Als er zehn Jahre alt war, versprach er ihr, daß er einmal ein Buch schreiben und es ihr widmen würde. Da sie jünger war als er und außerdem ein Mädchen, betrachtete er es als seine Aufgabe, sie zu erziehen. Das war nicht immer leicht, denn Elisabeth hatte ihren eigenen Kopf; sie glaubte beispielsweise, daß der Storch die Kinder bringe. »Lisbeth, rede nicht solchen Unsinn von dem Storche. Der Mensch ist ein Säugetier, als solches bringt er lebendige Junge zur Welt.«[5] Zu seinem ärgerlichen Erstaunen mußte er diesmal feststellen, daß seine Schwester heftig den Kopf schüttelte und sagte, er habe Unrecht. Mama habe gesagt, daß der Storch sie bringe und Tante Rosalie habe es auch gesagt. Es sei dumm, etwas anderes zu denken. Außerdem hätten sie ja beide Bilder mit Störchen gesehen, die Babys in ihrem Schnabel trugen. Nietzsche zuckte die Achseln, nannte sie eine dumme Gans und ging fort. Damals und auch später war dies die einzige mögliche Reaktion auf Elisabeths starrsinnige Ignoranz.

Bald nach ihrer Ankunft in Naumburg stand Franziska vor der Frage, auf welche Schule sie ihre Kinder schicken sollte. Ihr Sohn war sechs Jahre alt, und es wurde Zeit, daß er regelmäßigen Unterricht bekam. Sie selbst hatte ihn lesen gelehrt; Rosalie hatte ihn mit der Bibel vertraut gemacht, um ihn auf seinen künftigen Beruf vorzubereiten. Denn daß er die Tradition seiner Vorfahren fortsetzen und ein protestantischer Landgeistlicher werden würde, daran zweifelte niemand – auch Fritz nicht. Er verehrte seinen Vater, und alle Mitglieder der Familie waren überzeugt, daß er nicht nur Pastor Nietzsches Liebe für die Musik, sondern auch seine fromme Denkungsart geerbt hatte. Es war daher vorhergesehen, daß er Theologie studieren sollte, was wiederum bedeutete, daß er im Alter von zehn Jahren in das Domgymnasium eintreten würde. Doch welche Schule sollte er bis dahin besuchen?

Naumburg hatte eine angesehene Volksschule für die Kinder des

Bürgertums, Kinder der höheren Stände erhielten Privatunterricht. Nach langen Diskussionen mit ihren Verwandten entschied sich Franziska, ihren Sohn auf die Volksschule zu schicken, nicht nur weil dies billiger war, sondern auch weil ihre Schwiegermutter glaubte, die Kinder aller Stände sollten bis zum Alter von acht oder zehn Jahren gemeinsamen Schulunterricht erhalten. Sie war der Meinung, daß infolge einer gemeinsamen Erziehung in früher Kindheit die Kinder der höheren Stände ein besseres Verständnis für die Mentalität des niederen Volkes bekämen.

Es stellte sich jedoch heraus, daß diese Theorie nicht auf ihren Enkel zutraf. Fritz war sehr unglücklich in der Gesellschaft der ungehobelten Söhne von Fleischern, Tischlern und Bäckern, die sich über ihn lustig machten, sein feierliches Gebaren verspotteten und ihn den ›kleinen Pastor‹ nannten. Es gab nur zwei verwandte Geister in der ganzen Schule, Wilhelm und Gustav, die Söhne der Geheimräte Pinder und Krug – und diese waren ebenso unglücklich wie er. Daher wurde das Experiment mit dem öffentlichen Unterricht nach kaum einem Jahr abgebrochen; im Frühjahr des Jahres 1851 wurde die Erziehung der drei Freunde einem jungen protestantischen Geistlichen anvertraut, der Privatunterricht gab und kleine Gruppen von Knaben auf das Domgymnasium vorbereitete.

Friedrich, Wilhelm und Gustav verbrachten drei Jahre in der Obhut dieses Privatlehrers, betrieben unter seiner erfahrenen Leitung Bibelstudien und lernten die Grundregeln der griechischen und lateinischen Grammatik. Zur Erholung machte ihr junger Tutor Ausflüge mit ihnen in die Umgebung Naumburgs – Nietzsches lebenslange Vorliebe für Wanderungen stammt daher – und lehrte sie die Kunst des Bogenschießens. Es waren sorglose, glückliche Jahre, in denen zwischen Nietzsche, Pinder und Krug ein starkes Freundschaftsbündnis geknüpft wurde.

Elisabeth nahm oft an den Spielen der Knaben teil. Als sie acht Jahre alt war, wurde sie aufgefordert, die Rolle der Pallas Athene in einem Theaterstück zu spielen, das ihr Bruder und sein Freund Wilhelm Pinder geschrieben hatten. Es hieß *Die Götter auf dem Olymp.* Zuerst ging alles recht gut, und die Zuschauer – darunter natürlich die Eltern der kleinen Schauspieler – waren von den Bühnenauftritten ihrer Sprößlinge entzückt. Alle warteten mit Spannung auf den Höhepunkt des Stückes: das Festbankett der Götter. Franziska hatte eine große Schüssel Vanillepudding mit Stachelbeersoße gemacht, der auf der Bühne gegessen wurde. Leider bekam er Pallas Athenes Magen nicht gut. Der jungen Göttin, noch in Rüstung und Helm, wurde so übel, daß sie weinend und schluchzend von der Bühne geführt werden mußte. Ihrem Bruder tat sie zwar leid, aber es ärgerte ihn sehr, daß sie die Aufführung seines Stücks verdorben hatte. Er schloß daraus, daß Mädchen ernsteren Aufgaben wohl nicht gewachsen seien.

Als Elisabeth ins schulpflichtige Alter kam, entschied die Familie, sie in Fräulein von Pareskis Privatschule für junge Mädchen zu schicken, wo sie lesen, schreiben, rechnen und etwas Französisch lernte und wo viel Wert darauf gelegt wurde, junge Mädchen mit den Umgangsformen der guten Gesellschaft vertraut zu machen. Elisabeth war eine aufgeweckte Schülerin, lernte leicht und erhielt gute Noten. Am auffallendsten in ihrem lebhaften, hübschen, von blonden Locken umgebenen Gesicht waren ihre großen, blauen Augen. Da sie aber die Kurzsichtigkeit ihres Vaters geerbt hatte und sich weigerte, eine Brille zu tragen, mußte sie sich anstrengen, entferntere Gegenstände zu erkennen, was dazu führte, daß ihre Augen manchmal etwas schräg blickten. Ihre Freundinnen flüsterten sich zu, Lieschen Nietzsche hätte einen ›Silberblick‹, was diese wütend machte. Denn sie schielte ja nicht; sie war nur etwas kurzsichtig, genauso wie ihr Bruder.

Letztendlich jedoch kümmerte es Elisabeth wenig, was ihre Freundinnen über sie sagten. Sie ging in die Schule, um zu lernen, und um ihren Lehrern zu gefallen. Was das letztere betrifft, so war sie sehr erfolgreich. Ihrem Bruder schrieb sie »Ich habe die Bemerkung gemacht, daß ich mich über alles unterhalten kann, ohne sehr viel davon zu verstehen. Es ist dies sehr angenehm.«[6] Sie hatte einen großen Kreis von ›Busenfreundinnen‹, aber keine wirklich Vertraute. Ihre scharfe Zunge und ihr leicht aufbrausendes Temperament verschüchterten die meisten Mädchen. Sie begriffen, daß es am besten war, mit Lieschen Nietzsche keinen Streit zu bekommen, denn sie hatte immer recht. Wenn jemand daran zweifelte, richtete sie sich in ihrer vollen Höhe auf und erklärte kategorisch: »Fritz sagt es auch«. Und gegen diese Autorität gab es keinen Einspruch.

Selbst als die Jungmädchenzeit vorbei war und die Zeit der Pubertät herannahte, blieben Pastor Nietzsches Kinder weiter engste Spielgefährten. Als Elisabeth elf Jahre alt war, starb ihre Großmutter, was zur Auflösung der Nietzscheschen Wohngemeinschaft führte.

Endlich war es ihrer Mutter vergönnt, ein eigenes Heim zu haben. Sie mietete eine kleine Wohnung im Hause einer Naumburger Freundin, das von einem großen alten Garten umgeben war. »Fritz und ich lebten von früh bis abends darin, schwangen uns in einer Schaukel bis in die höchsten Gipfel der Bäume, spielten die schönsten Spiele, aßen, tranken, lernten in den tiefumschatteten Lauben und erzählten uns im Halbdunkel alter, ganz unmoderner Bäume grauliche Geschichten.«[7] Der lyrisch-sentimentale Ton, den Elisabeth in ihrem Buch über ihren Bruder anschlägt, zeigt, daß dieser alte Garten wohl tatsächlich das Paradies ihrer Kindheit war.

Ihre Ferien verbrachten sie gewöhnlich in dem großen geräumigen Pfarrhaus in Pobles, wo sie im Winter auf dem gefrorenen Dorfteich Schlittschuh liefen oder lange Schlittenfahrten durch die Winterlandschaft unternahmen. Im Sommer gingen sie baden oder halfen mit bei der Ernte. Es war eine herrliche Kindheit, angefüllt bis zum Rande mit heimlichen kleinen Freuden, mit Intimität und mit echter Liebe. Der Gedanke, daß sie je aus ihrem Paradies vertrieben werden könnten, kam ihnen nie.

Und dann geschah es doch eines Tages und ganz unerwartet. Franziska erhielt einen Brief vom Rektor der berühmten Internatsschule Pforta, der ihr mitteilte, daß man ihrem Sohn ein Stipendium gewährt habe, um ihm den Besuch dieser ehrwürdigen Anstalt, der Alma mater einiger der bekanntesten deutschen Dichter und Gelehrten, zu ermöglichen. Obwohl Pforta nur eine Wegstunde von Naumburg entfernt lag, bedeutete diese Nachricht, daß Fritz nicht mehr zu Hause wohnen und Lieschen ihren engsten Freund verlieren würde. Zutiefst betrübt schrieb sie: »Ich armes Lama fand mich vom Schicksal übel behandelt, verweigerte Nahrung zu mir zu nehmen und legte mich in den Staub, um zu sterben.«[8] Auch ihren Bruder betrübte die Trennung, obwohl er sich bemühte, tapfer zu bleiben. Er tröstete seine Schwester mit der Versicherung, daß er ja entweder jeden Sonntag nach Hause kommen würde oder daß sie sich in Almrich, einem Dorf auf halbem Wege zwischen Naumburg und Pforta, treffen könnten. Doch in der Nacht verließ Friedrich plötzlich sein Mut und er weinte so bitterlich, daß Franziska morgens sein Kopfkissen noch feucht von Tränen fand.

3. Wir Narren des Schicksals

Im Oktober 1858, im selben Monat, als ihr Sohn in das Internat Schul-Pforta kam, zog Franziska noch einmal um. Diesmal in die Wohnung eines Naumburger Hauses, das sie mit den Mitteln ihres elterlichen Erbanteils erworben hatte. Das Haus am Weingarten Nr. 18 war ein geräumiges, zweistöckiges Gebäude mit großen Dachkammern, und hatte genügend Zimmer für ihre eigene Familie im ersten Stock. Im Erdgeschoß gab es drei Zweizimmerwohnungen, die möbliert an Jurastudenten oder junge Rechtsanwälte, von denen es in Naumburg zahlreiche gab, vermietet werden konnten. Franziska war eine praktische Frau. Das Einkommen aus den Mieten ihrer Untermieter würde ihr das Leben erleichtern, was bis dahin von ihrer dürftigen Witwenpension bestritten werden mußte. Was sie nicht wissen konnte, als sie in das Haus am Weingarten zog, war, daß sie fast vierzig Jahre darin wohnen würde, daß hier ihr Sohn seine philologischen Arbeiten schreiben würde, durch die er die Aufmerksamkeit seiner Lehrer erregte und die ihn von der von ihr gewünschten theologischen Laufbahn entfremdeten; auch konnte sie nicht wissen, daß dreißig Jahre später ihr Sohn als hoffnungslos Kranker in dieses selbe Haus zurückkehren und sie ihn hier bis zu ihrem Tode pflegen würde. Aber selbst wenn sie diese tragische Schicksalswende vorausgesehen hätte, wenn sie geahnt hätte, wie schlecht sich ihre Tochter ihr gegenüber benahm, wäre sie wohl nicht verzweifelt. Ihr Glaube war bis zuletzt stärker als die Schicksalsschläge des Lebens. Und wie verschieden auch die Ansichten ihrer Kinder von den ihrigen waren, schließlich waren und blieben sie ihre Kinder. Selbst wenn sie Gott verstießen und wenn Gott sie verstieß, ihre Mutterliebe würde sie schützen, und in ihrem Haus würden sie immer Zuflucht finden.

Die königliche Internatsschule Pforta, die Nietzsche sechs Jahre lang besuchte, war aus einer im 16. Jahrhundert säkularisierten Zisterzienserabtei, dem *Monasterium Sancta Mariae de Porta*, hervorgegangen. Angesichts der vier Meter hohen massiven Steinmauern, die Pforta von ihrer ländlichen Umgebung abschirmten, schrieb Nietzsche nach Hause: »Als ich Pforta hervorschimmern sah, glaubte ich in ihr mehr ein Gefängnis als eine alma mater zu erkennen.«[1] Und dieser Eindruck war nicht unbegründet, denn die zweihundert Knaben im Alter von zehn bis neunzehn Jahren, die Pforta besuchten, standen unter der rigorosen Disziplin einer preußischen Militärakademie. Ein streng geregelter Tagesablauf, bei dem jede Minute zählte, sorgte dafür, daß wenig Zeit zur Muße blieb. Einige der Schulgebäude stammten aus dem 12. Jahrhundert. Ein klösterlicher Hauch umwitterte die Kreuzgänge, die kleinen Schlafsäle und die im romanischen Stil erbaute Kapelle. Die Schlafsäle wurden abends um 9.00 Uhr geschlossen; es wurden alle Lichter gelöscht und das Silentium befohlen. Um 4.00 Uhr morgens wurden die Säle wieder geöffnet; sie mußten im Sommer um 5.00 Uhr, im Winter um 6.00 Uhr geräumt sein. Wenn ein Junge zu lange schlief, wurde er von den Saalaufsehern, älteren Knaben, die beauftragt waren, für Disziplin zu sorgen, unsanft aus dem Bett geholt. Zehn Minuten durfte die Morgenwäsche in den überfüllten Badezimmern dauern und weitere zehn Minuten das Anziehen. Um 5.25 Uhr läutete die Schulglocke zum ersten Mal und fünf Minuten später nocheinmal als Zeichen dafür, daß sich die ganze Schule im Gebetsraum zu versammeln hatte. Dort hielten – bis zur Ankunft eines Lehrers und seines Assistenten – die Schlafsaalaufseher Ordnung. Nach einem kurzen Orgelvorspiel wurde ein Lied gesungen, der Lehrer las einen Abschnitt aus dem *Neuen Testament* und schloß die Morgenandacht mit einem Bibelwort. Dann gingen die Knaben auf ihre Zimmer, tranken ein Glas warmer Milch und aßen Brötchen. Der Unterricht begann pünktlich um 6.00 Uhr im Sommer und um 7.00 Uhr im Winter. Auf Klassenstunden folgten Repetitionsstunden, in denen jeder Schüler an eigenen Aufgaben arbeitete. Mittags versammelte sich die ganze Schule im Kreuzgang – streng nach Klassen geordnet, von Sexta bis Oberprima – und marschierte in den Speisesaal. Ein Oberprimaner sprach das Tischgebet und alle antworteten mit einem lateinischen Spruch. Dann nahm man die Hauptmahlzeit des Tages ein: Suppe, Fleisch, Gemüse und Obst. Außerdem empfing jeder Knabe den zwölften Teil eines Laibes Brot, eine alte Tradition in Erinnerung an das Heilige Abendmahl. Die Mahlzeit endete um 12.30 Uhr mit einem Gebet. Darauf folgte eine freie Stunde, während der die Knaben im Hof Ball spielen oder im Garten spazierengehen durften. Auf ihre Zimmer durften sie nicht gehen. Der Nachmittagsunterricht begann um 2.00 Uhr und dauerte bis 4.00 Uhr. Dann folgte eine Pause von 15 Minuten, in der es etwas zu essen gab – meist ein Stück Brot mit Pflaumenmarmelade. Von 4.15 Uhr bis 5.00 Uhr war eine Lernstunde unter Aufsicht verläßlicher Primaner angesetzt, in der griechische oder lateinische Übungen geschrieben oder mathematische Aufgaben gelöst wurden. Nach einer weiteren kurzen Pause um 5.00 Uhr folgten die Hausarbeiten, wiederum unter Aufsicht. Pünktlich um 7.00 Uhr begann die Abendmahlzeit. Sie dauerte eine Dreiviertelstunde. Meistens gab es Suppe, Brot und Butter, Käse, Hering oder Wurst. Anschließend durfte eine halbe Stunde gespielt werden. Um 8.30 Uhr versammelte sich die ganze Schule zum Abendgebet in der Kapelle. Um 9.00 Uhr mußten alle im Bett sein, die Lichter wurden ausgelöscht und die Türen der Schlafsäle versperrt. So verlief der Tag in Pforta.

Für einen sensitiven, introvertierten Knaben wie Nietzsche, der das Leben bis dahin nur im vertrauten Kreise seiner Familie kennengelernt hatte, wo er von Frauen verwöhnt worden war, mußte es die Hölle auf Erden gewesen sein, sich plötzlich in einer so militantmännlichen Gesellschaft behaupten zu müssen; dies war in der Tat so, obwohl Nietzsche stoisch ertrug, was er später »den uniformierten Zwang«[2] in Pforta nannte. Nur in seinen Briefen an Mutter und Schwester schüttete er sein Herz aus und zeigte, wie groß sein Heimweh war. Inständig bat er sie in jedem Briefe, ihn am Sonntag in Almrich zu besuchen, oder er teilte ihnen mit, daß er nach Hause kommen würde. Anfang Dezember 1858, vor seinen ersten Weihnachtsferien, schrieb er: »Nur noch zwei Wochen! Die Zeit vergeht mir nie so langsam wie jetzt, nie wünschte ich mehr, daß die Zeit Flügel hätte.«[3]

Um ihrem Sohn das Leben in Pforta leichter zu machen, schrieb ihm seine Mutter regelmäßig, und auf seine dringenden Bitten hin versorgte sie ihn laufend mit Päckchen und Paketen. Er brauchte Unterwäsche, Taschentücher, Schuhe: »Ich schicke Dir heute ein Handtuch und Vorhemdchen (nebst dem Bild und Brief für Tante) und die schwarzen Hosen, die sehr zerrissen sind. Ich muß sie Sonntag zurückhaben... Aber warum habt Ihr mir nicht Schokoladenpulver geschickt?... Schickt mir doch auch ein paar Nüsse, ich habe großen Appetit danach... Großen Spaß würde mir ein einfacher

Kuchen, wie Du ihn so hübsch machen kannst, bereiten. Appetit habe ich noch gar nicht, höchstens nach Obst, wozu mir aber das Geld fehlt.«[4] Oft klagte er auch über Kopfschmerzen und Erkältungen und bat seine Mutter um Medikamente. Die meisten seiner Bitten wurden prompt erfüllt. Nicht nur seine Mutter und Schwester, auch Onkel und Tanten versuchten das Leben für Fritz so erträglich wie möglich zu machen, denn daß er in Pforta aufgenommen worden war, galt als Ehre für die ganze Familie.

Elisabeth vor allem war stolz auf ihren Bruder. Bei jeder Gelegenheit lobte sie ihn – in der Schule oder bei den Kaffeekränzchen, wenn die Mädchen sich über die Jungen unterhielten. Mit schlecht verhohlener Verachtung folgte sie den Geschichten, die ihre Freundinnen über ihre Brüder erzählten. Sie fand es einfach dumm, jeden kleinen Gernegroß mit ihrem geliebten Bruder Fritz zu vergleichen. Er war unvergleichlich. Er war der erste seiner Klasse in Pforta, schrieb Gedichte, komponierte Lieder – er war ein Genie. Vergeblich protestierten ihre Freundinnen gegen diese Überheblichkeit. In der Naumburger Gesellschaft, zu der Elisabeth nun gehörte, war ihre Heldenverehrung für ihren Bruder sprichwörtlich. Einer ihrer jugendlichen Verehrer gestand: »Man mußte sich sehr zusammennehmen in der Unterhaltung mit Friedrich Nietzsches Schwester, der zierlichen, rosigen Lisbeth, auf die der Bruder stark geistig abgefärbt hatte. Sie führte ihn auch ständig als Autorität an, was einem wohl etwas auf die Nerven ging.«[5]

Auch Fritz stand während seiner ganzen Pfortaer Schulzeit in engem Kontakt mit seiner Schwester. Er riet ihr, welche Bücher sie lesen sollte, schickte ihr seine Kompositionen und erklärte ihr, wie sie diese spielen und singen sollte. Als er hörte, daß Lisbeth ein Mädchenpensionat in Dresden besuchen wollte, warnte er: »Mir will Dresden nicht recht gefallen. Es ist nicht großartig genug und in seinen Eigenschaften, auch in der Sprache, den thüringischen Elementen zu nah verwandt. Wäre sie z. B. nach Hannover gekommen, so hätte sie völlig verschiedene Sitten, Eigentümlichkeiten, Sprache kennengelernt; es ist immer gut, wenn der Mensch, um nicht einseitig zu werden, in verschiedenen Regionen erzogen wird. Sonst als Kunststadt, kleine Residenz, überhaupt zur Ausbildung von Elisabeths Geist wird Dresden völlig genügen und ich beneide sie gewissermaßen... Im allgemeinen bin ich sehr begierig zu hören, wie sich Elisabeth in ihren neuen Verhältnissen macht. Ein Risiko ist so eine Pension immer. Aber ich habe viel gutes Zutrauen zu Elisabeth.«[6]

Es dauerte nicht lange, bis er einen begeisterten Brief von seiner Schwester aus Dresden erhielt:»Denk Dir, daß ich mit einer Comtesse Ross Tanzstunden habe; und dieselbe gegen Dein kleines Schwesterchen sehr freundlich ist. Hast Du Dir das jemals denken können, daß ich mit solchen hohen Herrschaften ganz gut verkehren kann? Es kommt mir selbst ordentlich drollig vor. Wenn ich zurückkehre, so wirst Du Deine Wunder sehen, wenn der eckige Backfisch eine Gesellschaftsdame geworden ist. Fritzchen, im Vertrauen gesagt, ich werde nicht viel anders sein... Nun Adieu, denke manchmal an Deine Dich zärtlich liebende Schwester Elisabeth. P. S. Kämest Du doch Ostern oder Pfingsten, es wäre doch himmlisch, herrlich, wunderschön.«[7]

Fritz konnte eine so innige Einladung unmöglich ausschlagen und verbrachte zwei Wochen seiner Osterferien bei seiner Schwester in Dresden. Arm in Arm wanderten die Geschwister durch den Großen Garten, besuchten die Gemäldegalerie im Zwinger, wo sie ehrfurchtsvoll vor der Sixtinischen Madonna standen, und machten einen Ausflug mit dem Dampfschiff nach Pillnitz, der Sommerresidenz des sächsischen Königs. Sie waren ein gut aussehendes junges Paar – Nietzsche untersetzt, aber mit dem aufrechten selbstbewußten Gang eines preußischen Offiziers, die kleine Schwester an seinem Arm, in ein anregendes Gespräch vertieft. Elisabeth stellte ihren Bruder stolz ihren Dresdner Freundinnen vor und war entzückt, wenn diese Fritzens männliche Züge und vornehme Haltung lobten. Nach der Meinung aller sächsischen Damen war er ein geborener Gentleman, und sie beneideten Elisabeth um seine Gesellschaft. Fritz war den Damen gegenüber zwar sehr galant, ließ aber keinen Zweifel darüber, daß er sich nur für seine Schwester interessierte.

Die zwei Dresdner Wochen vergingen allzu schnell, und Friedrich mußte zurück in das spartanische Leben Pfortas. Er schrieb Elisabeth von dort, daß ihn der blühende Lindenbaum vor seinem Fenster an sie und die schönen Tage erinnere, die er gemeinsam mit ihr in Dresden verbracht hatte. Doch »um mich an Dich zu erinnern, liebe, liebe Lisbeth, brauche ich nicht erst dergleichen etwas weitschweifige Erinnerungshebel: im Gegenteil denke ich so beispiellos oft an Dich, daß ich fast einfach immer an Dich denke, nicht einmal wenn ich schlafe ausgenommen, denn ich träume ziemlich oft von Dir und unserem Zusammensein.«[8]

Elisabeth empfing solche Versicherungen brüderlicher Liebe mit großer Freude. Daher war sie zutiefst verletzt, als er ihr während seiner letzten Jahre in Pforta gestand, daß er sich in die Schwester eines Schulfreundes, ein hübsches Berliner Mädchen, das auch eine vorzügliche Pianistin war, verliebt hätte. Er bat Elisabeth, sie solle ihm eine Partitur schicken, denn er wollte mit seiner Freundin vierhändig spielen. Elisabeth fühlte sich verraten und erklärte kurz und bündig, für einen Pfortaer Primaner, der demnächst als Student auf eine Universität gehen wolle, zieme es sich nicht, eine Liebelei mit einem kleinen Mädchen anzufangen. Die gewünschte Partitur schickte sie ihm nicht. Friedrich antwortete ihr: »Es tut mir leid, Dir Schrecken gemacht zu haben, und ich will es gewiß nicht wieder tun, besonders wenn ich befürchten muß, daß Du aus Schrecken über das ungeheuerliche des Briefes seine Pointe ganz vergißt...«[9] Er schloß mit »N. B.: Ich hatte eben ›Wäsche‹ und bin nicht in der Stimmung, Dir so gefühlvoll zu antworten, mein ›Herzenslieschen, Zuckersüßchen, Miezemieschen‹, M. B. alles umschlossen von ›Gänsefüßchen‹. Frédéric.«[10]

Der ironische Ton von Nietzsches Brief täuscht. Er liebte seine Schwester und wollte ihr nicht wehtun. Ihre zornige Reaktion auf sein Geständnis, daß er an einem anderen Mädchen interessiert war, zeigte, daß sie sehr leicht eifersüchtig wurde. Er beschloß daher, die junge Berlinerin zu vergessen und hat sie nie wieder erwähnt.

Nach ihrem sechsmonatigem Aufenthalt in Dresden war Elisabeth mit einem Gefühl des Bedauerns nach Naumburg zurückgekehrt. Sie hatte das elegante Leben der sächsischen Hauptstadt mit seiner Oper, seinen Theatern und Gesellschaften sehr genossen. Dagegen war Naumburg langweilig und provinziell. Ihren Naumburger Freundinnen erzählte sie begeistert von ihrem gesellschaftlichen Leben in Dresden, von den fabelhaften Bällen, von den geistreichen und gutaussehenden Studenten, die ihr den Hof gemacht hatten, von Picknicks an der Elbe und wunderbaren Wanderungen durch die Sächsische Schweiz. Es ist kaum anzunehmen, daß sie sich durch diese Erzählungen bei ihren Freundinnen sehr beliebt gemacht hat; diese wußten nur zugut, daß Elisabeth eine lebhafte Phantasie und eine Vorliebe für vornehme Gesellschaften hatte. Wenn man ihren Erzählungen Glauben schenken sollte, hatte sie ausschließlich Umgang mit Grafen und Gräfinnen gehabt und war wie eine Prinzessin behandelt worden. Derlei Persönlichkeiten gab es in Naumburg nicht, und wenn Elisabeth Nietzsche lieber mit Aristokraten verkehrte als mit den braven Bürgern ihrer Vaterstadt, dann sollte sie nur nach Dresden zurückgehen. Selbst alte Freundinnen wie Sophie Pinder behandelten sie merkbar kühler und luden sie nicht mehr zu allen Festen ein. Franziska machte sich Sorgen über die spürbare gesellschaftliche Isolierung ihrer Tochter und schrieb ihrem Sohn, daß Elisabeth sich sehr unglücklich in Naumburg fühle und »schon öfter den Wunsch geäußert habe, sie möchte am liebsten aus Naumburg fort«.[11] Aber wohin sollte sie gehen und was sollte sie tun? Man erwartete doch von einem jungen Mädchen, daß sie zu Hause blieb, bis sie einen Mann gefunden hatte, der für sie sorgen könnte. In Anbetracht ihrer eigenen frühen Ehe wunderte sich Franziska mehr und mehr, daß die Jahre verstrichen und Elisabeth unverheiratet blieb. Sie konnte es nicht verstehen, warum ihre Tochter so gleichgültig gegenüber der wichtigsten Entscheidung war, die ein junges Mädchen zu treffen hatte. Elisabeth war hübsch und lebhaft, tüchtig im Haushalt, eine gute Köchin und nicht unbemittelt. Ihr kleines Vermögen würde einem strebsamen jungen Rechtsanwalt oder Pastor finanzielle Sicherheit in den ersten Ehejahren bieten. Warum also fand Elisabeth keinen geeigneten Mann? Elisabeth selbst behandelte diese Frage mit betonter Gleichgültigkeit. Ihrem Bruder schrieb sie, daß sie beim Lesen von Schopenhauers *Parerga und Paralipomena* einen Satz gefunden habe, der aussagte, »daß sich jedes menschliche Leben in einer Causalkette fortbewegt. Sollte nun besagte Kette bei mir mit einer ›alten Jungfer‹ schließen müssen (was mir beinahe so scheint, denn das würdige Freiertrio lehnte ich aus jenen zwingenden inneren Notwendigkeiten ab) so nimm es mir, mein lieber Fritz, nicht übel, sondern behalte mich auch in alten Tagen lieb.«[12]

Bei einer anderen Gelegenheit teilte Elisabeth ihrem Bruder die Verlobung eines jungen Mannes, eines entfernten Vetters, mit, der ihr den Hof gemacht hatte, ehe er sich mit einer anderen verlobte. Anscheinend hatte ihr ihre Mutter Vorwürfe gemacht, daß sie sich nicht bemüht hatte, den jungen Mann für sich zu gewinnen, denn sie erzählt in ihrem larmoyanten Stil: »Sehr possierlich gebärdet sich dabei die Mama, sie behauptet, es wäre empörend, daß ich mich so herzlich darüber freue, denn ich hätte dieses Herz (Rudolph) besitzen können und hätte es verschmäht, und sie würde heute nicht zu Mittag essen und immer kümmerlich und traurig sein. Du lieber Himmel, ich habe doch nichts dazu getan, und wenn die Mama auf jemand Verkehrtes ihre Hoffnung setzt, so kann ich doch nichts dafür… Es hilft aber alles nicht, sie bricht nur immer in das prophetische Wort aus: ›Du verschmähest die Schütten und bekommst ein Strohbündel!‹ Und es ergreift sie ein stiller Schauder, wenn ich fröhlich hinzusetze: ›Oder gar niemanden!‹ «[13]

Ihr Bruder kümmerte sich nicht sehr viel um diese Frauenprobleme, denn er hatte selbst ganz andere Sorgen. Die Frage seiner Zukunft mußte entschieden werden. Nach Absolvierung seiner sechsjährigen strengen Gymnasialzeit in Pforta war er nach Bonn gegangen, um Theologie zu studieren, wie es seit Jahren beschlossen war. Seine Mutter und seine Verwandtschaft erwarteten, daß er sich auf eine Laufbahn als Geistlicher vorbereitete. Um ihnen diesen Gefallen zu tun, hatte er sich als Student der Theologie in Bonn immatrikuliert, obwohl er schon in seinen letzten Jahren in Pforta ernste Zweifel über die Wahrheit der christlichen Religion, ja aller Religionen, gehegt hatte. Er versuchte, diese Zweifel in seinem ersten Bonner Semester zu vergessen, indem er sich mit ganzem Herzen in ein sorgloses Studentenleben stürzte; er trat der Studentenverbindung Frankonia bei, nahm an langen Kneip-Abenden teil und marschierte in vollem Wichs durch die friedlichen Städtchen am Rhein, focht Duelle und besuchte ein Kölner Bordell. Doch keine Ablenkung half. Seine Zweifel blieben, und bald fühlte er sich von dem Verbindungsleben angewidert. Es war dumm und vulgär, schlimmer noch – es war eine absolute Zeitverschwendung. Er hatte besseres zu tun, als seine Nächte in rauchgefüllten Kneipen und in der Gesellschaft Bier trinkender Barbaren zu verbringen. Er entschloß sich, seine theologischen Spekulationen aufzugeben und sich einem Fach zu widmen, das präzise wissenschaftliche Erkenntnisse erforderte: die klassische Philologie. Um seiner Mutter diesen Studienwechsel plausibel zu machen, erklärte er ihr, daß ihn der bekannte Philologe Friedrich Wilhelm Ritschl dazu ermutigt habe. Als Ritschl im folgenden Jahr, im Herbst 1865 Bonn verließ und nach Leipzig ging, folgte ihm Nietzsche. Er war auch froh, nun wieder in der Nähe seiner Mutter und Schwester zu sein.

Elisabeth war die einzige in der Familie, der er gestand, daß der wirkliche Grund seines Berufswechsels der Verlust seines Glaubens war. Wie sie wußte, hegte er seit einiger Zeit Zweifel an den Wahrheiten der christlichen Religion; Zweifel, die durch die Lektüre Schopenhauers bestätigt worden waren, denn dieser Philosoph lehrte, daß die Welt nicht die Schöpfung eines göttlichen Wesens, sondern eines blinden metaphysischen Willens sei: einer Kraft ohne Zweck und ohne Ziel. Nun versuchte die christliche Religion – wie alle Religionen – diese harte Wahrheit von der Sinnlosigkeit des menschlichen Daseins dadurch zu verschleiern, daß sie ein Leben nach dem Tode unter dem Schutz eines himmlischen Vaters versprach. Leider war dieses Versprechen wissenschaftlich unbeweisbar und stützte sich allein auf den Glauben, den blinden Glauben. In dem Augenblick jedoch, da man mit offenen Augen den menschlichen Zustand erkannte, verlor man den Trost der Religion und mußte seiner eigenen Vernunft und seinem eigenen Gewissen folgen.

Diese Gedanken verwirrten Elisabeth, die jeden Sonntag zur Kirche ging, im Kirchenchor sang, regen Anteil am kirchlich-gesellschaftlichen Leben nahm, Geld für christliche Missionen in Afrika sammelte und nie irgendwelche Zweifel an den Grundsätzen ihres protestantischen Glaubens gehegt hatte. Da sie sich jedoch daran gewöhnt hatte, ihres Bruders Gedanken anzunehmen, versuchte sie ihm in die trostlose Welt zu folgen, die er jetzt vor ihr ausbreitete. Zur großen Überraschung ihrer Mutter begann sie, mit einer traurigen und besorgten Miene umherzulaufen. Als Franziska fragte, warum sie so trübsinnig sei, zuckte sie die Achseln und antwortete: »Fritz hat recht, die Welt ist ein Jammertal, und am besten wäre es, man wäre nicht geboren.« Franziska, die das fröhliche Naturell ihrer Tochter kannte, muß sich über diese Antwort gewundert haben, nahm sie aber wahrscheinlich nicht sehr ernst.

In ihren Briefen an ihren Bruder erwähnt Elisabeth derartige Mißverständnisse zwischen ihr und ihrer Mutter häufig: »Du hast an mir mit Deinen eigentlich sehr traurigen Ansichten eine zu gelehrige Schülerin gefunden; daß ich wie Mama sagt: auch eine Überkluge geworden bin, da ich jedoch meine Lamanatur nicht vergessen kann, so bin ich voll von Verwirrung, und denke lieber gar nicht daran, weil nur Unsinn herauskommt... Soviel ist aber gewiß: es ist viel leichter, vieles nicht zu glauben als umgekehrt, und da das Schwere wohl auch das Richtige ist, so will ich mir dazu Mühe geben.«[14] Ihr Bruder stellte sie wegen dieser letzteren Äußerung zur Rede: »Was Deinen Grundsatz betrifft, daß das Wahre immer auf der Seite des Schweren liege, so gebe ich Dir dies zum Teil zu. Indessen, es ist schwer zu begreifen, daß zwei mal zwei nicht vier ist, ist es deshalb wahr?«[15] Er fuhr fort: »Jeder wahre Glaube ist auch untrüglich, er leistet das, was die betreffende gläubige Person darin zu finden hofft, er bietet aber nicht den geringsten Anhalt zur Begründung einer objektiven Wahrheit. Hier scheiden sich nun die Wege der Menschen: willst Du Seelenruh und Glück erstreben, nun so glaube, willst Du ein Jünger der Wahrheit sein, so forsche.«[16]

Elisabeth hörte sich diese Ermahnungen an, um sie dann prompt zu vergessen. Das trostlose Lebensbild, das ihr Bruder unter dem Einfluß Schopenhauers vor ihr ausbreitete, war ihr äußerst unsympathisch, und sie erholte sich schnell von ihrer kurzen Bekanntschaft mit dem Pessimismus. Wenn ihr das Leben in Naumburg zu langweilig wurde, besuchte sie Verwandte in Plauen, machte Ausflüge nach Böhmen oder fuhr für einen Theaterabend zu ihrem Bruder nach Leipzig. Fritz hatte sich eine Studentenbude in der Luisenstraße gemietet – rue de Lama nannte er sie scherzend –, und obwohl er, Ritschls Anregung folgend, eifrig an einem längeren Aufsatz über den griechischen Dichter Theognis von Megara arbeitete und ein aktives Mitglied des Philologischen Vereins war, hatte er immer Zeit für seine Schwester und freute sich, sie zu sehen.

Der Ausbruch des Krieges zwischen Preußen und Österreich im Sommer 1866 brachte weder in Leipzig noch in Naumburg merkliche Veränderungen in den Lebensgewohnheiten der Geschwister, denn obwohl Nietzsche, der von Geburt aus Preuße und stolz darauf war, sich als feindlicher Ausländer in der von preußischen Truppen besetzten sächsischen Stadt befand, schien er mehr belustigt als besorgt zu sein. Während in Königsgrätz die Zukunft Deutschlands entschieden wurde, beschrieb er in schwärmenden Briefen nach Hause eine junge Schauspielerin, Hedwig Raabe, ›den blonden Engel von Leipzig‹, der er seine Verehrung ausgedrückt habe, indem er sie bat, ihr als Zeichen seiner Bewunderung für ihre Kunst einige seiner Lieder widmen zu dürfen. Als für ganz Sachsen der Ausnahmezustand erklärt wurde, schrieb er nach Hause: »Allmählich lebt man wie auf einer Insel, weil die telegrafischen Nachrichten und die Postverbindung und die Eisenbahnen in fortwährender Störung sind. Nach Naumburg jedoch wie überhaupt nach Preußen geht alles wie sonst.«[17] Und er lud seine Mutter und Schwester herzlich ein, ihn doch in Leipzig zu besuchen. Er meinte, seinem lieben Lama würde die Stadt jetzt besonders gut gefallen, weil es so viele schneidige junge preußische Offiziere gab. Aber aus dieser Einladung wurde nichts. Der Ausbruch einer Choleraepidemie im Sommer verhinderte einen Besuch in Leipzig, und am Ende des Semesters kam Nietzsche nach Hause.

Friedrich Nietzsches Leipziger Studentenzeit verlief im wesentlichen wie folgt: er kultivierte seine Freundschaft mit Professor Ritschl, arbeitete unermüdlich an wissenschaftlichen Projekten aller Art, und wenn er zu Hause war, weihte er seine Schwester in die Probleme der klassischen Philologie ein und lehrte sie die Grundregeln wissenschaftlicher Forschung. Er vertraute ihr an, daß sein Lebensziel eine akademische Karriere sei. Während andere Mädchen in Elisabeths Alter von Bällen, Festen und jungen, heiratsfähigen Männern träumten, blieb Elisabeth die treue Gefährtin ihres Bruders. Als er ganz unerwartet einberufen wurde und in der Kavallerie Dienst tun mußte – glücklicherweise war sein Regiment in Naumburg stationiert –, half sie ihm bei seinen Arbeiten. Und nachdem er sich durch einen Sturz auf den Sattelknopf seines Pferdes eine schmerzhafte Brustverletzung zugezogen hatte, übernahm sie seine Pflege und sorgte dafür, daß er erst wieder aufstand, als er völlig genesen war. Und wenn er gelegentlich Zweifel an seiner Berufung für eine akademische Laufbahn äußerte, sprach sie ihm Mut zu.

Elisabeth war daher nicht überrascht, als ihr Fritz eines Tages im Vertrauen eröffnete, daß sich etwas Erstaunliches ereignet habe; Ritschl hatte ihn der Universität Basel für den dort freien Lehrstuhl der klassischen Philologie vorgeschlagen. Er fügte hinzu, daß seine Chancen, den Ruf zu erhalten, gleich Null seien, denn er hatte ja sein Studium noch nicht abgeschlossen, hatte seine Doktorarbeit noch nicht geschrieben, hatte sich noch nicht habilitiert, war also für einen Lehrstuhl vorerst überhaupt noch nicht qualifiziert. Gewiß, er hatte einige Artikel veröffentlicht, die Ritschl sehr beeindruckt hatten, aber es war Unsinn, sich aufgrund dieser dürftigen Zeugnisse große Hoffnungen zu machen. Elisabeth war ganz anderer Meinung. Sie war überzeugt, daß ihr Bruder ein Genie war und – Ritschl war es offenbar auch. Jetzt mußten nur noch die Basler Ritschls Überzeugung teilen. Als dies tatsächlich geschah, war Elisabeth überglücklich. Ein Wunder war geschehen: Fritz, ihr geliebter Bruder, war mit 24 Jahren Professor. Was kümmerte es sie, daß alle ihre Freundinnen sich eifrig bemühten, einen Mann zu bekommen, *ihr* Idol war ihr Bruder, und sie folgte seinem Stern.

Trotz der Vertrautheit zwischen den Geschwistern gab es aber ein Geheimnis, das Friedrich seiner Schwester vorenthielt und von dem er wünschte, er könnte es sich selbst vorenthalten: an einigen Symptomen hatte er bemerkt, daß er sich eine Geschlechtskrankheit zugezogen hatte. Ein Leipziger Arzt, den er deswegen konsultierte, hatte ihn auf Syphilis behandelt. Die Behandlung schien erfolgreich und die Symptome verschwanden, wie sie es gewöhnlich im ersten Stadium der Syphilis tun. Aber die Angst, daß das Gift in seinem Körper verbleiben könnte und ihn am Ende vernichten würde, muß in Nietzsches Unbewußtem präsent gewesen sein, wie man aus einer mysteriösen biographischen Notiz schließen kann, die er um diese Zeit niederschrieb: »Was ich fürchte, ist nicht die schreckliche Gestalt [gemeint ist die ›Angst‹; Anm. d. Verf.] hinter meinem Stuhle, sondern ihre Stimme: auch nicht die Worte, sondern der schauderhaft unartikulierte und unmenschliche Ton jener Gestalt. Ja, wenn sie noch redete, wie Menschen reden!«[18]

Zwanzig Jahre später sollte sich Nietzsches Angst bewahrheiten. Elisabeth war auch zu dieser Zeit noch eng mit ihrem Bruder verbunden, obgleich nicht ganz so eng, wie sie später behauptet hat. Doch die Wahrheit über seine Krankheit hat sie nie gewußt oder nie wahrhaben wollen.

4. Das Leben mit dem Bruder

Die Nachricht, daß ihr studierender Sohn einen Ruf als Professor an die Universität Basel erhalten hatte, kam für Frau Pastor Nietzsche wie der Blitz aus heiterem Himmel. Über die Verhandlungen, die der Berufung vorangegangen waren, hatte man sie völlig im Dunkel gelassen. Erst nachdem alles entschieden war, schickte ihr Friedrich eine Visitenkarte, die er sich für diesen Zweck hatte drucken lassen; darauf stand sein Name und sein neuer Titel ›Professor der klassischen Philologie an der Universität Basel‹, außerdem die handgeschriebene Mitteilung, daß sein Gehalt 800 Taler betrage. Außer sich vor Freude eilte Franziska in das Zimmer ihrer Tochter, um ihr von Fritzens großer Ehre Bericht zu erstatten. Zu ihrer Überraschung lachte Elisabeth und sagte ihr, daß sie alles schon seit einiger Zeit gewußt habe, daß sie ihr Bruder jedoch zum Schweigen verpflichtet hätte, bis er selbst über die endgültige Entscheidung in Basel berichten könnte.

Nun aber gab es kein Halten mehr. Gemeinsam verbreiteten Mutter und Tochter die Nachricht in Naumburg, informierten alle Freunde und Bekannten von dem außergewöhnlichen Ereignis. Ihre Nachricht wurde zunächst ungläubig und dann mit freudigem Erstaunen aufgenommen. »Alle Pinders, Frau Raab inclusive, tanzten um den so jungen Gott oder Professor einen wahren Jubel- und Verehrungstanz«,[1] schrieb Elisabeth stolz ihrem Bruder. »Es klingt mir noch laut in den Ohren, worüber sie jetzt alles im *Ratskeller* sprechen werden: sie werden sagen, wie glücklich seine Mutter sein muß und seine Schwester, und sie haben recht, sie haben recht, sagt Deine Dich zärtlich, innig, ewig liebende Schwester.«[2]

Nietzsche selbst akzeptierte diese unerwartete Schicksalswende nach außen hin mit Gleichmut. An seinen Freund Erwin Rohde schrieb er: »Wir sind doch alle recht die Narren des Schicksals, noch vorige Woche wollte ich Dir einmal schreiben und vorschlagen, gemeinsam Chemie zu studieren und die Philologie dorthin zu werfen, wohin sie gehört, zum Urväterhausrat. Jetzt lockt der Teufel ›Schicksal‹ mit einer philologischen Professur.«[3] Diese vorgetäuschte Gleichgültigkeit entsprach jedoch nicht seinen wahren Gefühlen. Nietzsche war ein stolzer junger Mann und sich seines Wertes wohl bewußt. Als sein Freund Paul Deussen in seinem Glückwunschbrief einen leichten Ton des Neides nicht verhehlen konnte, gab ihm Nietzsche eine abrupte Antwort und drohte ihm mit der Kündigung seiner Freundschaft. Mochten die akademischen Philister grün vor Neid über seinen triumphierenden Einzug in die akademische Welt werden, er würde ihnen schon zeigen, daß jetzt, nachdem er mit 24 Jahren Professor war, seine wirkliche Karriere erst begann.

Der Monat März 1869 war ein Höhepunkt in Elisabeths Leben. Ihr berühmter Bruder war nach Hause gekommen, um sich auf seine neue Rolle im Leben vorzubereiten, die im Mai beginnen sollte. Den offiziellen Bescheid über seine Berufung hatte er im Februar, gleichzeitig mit der Mitteilung, daß seine Lehrtätigkeit im Sommersemester zu beginnen habe, erhalten. Im Vorlesungsverzeichnis der Universität Basel waren zwei Seminare von Professor Friedrich Nietzsche angekündigt: eines über griechische Lyrik, das andere Äschylos; außerdem war er verpflichtet, in der Oberprima des *Pädagogiums*, eines der Universität angegliederten Gymnasiums, Griechisch zu unterrichten. Keine leichte Aufgabe für jemanden, der noch nie unterrichtet und kaum einen Monat Zeit hatte, sich darauf vorzubereiten. Dazu kam noch, daß er seinem Leipziger Lehrer und Gönner Ritschl versprochen hatte, einen Index für die 24 Bände des *Rheinischen Museums*, einer wissenschaftlichen Zeitschrift, in der seine ersten Aufsätze erschienen waren, vorzubereiten. Er wußte, daß es ihm unmöglich sein würde, diese Aufgaben ohne die Hilfe seiner Schwester zu bewältigen, aber er wußte auch, daß er immer auf sein ›treues Lama‹ zählen konnte. Nachdem er Elisabeth erklärt hatte, wie man ein Buch mit einem Index versieht, machte sie sich eifrig an die Arbeit und führte sie auch sehr ordentlich aus abgesehen davon, daß sie lateinische Titel sehr frei übersetzte, was Nietzsche sehr amüsierte.

Einen Monat lang arbeiteten sie einträchtig zusammen, meistens in sehr guter Laune. Elisabeth parodierte ihres Bruders erste Begegnung mit seinen Studenten, indem sie aus der Schülerszene des *Faust* zitierte, in der Mephisto die führende Rolle spielt. Und manchmal, während sie mit Kleister und Schere an dem Index arbeitete, setzte sich ihr Bruder ans Klavier und spielte mit sehr viel Gefühl das *Meisterlied*, seine Lieblingsarie aus seiner Lieblingsoper, vor. Danach nahm er seine Brille ab, wischte sich die Augen und gestand Elisabeth gerührt, was für einen tiefen Eindruck Richard Wagner, den er kürzlich in Leipzig getroffen habe, auf ihn gemacht hatte.

Ein Hauch des Geheimnisvollen liegt über der Geschichte dieser Begegnung. Wagner hatte sich, einer plötzlichen Laune folgend, entschieden, seine Schwester Ottilie, die mit dem Orientalisten der Leipziger Universität, Hermann Brockhaus, verheiratet war, zu besuchen. Nur ein kleiner Kreis von Eingeweihten wußte, daß er in Leipzig war. Zeitungsberichten zufolge arbeitete er in seinem Schweizer Domizil an einer neuen Oper. Im Laufe seines kurzen Aufenthaltes hörte Wagner von einem jungen Studenten, der ein begeisterter Bewunderer seiner Musik sei. Das machte ihn neugierig, und er sprach den Wunsch aus, den jungen Mann kennenzulernen, vorausgesetzt, ein Treffen könnte arrangiert werden, ohne daß sein Inkognito gelüftet werde. Die Familie Brockhaus beschloß, Nietzsche zu sich einzuladen, versicherte ihm, daß Richard Wagner ihn treffen möchte, aber bestand gleichzeitig darauf, daß niemand davon etwas erfahren dürfe. Nietzsche war sprachlos. Wie alle anderen wußte er nicht, daß Wagner in Leipzig war. Während er auf die verabredete Stunde wartete, lebte er wie im Traum. War es wirklich wahr, daß er den Mann treffen würde, dessen Musik die Welt bezauberte? »Gib mir zu«, schrieb er seinem Freund Rohde, »daß die Einleitung dieser Bekanntschaft, bei der großen Unnahbarkeit des Sonderlings, etwas an das Märchen streifte.«[4]

Seiner aufmerksam zuhörenden Schwester verriet Nietzsche, daß er im Laufe einer langen Unterhaltung entdeckt habe, daß Wagner nicht nur ein großer Musiker sondern auch ein großer Mann sei. Er erzählte ihr, daß Wagner Schopenhauers Schriften in- und auswendig kenne und daß sie sich stundenlang über Musik und Philosophie unterhalten hätten. Es war eine Freundschaft auf den ersten Blick. Wagner lud seinen jungen Freund ein, ihn in seinem Haus in Tribschen am Vierwaldstätter See zu besuchen.

Elisabeth hatte diese Geschichte schon öfters gehört, einschließlich der amüsanten Anekdote vom Kampf ihres Bruders mit einem hartnäckigen Leipziger Schneider, der sich kategorisch weigerte, ihm den neuen Anzug, den er sich zu Ehren Wagners hatte anfertigen lassen, ohne Barzahlung auszuhändigen, so daß Nietzsche sich schließlich begnügen mußte, vor dem Maestro in seinem alten Anzug zu erscheinen. Aber die Begeisterung ihres Bruders war ansteckend. Er hatte recht: Es war wie ein Märchen, mit Wagner in der Rolle eines Prinzen der Musik. Elisabeth wußte, wie unnahbar Wagner war und wie schnell er unerwünschte Besucher loswerden konnte; daß er sich stundenlang mit ihrem Bruder unterhalten hatte, galt für sie als ein weiteres Zeichen von Friedrichs aufsteigendem Stern; die braven Bürger Naumburgs würden staunen, wenn sie erführen, mit welch berühmten Leuten ihr Bruder verkehrte; nun, sie würde schon dafür sorgen, daß sie es erführen.

Im übrigen war Elisabeth entschlossen, nicht hinter ihrem Bruder und seinem Ruhm zurückzustehen. Auch sie wollte ihren Weg in der Welt machen. Wenn möglich, mit Hilfe ihres Bruders, wenn nicht, auch ohne ihn. Ihr ruheloser Geist erlaubte ihr nicht, zu Hause zu bleiben und auf einen Freier zu warten. Da Fritz nun seine Vaterstadt für immer verließ, würde auch sie Naumburg so oft wie möglich den Rücken kehren, auch wenn es ihre Mutter unschicklich fand, daß sie sich unbegleitet auf Reisen begab. Junge Mädchen taten so etwas nicht. Elisabeth versicherte ihr, daß sie sehr wohl fähig sei, auf sich selbst aufzupassen; sie war schließlich fast 23 Jahre alt und dank ihres kleinen Vermögens finanziell unabhängig.

In den oft sehr harten Auseinandersetzungen zwischen Mutter und Tochter bezüglich Elisabeths Zukunft, bezog Nietzsche gewöhnlich Partei für seine Schwester. Er riet ihr, sie solle sich als Studentin an der Universität Leipzig einschreiben, um ihren Horizont zu erweitern; ein seltsamer Ratschlag, wenn man an Nietzsches oft ausgesprochene Verachtung für ›das intellektuelle Weib‹ denkt. Wie dem auch sei, kurz nachdem ihr Bruder Naumburg verlassen und seine akademische Lehrtätigkeit in Basel aufgenommen hatte, zog Elisabeth nach Leipzig. Hochbefriedigt schrieb Friedrich an seine Mutter: »Unsere Lisbeth ist nun glücklich auf die Universität Leipzig übergesiedelt und spielt dort mit Vergnügen den weiblichen Studenten.«[5]

Elisabeth lebte in der Familie des Professor Biedermann, besuchte Vorlesungen, ließ sich von einer Engländerin Privatstunden in Englisch erteilen, machte allen Lehrern ihres Bruders Höflichkeitsbesuche und verbrachte ihre Abende zumeist im Theater, in der Oper oder in Konzerten. Ihrem Bruder schrieb sie, daß sie sich jetzt große Mühe gebe, mit seiner Leipziger Vergangenheit vertraut zu werden –

46

eine Bemerkung, die ihn erschreckt haben dürfte, denn es gab Vorfälle in seiner Vergangenheit, von denen niemand etwas wußte und wissen sollte: verstohlene Besuche bei Prostituierten, angstvolle Momente in ärztlichen Konsulationszimmern. Er hoffte, diese dunklen Punkte in seiner Vergangenheit würden seinem ›treuen Lama‹ nie zu Ohren kommen.

Elisabeth beendete ihren Aufenthalt in Leipzig früher, als sie geplant hatte, da sie eine heftige Antipathie gegenüber ihrer Gastgeberin entwickelte. Frau Biedermann war ihr viel zu langweilig und nicht aristokratisch genug. Ihr Bruder versuchte sie zu trösten, indem er sie einlud, zu ihm nach Basel zu kommen. Und sie hätte seine Einladung ›furchtbar gern‹ angenommen, wenn ihre Mutter nicht darauf bestanden hätte, daß sie nach Naumburg kam. Die Wanderlust ihrer Tochter machte Franziska ernsthaft Sorgen; außerdem war die ewige Reiserei viel zu teuer. Franziska mußte ihren beiden Kindern ständig Vorwürfe über deren Geldverschwendung machen. Auch Fritz gab viel mehr aus, als er sollte. Es schien ihm unmöglich, mit seinem Baseler Gehalt auszukommen, obwohl er viel mehr verdiente, als sie zur Verfügung hatte. Sie mußte ihm zusätzlich die Zinsen von seinem Vermögen schicken, und einige Male wollte er sogar sein Kapital selbst angreifen. Sie war tiefverletzt, als er – nach einer mütterlichen Ermahnung zur Sparsamkeit – Elisabeth bat, sie möge seine Finanzen in Zukunft verwalten. Elisabeth kam dieser Bitte um so eifriger nach, als sie wußte, daß ihr Bruder nichts von Gelddingen verstand und der Ansicht war, daß ihre Mutter eine völlig verkehrte Ansicht vom Geld hätte, weil sie glaubte, man müßte es sparen. In Wahrheit jedoch sollte man es ausgeben. Und Elisabeth war mehr als willig, ihrem Bruder dabei zu helfen. Eifrig erfüllte sie seine Aufträge, die hauptsächlich darin bestanden, Geschenke für seine Tribschener Freunde zu kaufen – Spielzeug für Wagners Kinder, ein Porträt von einem Onkel Wagners, ein Wappenschild für den Maestro. Sie fühlte sich geschmeichelt, als ihr der Bruder mitteilte, Cosima von Bülow habe ihm geschrieben: »Wollen Sie Ihrer Fräulein Schwester freundlichst für ihre bereitwillige Unterstützung in der Porträtangelegenheit danken, noch mehr aber für die gegen mich gehegte wohlwollende Gesinnung.«[6]

Die Beziehung zwischen Wagner und Cosima, der Frau von Wagners Freund Hans von Bülow, hatte Fritz sehr diskret behandelt, obwohl es 1869 bereits ein offenes Geheimnis war, daß zwischen Wagner und Cosima ein Liebesverhältnis bestand. Daß das Tribschener Familienidyll, von Nietzsche in so reizenden Farben beschrieben, in Wirklichkeit ein ehebrecherisches Verhältnis war, empörte Nietzsches Mutter zutiefst. Elisabeth dagegen fand es aufregend und interessant. Sie war fest entschlossen, die Frau kennenzulernen, die die heiligen Bande der Ehe so offen zu brechen wagte. Wie gewöhnlich ging ihr Wunsch in Erfüllung, doch sie mußte fast ein Jahr warten, bis die Gelegenheit kam.

In der Hoffnung, daß Fritz sie mit nach Tribschen nehmen würde, wollte Elisabeth ihn in Basel besuchen. Doch Nietzsche beschloß, seine Semesterferien in Naumburg zu verbringen, um die Arbeit an dem Index zu beenden und seine Vorlesungen für das Wintersemester vorzubereiten. Seiner Mutter und Schwester sagte er, daß er diesmal Weihnachten nicht mit ihnen verbringen könne, da er nur sechs freie Tage habe und Wagner und Cosima ihn eingeladen hätten, das Fest mit ihnen und den Kindern zu feiern. Franziska war betrübt, als sie diese Nachricht hörte. Daß ihr Sohn für eine solch kurze Zeit nicht von Basel nach Naumburg reisen könnte, verstand sie gut, aber es tat ihr weh, daß er das Fest der Geburt Christi in der Gesellschaft eines Paares verbringen wollte, das so offen die Gebote mißachtete.

Elisabeth wandte ein, daß ihr Bruder alt genug sei, sich selbst zu entscheiden, in wessen Gesellschaft er Weihnachten verleben wolle. Franziska sollte doch stolz darüber sein, daß Fritz ein Freund des berühmten Musikers Richard Wagners war. Sie, Elisabeth, war es. Sie war allerdings noch stolzer, als sie von ihrem Bruder ein gebundenes Exemplar seiner Antrittsvorlesung mit der gedruckten Widmung bekam: »Meiner lieben und einzigen Schwester Elisabeth, der treuen Mitarbeiterin auf dem Stoppelfeld der Philologie.« Also hatte er sein Versprechen gehalten, das er ihr gegeben hatte, als sie noch Kinder waren: er hatte ein Buch geschrieben und es ihr gewidmet. Ungeduldig erwartete sie den kommenden Frühling, denn er hatte sie und ihre Mutter eingeladen, ihn dann in Basel zu besuchen. Er wollte sie seinen Kollegen und seinen Baseler Bekannten vorstellen. Über Wagner schwieg er.

Am Tage vor ihrer Abreise aus Naumburg hörten sie von Fritz, daß er zum Ordinarius befördert worden war. Innerhalb eines

Jahres hatte er den höchsten akademischen Rang erreicht, das begehrte Ziel der Gelehrten, die meist doppelt so alt waren wie er, bevor sie dieses Ziel erreichten. Er brauchte seine Verwandten nicht eigens zu bitten, diese Nachricht zu verbreiten. Ehe Franziska und ihre Tochter Naumburg verließen, wußte es die ganze Stadt, daß Friedrich Nietzsche im Alter von fünfundzwanzig Jahren auf dem Gipfel seiner Laufbahn stand. Seine Bewunderer prophezeiten, daß er noch vor seinem dreißigsten Jahr Geheimrat werden würde.

Das Wiedersehen in Basel war für alle drei ein beglückendes Erlebnis. Man war in gehobener Stimmung und sah zuversichtlich in die Zukunft. Franziska war stolz auf ihre Kinder. Ihr mütterliches Herz war voller Freude darüber, daß Fritz und Lieschen noch immer so gute Kameraden waren, auch wenn sie oft über Dinge sprachen, von denen sie nichts verstand. Die würdige Haltung ihres Sohnes imponierte ihr – von Kopf bis Fuß war er der Herr Professor. Auch schien er in ausgezeichneter Gesundheit; nur beklagte er sich über zuviel Arbeit. Da Nietzsche nicht seine ganzen Ferien in Basel verbringen wollte, reiste er mit seiner Mutter und Schwester in den kleinen, wunderschön gelegenen Kurort Clarens au Basset am Genfer See. Dort, wo alles »blau, blau, blau, warm, warm, warm von früh bis abends war«,[7] aalten sie sich in der Sonne, schwammen im See, aßen vorzüglich und erfreuten sich ihres Zusammenseins.

Mitten in dieser Idylle erreichte sie die Nachricht, daß Franziskas Schwester Ida schwer erkrankt war. Ohne zu zögern, reiste Franziska ab, um am Krankenbett ihrer Schwester ihre Pflicht zu tun. Elisabeth blieb bei ihrem Bruder, der sich den Fuß verstaucht hatte und das Bett hüten mußte. In seiner Baseler Wohnung sorgte sie für ihn. Mitte Juli erhielt Nietzsche eine dringende Aufforderung Wagners, sofort nach Tribschen zu kommen, verknüpft mit der Bitte, er solle ein paar Pfund holländischer Heringe mitbringen. Elisabeth war nicht eingeladen. Da Nietzsche nicht wollte, daß sie allein in Basel blieb, bat er die Frau eines Kollegen, die Elisabeth getroffen hatte und sie sympathisch fand, seine Schwester für ein paar Tage als Gast aufzunehmen. Dieser Vorschlag war deshalb ganz sinnvoll, weil die Villa des Kollegen auch am Vierwaldstätter See lag und zwar Tribschen direkt gegenüber. Elisabeth konnte so die Vorgänge im Hause Wagner durch ein Fernglas beobachten. Eines Tages sah sie ihren Bruder und einen anderen Herrn in einem Ruderboot über den See kommen. Ihr Herz schlug schneller. Sollte es ihr endlich doch vergönnt sein, das berühmte Paar zu treffen, ohne ihre Gastgeberin zu beleidigen, die Wagners Verhalten streng mißbilligte? Sie beschloß, die alte Dame zu fragen und war sehr erleichtert, als diese antwortete: »Liebe Elisabeth, wo Ihr Bruder sie hinführt, können Sie überall hingehen.«[8]

Am Landesteg wurde ›Fräulein Nietzsche‹, die Schwester ihres lieben jungen Freundes von Wagner und Cosima herzlich begrüßt. Elisabeth war zunächst etwas verlegen und auch erstaunt, weil sie nicht erwartet hatte, daß Wagner so klein und Cosima so groß sei. Cosima trug »ein rosa Kaschmirgewand mit breiten echten Spitzenaufschlägen, die bis zum Saum des Kleides hinab gingen, am Arm hing ihr ein großer Florentinerhut mit einem Kranz von rosa Rosen ... Dann folgte Wagner in niederländischem Malerkostüm: schwarzer Samtrock, schwarze Atlaskniehosen, schwarzseidene Strümpfe, eine lichtblaue Atlaskrawatte, reich gefältet, mit feinem Leinen und Spitzen dazwischen, das Künstlerbarett auf den damals noch üppigen braunen Haaren.«[9]

Die kleine Prozession, angeführt von Cosima mit Elisabeth an ihrer Seite und gefolgt von Wagner und Nietzsche, begab sich langsam durch den Garten zu dem alten Landhaus hinauf, das sich harmonisch in die Landschaft einfügte. Aber als sie drinnen waren, war Elisabeth enttäuscht, weil das Haus nicht in einer seinem Stil angemessenen Art eingerichtet war, sondern nach dem Geschmack eines Pariser Einrichtungshauses, das es überreich mit Seidensatin und Amoretten ausgestattet hatte. Obwohl Elisabeth während dieses ersten Besuchs nicht lange im Hause Wagners blieb, gelang es ihr, den Grundstein für ihre spätere enge Freundschaft mit Cosima zu legen, die sie bewunderte und beneidete. Cosimas aristokratischer Lebensstil, ihre Überlegenheit und ihr starkes Selbstbewußtsein imponierten Elisabeth. Hier war ein Vorbild, dem sie nachzustreben gedachte.

Elisabeth und ihr Bruder waren kaum nach Basel zurückgekehrt, als etwas geschah, was das politische Gesicht Europas von Grund auf veränderte: der Ausbruch des Deutsch-Französischen Krieges 1870. Nietzsche war tief besorgt. Aufgrund seiner Basler Professur war er Schweizer Bürger geworden, aber er fühlte, daß er in einem Krieg, der über die Zukunft seines Vaterlandes entscheiden sollte, unmöglich neutral bleiben könnte. »Ich bin betrübten Mutes, Schweizer zu sein! Es gilt unserer Kultur! Und da gibt es kein Opfer, das groß genug wäre! Dieser fluchwütige französische Tiger!«[10] Er beschloß, sich von seinem akademischen Lehramt beurlauben zu lassen und als Sanitäter bei einem preußischen Regiment zu dienen. Elisabeth begleitete ihn bis Erlangen, wo er einen kurzen Lehrgang in Erster Hilfe machte. Dann fuhr sie nach Naumburg zurück.

Es sollte sich herausstellen, daß die militärische Laufbahn ihres Bruders nicht lange dauerte. Friedrich Nietzsche wurde nach Metz geschickt mit dem Befehl, einen Zug schwerverwundeter Soldaten nach Deutschland zurückzubegleiten. Während des Transportes mehrten sich Fälle von Ruhr und Diphterie, und als er Karlsruhe erreichte, stellte sich heraus, daß sich Nietzsche beide Krankheiten zugezogen hatte und selbst ins Krankenhaus mußte. Er bat, zur völligen Genesung nach Hause entlassen zu werden. Das wurde ihm erlaubt, und unter der liebevollen Pflege seiner Mutter und Schwester genas er bald und kehrte anschließend an die Basler Universität zurück.

Der Krieg gab Elisabeth, die in Naumburg blieb, Gelegenheit, sich der Heimat zur Verfügung zu stellen. Die Stadt war voll von französischen Kriegsgefangenen und verwundeten deutschen Soldaten, die gepflegt werden mußten. Dieser Aufgabe widmete sich Elisabeth mit bemerkenswerter Energie. Sie kochte und nähte für die Verwundeten, half mit bei der Wäsche, spielte die Rolle des Weihnachtsmannes in einem Veteranenkrankenhaus und übte ihre französische Konversation mit gefangenen französischen Offizieren. Franziska war stolz auf den patriotischen Eifer ihrer Tochter und berichtete ihren Verwandten: »Lieschen freut sich, diesen Winter keine Bälle besuchen zu müssen.«[11] Die Zeiten waren zu ernst, es gab zuviel Leid, aber alle hofften auf ein baldiges Ende des Krieges. Als Fritz aus Basel schrieb, daß der Grund für die Verlängerung des Krieges Preußens Forderung nach Elsaß-Lothringen sei, und daß »seine Sympathien für den jetzigen deutschen Eroberungskrieg allmählich abnähmen«,[12] ermahnte ihn Elisabeth, daß er doch einsehen müsse, »wie unser lieber König nicht daran Schuld ist, wie gerne machte er Frieden, aber ohne Elsaß und Lothringen geht es nicht, o diese verstockten Franzosen.«[13]

Nietzsche fand zwar derartige Selbstenthüllungen der politischen Ignoranz seiner Schwester reichlich naiv, aber er hütete sich, deswegen mit ihr zu brechen, denn er brauchte sie. Er fand das Leben in seiner Junggesellenwohnung langweilig und unbequem, obwohl er in Franz Overbeck, einem jungen Kollegen, der Theologie lehrte und in demselben Haus wohnte – Baumanns Höhle nannten sie es, in Anspielung an den Namen des Besitzers –, einen guten Freund gefunden hatte. Dennoch vermißte Nietzsche die familiäre Atmosphäre seines Naumburger Heimes. Als Overbeck heiratete, fragte er sich, ob er nicht auch heiraten sollte, aber er fand die richtige Frau nicht. Die Frauen, die ihm gefielen, waren entweder schon verheiratet oder ließen ihn wissen, daß sie an einer Ehe mit ihm nicht interessiert seien. Gottlob gab es seine Schwester. Elisabeth war entzückt von der Idee, den Haushalt ihres Bruders zu führen. Ende Dezember 1870 schrieb sie ihm: »Wenn ich mir etwas zum neuen Jahr wünsche, so hat der Wunsch nur zwei Worte: nach Basel!«[14] Um diesen ihren Wunsch noch attraktiver für ihn zu machen, fügte sie hinzu: »Dann bringe ich mir etwas Küchenzeug mit und koche in Deiner hübschen kleinen Küche... Siehst Du, wie schön das wird. Außerdem wäre es billiger als aus dem Gasthaus.«[15]

1871 war noch keinen Monat alt, als Elisabeth ein Telegramm ihres Bruders erhielt, in dem er sie bat, sie solle sofort nach Basel kommen, seine Gesundheit hätte sich sehr verschlechtert. Er litt an Schlaflosigkeit, an furchtbaren Kopfschmerzen und war geplagt von Hämorrhoiden. Seine Nächte waren qualvoll. Einschlafen konnte er nur mit Hilfe stärkster Schlafmittel. Sein Arzt hatte ihm geraten, zur Erholung nach Lugano zu fahren, und er wünschte, daß ihn seine Schwester dahin begleitete. Nietzsches Telegramm erschreckte seine Mutter und Schwester. Franziska konnte nicht verstehen, warum sich der Gesundheitszustand ihres Sohnes plötzlich so sehr verschlechtert hatte. Im Frühling schien er doch in bester Gesundheit zu sein. Wahrscheinlich hatte er zu schwer gearbeitet. Elisabeth war gern bereit, die Einladung ihres Bruders anzunehmen, obgleich das Reisen mitten im Winter nicht ohne Gefahren war. Die Alpenpässe, so hieß es, seien durch Lawinen zum Teil blockiert, und Franziska wollte das Leben ihrer Tochter nicht unnötig aufs Spiel setzen, um so weniger, als Fritz in einem Brief, den sie nach dem Telegramm erhielt, der jedoch vorher geschrieben worden war, andeutete, er könne sich auch allein zurechtfinden, wenn Elisabeth aus irgendeinem Grunde nicht kommen könnte. Franziska telegrafierte, daß Elisabeth unter diesen Umständen zu Hause bleiben würde, nicht wissend, daß Elisabeth ihrem Bruder bereits brieflich mitgeteilt hatte, sie käme. Fritz war außer sich und schrieb an seine Mutter:»Die Zusagebriefe kamen Mittwoch früh, das Absagetelegramm einige Stunden später: Scherze, die ich jetzt schlecht vertrage: ich zitterte und mußte mich erbrechen.«[16]

Nun gab es für Elisabeth kein Halten mehr. Sie eilte zu ihrem Bruder und blieb sechs Monate bei ihm. Wie verabredet, trafen sie sich in Lugano, wohnten zusammen im *Hotel du Parc* und fuhren dann gemeinsam nach Basel zurück. Elisabeth erschrak, als sie ihren Bruder wiedersah. Sein körperlicher, aber auch sein seelischer Zustand war besorgniserregend. Der Grund für seine Depression war seine wachsende Einsicht, in einem Beruf zu stehen, für den er gänzlich ungeeignet war. Er war eben doch kein Philologe. Textkritische Untersuchungen der Werke griechischer oder römischer Autoren hielt er für ›Wortklaubereien‹ oder im besten Falle für geistreiche Spiele. Sein wirkliches Interesse galt philosophischen Betrachtungen. Seine gegenwärtige Stellung verdankte er einem reinen Zufall. Er vertraute seiner Schwester an, daß er sich um den an seiner Universität gerade frei gewordenen Lehrstuhl für Philosophie beworben habe. Für den Fall, daß seine Bewerbung angenommen würde, habe er den Baslern vorgeschlagen, seinen Freund Erwin Rohde den Lehrstuhl für klassische Philologie anzutragen. Es war ein kühner Vorschlag von einem der jüngsten Fakultätsmitglieder, den die Schweizer Universitätsbehörden ignorierten. Sie hatten Nietzsche gerade erst zum Ordinarius der Philologie befördert und sahen nicht ein, warum er diese Disziplin nun verlassen wollte; schließlich hatte er keinerlei akademische Ausbildung als Philosoph, und seine Veröffentlichungen waren alle aus dem Fachgebiet der Philologie. Nietzsche war sehr enttäuscht und deutete seiner Schwester an, er würde seine Baseler Professur aufgeben und an Wagners Seite die Werbetrommel rühren, um für das Bayreuther Festspielhaus Geld zu sammeln. Auf einer Vortragsreise durch Deutschland würde er in allen größeren Städten um öffentliche Unterstützung werben für eine Wiedergeburt der deutschen Kultur im Geiste der Musik Richard Wagners. Derartige Gedanken beunruhigten Elisabeth. Auch sie profitierte von dem Ruhm der akademischen Stellung ihres Bruders. Was würde man sagen, wenn er sie aufgab. Außerdem konnte sie sich ihren Bruder nicht als erfolgreichen Agitator für Wagners Bayreuther Projekt vorstellen, ganz abgesehen davon, daß er gesundheitlich nicht in der Lage war, eine so anstrengende Aufgabe zu übernehmen. Was er brauchte, war ein eigenes Heim, viel Ruhe und einen guten Kameraden. Mit einem Wort: sie.

Um die Erlaubnis ihrer Mutter zu erhalten, wenigstens einen Teil des Jahres bei ihrem Bruder in Basel zu verbringen, behauptete Elisabeth, Fritz würde seine Stellung aufgeben und dadurch seinen Lebensunterhalt verlieren, wenn sie nicht bei ihm bliebe. Dieses Argument überzeugte Franziska. Sie war damit einverstanden, daß ihre Tochter den Haushalt ihres Bruders bis zu seiner hoffentlich baldigen Verheiratung versorgte. Es war ihr unverständlich, warum bisher keines ihrer Kinder, die doch wahrhaftig mehr zu bieten hatten als viele andere, einen geeigneten Lebensgefährten gefunden hatte. Im Einvernehmen mit ihrer Mutter verbrachte Elisabeth ungefähr sechs Monate im Jahr mit ihrem Bruder in Basel und den Rest zu Hause in Naumburg. Alle Beteiligten waren mit diesem Arrangement zufrieden.

Nietzsche schrieb an seinen Freund Carl von Gersdorff: »Also inzwischen habe ich mit Hilfe meiner Schwester mich häuslich eingerichtet, und es ist gut gelungen. So bin ich endlich, seit meinem 13. Lebensjahr, wieder in traulichen Umgebungen, und je mehr man sich aus allem, was andere erfreut, exiliert hat, um so wichtiger ist es, daß unsereins seine eigene Burg hat, von wo man zusehen kann und wo man vom Leben sich nicht mehr so getadelt fühlt. Ich habe es durch das glückliche Wesen meiner Schwester, das mit meinem Temperament auf das beste zusammenstimmt, vielleicht günstiger getroffen als sehr viele andere.«[17]

Elisabeth fühlte sich geschmeichelt von der freundlichen Aufnahme, die ihr von den führenden Familien Basels zuteil wurde. Sie wußte nicht, daß man sich über die ›Nietzsche-Ménage‹ amüsierte und sich über ihre gesellschaftlichen Ambitionen lustig machte. In den Augen der Basler Patrizier war Elisabeth ein Mädchen aus der Provinz, wenn auch mit den Allüren einer grande dame. Als sie hörte, daß sich Ida Overbeck, die Frau des Kollegen ihres Bruders, herablassend über sie geäußert haben sollte, wurde Elisabeth wütend und warnte ihren Bruder, vor beiden Overbecks auf der Hut zu sein.

Zu Elisabeths großem Bedauern erlaubte der Gesundheitszustand ihres Bruders kein sehr aktives gesellschaftliches Leben; sie mußte viele Einladungen abschlagen, die sie eigentlich gern angenommen hätte. Sie tröstete sich mit dem Gedanken, daß Fritz sie nicht nur als Haushälterin brauchte, sondern auch als Zuhörerin, gleichsam als Muse für seine Ideen. Er war mit den Vorarbeiten eines langen Essays beschäftigt, der das dionysische Weltbild der Griechen zum Gegenstand hatte und sein erstes größeres Werk werden sollte: *Die Geburt der Tragödie aus dem Geist der Musik.* Elisabeth freute sich mit ihm, als Wagner, der ihn zu vielen Ideen dieses Buches inspiriert hatte, dieses als ein Meisterwerk pries, und teilte ihres Bruders Verachtung für diejenigen unter seinen Kollegen, die es der mangelnden kritischen Schärfe wegen verurteilten. Nietzsches Entschluß, eine Reihe öffentlicher Vorträge über Themen von allgemeinem Interesse zu halten, hielt Elisabeth für ausgezeichnet. Je mehr Menschen ihn hörten, um so bekannter würde er werden. Der Weg zum Ruhm führte nicht durchs Klassenzimmer. Während seine Schwester in Naumburg war, hielt Nietzsche eine Reihe von Vorträgen über *Die Zukunft unserer Erziehungsanstalten,* die beträchtliches Aufsehen erregten. Stolz informierte er Elisabeth und seine Mutter, daß hunderte von Leuten gekommen seien und daß seine Vorträge heftige Diskussionen unter Studenten und Kollegen ausgelöst hätten. Elisabeth bedauerte es sehr, daß sie den Triumph ihres Bruders nicht persönlich miterlebt hatte und war erfreut, von ihm ein Exemplar der *Grenzpost* mit einer recht amüsanten Rezension seiner Vorträge zu erhalten. Nietzsche wurde allmählich bekannt in Basel und bei der Elite der europäischen Intellektuellen. Elisabeths große Sorge war nur, ob es ihm seine Gesundheit erlauben würde, auf dem Wege zum Ruhm vorwärts zu schreiten.

Die Jahre vergingen, und Elisabeth erkannte immer deutlicher, daß ihr Bruder an einer geheimnisvollen Krankheit litt. Es gab Zeiten, in denen er strahlend und voller Energie war, aber dann kamen Perioden – und zwar immer häufiger –, in denen er sich gezwungen sah, tage- und nächtelang in einem dunklen Zimmer zu liegen, gequält von Migräne und Magenkrämpfen, Medikamente schluckend und an Gallenschleim fast erstickend. Bei diesen Gelegenheiten setzte sie sich an sein Bett und war in furchtbarer Angst, daß etwas Entsetzliches geschehen könnte. Was sie am meisten beunruhigte, war der Gedanke, daß die Stellung ihres Bruders an der Universität gefährdet sein könnte, wenn seine Krankheit bekannt würde. Das mußte auf alle Fälle verhindert werden. Doch sie behielt ihre Sorgen für sich. Nur ihrer Mutter vertraute sie an, sie fürchtete, Fritz würde blind werden oder einen Schlaganfall erleiden. Sie schrieb ihr: »Der Bogen könnte einmal überspannt werden. Dieser eigenartige Zusammenfall, eine Art Lähmung, welche auf kurze Zeit ihn befällt, ist doch sehr eigenartig.«[18] Während dieser schrecklichen Nachtwachen hatte Elisabeth Zeit genug, über ihre eigene Zukunft nachzudenken. Sie hatte immer nur an ein gemeinsames Leben mit ihrem Bruder gedacht. Für keinen der jungen Männer, die sie getroffen und die ihr den Hof gemacht hatten, hatte sie die gleiche Liebe und Zuneigung empfunden wie für Friedrich; von Kindheit an hatte sie ihn verehrt; sie verehrte ihn auch jetzt noch, aber sie begann Zweifel zu hegen an einer gemeinsamen Zukunft. Was sollte sie anfangen, wenn ihm etwas geschah? Es dauerte einige Jahre, ehe sie eine Antwort auf diese Frage fand, eine Antwort, die ihren Bruder so tief verletzte, daß er sie als ›Verrat‹ bezeichnete.

5. Mißklänge in Bayreuth

Das magische Wort, das die meisten Unterhaltungen in der Zeit beherrschte, die Elisabeth mit ihrem Bruder in Basel verbrachte, war Bayreuth, die kleine oberfränkische Stadt, die Wagner zur Verwirklichung seines lange gehegten Traumes ausgewählt hatte, der Welt die vier großen Opern des *Ring der Nibelungen* zu präsentieren. Lange vor der Vollendung der Tetralogie war Wagner zu der Überzeugung gekommen, daß die bestehenden Opernhäuser zur Aufführung für dieses Werk ungeeignet waren, das ja keine Oper im herkömmlichen Sinne des Wortes war, sondern ein Musikdrama, eine neue und höhere Kunstgattung, in welcher Dichtung, Musik und Bühnenbild in einem eigens dafür erbauten Theater eine gewaltige Gesamtwirkung erzielen sollten. Selbst das übliche Opernpublikum war ungeeignet für seinen *Ring*; deshalb plante Wagner, die musikalische Elite eigens zu diesem Zweck nach Bayreuth einzuladen. Es war ein grandioses Projekt und begeisterte besonders diejenigen unter Wagners Landsleuten, die sich nach einer Wiedergeburt des deutschen Geistes sehnten, nachdem unter Bismarcks Führung Deutschland eine so bedeutende politische Rolle zu spielen begann. Sie setzten sich für das Bayreuther Festspielhausprojekt mit der Leidenschaft von Jüngern ein, die einem neuen Kult frönten, der die alten germanischen Götter der Nibelungensage mit den berauschenden Klängen von Wagners Musik vermählte.

Im Gegensatz zu Wagners enthusiastischen Verehrern betrachteten viele seiner mehr praktisch denkenden Zeitgenossen das Bayreuther Projekt mit beträchtlicher Skepsis. Sie zweifelten, ob eine kleine bayerische Stadt der richtige Ort für ein Festspielhaus sei, das eigens zu den Zweck gebaut werden sollte, dem nationalen deutschen Geist eine würdige Heimstatt zu bieten. Warum hatte Wagner wohl die Einladung solch angesehener kosmopolitischer Zentren wie Wien, Berlin oder München, die alle an dem Festspielhausprojekt interessiert waren, abgeschlagen? Er erwiderte, daß es gerade der kosmopolitische Charakter dieser Städte war, den er verachtete. Er hegte eine leidenschaftliche Abneigung gegen Journalisten, Bankiers, Professoren, Geschäftsleute, Musikkritiker und ihresgleichen, die vor allem in Großstädten zu finden waren. Viele von ihnen, sagte er, seien Juden, die den reinen deutschen Geist verdürben; er wolle sein Festspielhaus bewußt in einer kleinen Stadt errichten und damit näher an die Wurzeln des echten Germanentums gelangen.

Was die Mittel betraf, die er für ein so kostspieliges Unternehmen wie den Bau und die Erhaltung eines Opernhauses benötigte – ganz zu schweigen von den Kosten für Orchester, Sänger, Bühnenbildner, usw. – so zählte er auf seinen Schutzheiligen, König Ludwig von Bayern. Und das mit Recht. Aber selbst die königliche Großzügigkeit wurde durch das Bayreuther Projekt überfordert; es mußten mehr als tausend wohlhabende Gönner gefunden werden, um das Unternehmen verwirklichen zu können. Obwohl weder Elisabeth noch ihr Bruder wohlhabend waren, erwarben beiden einen Patronatsschein zum Preise von je 300 Talern – mehr als ein Drittel von Nietzsches jährlichem Professorengehalt. Für ihre sparsame Mutter war das ein weiteres Zeichen dafür, daß ihre Kinder in finanziellen Dingen unverantwortlich handelten. Und insgeheim fragte sich auch Elisabeth, ob es weise gewesen war, soviel Geld in ein Unternehmen zu investieren, dessen Erfolg mehr als zweifelhaft schien. Denn weder der deutsche Adel noch die reiche Bourgeoisie waren geneigt, für den Bau eines Tempels deutscher Kultur in Bayreuth Geld zu spenden. Als das Festspielhaus halb erbaut war und keine Mittel zur Fertigstellung mehr bereit standen, entschied sich Wagner, sich in einem offenen Appell an das deutsche Volk zu wenden. Er bat Nietzsche, diesen Appell zu entwerfen. Nietzsche nahm den ehrenvollen Auftrag freudig an und verfaßte einen ernsten, rührenden *Mahnruf* an das deutsche Volk, in dem er es aufforderte, dem Werk, das »der große, tapfere, unbeugsame und unaufhaltsame Kämpfer Richard Wagner für die Ehre des deutschen Geistes und des deutschen Namens«[1] begonnen hatte, durch großherzige Spenden zur Vollendung zu verhelfen. Eine Abschrift dieses *Mahnrufs* schickte er seiner Schwester, die so beeindruckt davon war, daß sie ihn an alle ihre Naumburger Freunde weitergab, bis sie – zu ihrer Überraschung – von ihrem Bruder hörte, daß Wagner seinen *Mahnruf* nicht angenommen hatte. Anscheinend hatte das Finanzkomitee des Bayreuther Festspielhauses entschieden, daß Nietzsches *Mahnruf* in einer viel zu esoterischen Sprache verfaßt war und nicht den erwünschten Erfolg haben würde. Nach außen hin nahm Nietzsche diese Abweisung gelassen auf. Doch Elisabeth hat sicher unrecht, wenn sie später behauptete, ihr Bruder sei froh gewesen, daß sein Appell kein Gehör gefunden habe. Denn Nietzsches Verfasserstolz war schwer verletzt worden; dazu kam, daß er vorgeschlagen hatte, sein *Mahnruf* solle gleichzeitig in französischer, italienischer und englischer Übersetzung erscheinen.

Ihres Bruders Freundschaft mit Wagner war wichtig für Elisabeth, weil sie ihr den Weg zum Eintritt in den engeren Kreis von Bayreuth und die große Welt des Musiklebens bahnte. Nicht der Musik wegen – Elisabeth hatte eine hübsche Stimme, aber besonders musikalisch veranlagt war sie nicht –, sondern weil sie sich in der Gesellschaft von Wagners distinguierten Freunden recht wohl fühlte; besonders wenn sie adelig waren wie Malwida von Meysenbug oder als Exzellenz tituliert wurden. Ihr Leben lang hatte Elisabeth eine Schwäche für Exzellenzen. Als ihr die Universität Jena anläßlich ihres 75. Geburtstages den Ehrendoktortitel verlieh, flüsterte sie einer Freundin zu, daß ihr der Titel ›Exzellenz‹ weit besser gefallen würde. Durch Wagner und Cosima erhielt Elisabeth Zutritt zu einer Welt, von der sie als Kind geträumt hatte, und sie war fest entschlossen, in dieser Welt zu bleiben. Es bestand auch keine Gefahr, daß sie daraus vertrieben würde, solange Wagner und ihr Bruder Freunde waren; was ihren Bruder betraf, so hatte sie von einer Abkühlung seiner Freundschaft mit Wagner nichts bemerkt. Im Gegenteil, er arbeitete an einem langen, mit dem Gefühl echter Verehrung geschriebenen Aufsatz über *Richard Wagner in Bayreuth*, den er dem Meister als Zeichen seiner Liebe und Bewunderung bei der Eröffnung der Bayreuther Festspiele im Juli 1876 überreichen wollte.

Worüber sich Elisabeth Sorgen machte, war nicht die Beziehung zwischen ihrem Bruder und Wagner, sondern Friedrichs Gesundheit. Diese hatte sich in der letzten Zeit so verschlechtert, daß Nietzsche im Mai 1876 gezwungen war, sich für ein Jahr beurlauben zu lassen, um eine Zeitlang in völliger Ruhe in einem milderen Klima zu verbringen. Er beschloß, nach Süditalien zu gehen. Elisabeth lehnte es ab, ihn zu begleiten, denn sie war zu der Überzeugung gekommen, daß sie jetzt daran denken müsse, ihr eigenes Leben zu leben. Sie schlug vor, ihren Baseler Haushalt aufzulösen, die Möbel und Bücher ein Jahr unterzustellen und ihren Bruder in Bayreuth eine

Woche nach den Proben, zu denen Wagner Nietzsche als persönliche Gunstbezeigung eingeladen hatte, zu treffen. Wenn er nach einem Jahr in Italien wieder nach Basel zurückkäme, würde sie gern wieder seinen Haushalt führen, falls er sie noch brauchte. Die beste Lösung für beide wäre jedoch, wenn er eine gute, aber reiche Frau fände, die für ihn sorgen würde. Das Thema ›Ehe‹ behandelten beide mit Humor und Heiterkeit, indem sie Listen der in Frage kommenden Damen aufstellten, wohl weil sie beide wußten, daß es sehr unwahrscheinlich war, Fritz würde eine dieser Märchenfrauen finden. Doch das war Zukunftsmusik. Die unmittelbare Frage war, ob es ihm seine Gesundheit überhaupt erlauben würde, an den Festspielen teilzunehmen. Als Wagners Intimus hatte Nietzsche an der Entwicklung der Festspielidee von Anfang an teilgenommen; begeistert hatte er sie sowohl mit seiner Feder wie mit seinem Geld unterstützt. An jenem historischen Augenblick im Jahre 1872, als Wagner in Gegenwart seiner engsten Freunde den Grundstein für das Festspielhaus gelegt hatte, war er dabeigewesen; er hatte soeben einen sehr ehrenvollen Essay geschrieben, in dem er Wagner dem Musiker und dem Menschen vollen Tribut für ein großes Werk zollte; würde ihn das Schicksal jetzt einen so üblen Streich spielen und ihn hindern, an dem musikalischen Fest teilzunehmen, auf das er sich schon so viele Jahre lang gefreut hatte? Manchmal schien es fast so. Mit Entsetzen dachte Elisabeth an den fürchterlichen Anfall zurück, den Fritz am Weihnachtstag 1875 erlitten hatte; nachdem der tagelang von einer so schweren Migräne geplagt worden war, daß er seine Augen nicht mehr öffnen konnte und in einem dunklen Zimmer liegen mußte, hatte er Brechanfälle und schließlich einen völligen Zusammenbruch erlitten, der das Ende anzudeuten schien. Als er wieder bei Bewußtsein war, erklärte er seiner Schwester, er sei jetzt sicher, daß der wirkliche Grund seiner Krankheit im Gehirn liege, und daß seine Augen- und Magenbeschwerden nur eine Reaktion darauf seien. Auch ihr Vater sei ja im Alter von 36 Jahren an einem Gehirntumor gestorben. Vielleicht würde er nicht einmal so alt.

Die moderne Medizin bestätigt Nietzsches Diagnose, nur war der Grund seiner Krankheit kein Gehirntumor, sondern der Anfang des dritten Stadiums der Syphilis, die dann zwölf Jahre später zu einem Gehirnschlag führte. An progressiver Paralyse Leidende werden zeitweilig von so starken Schmerzen gepeinigt, daß sie zu sterben wünschen. Andererseits jedoch erleben sie auch Perioden solch euphorischen Wohlbefindens, daß sie meinen, tanzende Sterne und Herren der Welt zu sein. Der erratische Verlauf von Nietzsches Leben ist symptomatisch für beide Extreme.

Elisabeth, die keine Ahnung von den Ursachen der Krankheit ihres Bruders hatte, war tief erschüttert von der Heftigkeit des Anfalls; zu ihrer Sorge um ihren Bruder trat immer stärker die Sorge um ihre eigene Zukunft. In ihrem Entschluß, ihn nicht nach Italien zu begleiten, wurde sie bestärkt durch den Sarkasmus, den er auch ihr gegenüber zeigte, wenn er krank war. Die abfälligen Bemerkungen, die er dann oft machte, fand sie äußerst beleidigend. Er schien eine perverse Freude daran zu haben, alle Ideale, auch die, an die er selbst glaubte, in den Schmutz zu ziehen. Sie fragte sich, ob es einen Zusammenhang gäbe zwischen seiner Krankheit und der Richtung seines Denkens. Und sie hoffte, daß eine längere Ruhepause und ein Klimawechsel seine Gesundheit bessern und damit auch seine Weltanschauung in andere Bahnen lenken würde. Elisabeth wußte, daß ihr Bruder Wagner verehrte und dessen Musik liebte; und sie war sehr froh, als Friedrich ihr sagte, er fühle sich gesund genug, nach Bayreuth zu reisen. Immer wieder hatte er betont, daß Musik Labsal für seine Seele sei; daran mußte sie denken, als sie ihn in den letzten Julitagen 1876 zum Baseler Hauptbahnhof begleitete und er in den Zug nach Bayreuth stieg.

Aber wenn Elisabeth wirklich hoffte, daß ihr Bruder durch ein musikalisches Wunder geheilt werden könnte, so hatte sie sich getäuscht. Kurz nach seiner Ankunft in Bayreuth schrieb er ihr, daß er bedaure, gekommen zu sein, denn er fühle sich furchtbar elend. »Von Sonntag Mittag bis Montag Nacht Kopfschmerzen, heute Abspannung, ich kann die Feder gar nicht führen.«[2] Die Proben hätten ihn sehr enttäuscht und das Wetter auch: es sei heiß, schwül und gewittrig. Wahrscheinlich müsse er fortgehen. Drei Tage später jedoch erhielt Elisabeth einen anderen, viel zuversichtlicheren Brief. Er schrieb ihr, daß er sich besser fühle, hauptsächlich weil Malwida von Meysenbug so gut für ihn sorge. Er könne in ihrem Garten sitzen, viel Milch trinken, schwimmen und gut essen. Auch die Musik gefalle ihm jetzt besser. »Inzwischen habe ich die ganze *Götterdämmerung* gesehen und gehört, es ist gut, sich daran zu gewöhnen, jetzt bin ich in meinem Element.«[3] Außerdem teilte er seiner Schwester mit, daß König Ludwig erwartet würde und fügte stolz hinzu, daß ihm der König ein Glückwunschtelegramm für seinen Aufsatz *Richard*

61

Wagner in Bayreuth geschickt habe. Beide Wagners – Richard und Cosima – verwöhnten ihn mit Freundlichkeiten und die Kinder wollten wissen, wann Tante Elisabeth nach Bayreuth käme. Zum Schluß seines Briefes wiederholte er, daß sich seine Gesundheit sehr verbessert habe und daß er bei ausgezeichneter Laune sei. Er bat sie, bald zu kommen. »Leb wohl, meine gute Lisbeth, tummle Dich, feins Lama!«[4]

Elisabeth las diesen Brief mit großer Erleichterung. Aber ihre Freude sollte von kurzer Dauer sein. Kaum vier Tage später schrieb ihr Bruder wieder, diesmal in absoluter Verzweiflung. »Es geht nicht mit mir, das sehe ich ein! Fortwährender Kopfschmerz, obwohl noch nicht von der schlimmsten Art, und Mattigkeit. Gestern habe ich die Walküre nur in einem dunklen Raum mit anhören können; alles Sehen unmöglich! Ich sehne mich weg, es ist unsinnig, wenn ich bleibe. Mir graut vor jedem dieser langen Kunstabende.«[5] Von Schmerzen gepeinigt und ohnehin in gereizter Stimmung wurde ihm der ganze Bayreuther Kunstbetrieb zuwider – die Vermengung von Kunst und Geschäft, die banalen Unterhaltungen der teutonischen Wagnerianer, ihre patriotischen Platitüden, ihre Eitelkeiten und Eifersüchteleien. Selbst wenn es ihm gut ging, haßte Nietzsche Rummel und Menschenmassen; in seinem jetzigen Zustand fand er sie unerträglich. Dazu kam das heillose Tohuwabohu auf der Bühne; die lächerliche Szene mit dem aus London importierten Drachen, der nur mit Kopf und Schwanz auftreten konnte, weil sein Mittelstück aus Versehen anstatt nach Bayreuth nach Beirut geschickt worden war; eine groteske Karikatur, gewiß, aber leider bezeichnend für das ganze Festspiel; und Wagner, umringt von einer Menge serviler Bewunderer, herumstolzierend wie ein Pfau. Das war nicht der große Künstler, dem er sein Lob gezollt hatte. Nein, Nietzsche hatte den ganzen Festspielrummel gründlich satt. Er beschloß, aus dem Bayreuther Jahrmarkt der Eitelkeiten in die Einsamkeit des Fichtelgebirges zu entfliehen. Seine Schwester bat er, ihn in Bayreuth zu vertreten und sich um den Verkauf seiner Festspielkarten zu kümmern; sie waren teuer gewesen, hatten 100 Taler gekostet. Und dann war auch noch die Frage zu klären, was aus der Wohnung werden sollte, die er für die vierwöchentliche Dauer der Festspiele zu einem horrenden Preis gemietet hatte. Er hoffte, Elisabeth könnte Untermieter dafür finden. Auf jeden Fall würde er bei ihrer Ankunft nicht mehr in Bayreuth sein und auch auf seiner Reise nach Italien nicht über Bayreuth kommen.«Also werden wir uns in diesem Jahr vielleicht nicht wiedersehen, ich muß alle Fassung zusammennehmen, die grenzenlose Enttäuschung dieses Sommers zu ertragen. Auch meine Freunde werde ich nicht sehen; es ist alles jetzt für mich Gift und Schaden.«[6] Elisabeth weinte, als sie diesen Brief las. Es war doch sehr rücksichtslos von Fritz gewesen, einfach wegzufahren, ohne auf sie zu warten und ihr die Gelegenheit zu geben, die ganze Angelegenheit in Ruhe zu besprechen. Was sollte sie ihren Freunden sagen? Sie schüttete ihr bekümmertes Herz vor Malwida aus, die sie damit zu trösten suchte, daß jedermann wüßte, ihr Bruder müsse sich von den Anstrengungen der letzten Wochen erholen. Sie wüßten doch, daß er krank sei, außerdem seien die Proben für alle sehr ermüdend gewesen, weil Wagner ein solcher Perfektionist sei und es immer wieder größere Unterbrechungen gegeben habe. Malwida gestand, daß auch sie ziemlich müde sei. Sie versicherte, daß es völlig grundlos sei, sich Sorgen zu machen über Wagners Reaktion auf Nietzsches plötzliches Verschwinden. Wagner hatte ganz andere Sorgen. Er erwartete König Ludwig zur Generalprobe und versuchte um jeden Preis zu verhindern, daß dabei etwas schief ginge. Durch Malwidas Zuspruch ermutigt, widmete sich Elisabeth nun den Festspielen. Sie machte Wagner und Cosima ihre Aufwartung, spielte mit den Kindern und traf eine Reihe von bekannten Besuchern. In Malwidas Begleitung nahm sie an den Generalproben teil und war eine der wenigen priviligierten Personen, die einer ausschließlich für den König gegebenen Aufführung von *Rheingold* beiwohnen durften. Als angesehenes Mitglied in Wagners Gefolge fühlte sie sich so richtig in ihrem Element. Es war *der* Lebensstil, der ihr lag. Wenn ihn ihr Bruder nicht mochte, so war das seine Sache. Spätestens jetzt in Bayreuth faßte Elisabeth den Entschluß, nicht länger die Rolle der kleinen Schwester ihres Bruders zu spielen.

Während Nietzsche seiner Menschenverachtung in bitteren Aphorismen, die er auf einsamen Spaziergängen im Fichtelgebirge in sein Notizbuch schrieb, Ausdruck gab, amüsierte sich Elisabeth in Bayreuth. Sie war der Mittelpunkt des Interesses einer Gruppe ernster, junger Wagner-Verehrer, die ihr den Hof machten – nicht nur weil sie ein heiteres Naturell und ein hübsches Gesicht hatte, sondern auch weil sie zu dem engeren Kreis des Meisters gehörte. Unter den Männern, die sie besonders umwarben, war ein ungemein leidenschaftlicher Wagnerianer, Dr. Bernhard Förster, dessen Patriotismus sie tief beeindruckte. Er sagte ihr, das Buch ihres Bruders, *Richard Wagner in Bayreuth*, sei seine Bibel und er betrachte es als besondere Ehre, die Schwester des Mannes kennengelernt zu haben, der dem größten lebenden deutschen Künstler ein so würdevolles Denkmal gesetzt hatte. In langen Gesprächen machte Förster Elisabeth mit seinen grandiosen Plänen zur Wiedergeburt des deutschen Geistes bekannt.

Unter dem Eindruck solcher Erlebnisse schrieb Elisabeth ihrem Bruder begeisterte Briefe und bedauerte, wie viel er verpasse, nachdem die Proben nun vorüber seien und die Aufführungen so glänzend verliefen. Sogar der alte Kaiser sei in Bayreuth, überhaupt alle, die es zu etwas gebracht hätten. Es sei zu schade, daß er, Fritz, jetzt nicht hier sei. Diese Briefe hatten den gewünschten Erfolg. Nietzsche empfand, daß er trotz seiner angeschlagenen Gesundheit und seiner schlechten Laune Bayreuth nicht länger fernbleiben könne. Wider Willen, so berichtet er, sei er zu den Festspielen gefahren und habe dem ersten Zyklus des *Rings* beigewohnt. Anschließend ging er für ein Jahr nach Italien. Elisabeth kehrte nach Naumburg zurück, wo sie begeistert über Wagners Triumph in Bayreuth berichtete.

Zweiter Teil
1877–1885

6. Wendepunkt

Elisabeth führte in dem Jahr, das ihr Bruder in Italien verbrachte, ein sehr geschäftiges Leben in Naumburg. Es befriedigte sie keineswegs, zu Hause zu bleiben und ihrer Mutter beim Haushalt zu helfen, denn die Art und Weise, wie diese ihrer Arbeit nachkam, irritierte sie; ihre Mutter war ihr viel zu langsam. Sie verstand es einfach nicht, den Haushalt richtig zu organisieren und verschwendete viel zu viel Zeit damit, ihrem alten Dienstmädchen Alwine, die sie längst hätte fortschicken sollen, die Arbeit abzunehmen. Um die unvermeidlichen Streitigkeiten zu Hause zu vermeiden, verbrachte Elisabeth so viel Zeit wie möglich im Kreise ihrer Freundinnen. Sie nahm Zeichenunterricht, belegte einen Kursus in französischer Konversation und erprobte ihr Erzähltalent im Niederschreiben kurzer Geschichten – Nietzsche nannte es das ›Ausbrüten von Novelleneiern‹. Außerdem spielte Elisabeth die führende Rolle bei der Gründung der Nürnberger Wagner-Gesellschaft, deren Präsidentin sie wurde.

Unter Elisabeths Besuchern war auch Bernhard Förster, den sie in Bayreuth kennengelernt hatte. Es war ein glücklicher Zufall, daß Försters Mutter in Naumburg lebte und als Witwe eines protestantischen Geistlichen in denselben Kreisen wie die Nietzsches verkehrte. Elisabeth genoß die Gesellschaft dieses gut aussehenden, energischen Mannes, der ungefähr so alt war wie ihr Bruder und dessen Gesichtszüge, besonders seine buschigen Augenbrauen und sein Schnurrbart, denen ihres Bruders glichen. Wie ihr Bruder war Förster Lehrer. Er unterrichtete am Friedrichs-Gymnasium in Berlin und ebenso wie ihr Bruder war er ein begeisterter Wagner-Verehrer. Was Förster besonders an Wagner bewunderte, war nicht die Musik, sondern des Meisters Ansichten über Deutschtum und Judentum. Förster war begeistert, als er hörte, daß Wagner seinem königlichen Gönner, König Ludwig von Bayern, geschrieben hatte: »Die jüdische Rasse ist der geborene Feind aller echten Menschlichkeit und allem, was edel an ihr ist.«[1]

Förster versicherte Elisabeth, die Juden seien verantwortlich für den rapiden Verfall der alten deutschen Tugenden: Achtung vor ehrlicher Arbeit, Autorität und Disziplin. Als Anbeter des goldenen Kalbes seien sie die Gründungsväter des Kapitalismus, des herzlosesten Systems menschlicher Ausbeutung, zur gleichen Zeit aber sei es ein Jude, Karl Marx, der die Enteignung des Privateigentums und die Errichtung einer kommunistischen Utopie propagierte. Kapitalismus, Kommunismus, Demokratie: das waren, nach Förster, die Kräfte, die den deutschen Geist verdarben – und das internationale Judentum war verantwortlich dafür. Solche Worte weckten Elisabeths latenten Antisemitismus. Und es freute sie, von Förster zu hören, daß seine Berliner Freunde die Schriften ihres Bruders kannten und häufig diskutierten. Denn sie betrachteten ihn als eine authentische Stimme in dem von Wagner geführten Kampf um die Wiedergeburt der deutschen Kultur.

In einem Brief, den Elisabeth ihrem Bruder im Januar 1877 schrieb, teilte sie ihm mit, daß sie einen ganz unerwarteten Besucher gehabt habe: »Also den Tag, nachdem ich Dir geschrieben, erschien plötzlich die verwitwete Frau Superintendent Förster mit ihrem Sohn, dem Dr. Förster (er ist nicht der, welchen Du kennst, sondern sein Bruder) bei uns. Natürlich machten sie uns als Deine Verehrer Besuch, und Herr Dr. Förster sprach sich sehr warm über Deine Schriften aus und daß in Berlin ein ganzer Kreis Dich liebt und verehrt. Für mich war es ein großes Vergnügen, mit Jemand zu sprechen, der so ganz Deine Ansichten teilt. Jemand, der auf das Schmerzlichste den Verfall des deutschen Stiles empfindet, der Jakob Burckhardt und Gottfried Keller, als Schriftsteller und Stilisten verehrt, der alle kennt, wenigstens fast alle, die wir lieben: Burckhardt, Gersdorff, Overbeck, Rohde und außerdem mehrere Basler, der Basel eine außerordentlich angenehme Stadt mit einer sehr vornehmen Gesinnung findet und sehr wohl begreift, warum Du gerade dort gern lebst, kurzum es war wirklich eine große Freude für mich, jemand von den unseren wieder einmal zu hören.«[2]

Weil Elisabeth fürchtete, daß ihr Bruder von Gersdorff und Rohde, die ihn kannten und unsympathisch fanden, wenig Schmeichelhaftes über Förster gehört haben könnte, beeilte sie sich hinzuzufügen, daß Förster »nicht gerade auf den ersten Blick liebenswürdig erscheint, denn er gleicht ihnen selbst zu sehr, übrigens können sie auch den Bruder meinen.«[3] Sie wußte, daß Fritz von Försters Bruder, den er kennengelernt hatte, nicht begeistert war und bemühte sich, das Verwandtschaftsverhältnis der beiden klarzustellen. Denn ihr gefiel Förster, und es freute sie, daß auch er sie mochte, da er »den folgenden Tag wiederkam und wir sprachen und sprachen und sprachen wie zwei Bücher. Ostern kommt er wieder nach Naumburg und wenn Du hier bist auch Pfingsten.«[4]

Es ist kaum anzunehmen, daß Nietzsche den Enthusiasmus seiner Schwester für ihren neuen Freund teilte, denn er war zu dieser Zeit nicht gerade in einer sehr begeisterungsfähigen Stimmung. Er war von Basel nach Sorrent geflohen in der Hoffnung, daß sich seine Gesundheit bessern würde; aber bisher hatte sich diese Hoffnung nicht erfüllt. Die meiste Zeit, abgesehen von kurzen Perioden, in denen er sich wohl fühlte, hatte er so starke Schmerzen, daß er weder lesen noch schreiben konnte. Er klagte, er lebe im Vorhof der Hölle. Glücklicherweise wurde er von Malwida von Meysenbug mit mütterlicher Liebe versorgt. Auf ihre Einladung hin war er nach Sorrent gekommen, wo sie die wunderbar gelegene Villa Rubinacci gemietet hatte. Ein weiterer glücklicher Zufall war, daß Dr. Paul Rée, einer seiner ehemaligen Studenten und Verehrer, auch eingeladen worden war und sich erbot, ihm als sein Famulus zu dienen.

Rées beißender Witz, seine philosophische Skepsis und seine völlig illusionslose Weltanschauung entsprachen Nietzsches gegenwärtiger Stimmung vollkommen. Die Welt war ihm von Grund auf verhaßt, er fand die Angeberei, den Trug und die Heuchelei der Menschen unerträglich, er teilte Rées Verachtung für idealistische Weltverbesserer, christliche Moralprediger und patriotische Eiferer, und es bereitete ihm ein geradezu mephistophelisches Vergnügen, deren Schwächen in einer Reihe zynischer Epigramme zu enthüllen. Paul Rée machte sich Notizen für ein Buch über den Ursprung der Moral, wenn er nicht gerade damit beschäftigt war, Nietzsche aus den Werken Voltaires vorzulesen oder Elisabeth über den Zustand ihres Bruders zu berichten.

Elisabeth betrachtete Rée mit gemischten Gefühlen. Obgleich sie froh war, daß Fritz einen Freund gefunden hatte, der bereit war, ihm vorzulesen und ihm bei seiner Korrespondenz zu helfen, tat es ihr leid, daß es ausgerechnet Rée war. Ihr mißfiel Rées kritische Haltung gegenüber all den Idealen, die ihr selbst lieb und teuer waren. Sie hatte Rées Bändchen *Psychologische Betrachtungen* gelesen und war empört über das, was er darin über Frauen sagte. In ihrer Antwort auf einen Brief Rées aus Sorrent machte sie ihrem Unmut darüber Luft. Rée dankte ihr mit betonter Höflichkeit für ihre geistreichen Bemerkungen über das Kapitel ›Frauen‹ in seinem Buch: »Gewiß haben Sie recht; das Buch ist einseitig. Ach – die Moralisten sind entsetzliche Menschen: sie freuen sich über jedes schlechte, was sie von einem Menschen finden können und dann drücken sie es noch so spitz und scharf wie möglich aus, bloß um Bewunderung zu erregen wie fein sie sind!«[5]

Elisabeth fand die Ironie in Rées Antwort verletzend, und da ihr Förster suggiert hatte, die Ironie sei eine Waffe, die vorzüglich von jüdischen Intellektuellen benutzt würde, um deutsche Ideale lächerlich zu machen, erschien ihr die ganze Angelegenheit um so bedenklicher; denn sie wußte, daß Rée Jude war. Es schien eine höchst unglückliche Fügung, daß ihr armer, kranker Bruder gerade jetzt, da er heitere Freunde brauchte, von Rée betreut würde. Sie behauptete, daß Wagner, der auch ein paar Wochen in Sorrent zubrachte, ebenfalls von Rées Gegenwart peinlich berührt wurde und Nietzsche mahnte, sich vor Rée in acht zu nehmen.

Nietzsche jedoch war nicht gewillt, solche Warnungen ernst zu nehmen. Rées trockener Humor gefiel ihm, und den kalten, analytischen Intellekt des jungen Mannes betrachtete er mit belustigter Bewunderung. Er nannte ihn Rées ›Reealismus‹. Als sie sich trennten, schrieb er ihm: »…ich muß Ihnen doch sagen, daß ich in meinem Leben noch nicht soviel Annehmlichkeiten von der Freundschaft gehabt habe wie durch Sie in diesem Jahre, gar nicht von dem zu reden, was ich von Ihnen gelernt habe.«[6] Diese Worte rührten Rée, denn obgleich er nur fünf Jahre jünger war als Nietzsche, bewunderte er seinen kranken Freund aufrichtig. Es war eine Tragödie, daß dieser geniale Mann die Höllenqualen einer Krankheit erleiden mußte, die den Ärzten ein Rätsel aufgab. Um Nietzsches willen ertrug Rée Elisabeths offen zur Schau getragene Mißbilligung seiner Person und besuchte sie sogar auf seiner Heimreise von Sorrent. Er teilte ihr mit, daß der bekannte Augenspezialist der medizinischen Fakultät der Universität von Neapel, Professor Dr. Schrön, ihren Bruder gründlich untersucht habe und zu der Überzeugung gelangt sei, daß eine Heilung durchaus möglich sein.

Auch Friedrich schrieb ihr, er kenne nun endlich die Ursache seiner Krankheit. Sie sei viel ernster als eine chronische Erkältung, wofür man sie immer gehalten habe und eine rasche Besserung könne nicht erwartet werden. Aber er habe volles Vertrauen zu Schrön und seiner Behandlung. Nun, es würde sich ja zeigen, ob er recht hätte. Auf jeden Fall wolle er jetzt Pläne für seine Zukunft machen. Es sei durchaus möglich, daß er nicht nach Basel zurückkehren würde. Seine Lehrtätigkeit sei eine zu schwere Last und ließe ihm nicht genug Zeit für seine eigenen Arbeiten. Außerdem sei das süditalienische Klima seiner Gesundheit viel zuträglicher. Er habe mit Malwida über seine Lieblingsidee, die Elisabeth bereits kannte, gesprochen: die Gründung einer eigenen Schule. In seinen Vorträgen über die Zukunft unserer Bildungsanstalten hatte er seine Hörer vor zwei Strömungen der modernen Erziehungspolitik gewarnt, die er als schädlich für die Zukunft der menschlichen Gesellschaft betrachtete: Die Propagierung der Massenerziehung und das enge Spezialistentum. Um diese schädlichen Einflüsse zu bekämpfen, schlug er die Gründung besonderer Schulen vor, in denen Studenten aller Altersgruppen und beider Geschlechter zusammen leben und lernen sollten, humanistische Gemeinschaften, deren einziges Ziel es sein sollte, echte Bildung zu vermitteln, ohne Nebengedanken an Titel, künftige Stellung oder Beruf. Malwida, die für derlei idealistische Projekte leicht zu begeistern war, besonders wenn es sich um Frauenrechte und Frauenbildung handelte, hielt die Idee einer solchen Schule für sehr förderungswert. Sie kannte eine ganze Anzahl junger Damen, die nach geistiger Nahrung verlangten und leicht zu bewegen waren, sich einer so idealen Gemeinschaft anzuschließen. Auch Rée war dafür – oder tat wenigstens so –, und bot seine Mitarbeit als Lehrer an. Nietzsche teilte seiner Schwester mit: »Die Schule der Erzieher (auch modernes Kloster, Idealkolonie, Université libre genannt) schwebt in der Luft. Wer weiß was geschieht! Wir haben Dich schon im Geist zum Vorstand aller wirtschaftlichen Angelegenheiten unserer Anstalt von 40 Personen ernannt. Du mußt vor allem italienisch lernen.«[7]

Elisabeth war begeistert von dem Vorschlag ihres Bruders. Sie fand ihr Leben in Naumburg langweilig und suchte begierig nach einer wirklich erfüllenden Betätigung. Sie fragte sich nur – da sie eine sehr praktisch denkende Frau war –, woher ihr Bruder das Geld für ein solches Unternehmen nehmen würde. Aber schließlich hatte

Malwida viele reiche Freunde, und es konnte ja wohl möglich sein, von Europas geistiger Elite genügend Unterstützung für eine von ihrem Bruder geleitete ›Freie Universität‹ zu bekommen. Malwida hatte Wagner geholfen, Gönner für Bayreuth zu finden, und die Schule ihres Bruders würde weit weniger kosten als das Bayreuther Festspielhaus. Elisabeth schrieb ihrem Bruder postwendend, daß sie sehr gern die Position annehmen würde, die er vorgeschlagen habe und erbot sich sogar, ihr eigenes kleines Kapital in das Unternehmen zu investieren. Zu ihrer großen Enttäuschung mußte der ganze Plan ein paar Wochen später aufgegeben werden, da sich die Gesundheit ihres Bruders plötzlich wieder sehr verschlechtert hatte. Im Mai 1877 fühlte er sich am Ende seiner Kräfte und teilte seinem Freund Overbeck mit, daß er seine Lehrtätigkeit im Herbst unmöglich wieder aufnehmen könnte und daran dächte, seine Professur niederzulegen. »Bitte hilf mir etwas und teile mir mit, an wen (und mit welchem Titel) ich mein Demissionsgesuch zu richten habe. Es bleibe einstweilen Dein Geheimnis, der Entschluß ist mir sehr schwer geworden. Fräulein von Meysenbug hält ihn aber für absolut geboten. Ich muß mich noch auf Jahre vielleicht meines Leidens gewärtigen.«[8]

Mit großer Sorge wurde in Naumburg Nietzsches Entschluß aufgenommen, sein Lehramt aufzugeben. Die Frage, die sich seine Mutter und Schwester sofort stellten, war: Wovon sollte er denn leben? Seine kleine Erbschaft reichte nicht aus und da er weniger als zehn Jahre gelehrt hatte, war es sehr zweifelhaft, ob ihm die Schweizer Behörden eine Pension gewähren würden. Aus diesem Grunde baten ihn seine Verwandten dringend, er solle nicht übereilt handeln, sondern erst versuchen, eine gut situierte junge Dame zu finden, die er heiraten könnte. Diese sollte dann für ihn sorgen. Auch würde sich seine Gesundheit wahrscheinlich bessern, wenn er ein eigenes Heim hätte und nicht mehr zu arbeiten brauchte. Malwida war derselben Ansicht. Sie kannte viele junge Damen aus wohlhabenden Familien, die sich ihrer Meinung nach geehrt fühlen würden, einen Universitätsprofessor zu heiraten. Halb im Ernst, halb belustigt nahm Nietzsche diesen Vorschlag an. Seiner Schwester schrieb er: »Der Plan nun, welchen Fräulein Meysenbug als unverrückbar im Auge zu behalten bezeichnet und an dessen Ausführung Du mir helfen mußt ist der: wir überlegen uns, daß es mit meiner Basler Universitätsexistenz auf die Dauer nicht gehen kann... Freilich werde ich den nächsten Winter in diesen Verhältnissen dort noch zubringen müssen, aber Ostern 1878 soll es zu Ende sein, falls die andere Kombination gelingt, d. h. die Verheiratung mit einer zu mir passenden aber notwendig vermöglichen Frau... Mit dieser würde ich dann die nächsten Jahre in Rom leben... In diesem Sommer soll nun das Projekt gefördert werden, in der Schweiz, so daß ich im Herbst verheiratet nach Basel käme... In alter Brüderlichkeit, Dein Fritz. In Zukunft (wenn ich noch in einem Jahr lebe) Römer.«[9]

Elisabeth atmete erleichtert auf, als sie hörte, daß ihr Bruder mit Malwidas Hilfe aktiv auf Brautsuche war; wie sie gefühlsmäßig reagiert hätte, wenn tatsächlich eine andere Frau in das Leben ihres Bruders getreten wäre, ist eine ganz andere Frage. Nach späteren Ereignissen zu urteilen, wäre Elisabeth auf jede andere Frau eifersüchtig gewesen. Im Augenblick jedoch war sie davon überzeugt, daß es für sie leichter sei, ihr eigenes Leben aufzubauen, wenn Fritz versorgt wäre. Mit Briefen aus Naumburg nahm sie an dem Brautsuchespiel teil, das in Sorrent gespielt wurde, indem sie Listen junger heiratsfähiger Damen zusammenstellte, die sich ihr Bruder ansehen sollte. Sie selbst begünstigte eine junge Schweizerin, die Tochter eines reichen Bankiers, und riet ihrem Bruder, einige Wochen in Genf zu verbringen, um die Bekanntschaft des Mädchens zu machen: »Also wenn Du nun im Juli Fräulein K. näher kennenlernst, so wirst Du Dich vielleicht verloben und im Herbst heiraten«.[10]

Es ist sehr fragwürdig, ob Elisabeth wirklich hoffte, daß ihr Bruder so schnell eine Frau finden würde. Wahrscheinlicher ist, daß sie insgeheim wünschte, ihm möge dies nicht gelingen. Mit ihren Erwartungen bzw. Befürchtungen sollte sie recht behalten. Der Sommer verging und Fritz kehrte unbeweibt nach Basel zurück. Wieder bat er sie, ihm den Haushalt zu führen und wieder bemerkte sie mit großer Sorge, wie sich plötzlich sein Gesundheitszustand verschlechterte und seine Stimmungen schwankten. Es gab Wochen, da er mit sich und der Welt zufrieden war, frohgemut und anscheinend kerngesund. Aber dann kamen Tage, in denen er sich herumschleppte wie ein alter Mann, über Kopfschmerzen und Magenkrämpfe klagte und sich so seltsam benahm, daß Elisabeth Frau Overbeck, die ihren Ohren nicht traute, gestand, sie fürchte, daß ihr Bruder einmal in ein Irrenhaus käme.

Aber die Gesundheit ihres Bruders war nicht der einzige Grund, der es Elisabeth so schwer machte, den Winter 1877/78 mit ihm zu verbringen. Nietzsche hatte aus Sorrent ein Manuskript mitgebracht, bestehend aus fast unleserlichen Notizen über die verschiedensten Themen, die er nun mit Hilfe eines früheren Studenten und angehenden Musikers, Heinrich Köselitz, den er Peter Gast nannte, abschrieb. Ursprünglich sollte das Buch *Die Pflugschar* heißen, erhielt aber schließlich den suggestiveren Titel *Menschliches Allzumenschliches*. Der Untertitel lautete: *Ein Buch für freie Geister*. Das Werk war Voltaire gewidmet. Es bestand aus 638 Aphorismen unterschiedlichster Länge – von einer Zeile bis zu mehreren Seiten –, in denen sich Nietzsche sehr kritisch mit allen Aspekten des Lebens und der Kultur auseinandersetzte. In seiner Rolle als Philosoph, der die Motive des menschlichen Handelns mit nüchtern-sachlicher, analytischer Schärfe untersucht – einem Naturwissenschaftler gleich, der Experimente an lebenden Tieren unternimmt –, kommt Nietzsche zu der Feststellung, daß der Mensch immer aus Unwissenheit, Dummheit und Eigennutz handelt, und daß selbst solch scheinbar altruistischen Gefühle wie Mutterliebe, Mitleid und Nächstenliebe sich bei näherer Betrachtung als Selbsttäuschungen oder Schwächen entpuppen. Wie sein Vorbild Voltaire richtete Nietzsche einige seiner schärfsten Epigramme gegen die Religion, vor allem gegen die christliche. Er fragte: »Wenn wir eines Sonntag Morgens die alten Glocken brummen hören, da fragen wir uns: ist es nur möglich! dies gilt einem vor zwei Jahrtausenden gekreuzigten Juden, welcher sagte, er sei Gottes Sohn. Der Beweis für eine solche Behauptung fehlt... Ein Gott, der mit einem sterblichen Weibe Kinder erzeugt; ein Weiser, der auffordert, nicht mehr zu arbeiten, nicht mehr Gericht zu halten, aber auf die Zeichen des bevorstehenden Weltunterganges zu achten... Jemand, der seine Jünger sein Blut trinken heißt... wie schauerlich weht uns dies alles, wie aus dem Grabe uralter Vergangenheit, an! Sollte man glauben, daß so etwas noch geglaubt wird?«[11]

Je mehr solcher Ansichten Elisabeth hörte, desto bestürzter wurde sie. Es war schlimm genug, was er in seinem neuen Buch über das Christentum sagte; der spöttische Ton seiner Formulierungen jedoch schien ihr unerträglich. Sie warf ihm vor, das Buch sei ein Schlag ins Gesicht seiner Familie und daß er besonders seine Mutter tief damit verletzt habe. Außerdem war sie überzeugt davon, daß Mitleid und Mutterliebe echte Gefühle seien und es absurd sei, diese Tatsache zu leugnen. Nein, das Buch sei falsch betitelt. Diese Ansichten seien nicht menschlich – sie seien unmenschlich. Was hatte ihren gütigen

Bruder bewogen, solche Gedanken auszusprechen? Offenbar Rées
Einfluß. Der wirklich Schuldige an diesem schrecklichen Machwerk
konnte nur Rée sein. Ihr armer kranker Bruder – davon war sie überzeugt – war nichts weiter als Rées Sprachrohr.

Sie bat Fritz inständig, dieses Buch nicht zu veröffentlichen, weil
sie sicher war, seine Freunde würden es ihm nie verzeihen; wenn er
es jedoch veröffentlichen müßte, so bitte sie, es nicht unter seinem
eigenen Namen zu tun. Nachdenklich gemacht durch die Argumente
seiner Schwester und auch durch die Überlegung, daß sein Buch ob-
jektiver rezensiert werden würde, wenn man nicht wüßte, daß er der
Autor sei, erwog Nietzsche, es unter dem Pseudonym ›Bernhard
Cron‹ zu veröffentlichen. Aber sein Verleger protestierte. Er war an
dem Verkauf des Buches interessiert und teilte Nietzsche mit:»wäre
es ein kleines Buch, …nun da würde ich Ihrem Verlangen nach
einem Pseudonym nachgeben; aber bei einem so umfangreichen und
teuren Werke wirkt nur der Name des Verfassers einzig und allein für
Käufer.«[12]

Gegen den Willen seiner Schwester also erschien *Menschliches
Allzumenschliches* im Mai 1878 unter Nietzsches Namen. Ein Viertel-
jahrhundert später, als Elisabeth die Biographie ihres Bruders
schrieb, glaubte sie immer noch, daß es ein Fehler gewesen war und
es besser gewesen wäre, wenn das Buch anonym erschienen wäre,
denn »es wäre meinem Bruder mancherlei erspart geblieben«.[13]

Der eigentliche Grund für Elisabeths Einspruch gegen das Erscheinen von *Menschliches Allzumenschliches* war nicht ihre Sorge,
welchen Einfluß das Buch auf den Ruf ihres Bruders haben könnte,
sondern wie es sich auf ihre eigenen Beziehungen zu ihren Freunden,
besonders ihren Bayreuther Freunden, auswirken würde. Sie pflegte
vertrauten Umgang mit der ganzen Wagner-Familie; Cosima duzte
sie und die Kinder nannten sie Tante Elisabeth. Der glanzvolle Lebensstil des berühmten Musikers beeindruckte sie tief. Haus Wahnfried, die Villa, die sich Wagner als Monument seines Genius gebaut
hatte, verkörperte alles, was Elisabeth verehrte: Erhabenheit, Eleganz, Würde. Sie fand es aufregend, daß sie, wenn auch nur zuweilen, am Leben dieses berühmten Paares teilnehmen konnte. Außerdem waren ihre Chancen, einen passenden Mann kennenzulernen,
in Bayreuth viel größer als in Naumburg.

Das alles stand nun, nachdem ihr Bruder öffentlich Wagners
Ideale verspottet hatte, auf dem Spiel. Denn es war nicht anzuneh-

men, daß der alte Meister gewisse Anspielungen ihres Bruders über Kunst und Künstler billigen würde. Und wie würde ihr Freund Förster, ein treuer Verehrer Wagners, auf diesen Verrat reagieren? Er wußte, daß sie ihrem Bruder sehr nahe stand und sie hatte erst vor kurzem beteuert, sie teile alle seine Ideale und Ideen. Mußte Förster nicht annehmen, daß sie auch Nietzsches Bruch mit Bayreuth guthieß?

Elisabeths Befürchtungen über die Wirkung, die *Menschliches Allzumenschliches* auf Nietzsches Freunde machen würde, sollten sich bewahrheiten. Man sprach über das Buch mit unverhohlener Kritik. Selbst Nietzsches ältester Freund Rohde schüttelte betrübt den Kopf und fand keine andere Erklärung für den sarkastischen Inhalt von *Menschliches Allzumenschliches*, als den, daß es den verderblichen Einfluß Rées widerspiegelte. Wagner, dem Nietzsche ein mit einer persönlichen Widmung versehenes Exemplar geschickt hatte, fand es nicht einmal der Mühe wert, seinen Empfang zu bestätigen, schrieb jedoch, ohne den Verfasser bei Namen zu nennen, einen vernichtenden Artikel im August-Heft der *Bayreuther Blätter*, in dem er sich über jene deutschen Professoren lustig machte, die sich dadurch, daß sie Chemie mit Ästhetik verwechseln, einbilden, sie könnten unbegrenzte Fortschritte machen in der Kunst, alles Menschliche und Unmenschliche zu kritisieren.

Als Wagners Artikel erschien, hatte Elisabeth Basel bereits verlassen. Nach häufigen, oft tränenreichen Diskussionen zwischen ihr und ihrem Bruder hatte sie beschlossen, daß es für beide – und auf jeden Fall für sie – das Beste wäre, wenn sie nicht länger zusammenlebten. Sie hatte ihren Haushalt aufgelöst, hatte ihrem Bruder geholfen eine kleine Wohnung am Stadtrand von Basel zu finden und war nach Naumburg zurückgekehrt.

Da einige seiner Freunde annahmen, Elisabeth habe ihn verlassen, weil sie sich beleidigt fühlte durch seine Bemerkungen über Frauen in *Menschliches Allzumenschliches* gab sich Nietzsche besondere Mühe, solche Gerüchte zu widerlegen. »Meine gute Schwester... liest jetzt mein neues Buch, ist aber ferne davon, darüber ein böses Gesicht zu machen. Ich glaube, sie hält die Partien, auf welche Sie anspielen (Freigeist und Ehe) für richtig. Mit ihnen haben die abnormen Umstände, unter welchen wir Geschwister uns entschlossen, eine Zeitlang zusammenzuleben, und die niemand näher zu kennen braucht, nichts zu tun.«[14] Was sich der Empfänger dieses Briefes,

Freiherr von Seydlitz, über den Ausdruck ›abnormen Umstände, die niemand näher zu kennen braucht‹ gedacht haben mag, weiß man nicht. Ihrer Mutter sagte Elisabeth, sie sei nach Hause gekommen, weil sie nicht mehr mit Fritz leben könne. Er sei ein anderer Mensch geworden und seine Ideale seien unvereinbar mit den ihrigen. Franziskas mütterliches Herz litt schwer unter dieser Nachricht, aber sie war überzeugt, daß Fritz in jeder Hinsicht geheilt werden würde, wenn er nur nach Hause käme. Sie bat ihn inständig, ein paar Wochen bei ihr in Naumburg zu verbringen, um sich auf seinen einsamen Basler Winter vorzubereiten.

Nach der Abreise seiner Schwester beabsichtigte Nietzsche, seine Ferien in den Berner Alpen zu verbringen. Er hoffte, daß seine Schmerzen durch die Bergluft und Höhensonne erträglicher werden würden. Aber für die heimtückische Krankheit, die sich langsam in seine Großhirnrinde hineinfraß, gab es keine Linderung. Sie verfolgte ihn, wohin er auch ging. Verzweifelt klagte er Overbeck: »Seit ich die letzte Karte schickte, ist es mir so schlecht ergangen, daß ich wie auf der Flucht bin und kaum weiß, wo ich mein Haupt niederlegen soll.«[15] Und seiner Mutter teilte er mit, daß er nach Hause kommen würde, weil er am Ende seiner Kräfte sei.

Franziska erschrak, als sie ihren Sohn wieder sah. Er sah schrecklich aus, war abgemagert und hatte eingefallene Wangen. Ganz offensichtlich mangelte es Friedrich an der richtigen Ernährung. Außerdem war sein ständiger Gebrauch schmerzlindernder Medikamente sehr schädlich für seine Gesundheit. Es war kein Wunder, daß er so oft krank war, reiste er doch immer mit einem Arsenal giftiger Tinkturen, Schlaftabletten und Drogen. Franziskas Rezept für gute Gesundheit war frische Luft, lange Spaziergänge, Kaltwasserabreibungen und viel Schlaf. Lesen und schreiben waren absolut verboten. Fast einen Monat lang pflegte sie ihren kranken Sohn – ungeachtet seiner oft sehr schlechten Laune. Mit Freude bemerkte sie, daß Fritz und Lieschen noch immer gute Freunde waren, was auch immer geschehen war.

Was Franziska nicht wußte, war, daß der Grund für die schlechte Laune ihres Sohnes nicht nur seine schlechte Gesundheit war, sondern seine tiefe Enttäuschung über Wagner. Tag für Tag hoffte er auf ein Zeichen von Bayreuth mit der Versicherung, daß Wagner, trotz seiner Ablehnung von *Menschliches Allzumenschliches*, ihn immer noch als Freund betrachtete. Wagners völliges Schweigen bedrückte ihn sehr; da er es nicht ergründen konnte, bat er seine Schwester darum, dies für ihn zu tun. Sie sollte sich an Cosima wenden und ihr versichern, daß ein Angriff auf Wagner keineswegs seine Absicht gewesen war. *Menschliches Allzumenschliches* war gedacht als objektive Kritik der gesamten modernen Kultur, nicht als subjektives Urteil über einzelne Künstler.

Elisabeth hatte ihre eigenen Gründe, sich an Cosima zu wenden. Sie wollte wissen, ob Wagners Verdruß mit ihrem Bruder auch Cosimas Beziehung zu ihr beeinflußt hatte. In langen Briefen beklagt sie die bösen Mißverständnisse, die entstanden waren, und die sie so unglücklich machten. Verantwortlich dafür sei der üble Klatsch gewisser Personen. Denn im Grunde seines Herzens liebte und verehrte ihr Bruder den Meister genau wie immer und es gab doch auch nichts in seinem letzten Werk, das man als Kritik an Wagner oder seiner Musik verstehen könnte. Aber Elisabeths hoch und heilige Beteuerungen fielen auf taube Ohren. Zwar versicherte Cosima, daß sich nichts geändert habe in der warmen Zuneigung, die sie für Elisabeth fühlte, aber ihre Verachtung für *Menschliches Allzumenschliches* sprach sie offen aus. »Das Buch Deines Bruders hat mich mit Kummer erfüllt, ich weiß, er war krank, als er alle diese, geistig so sehr unbedeutenden, moralisch so sehr bedauernswerten Sätze niederschrieb... Wollte der Himmel, er hätte nur soviel Gesundheit gehabt, um dieses traurige Zeugnis seiner Krankheit nicht herauszugeben!... Der Verfasser von ›Schopenhauer als Erzieher‹ verspottet das Christentum! Und zwar im Tone, wie es jeder tut. Jetzt aber laß uns hierüber schweigen, den Autor dieses Werkes kenne ich nicht, Deinen Bruder aber, der uns so Herrliches gegeben, kenne ich und liebe ich...«[16]

Das war eine deutliche Sprache und insgeheim stimmte Elisabeth damit überein. Auch ihr war die antichristliche Haltung ihres Bruders unerträglich. Aber sie versuchte noch einmal, Bayreuth mit ihrem Bruder zu versöhnen. Sie bestand darauf, daß *Menschliches Allzumenschliches* keineswegs das Erzeugnis eines kranken Geistes war; im Gegenteil, es war ein Beweis dafür, daß ihr Bruder seine Krankheit überwunden hatte, sonst hätte er nicht so viele scharfsinnige und teilweise auch witzige Aphorismen schreiben können.

Diesmal antwortete Cosima in einem langen Brief mit der vorausgehenden Erklärung, daß Elisabeth sie als Zeichen ihrer wahren und dauernden Freundschaft annehmen sollte: »Wenn ich gesagt habe, daß der Autor des Buchs, von welchem wir sprachen, dasselbe in der Krankheit geschrieben hat, so habe ich nicht gemeint, daß es in der Krisis derselben geschah, sondern in dem allgemeinen krankhaften Zustand.«[17] Es war kein Zufall, daß Cosima nicht von ihrer Überzeugung abzubringen war, Nietzsche hätte *Menschliches Allzumenschliches* nicht geschrieben, wäre er gesund gewesen. Sie kannte den Briefwechsel zwischen Wagner und Nietzsches Frankfurter Arzt, Otto Eiser, der *Menschliches Allzumenschliches* als ein Symptom für eine geistige Erkrankung betrachtete. Cosima bestand darauf, daß ein gesunder Nietzsche niemals ein so stil- und geschmackloses Buch geschrieben hätte. Um das zu beweisen, zitierte sie einige Stellen. Persönlich beleidigt fühlte sie sich durch einen Aphorismus, in dem Nietzsche die Frauen berühmter Männer mit Blitzableitern vergleicht: »Durch nichts erleichtern bedeutende Frauen ihren Männern, falls diese berühmt und groß sind, das Leben so sehr, als dadurch, daß sie gleichsam das Gefäß der allgemeinen Ungunst und gelegentlichen Verstimmung der übrigen Menschen werden. Die Zeitgenossen pflegen ihren großen Männern viel Fehlgriffe und Narrheiten, ja Handlungen grober Ungerechtigkeit nachzusehen, wenn sie nur jemanden finden, den sie als eigentliches Opfertier zur Erleichterung ihres Gemütes mißhandeln und schlachten dürfen. Nicht selten findet eine Frau den Ehrgeiz in sich, sich zu dieser Opferung anzubieten, und dann kann freilich der Mann sehr zufrieden sein, – falls er nämlich Egoist genug ist, um sich einen solchen freiwilligen Blitz-, Sturm- und Regenableiter in seiner Nähe gefallen zu lassen.«[18] Darauf bezogen fragte Cosima Elisabeth, welches Beispiel ihr der Autor wohl anzuführen hätte. »Perikles? Cromwell? Friedrich der Große? Albrecht Dürer? Sebastian Bach? Titian? Montaigne? Alexander der Große? ... Sollte wirklich der Autor aus seinem Verkehr mit Tribschen kein anderes als ein hämisch zu besprechendes Bild sich gewonnen haben?«[19]

Elisabeth mußte lachen, als sie diesen Satz las. Sie erinnerte sich, wie überrascht sie bei ihrer ersten Begegnung mit Wagner und Cosima über deren unterschiedlicher Größe gewesen war. Neben Wagner sah Cosima tatsächlich wie ein Blitzableiter aus. Aber im Grunde gab es nichts zu lachen. Friedrich hatte recht, wenn er fühlte, daß er aus Bayreuth ausgestoßen war. Gott sei Dank war sie es nicht, und obgleich sie ihren Bruder immer noch liebte und er ihr leid tat, war sie nicht gewillt, seinetwillen ihre Freunde zu opfern.

Einer dringenden Aufforderung Overbecks folgend, eilte Elisabeth im Mai 1879 noch einmal nach Basel. Der Gesundheitszustand ihres Bruders hatte jetzt den Punkt erreicht, an dem er seiner Lehrtätigkeit nicht weiter nachkommen konnte und um seine Entlassung bitten mußte. Wieder einmal löste Elisabeth den Haushalt ihres Bruders auf, wobei ihr besonders traurig zumute war, denn es bedeutete, daß ihr Bruder nun kein eigenes Zuhause mehr haben würde. Nietzsche selbst war dies gleichgültig. Er war so lebensmüde, daß ihm alles egal war. Es kümmerte ihn nicht, was er nun tun und was aus ihm werden sollte. Sein einziger Gedanke war: zurück zur Mutter nach Naumburg. Sie sollte ihn gesund pflegen. Er bat sie, ein kleines Zimmer im Turm der Stadtmauer, die an einen großen Garten grenzte, für ihn zu mieten und erklärte, er wolle sich fortan der Gartenarbeit widmen. Der Gedanke, Gärtner zu werden, gefiel ihm, nicht nur weil er hoffte, daß die Arbeit im Freien seiner Gesundheit zuträglich sein würde, sondern auch weil es eine Beschäftigung war, eines Weisen würdig. Hatte nicht Voltaire in dem berühmten Satz zusammengefaßt: ›cultivons notre jardin'.»Ich habe zehn Obstbäume, Rosen, Lilien, Nelken, Erdbeeren, Stachel- und Johannisbeeren. Im Frühjahr geht meine Arbeit an auf zehn Gemüsebeeten«,[20] teilte er seinem Freund Peter Gast mit, der mit ungläubigem Erstaunen seine Künstlermähne schüttelte.

Elisabeth begleitete ihren kranken Bruder nicht von Basel nach Naumburg. Sie blieb in der Schweiz als Gesellschafterin einer reichen, älteren Dame, die Gefallen an ihr gefunden hatte. »Wenn es nicht unumgänglich nötig war, so hatte ich nicht die Absicht, nach Naumburg für diesen Winter zurückzukommen. Der Anblick einer älteren, nicht verheirateten Tochter ist nicht erheiternd für ein Mutterherz und außerdem aufrichtig, ein Mensch mehr bringt mehr Mühe und was das Schlimmste ist, zwei Pflegerinnen sind zuviel für einen Kranken...«[21]

Aber selbst die liebevolle Pflege seiner Mutter half Nietzsche nicht. Zu Weihnachten 1879 war er wieder einmal an der Schwelle des Todes. Drei Tage lang erbrach er sich, dann fiel er in eine todesähnliche Ohnmacht. »Das Jahr geht zu Ende«, schrieb er seiner Schwester, »das furchtbarste meines Lebens.«[22] Jetzt wußte er, daß es für ihn keine Rettung geben würde. Allein und ohne Hilfe würde er seine qualvollen Schmerzen bis zum Ende ertragen müssen. Auf der Suche nach einem Klima und einem Ort, wo diese halbwegs erträglich seien, floh er in den Süden. Er verfügte über eine kleine Pension, die ihm die Universität Basel nun doch gewährt hatte und zog von einer billigen Pension in die andere, oder von einem möblierten Zimmer ins andere: in Stresa, Venedig, Marienbad, Genua fand der vor seiner Krankheit Fliehende, die er nicht abschütteln konnte – ja, die sogar zwischen 1880 und 1881 in eine Phase trat, die der vor seinem späteren Zusammenbruch in Turin ähnelte –, eine vorübergehende Bleibe.

Seine tiefe Depression vom Winter 1879/80 war einem Zustand höchster Euphorie gewichen; er war so überwältigt von den Augenblicken visionärer Einblicke in die Rätsel des Lebens, daß er oft Freudentränen weinte. Kein anderer Sterblicher, davon war er überzeugt, hatte je so blitzartig die Gemeinsamkeit von Schrecken und Schönheit erkannt. Vom Schicksal war er, Friedrich Nietzsche, *fugitivus errans*, ein kranker deutscher Professor, ausersehen worden, der Welt die Ankunft eines neuen Menschen zu verkünden, eines Übermenschen, der seine Siegel auf Jahrtausende drücken würde. *Amor fati* – mußte er sein Schicksal nicht lieben, so schwer es auch war?

In dieser entscheidenden Periode seines Lebens war Elisabeth nur selten mit ihrem Bruder zusammen. Sie verfolgte sein unstetes Umherirren von Naumburg aus, wohin sie nach seiner Abreise zurückgekehrt war, und wo sie auch die meiste Zeit blieb; unruhig, unzufrieden und auf der Suche nach einem angemessenen Betätigungsfeld. Ihr Freund, Bernhard Förster, war in Berlin, unterrichtete am Friedrich-Wilhelm-Gymnasium oder hielt Vorträge vor der Berliner Wagner-Gesellschaft, wenn er nicht mit antisemitischer Propaganda beschäftigt war. Er war besessen von dem Gedanken, daß die deutsche Kunst und das deutsche Volkstum durch den wachsenden Einfluß der Juden auf Presse, Politik und Geschäftsleben bedroht sein. Sein Antisemitismus wurde so radikal, daß er 1880 in einen öffentlichen Skandal verwickelt wurde, den er dadurch provozierte, daß er in einer Berliner Straßenbahn jüdische Passagiere beleidigte, was zu einer Schlägerei führte. Als er auf der Polizeiwache, wo man den Vorfall untersuchte, nach seinem Namen gefragt wurde, antwortete er arrogant: »Ich heiße Bernhard Förster und habe einen arischen Vater.«[23] Da sein Gegner dies nicht von sich behaupten konnte, fühlte er sich ganz und gar im Recht. Solch unmittelbare Provokationen genügten jedoch Förster und seinen antisemitischen Berliner

Freunden nicht. Sie bereiteten eine Bittschrift vor, die sie Bismarck zuschickten mit der Forderung, daß offizielle Schritte unternommen werden sollten, um das deutsche Volk vor jüdischer Verseuchung zu schützen. Vor allem verlangten sie, daß Bismarck den Zuzug osteuropäischer Juden nach Deutschland verhindern solle, daß er den jüdischen Einfluß auf Börse, Banken und Presse kontrolliere und daß Juden vom Staatsdienst ausgeschlossen werden sollten.

Damit Bismarck erkenne, daß diese Bittschrift nicht nur von einigen wenigen Fanatikern stamme, sondern die Zustimmung der Mehrheit des deutschen Volkes hatte, wurde eine groß angelegte Unterschriftensammlung organisiert. Im Mai 1888 empfing Elisabeth einen Brief von Förster mit der Bitte, für seine Petition an Bismarck in ihrem Naumburger Freundeskreis Unterschriften zu sammeln. »Ich erinnere mich, daß Sie sich als Gesinnungsgenossin mir gegenüber erklärt haben«,[24] schrieb ihr Förster. Elisabeth war begeistert. Agitator von Natur aus, hatte sie nun endlich eine Aufgabe gefunden, der sie sich mit Überzeugung und gutem christlichen Gewissen widmen konnte.

7. Lou – ein Melodram in vier Akten

Erster Akt

Das bedeutendste kulturelle und gesellschaftliche Ereignis des Jahres 1882 war die Uraufführung des *Parsifal* in Bayreuth. Wagner hatte jahrelang an dieser seiner letzten Oper – er nannte sie ein Weihefestspiel – gearbeitet, aber der Gedanke einer Aufführung dieser Oper im üblichen Stil war ihm unerträglich. Seinem König und Wohltäter, Ludwig II. von Bayern, der dringend darum bat, schrieb er: »Kann denn ein Drama, das die höchsten Mysterien des christlichen Glaubens auf der Bühne darstellt, in Theatern wie den unseren, vor einem Publikum wie dem unseren als Teil eines Opernrepertoires wie dem unseren gezeigt werden?«[1] Er warnte davor, daß die kirchlichen Autoritäten gegen die Aufführung eines Dramas protestieren würden, das einem sensationslüsternem Publikum die heiligsten Mysterien darbot und bestand darauf, daß er für *Parsifal* eine geweihte Bühne brauche, nämlich Bayreuth. Nur dort sollte *Parsifal* aufgeführt werden.

Wie gewöhnlich bekam Wagner seinen Willen. Er gab bekannt, daß *Parsifal* vor einem geladenen Publikum im Juli und August 1882 in Bayreuth uraufgeführt würde. Bei den Wagner-Verehrern überall in der Welt erweckte diese Ankündigung die Erwartung, daß damit das musikalische Werk des Meisters den Höhepunkt erreichen würde, und Europas gesellschaftliche Elite traf Vorbereitungen für eine Pilgerfahrt nach Bayreuth.

Elisabeth war ganz besonders daran interessiert, *Parsifal* auf der Bühne zu sehen, da sie aus Wagners eigenem Munde wußte, wie viel ihm an dieser Oper gelegen war. Sie besaß jedoch keinen Patronatsschein und mußte ihren Bruder bitten, ihr seinen zu leihen, denn sie wußte, daß er trotz seines Bruches mit Wagner seine Beiträge für die Gesellschaft der Bayreuther Gönner weiter bezahlte. Sie wußte auch, daß es ihn schmerzte, aus Wagners Nähe verbannt zu sein, und daß er sie gern in Bayreuth sähe, damit Wagner an seine, Nietzsches, Existenz erinnert würde.

Elisabeth hatte recht. Ihr Bruder wollte, daß sie nach Bayreuth ginge, aber aus einem ganz anderen Grunde, als sie annahm. Sie war erstaunt als sie zuerst davon hörte, und als sie entdeckte, um was es sich wirklich handelte, packte sie ein leidenschaftlicher Zorn. Fritz hatte in Rom, ohne ihr Wissen, die Bekanntschaft einer jungen Russin gemacht, die eine kurze, aber wichtige Rolle in seinem Leben spielen sollte. Elisabeth sollte diese junge Dame in Bayreuth kennenlernen und versuchen, sie zu überreden, den Sommer mit ihm in einem kleinen Thüringer Waldkurort zu verbringen.

Louise von Salomé, oder Lou, wie sie genannt wurde, war die 21jährige Tochter eines russischen Generals baltisch-deutscher Herkunft. Aber wie der Name andeutet, kamen die Salomés ursprünglich aus Frankreich, das ihre Vorfahren im Laufe der Hugenottenverfolgungen im 16. Jh. hatten verlassen müssen. Louise, ein ungewöhnlich begabtes, willenstarkes Mädchen wuchs in der kosmopolitischen Atmosphäre von St. Petersburg auf. Schon in früher Jugend legte sie eine lebhafte Fantasie und eine Vorliebe für religiöse Spekulationen an den Tag. Nach einem intensiven Liebeserlebnis mit dem Pastor der holländisch reformierten Kirche in Petersburg, war sie, geistig und emotionell erschöpft, mit ihrer Mutter ins Ausland gegangen, in der Hoffnung, daß sich dadurch ihre Gesundheit bessern und sie Gelegenheit haben würde, ihren Wissensdurst zu stillen. Eine Zeitlang hörte sie Vorlesungen in Zürich, wo sie eine der wenigen jungen Frauen war, die sich das Recht erkämpften, Institutionen höherer Bildung zu besuchen. Aber das schweizer Klima war ihr unerträglich. Sie hatte fast immer leichtes Fieber, und als sie begann, Blut zu husten, entschloß sich ihre Mutter, auf den Rat eines Arztes hin, mit ihr nach Italien zu gehen.

Die beiden Damen waren im März 1882 in Rom angekommen, wo sie auf Empfehlung eines Züricher Professors die Bekanntschaft von Malwida von Meysenbug machten, deren Buch *Memoiren einer Idealistin* Lou tief beeindruckt hatte. Sie bewunderte Malwida als eine Frau, die den Mut gehabt hatte, sich von den traditionellen Kinder-, Kirche-, Küche-Fesseln zu befreien und ihr Leben nach ihren eigenen Idealen zu gestalten. Obwohl fast ein halbes Jahrhundert älter als Lou, verkörperte Malwida, die in ihrer Jugend – ihrer aristokratischen Familie zum Trotz – gemeinsame Sache mit den Revolutionären von 1848 gemacht hatte, Lous Ideal der emanzipierten Frau. Malwida ihrerseits wurde durch Lous Kampf um ihre Freiheit an die Kämpfe ihrer eigenen Jugend erinnert. Sie empfing die junge Russin mit offenen Armen in ihrem Heim und im kleinen Kreis ihrer Freunde. »An einem Märzabend des Jahres 1882 in Rom«, notierte Lou in ihrem Tagebuch, »während bei Malwida ein paar Freunde beisammen saßen, begab es sich, daß nach einem Schellen der Hausglocke Malwidas getreues Faktotum Trina hereingestürzt kam, ihr einen aufregenden Bescheid ins Ohr zuflüsternd – woraufhin Malwida an ihren Sekretär eilte, hastig Geld zusammenscharrte und es hinaus trug. Bei ihrer Rückkehr ins Zimmer, obwohl sie dabei lachte, flog ihr das feine schwarze Seidentüchlein noch ein wenig vor Erregung um den Kopf. Neben ihr trat der junge Paul Rée ein: ein langjähriger, wie ein Sohn geliebter Freund, der Hals über Kopf von Monte Carlo kommend – Eile hatte, den dortigen Kellner das gepumpte Reisegeld zuzustellen, nachdem er alles, wörtlich restlos alles verspielt hatte.«[2]

Rées dramatischer Auftritt amüsierte und imponierte Lou. Er schien ein richtiger Draufgänger zu sein, ein kühner Abenteurer, der da – aus einer römischen Nacht kommend – plötzlich in ihr Leben getreten war. Auch für Rée war es eine angenehme Überraschung, ein neues Gesicht unter den ehrwürdigen Gestalten von Malwidas Freunden zu sehen. Ein hübsches junges Gesicht, blaß, aber mit der interessanten Blässe einer sensitiven, geistreichen Natur. Für Rée, der gerade einige Wochen mit Nietzsche in Genua verbracht hatte, war die Begegnung mit Lou eine willkommene Abwechslung. Nietzsche schien zwar bei besserer Gesundheit und mehr als willig, auf langen Spaziergängen an den Höhen entlang, die die alte Hafenstadt umgeben, seinen Freund in seine philosophischen Entdeckungen einzuweihen. Was Rée jedoch bestürzte, war Nietzsches seltsam exaltiertes Wesen. Seine mysteriösen Andeutungen über die welterschütternden Auswirkungen seiner Ideen klangen unheimlich. Und die imperiale Art, mit der er ihn empfangen hatte, indem er vorgab, Prinz Doria zu sein, der Herrscher der Republik Genua im 16. Jh., war zumindest sehr merkwürdig gewesen. Nicht wissend, was er von all dem halten sollte, hatte Rée Nietzsche gebeten, ihn nach Monte Carlo zu begleiten, wo er sein Glück im Spiel versuchte und verlor. Dann war er nach Rom geflohen, während Nietzsche in Genua blieb – auf der Suche nach weiteren kosmischen Erleuchtungen.

Mit Lou verstand sich Rée von Anfang an sehr gut. Und auch Lou fand Rée sofort sympathisch. Stundenlang stritten sie darüber, ob es eine göttliche Vorsehung gebe, wie Lou meinte, oder ob das Leben nur eine Illusion sei, wie Rée behauptete. Da sie sich öfter heimlich und unbegleitet aus Malwidas Haus auf die nächtlichen Straßen Roms schlichen, erweckten sie den heftigen Unwillen von Lous Mutter. Madame von Salomé fand das Benehmen ihrer Tochter, die sich über alle Regeln des Anstandes junger Mädchen hinwegsetzte, so unverzeihlich, daß sie sich entschloß, Lou mit nach Rußland zurückzunehmen. Dagegen jedoch erhob Lou lauten Protest. Sie behauptete, daß ihr Leben jetzt erst anfinge und sie endlich den Menschen gefunden habe, der ihren Wissensdurst befriedigen könne. Als Malwida sie warnte, daß Paul drauf und dran sei, sich in sie zu verlieben, wurde sie ungehalten. Sie behauptete, sie hätte es Rée bei ihrem ersten Treffen ganz klar gemacht, daß das Kapitel Liebe in ihrem Leben vorüber sei. Sie war nicht aus Rußland gekommen, um einen Geliebten zu finden, sondern auf der Suche nach der Wahrheit. Paul hatte ihr versichert, er verstünde und respektiere dies. Sie waren Freunde, enge, intime Freunde – etwas anderes zu vermuten war bösartige Verleumdung. Die Vehemenz, mit der Lou die bloße Andeutung eines Liebesverhältnisses zwischen ihr und Rée zurückwies, hatte Malwida überrascht und sie in ihrer Überzeugung bestärkt, daß die junge Russin ein ungewöhnliches Menschenkind war. Rée respektierte Lous Haltung, obgleich er sie tatsächlich sehr liebgewonnen hatte. Was ihn vor allem besorgte, war ihre bevorstehende Abreise nach Rußland. Sie mußte auf jeden Fall verhindert werden. Lous Wunsch war es, mit ihm zusammen ein Jahr an einer Universität zu studieren – sie dachte an Paris oder Wien. Was jedoch aus Anstandsgründen nur dann möglich war, wenn sich eine dritte Person bereit fände, mit ihnen zu kommen. Lou wandte sich an Malwida, doch diese sagte, sie habe bereits andere Pläne. Rée dachte zuerst an seine Mutter, zweifelte jedoch, ob diese ihr angenehmes Landhaus für ein Jahr mit einer Stadtwohnung vertauschen würde. Dann fiel ihm Nietzsche ein. Die Gegenwart eines emeritierten Universitätsprofessors würde ihren Studienplan den Nimbus der Respektabilität geben.

Während seiner nächtlichen Diskussionen mit Lou hatte er Nietzsche oft erwähnt. Die Gedanken seines Freundes, sagte er, seien außerordentlich an-, um nicht zu sagen aufregend und bewegten sich um denselben Fragenkomplex, der sie interessierte: die Existenz Gottes, das Problem des Bösen, den Ursprung der Moral. Hinzugefügt hatte er, daß Nietzsches Gesundheit meist sehr schlecht sei, bei seinem kürzlichen Besuch hätte er allerdings den Eindruck erhalten, daß es ihm jetzt besser ginge. Was Rée nicht wußte und nicht wissen konnte, war, daß der Dämon von Nietzsches Krankheit ihn in einen Zustand geistiger und physischer Euphorie geschleudert hatte. Er sah zehn Jahre jünger aus und fühlte sich als ein neuer Columbus, der vor einer Entdeckungsreise in die fernsten Gebiete des menschlichen Geistes steht.

Wenn er über sein Leben nachdachte, lachte und weinte er zugleich. Hier war er in Genua, allein und unbekannt, aber im Besitz eines Geheimnisses, vor dem die Welt zittern würde, wenn sie es wüßte. Hier war er, der *santo tedesco*, im Begriff sich an das Ende der Welt, dem Rand der Erde zu begeben, wo das Glück zu Hause ist, wie Homer sagte. Es war ihm, als müßte er auf den Straßen tanzen und manchmal, wenn er sich im Spiegel betrachtete, verzog sich sein Gesicht in der Vorfreude des Kommenden. Er lachte, grinste, schnitt Grimassen und wollte von allen Dächern aus verkünden, wer er war, denn wenn sie es nur wüßten, die guten Bürger von Genua, was für Dynamit er im Kopf trug, sie würden auf die Knie fallen und ihn anbeten.

In dieser Verfassung befand sich Nietzsche, als er einen Brief von Rée erhielt mit der Mitteilung, daß er die Bekanntschaft eines faszinierenden russischen Mädchens gemacht habe. Wir wissen nicht, was Rée über Lou sagte, aber wir haben Nietzsches Antwort aus Genua vom 21. März 1882. Sie lautet: »Grüßen Sie diese Russin von mir, wenn dies irgendeinen Sinn hat: ich bin nach dieser Gattung von Seelen lüstern. Ja, ich gehe nächstens auf Raub danach aus – in Anbetracht dessen, was ich in den nächsten zehn Jahren tun will, brauche ich sie! Ein ganz anderes Kapitel ist die Ehe. Ich könnte mich höchstens zu einer zweijährigen Ehe verstehen.«[3] Und auch Rée, der Lou heiß liebte, als er Nietzsches Brief empfing, dürfte sich über diese Zeilen gewundert haben. Wahrscheinlich sah er in ihnen ein weiteres Zeichen von Nietzsches Überspanntheit; er hätte es sicher nicht getan, wenn er gewußt hätte, was in Nietzsche vorging, der sich von blitzartigen Einsichten überwältigt, auf seine wahre Lebensaufgabe – die Umwertung aller Werte – vorbereitete und im Begriff war, ›unser großes fernes Menschenreich, das Zarathustrareich von 1000 Jahren‹ zu verkünden. Um diese Aufgabe zu bewältigen, brauchte er Hilfe, er brauchte einen Jünger, der mit ihm arbeiten würde, einen Zeugen seiner Visionen. Seinem Freund Overbeck hatte er anvertraut: »Ich brauche einen jungen Menschen in meiner Nähe, der intelligent und unterrichtet genug ist, um mit mir arbeiten zu können. Selbst eine zweijährige Ehe würde ich zu diesem Zweck eingehen – für welchen Fall freilich ein paar andere Bedingungen in Betracht zu ziehen wären.«[4]

Es ist möglich, daß Rées Beschreibung von Lou der Vorstellung glich, die Nietzsche von einem Jünger hatte, und daß er sie, als er von ihr hörte, mit der Vision des neuen Columbus, die er von sich selbst hatte, verband. Trotzdem eilte er nicht nach Rom, um Lou zu treffen. Der Eingebung eines Augenblickes folgend entschloß er sich, das Beispiel des großen Genueser Entdeckers vor Augen, sich auf einem kleinen Frachter nach Messina einzuschiffen. In Briefen mit geheimnisvollen Anspielungen an sein Schicksal gab er seinen Freunden zu verstehen: »Dies Messina ist wie geschaffen für mich, auch die Messinesen zeigen mir eine Liebenswürdigkeit und Entgegenkommen, daß ich schon auf die wunderlichsten Nebengedanken geraten bin (zum Beispiel ob nicht jemand hinter mir herreist, der die Leute für mich besticht?).«[5] Sieben Jahre später, einige Wochen vor seinem Zusammenbruch in Turin, sollte er ähnliche Briefe schreiben, in denen er andeutete, daß er ein Prinz sei, der unerkannt unter den Menschen seines Volkes weile.

Während Lou und Rée unruhig auf eine Antwort von Nietzsche warteten, den sie in Genua vermuteten, war der ›neue Columbus‹ in Messina, wo er den Sommer zu verleben gedachte, und schwieg sich aus. Er war in bester Laune, schrieb heitere, sich oft um das Thema Liebe drehende Gedichte und fühlte, daß die lange Krise seines Lebens endlich zu Ende war. Er hatte den Wendekreis überschritten, seine Sonne ging auf... während die seines Rivalen Wagner unterging. Das düstere Reich der Nibelungen verging vor den Strahlen seiner Mittelmeersonne.

In diesem Zustand der Euphorie war er, als er einen weiteren und noch dringenderen Brief von Rée erhielt. Sein Freund schrieb ihm, die junge Russin habe nach Genua reisen wollen, um ihn zu treffen und sei sehr ärgerlich gewesen, als sie hörte, daß er so weit fortgereist war. Rée fügte hinzu, der Grund für Lous Begierde, Nietzsche kennenzulernen, sei: »Sie möchte sich so gern, wie sie sagte, wenigstens ein nettes Jahr machen, und das sollte nächsten Winter sein. Dazu rechnet sie als nötig Sie, mich und eine ältere Dame wie Fräulein von Meysenbug, aber diese hat keine Lust.«[6] Dieser Vorschlag erweckte Erinnerungen an den Winter, den Nietzsche mit Rée und Malwida in Sorrent verlebt hatte. Es waren angenehme Erinnerungen, obgleich sich seine jetzige Stimmung völlig von seiner damaligen Depression unterschied. Dennoch, der Gedanke, ein Jahr in der Gesellschaft zweier junger Freunde zu verbringen, war reizvoll, zumal einer dieser Freunde besagte geheimnisumwitterte junge Russin sein sollte. Er hatte sich vorgenommen, den Sommer in Messina zu verbringen, aber schon nach wenigen Wochen war es ihm klar, daß das unmöglich war. Sizilien war viel zu heiß für ihn, und als von Afrika her der heiße Schirokko zu wehen begann, fühlte er sich elend und erlitt einen schweren Brechanfall. Kaum drei Wochen nach seiner Ankunft auf der ›Insel der Seligen‹ floh er von dort – krank und enttäuscht. Er fuhr direkt nach Rom, traf Lou und ließ sich, wie alle Männer, sofort von ihr bezaubern.

In den folgenden Wochen umwarben Nietzsche und Rée das junge Mädchen wie zwei Ritter, die sich um die Gunst einer Prinzessin bemühen. Nietzsche machte Frau von Salomé seine Aufwartung und ersuchte sie, ihrer Tochter zu erlauben, ein Jahr in seiner und Rées Gesellschaft zu verbringen. Lou sei ein ungewöhnlich begabtes Mädchen, und man sollte ihr die Gelegenheit geben, sich fortzubilden. Als früherer Universitätslehrer hatte er Erfahrung, wie der Wissensdurst junger Menschen zu stillen ist, und er erbot sich, für Lou die Rolle eines Tutors zu übernehmen. Es gab also gar keinen Grund zur Besorgnis, ob es für Lou schicklich sei, zusammen mit ihm und Rée zu studieren. Sie waren ja beide reife und erfahrene Männer.

Es ist fraglich, ob es Nietzsche gelang, Frau von Salomés Zweifel über die Schicklichkeit des Projektes zu stillen, denn Nietzsche teilte sie heimlich selbst. Er fürchtete einen Skandal, wenn es bekannt würde, daß Lou mit ihm und Rée nicht nur zusammen studieren, sondern auch zusammen leben würde; denn das wollte Lou. Die beste Lösung wäre doch offensichtlich, wenn Lou entweder ihn oder Rée heiratete. Er selbst hatte sich in letzter Zeit Gedanken über einer Heirat gemacht, und selbst eine zweijährige Versuchsehe wäre besser als dieses elende Leben in billigen Pensionen. In ihrem Lebensrückblick erklärt Lou, Nietzsche habe ihr zweimal die Ehe angeboten, das erste Mal durch Rée, das zweite Mal persönlich. Da Rée jedoch

Lou selbst sehr liebte und sie heiraten wollte, hat er sich wohl kaum sehr für seinen Freund eingesetzt. Wahrscheinlich hat er Lou sogar angedeutet, daß – ganz abgesehen von Nietzsches Gesundheitszustand – sein Freund finanziell nicht in der Lage sei, eine Frau zu erhalten. Vielleicht habe Nietzsche seinen Ehevorschlag in der irrigen Ansicht gemacht, daß Lou wohlhabend sei. Lou erwähnte dies, als sie Nietzsches Vorschlag verwarf und außerdem sagte sie, daß sie frei und ungebunden bleiben wolle. Aber im selben Atemzug bestand sie darauf, ihren gemeinsamen Studienplan durchzuführen, den sie im Spaß ihre »heilige Dreieinigkeit« nannten, obwohl er in Wirklichkeit bereits ein recht unheiliges Dreieck geworden war. Weder Rée noch Nietzsche trauten den Absichten des anderen.

Lou dagegen war trotz der Warnungen, die ihr von allen Seiten zuteil wurden, ungemein zuversichtlich, die Situation zu beherrschen. Malwida meinte, der Plan sei grotesk, eine offene Beleidigung aller Regeln der Schicklichkeit. Und Gillot, der holländische Pastor und Lous jugendliches Idol riet ihr von Petersburg aus, ihre Pläne aufzugeben, da sie unrealistisch seien. Lou sei nicht in der Lage, sich ein Urteil über Nietzsche und Rée zu bilden, die beide viel älter und erfahrener seien als sie. Sie dürfe nicht vergessen, daß sie eine Frau sei und gewisse Verpflichtungen gegenüber ihrem Geschlecht und der Gesellschaft habe. Derartige Ermahnungen ärgerten Lou – ja mehr noch, sie stärkten sie in ihrer Überzeugung, im Recht zu sein. Sie war entschlossen, der Welt zu beweisen, daß eine Frau Männer auch als Freunde haben konnte und nicht nur als Liebhaber oder Gatten. Nietzsche bewunderte diesen ›heroischen Zug‹ in Lou, gab aber keineswegs die Hoffnung auf, sie für sich zu gewinnen. Was er brauchte, war eine Gelegenheit, mit ihr allein zu sein. Rées Gegenwart hinderte ihn, sie so intim kennenzulernen, wie er dies wünschte. Einmal, an einem unvergeßlichen Nachmittag, war er auf dem Monte Sacro mit ihr allein gewesen, während Rée Frau von Salomé am Ortasee Gesellschaft leistete. Es war ein überwältigendes Erlebnis gewesen, eine seelische Vermählung, die ihn noch rückblickend erschauern ließ. Immer wenn er sich an Lou an jenen Nachmittag erinnern wollte, sprach er von ›Ortawetter‹. Auch Lous Gefühle scheinen ungewöhnlich erregt gewesen zu sein, denn als sie viele Jahre später ihre Memoiren niederschrieb, versuchte sie sich zu erinnern, ob sie Nietzsche damals auf dem Monte Sacro geküßt habe oder nicht. Sie erwähnt, daß Rée sehr eifersüchtig und ihre Mutter ärgerlich gewesen waren, weil sie so lange mit Nietzsche auf dem heiligen Berge verweilt hatte.

Aus diesem Erlebnis hatte Nietzsche den Schluß gezogen, daß er Lou vielleicht gewinnen könnte, wenn er sie persönlich und nicht durch Rée bat, seine Frau zu werden. Aber zuerst mußte er sich jemandem anvertrauen, mußte mit jemandem über die wunderbare Wende seines Lebens sprechen, und niemand stand ihm damals näher als sein Baseler Kollege und Freund Franz Overbeck und dessen Frau Ida. Im Anschluß an jenen herrlichen Tag in Orta machte Nietzsche also einen kurzen Abstecher nach Basel, während Lou mit ihrer Mutter und Rée nach Luzern reiste. Seine ausgelassene Fröhlichkeit überraschte seine Freunde. Sie kannten ihn kaum wieder. Er redete unaufhörlich, meistens von Lou, improvisierte auf dem Klavier und weihte die Overbecks in seinen Plan ein, gemeinsam mit Lou und Rée ein Jahr in Paris oder Wien zu studieren. Bestürzt von Nietzsches offenbarer Vernarrtheit in Lou, waren die Overbecks neugierig, zu erfahren, was für ein Mädchen sie wohl war. Sie schien ihn bezaubert zu haben. Aber Nietzsche versicherte ihnen, daß sie sich keine Sorgen zu machen bräuchten, denn obgleich Lou noch sehr jung sei, hätte sie einen starken eigenen Willen und wüßte genau, was sie wollte. Er schlug vor, die Overbecks sollten sich ihre eigene Meinung über Lou bilden. Er würde Lou bitten, nach Basel zu kommen und sie zu besuchen. Vor seiner Abreise erwähnte er, daß er verabredet habe, Lou in Luzern aus einem sehr persönlichen Grunde zu treffen.

Das Luzerner Treffen hatte auch wie geplant stattgefunden, aber während Nietzsche noch in seiner ausgelassenen ›Orta‹-Stimmung war, war Lou ruhig und zurückhaltend. Seinen Eheantrag hatte sie wieder abgelehnt, indem sie erwiderte, daß sie überhaupt nicht heiraten wolle. Zu ihrer großen Erleichterung hatte sich Nietzsche ohne Murren abgefunden, abermals abgewiesen zu werden. Er hatte sie nur gebeten, seine Freunde, die Overbecks, in Basel zu besuchen und sich von ihnen sagen zu lassen, was für ein Mensch er war. Das hatte ihm Lou versprochen.

Ehe Nietzsche, Lou und Rée Luzern verließen, beschlossen sie, sich zur Feier ihrer Dreieinigkeit zusammen fotografieren zu lassen. Nietzsche kannte den richtigen Mann dafür, Jules Bonnet, einen der bekanntesten Fotografen der Schweiz. Zu den Requisiten in Bonnets Atelier gehörte ein Leiterwagen, der für ländliche Szenen gut geeignet war. Nietzsche ließ ihn mitten in die Szenerie schieben, bat Lou hineinzusteigen und dann niederzuknien – eine unbeholfene Stellung, dachte Bonnet und nicht schicklich für eine junge Dame. Aber seine Proteste blieben unbeachtet. Dann verlangte Nietzsche ein Stück Leine, die an seine und Rées Arme angebunden wurde und Lou als Zügel diente. Die zwei Männer wurden also an dem Karren angeschirrt, in dem Lou kniete. Obwohl Bonnet laut dagegen protestierte, behauptete Nietzsche, keine andere Stellung drücke ihr Verhältnis zu Lou besser aus. Lou, die sich in ihrer halbknieenden Lage nicht wohl fühlte, mahnte zur Eile. Aber Nietzsche war noch nicht zufrieden. Als Treiber mußte Lou die Mittel haben, ihre Autorität durchzusetzen. Ein Stöckchen wurde gefunden, ein Stück Bindfaden daran geknüpft und schon war die Peitsche fertig. Nietzsche gab sie Lou. Als Schlußverzierung knüpfte er einen Fliederzweig daran. Einen Augenblick später klickte die Kamera, und die Aufnahme war fertig. Sie hält den entzückten Zug in Nietzsches Gesicht fest und gibt das Spiegelbild eines Geistes wieder, der wenige Monate später, als der Traum einer Ehe mit Lou ausgeträumt und Nietzsche abermals allein war, den brutalen Ausdruck prägen sollte: »Du gehst zu Frauen? Vergiß die Peitsche nicht!«[7]

Nach einem kurzen Ausflug zu Wagners früherem Haus am Vierwaldstätter See, wo sich Nietzsche traurig an seine verlorene Freundschaft erinnerte, trennte man sich in der Hoffnung, sich im September wiederzutreffen und gemeinsam entweder in München oder Wien zu studieren. Die Frage war: Was sollte Lou zwischen Mai und September tun, da sie ja entschlossen war, nicht mit ihrer Mutter nach Rußland zurückzukehren? Auf Malwidas Rat hin entschied sich Lou, die letzte Woche im Juli in Bayreuth zu verbringen, um der Premiere des *Parsifal* beizuwohnen, obgleich sie gestand, kein besonders gutes Ohr für Musik zu haben. Rée hatte seine Mutter dazu bewegt, Lou einzuladen, einen Teil des Sommers auf ihrem Familiengut in Stibbe in Westpreußen zu verbringen. Nietzsche, der auch gern einige Zeit mit Lou allein sein wollte, beschloß, seine Schwester zu bitten, ihm dabei behilflich zu sein. Auf dem Weg nach Naumburg kam er nochmals bei den Overbecks vorbei, die ihn ermahnten, Diskretion walten zu lassen, wenn er seinen Angehörigen von Lou erzählte. Denn sie könnten seine Motive mißverstehen. Doch das war nicht nötig, denn Nietzsche wußte sehr wohl, daß jede Erwähnung des ›Dreieinigkeitsplanes‹ den Naumburger Begriff der weiblichen

Tugend zutiefst verletzen würde. Darüber würde er bestimmt schweigen. Ehe er Basel verließ, informierte er Frau Overbeck, daß Lou sie in einigen Tagen besuchen würde und bat sie, zu dem jungen Mädchen mit äußerster Freimut über ihn zu sprechen. Keine dritte Person, nicht einmal ihr Mann, sollte bei dieser Gelegenheit dabei sein. Vielleicht fühlte er, daß diese Bitte Frau Overbeck überraschte, denn einige Tage später schrieb er ihr aus Naumburg: »Bei unserem letzten Zusammensein war ich allzu sehr angegriffen: so habe ich Ihnen und meinem Freunde eine Sorge und Beängstigung hinterlassen, zu der eigentlich kein Grund vorliegt; vielmehr Anlaß genug zum Gegenteil! Im Grunde schlägt mir das Schicksal immer zum Glück und mindestens zum Glück der Weisheit aus – wie sollte ich mich vor dem Schicksal fürchten, namentlich wenn es mir in der gänzlich unerwarteten Gestalt von Lou entgegentritt.«[8]

In demselben Brief versicherte er Frau Overbeck, daß er weder seiner Mutter noch seiner Schwester etwas über Lou gesagt habe, fügte jedoch hinzu, daß er sein Schweigen nicht allzu lange aufrecht erhalten könnte, da seine Schwester und Frau Rée brieflich miteinander verkehrten. So begann die Komödie der Irrungen.

Zweiter Akt

Die unerwartete Ankunft ihres Bruders in Naumburg erfreute Elisabeth und verwunderte sie zugleich. Sie war erfreut, weil Friedrich so gut aussah und so guter Stimmung war und sie war andererseits verwundert über seine geheimnisvollen Andeutungen über eine junge Russin, die er in Rom getroffen hatte. Sie behauptet, sie habe erstmals durch einen Brief, den ihr der Bruder Ende April 1882 aus Rom geschrieben habe, von Lou gehört. In diesem Brief heißt es: »Falle nicht um vor Erstaunen, der Brief ist von mir und aus Rom. Ich bat Frl. von Meysenbug, die Adresse und auch noch ›privat‹ darauf zu schreiben, damit der Brief wirklich nur in Deine Hände kommt. Du wirst begreifen warum...« Elisabeth verstand durchaus, denn sie und ihr Bruder ließen mit Vorliebe ihre Mutter im Unklaren über das, was sie vorhatten. Mehr überrascht war sie zu hören, daß er in Rom war. Sie hatte ihn noch in Messina vermutet. Mit diplomatischer Klugheit schrieb Nietzsche, daß ihr, Elisabeths, Wunsch in Erfüllung gegangen sei. Sie habe ihm ja immer einen jungen Menschen gewünscht, der ihm bei seinen schriftlichen Arbeiten helfen könne. Nun habe Fräulein Meysenbug, oder richtiger Dr. Rée, einen solchen Menschen gefunden. Leider sei es kein Mann, sondern eine junge Frau. Um diese kennenzulernen, sei er auf die dringenden Bitten von Malwida und Rée nach Rom gekommen. Aber er war schon enttäuscht, denn:»Ich sehe bis jetzt nur, daß das junge Mädchen einen guten Kopf besitzt und sehr viel von Dr. Rée gelernt hat. Um mir aber ein richtiges Urteil zu bilden, müßte ich sie ohne Rée studieren... Könntest Du nicht nach der Schweiz kommen und die junge Dame einladen... Übrigens ist sie 24 Jahre alt, unschön, (...); aber wie alle unschönen Mädchen hat sie, um anziehend zu werden, ihren Geist kultiviert. Rée behauptet, dieser Geist sei außerordentlich, – jedenfalls ist er ganz begeistert und versucht auch mich zu begeistern.«[1]

Man hat die Echtheit dieses Briefes bezweifelt, den Elisabeth in dem Kapitel ihres Bruders zitiert, das von der ›Lou-Affäre‹ handelt, weil das Original des Briefes nicht mehr existiert. Und im Hinblick auf die völlig verzerrte Darstellung, die sie von dieser Episode gibt, ist Vorsicht geboten. Aber warum sollte Elisabeth diesen Brief gefälscht haben. Es war ja doch unvermeidlich, daß sie früher oder später von Lou hören würde, und zwar entweder durch Malwida oder Frau Rée, da sie ja mit beiden korrespondierte. Und sollte sie den Brief auch etwas redigiert haben, echt genug klingt er. Fest steht, daß ihr Bruder Lou ohne Rées Gegenwart treffen wollte; das war jedoch nur möglich, wenn ein weibliches Wesen die Rolle der Anstandsdame übernahm. Vielleicht hat Malwida Elisabeth für diese Rolle vorgeschlagen. Merkwürdig ist jedoch, daß Nietzsche in seinen Briefen an Lou, Rée und die Overbecks immer betont, er hätte seinen Verwandten gegenüber Lou nicht erwähnt. Länger als eine Woche nach Nietzsches Ankunft in Naumburg teilte Rée Lou mit:»Nietzsche rechnet nicht darauf, daß Du vorher noch nach Naumburg kommst, da er meinte, daß es besser sei, seiner Mutter und Schwester Deine Existenz überhaupt zu verschweigen.«[2]

Die einfachste Erklärung für diese sich widersprechenden Tatsachen ist, daß Nietzsche tatsächlich bald nach seiner Ankunft in Rom seiner Schwester berichtete, er habe Lou kennengelernt, daß er aber Elisabeth über seinen Winterplan mit Lou und Rée im dunkeln ließ. Er wußte, es hätte sie entsetzt, wenn sie gehört hätte, Lou habe vorgeschlagen, daß er, Rée und sie zusammen wohnen sollten. Er selbst fand ja diese Vorstellung gewagt und vermutete, daß ihre Dreieinigkeit in den Augen der Welt als Ehe zu dritt betrachtet werden könnte. Was in Rom so reizvoll erschien und in Paris und Wien vielleicht möglich war, durfte in Naumburg nicht einmal erwähnt werden. Es besorgte ihn sehr, daß seine Angehörigen durch Zufall etwas über das Projekt erfahren könnten – daher seine wiederholten Bitten an Lou und Rée, nichts davon verlauten zu lassen: »Im Ganzen bitte ich Sie dringend, von unserem Wintervorhaben gegen jedermann zu schweigen: man soll von allem Werdenden schweigen. Sobald etwas zu zeitig davon verlautet, gibt es auch Gegner und Gegenpläne: die Gefahr ist nicht gering.«[3]

Die Ankunft ihres Bruders bot Elisabeth eine willkommene Abwechslung von ihrem eintönigen Naumburger Leben. Sie hatte versucht, sich durch das Schreiben von Kurzgeschichten zu unterhalten, eine einsame Beschäftigung, die ihrem aktiven Temperament zuwider war. Außerdem hatte sie schlechte Nachrichten von ihrem Freund Förster aus Berlin erhalten. Seine antisemitische Tätigkeit war so virulent geworden, daß Berliner Zeitungen verlangten, es müssen Maßnahmen getroffen werden gegen Lehrer, die den Antisemitismus ins Klassenzimmer brächten. Um sich gegen diese Beschuldigungen zu wehren, gründete Förster den *Deutschen Volksverein* und forderte die Suspendierung des Berliner Magistrates, »da die Verhältnisse im Berliner Rathause nicht koscher seien«.[4] Er erhob Anklage wegen Korruption und Diebstahl öffentlichen Eigentums. Diese Beschuldigungen führten zu einer Reihe von Prozessen, die Förster verlor. Seine Stellung am Friedrich-Gymnasium wurde dadurch unhaltbar, und er mußte gehen. Als Bismarck seine antisemitische Petition zurückwies, obwohl es Förster gelungen war, fast eine Viertelmillion Unterschriften dafür zu bekommen, entschied Förster, daß der einzige Weg, sein arisches Ideal vor dem Untergang zu schützen, die Gründung eines ›Neuen Deutschlands‹ in Übersee war. Er faßte den Entschluß, sein ›Stiefvaterland‹ zu verlassen und sich nach einer geeigneten Heimat für deutsche Patrioten umzusehen, die wie er der Überzeugung seien, daß eine Wiedergeburt der alten deutschen Tugenden nur in einem von jüdischen Einfluß freien Lande möglich sei.

Försters Abreise betrübte Elisabeth, und auch sie sehnte sich nach einem Wechsel ihrer Umgebung. Naumburg war ihr zu provinziell, auch wurde das Leben zu Hause immer schwieriger, da sie fühlte, daß ihre Mutter sie bemitleidete, weil sie keinen Mann fand. Nach Rücksprache mit ihrem Bruder entschloß sie sich, den Winter in Genua und später in Rom zu verbringen. Nietzsche ermutigte sie zu diesem Vorhaben, denn er war vor allem daran interessiert, daß ihr Winterplan nicht mit dem seinen kollidierte. Was den Sommer anbetraf, so schlug er vor, daß Elisabeth, die sehr neugierig war, die geheimnisvolle Russin zu treffen, Lou nach Bayreuth begleiten solle. Dadurch würde sie Gelegenheit haben, Lou kennenzulernen, und da Malwida Lou zweifellos Wagner und Cosima vorstellen würde, einen Besuch in Haus Wahnfried machen. Danach sollte Elisabeth Lou einladen, einige Wochen mit ihnen in Tautenburg, einem Thüringer Waldkurort, zu verbringen, den Nietzsche für ein Treffen mit Lou als besonders geeignet hielt.

Zu ihrem später großen Bedauern stimmte Elisabeth beiden Vorschlägen ihres Bruders zu. Seinen Beschreibungen nach mußte Lou ein reizendes und talentiertes junges Mädchen sein. Daß sie außerdem die Tochter eines russischen Generals und adliger Geburt war, zeigte wieder einmal, daß sich Fritz in einem gesellschaftlich viel höheren Milieu bewegte als sie in Naumburg. Besonders erfreut war Elisabeth über das neue Manuskript ihres Bruders, das einen viel heiteren Ton anschlug als *Menschliches Allzumenschliches*. Schon der Titel – *Fröhliche Wissenschaft* – gefiel ihr. Sie war gern bereit, ihrem Bruder dabei zu helfen, das fast unleserliche Manuskript für den Druck vorzubereiten, indem sie es einem unbeschäftigten jungen Kaufmann diktierte, der als Abschreiber angeheuert worden war.

Es war wie früher in ihrer Jugendzeit. Sie waren heiter und lebhaft und belustigten ihre Mutter durch mysteriöse Anspielungen auf ein gerade sehr populäres Lustspiel mit dem Titel *Jemand muß heiraten*. Franziska wußte nicht, worauf sie anspielten, aber nichts hätte ihr mütterliches Herz mehr erfreut als die Nachricht, daß ihre Kinder endlich heiraten würden.

Der Augenblick der Wahrheit kam für Elisabeth, als sie Lou, wie verabredet, auf dem Leipziger Hauptbahnhof traf. Ihr erster Eindruck war sehr günstig. In der Miene des schlanken jungen Mädchens, das – im eleganten maßgeschneiderten Kostüm – auf sie zuging, sie herzlich begrüßte und sie sofort in ein lebhaftes Gespräch verwickelte, lag etwas unverkennbar aristokratisches. Lous freimütige Art der Unterhaltung, ihr schüchternes Lächeln, waren entwaffnend. Elisabeth war gerührt, als sie hörte, wie krank Lou in der

Schweiz gewesen war. Aufmerksam verfolgte sie Lous Bericht über ihre Begegnung mit Malwida in Rom und war amüsiert, als ihr Lou erzählte, daß sie und Nietzsche sich das erste Mal ausgerechnet in der Peterskirche getroffen hätten.

Im Hintergrund all dieser Ereignisse stand Malwida, eine herrliche Frau, wie Lou schwärmte, und eine gute Freundin. Sie freute sich darauf, Malwida in Bayreuth wiederzusehen und fragte Elisabeth, was sie von Wagner und Cosima halte. Elisabeth ergriff die Gelegenheit, Lou alles, was sie über das berühmte Paar wußte, zu erzählen. Sie rühmte sich ihrer engen Freundschaft mit Cosima; ihres Bruders Streit mit Wagner schien sie ziemlich kalt zu lassen. Sie meinte, große Männer hätten eben manchmal verschiedene Ansichten, aber Freunde blieben sie dennoch. Das Austauschen solcher Vertraulichkeiten mit der jungen Russin würde, so hoffte Elisabeth, ihren eigenen Wiedereintritt in den kleinen Kreis von Wagners persönlichen Freunden erleichtern. Vor allem aus diesem Grund wollte sie ja nach Bayreuth gehen. Glücklicherweise schien Lou nicht zu wissen, warum ihr Bruder aus Haus Wahnfried verbannt worden war, oder es war ihr gleichgültig. Auf jeden Fall glaubte Elisabeth noch immer an die Möglichkeit einer Aussöhnung ihres Bruders mit Wagner und sah in Lou, die von Fritz mit großem Respekt sprach, eine willkommene Verbündete. Ehe sie in Bayreuth ankamen, schlug Elisabeth ihrer ›jüngeren Schwester‹, wie sie Lou nannte, als Zeichen ihrer Freundschaft das familiäre Du vor. Lou nahm es gern an, schockierte Elisabeth jedoch gleichzeitig mit dem freimütigen Geständnis, daß sie und Rée sich ebenfalls duzten. Da der Zug gerade im Bayreuther Bahnhof einlief, blieb Elisabeth keine Zeit mehr, ihrer jungen Freundin zu erklären, daß es sich für ein junges Mädchen nicht schicke, einem jungen Mann das familiäre Du anzubieten, der weder ihr Bruder noch ihr Verlobter sei.

Elisabeths Enttäuschung über Lou wuchs im Verlauf der Bayreuther Festspiele rasch. Als Malwidas Schützling trat Lou in Wagners intimen Kreis ein und gewann schnell die Gunst der engsten Mitarbeiter des Meisters – besonders der Herren. Man sah sie oft in der Gesellschaft des jungen russischen Malers und Bühnenbildners Graf Paul von Joukowsky, dem Wagner den Entwurf der Bühnenbilder zum *Parsifal* anvertraut hatte. Voller Bitterkeit sah Elisabeth, wie diese beiden Russen sich der Gunst Wagners erfreuten, während sie wegen ihres Bruders Feindschaft mit Wagner eine gewisse Distanz wahren mußte. Und die Geschichten, die man sich über das Mädchen erzählte! Es hieß, sie habe sich in aller Öffentlichkeit von Joukowsky, der auch ein bekannter Modeschöpfer war, unmittelbar auf ihrem Körper ein Kleid entwerfen lassen. Auch soll sie bei nächtlichen Séancen als einzige Dame beigewohnt haben. Wer weiß, was sich da alles zugetragen hatte! Es war nicht schwer zu erkennen, was für eine Art Mädchen Lou offensichtlich war.

Elisabeth traute ihren Ohren nicht, als Lou freimütig bekannte, sie gedenke den Winter zusammen mit Nietzsche und Rée zu verbringen. Der bloße Gedanke eines solchen Zusammenlebens machte sie schamrot. Da ihr Bruder nie etwas derartiges erwähnt hatte, zeigte es sich ja, welch eine Lügnerin Lou sein mußte. Sie hatte die ganze Geschichte wohl nur erfunden, um die Bayreuther Gesellschaft zu schockieren. Aber als Elisabeth sich darüber bei Malwida beklagte, mußte sie zu ihrem Schrecken hören, daß die Geschichte wahr war. Ihr Bruder hatte sich bereit erklärt, mit Lou und Rée zusammen in Paris eine Wohnung zu mieten und Vorlesungen an der Universität zu besuchen. Es war unerhört. Elisabeth war außer sich vor Zorn, daß sie ihr Bruder über diesen schändlichen Plan im dunkeln gelassen hatte.

Malwida versicherte ihr, sie habe versucht, Lou von ihrem Vorhaben abzuraten – nicht nur, weil das Zusammenwohnen einer jungen Dame mit zwei Herren unanständig war, sondern auch, weil die Freundschaft zwischen Nietzsche und Rée bestimmt darunter leiden würde. Malwida riet Elisabeth, mit ihrem Bruder zu sprechen und ihn als ältesten des Trios aufzufordern, das sehr unweise Projekt fallenzulassen.

Malwidas Rat war unnötig. Elisabeth konnte es kaum erwarten, ihrem Bruder mit deutlichen Worten zu sagen, was sie von ihm hielte. Sie weinte bittere Tränen, als sie das Luzerner Foto sah, auf dem Rée und ihr Bruder an Lous Wagen angeschirrt waren. Das ging zu weit. Lou kompromittierte ihren Bruder, indem sie das gemeine Bild in aller Öffentlichkeit zeigte. Elisabeth nahm sich vor, nach Hause zu eilen und von ihrem Bruder zu verlangen, sofort alle Beziehungen zu Lou abzubrechen.

Das tat sie auch. Als sie sich von Lou, die noch ein paar Tage in Bayreuth bleiben wollte, verabschiedete, unterdrückte sie ihren Zorn, und nach außen hin schieden sie als Freundinnen. Sofort nach ihrer Ankunft in Naumburg jedoch öffnete sie ihrem armen blinden

Bruder die Augen über den wahren Charakter der schrecklichen Russin. Sie meinte, Lou sei gar nicht interessiert an ernsthaften Studien. Sie wolle sich einfach amüsieren. In Bayreuth habe sie sich äußerst schändlich benommen. Durch das Zurschaustellen des Luzerner Fotos habe sie ihn und seine Philosophie lächerlich gemacht. Welcher seriöse Denker würde einem jungen Mädchen erlauben, seinen Weg mit einer Peitsche zu bestimmen. Das tat weh. Nietzsche konnte Feindschaften ertragen, aber Spott – noch dazu Spott in Bayreuth – war ihm unerträglich. Als Ausdruck seines Mißvergnügens schickte er Lou ein Telegramm, in dem er ihr mitteilte, daß er Tautenburg des schlechten Wetters wegen verlassen habe und sie also nicht an dem verabredeten Ort treffen könne. Lou war enttäuscht, aber da sie den wirklichen Grund für Nietzsches Absage nicht kannte, schlug sie vor, sich in Jena zu treffen, wo sie sicher ein bequemes Quartier finden könnten. Dort könnten sie warten, bis das Wetter besser würde, um später den Waldfrieden von Tautenburg zu genießen. Hin- und hergerissen zwischen seiner Liebe für Lou und den zornigen Anklagen seiner Schwester zögerte Nietzsche: »Eines Tages flog ein Vogel an mir vorüber; und ich, abergläubig wie alle einsamen Menschen, die an einer Wende ihrer Straße stehen, glaubte einen Adler gesehen zu haben. Nun bemüht sich alle Welt darum, mir zu beweisen, daß ich mich irre, – und es gibt seinen artigen europäischen Klatsch darüber. Wer ist nun der Glücklichere – ich, der ›Getäuschte‹ wie man sagt, der einen ganzen Sommer ob dieses Vogelzeichens in einer höheren Welt der Hoffnung lebte – oder jene, welche ›nicht zu täuschen sind‹.«[5]

Und an Lou schrieb er zum Entsetzen seiner Schwester: »Kommen Sie ja, ich bin zu leidend, sie leidend gemacht zu haben. Wir ertragen es miteinander besser.«[6]

Dritter Akt

Da ihr Bruder nicht gewillt war, mit Lou zu brechen, entschloß sich Elisabeth, es für ihn zu tun, indem sie Lou klipp und klar sagte, was sie von ihr hielt. In Bayreuth hatte sie das nicht tun können, aber jetzt bot sich ihr eine Gelegenheit, denn ihr Bruder hatte sie gebeten, Lou in Jena abzuholen und nach Tautenburg zu bringen, wohin er zurückgekehrt war. Die Konfrontation zwischen Elisabeth und Lou fand im Hause von Professor Gelzer, eines ehemaligen Basler Kollegen Nietzsches, statt. Sie fing harmlos an. Elisabeth nahm Lou beiseite und erklärte ihrer ›jüngeren Schwester‹, der kostbarste Schatz eines Mädchens sei ihr guter Ruf. Man könne ihn leider leicht verlieren und nur sehr schwer wiedererlangen. Lou sei vielleicht zu jung, um zu ermessen, wie vorsichtig ein Mädchen sein müsse – eine unbedachte Geste, ein Blick, ein Wort und schon sei alles verloren. Alles. Hier unterbrach Lou sie heiter lachend. Ihre ›ältere Schwester‹ brauche nicht fortzufahren, denn wenn sie wirklich recht habe, dann sei in der Tat aller gute Ruf bereits verloren. Doch Lou bereute nichts und meinte, sie habe sich doch trotz allem köstlich amüsiert.

Elisabeth wies sie streng zurück. So zu reden, schicke sich nicht für eine junge Dame; ja sie halte es für ihre Pflicht, Lou zu sagen, daß ihr Benehmen in Bayreuth sie sehr verletzt habe. Es sei skandalös gewesen, wie ungeniert sie mit Joukowsky geflirtet hätte. Alle seien empört darüber gewesen. Malwida habe ihr im Vertrauen gesagt, es täte ihr sehr leid, Lou in die Bayreuther Gesellschaft eingeführt zu haben. Und sie selbst sei in große Verlegenheit geraten, als man sie gefragt habe, ob es wahr sei, daß Lou mit ihr zu ihrem Bruder nach Tautenburg fahren würde. Ob Lou denn nicht wisse, wer ihr Bruder sei? Wisse sie nicht, daß Nietzsche einer der größten zeitgenössischen Denker sei, ein Mann reinster Gesinnung, beinahe ein Heiliger? Finde sie es nicht unwürdig, sich öffentlich seinen Feinden zuzugesellen und ihn dadurch lächerlich zu machen?

Lou war überrascht. Daß man über sie und Joukowsky geredet hatte, wußte sie – selbst Rée hatte aus dem fernen Stibbe geschrieben, er sei eifersüchtig – aber es berührte sie nicht, denn sie nahm von Klatsch grundsätzlich keine Notiz. Was sie tat ging niemanden etwas an. Und der Gedanke, im Streit zwischen Wagner und Nietzsche Partei ergriffen zu haben, war ihr völlig fremd. Mit Schärfe erwiderte sie, daß sich niemand weniger um Nietzsche gekümmert habe als Graf Joukowsky. Er habe nicht einmal Nietzsches Namen erwähnt. Diese Bemerkung verletzte Elisabeth sehr, denn Joukowsky war Wagners Vertrauter. Es war bitter, hören zu müssen, daß in Wagners engstem Kreise nicht einmal der Name ihres Bruders genannt wurde, daß also für Wagner sein ehemaliger Freund offenbar tot war. Heftig entgegnete sie, daß Joukowsky ein Scharlatan sei, der es nicht verdiene, im gleichen Atemzug mit ihrem Bruder genannt zu werden. Den Unterschied zwischen einem Genie und einem Scharlatan kenne

Lou anscheinend nicht. Und da sie schon so offen miteinander sprächen, wolle sie Lou auch gleich noch sagen, daß sie ihren Vorschlag, mit ihrem Bruder und Rée zusammen eine Wohnung zu beziehen, für schamlos halte. Unter Russen sei eine solche als Freundschaft getarnte Abmachung vielleicht möglich, aber nicht unter anständigen Menschen. Mit einem derartigen Ansinnen an ihren Bruder heranzutreten, sei geradezu eine Beleidigung.

Das war Lou zuviel. »Denke nur nicht, daß ich mir etwas aus Deinem Bruder mache, oder in ihn vielleicht verliebt bin,« rief sie aus. »Ich könnte mit ihm in einer Kammer zusammen schlafen ohne aufrührerische Gedanken... Wer hat zuerst den Plan des Zusammenseins mit den niedrigsten Absichten beschmutzt, wer hat zuerst mit der Geistesfreundschaft angefangen, als er mich nicht zu etwas anderem haben konnte, wer hat zuerst an eine wilde Ehe gedacht – das ist Dein Bruder!... Pah, Geistesfreundschaft! Die Männer wollten überhaupt nur das eine – mit Frauen schlafen.«[1] Sie wisse dies aus Erfahrung, sie habe schon zweimal in solchen Verhältnissen gesteckt.

Elisabeth traute ihren Ohren nicht; noch nie in ihrem Leben hatte sie so unanständige Reden gehört. Es war unglaublich, daß sich eine 21jährige herausnahm, so über Männer im allgemeinen und über ihren Bruder im besonderen zu sprechen. Wenn es bekannt würde, daß Fritz mit einer solchen Kreatur verkehre, würde er nicht nur die Achtung seiner Freunde verlieren, sondern möglicherweise sogar seine schweizer Pension, denn die Basler waren eigentlich nicht verpflichtet, ihm eine Pension zu zahlen. Sie würden sicher nicht weiterzahlen, wenn es ruchbar würde, daß der emeritierte Professor Nietzsche mit einem unmoralischen Frauenzimmer zusammenlebt. Sie mußte Fritz warnen, daß es sein finanzieller Ruin sein könnte, wenn die Lou-Affäre publik würde. Er sollte sich sofort von dem russischen Scheusal trennen.

Solche Gedanken bewegten Elisabeth, als sie mit Lou auf dem Bahnhof Dornburg eintraf, wo ihr Bruder auf sie wartete. Er war in bester Laune. Lous Ankunft bedeutete die Rückkehr seines Monte Sacro-Traumes. Galant half er ihr aus dem Zug, küßte ihr die Hand, hieß sie in seiner Ferienzuflucht in der Thüringischen Waldeinsamkeit willkommen und unterhielt sie humorvoll mit lokalen Klatschgeschichten. Elisabeth mußte zu ihrer Bestürzung feststellen, daß ihr Bruder ganz offensichtlich »rasend vernarrt in Lou war«,[2] wie sie ihrer Jenaer Freundin entsetzt schrieb. Es gab keine Zeit zu verlieren. Elisabeth nahm die erste Gelegenheit wahr, ihrem Bruder zu erzählen, was Lou ihr in Jena erzählt habe. Das Mädchen hielt ihn offenbar zum Narren. Sie war ja gar keine seriöse Studentin, sie war bloß eine raffinierte Abenteuerin und hatte seinem Ruf bereits großen Schaden zugefügt. Er müsse sie sofort wegschicken. Elisabeths moralische Entrüstung bestürzte Nietzsche. Während er einerseits Lous Verachtung für alle bürgerliche Moralvorstellungen bewunderte, beklagte er andererseits ihre Indiskretionen. Ein Freigeist war durchaus dazu berechtigt, sich über die moralischen Tabus der Gesellschaft lustig zu machen, aber es war dumm, seine persönlichen Indiskretionen öffentlich zur Schau zu stellen. Er würde mit Lou darüber sprechen. Elisabeth war nicht zugegen, als ihr Bruder Lou wegen ihres unklugen Benehmens in Bayreuth und Jena zur Rede stellte. Er betonte, daß der Gedanke ihn schmerze, sie habe ihn in den Augen seiner Bayreuther Feinde lächerlich gemacht, um so mehr, da sie ja seine Einladung nach Tautenburg angenommen habe. Während der darauffolgenden Szene hatte Lou plötzlich das Gefühl, Nietzsche meine, sie schulde ihm besondere Treue. Rée schrieb ihr nach Einsicht in ihr Tautenburger Tagebuch: »Nietzsche scheint Dich merkwürdig genug als seine Braut angesehen zu haben, sobald Du einwilligtest, nach Tautenburg zu kommen. Und in seiner Eigenschaft als Bräutigam machte er Dir Vorwürfe über Bayreuther Geschichten.«[3] Elisabeth wäre über Lous Tautenburger Tagebuch entsetzt gewesen. Sie hätte es für einen weiteren Beweis dafür gehalten, was für eine Lügnerin Lou sei. Daß Fritz in das Mädchen vernarrt sei, und zwar so sehr vernarrt, daß er ihren Rat, sie wegzuschicken, nicht beachte, sei leider wahr. Aber daß er ihr einen Heiratsantrag gemacht habe, sei eine glatte Lüge. In allen späteren Darstellungen der ›Lou-Affäre‹, wie Elisabeth sie nannte, leugnete sie kategorisch, daß ihr Bruder Lou gegenüber je andere Gefühle als die eines Lehrers für eine begabte Schülerin gehabt habe. Damals in Tautenburg war Elisabeth ganz anderer Meinung. Sie war wütend, daß ihr Bruder Lou erlaubte, fast einen Monat mit ihm in Tautenburg zu verbringen und empört, wenn sie die Unterhaltungen der beiden mit anhörte... »Was war eine Lüge? Nichts! Was war ein Vertrauensbruch? Nichts! Was war das schamloseste Reden über die schamhaftesten Gegenstände? Nichts! Was war Pflichterfüllung? Albernheit. Was war das geringschätzigste Reden über treue Freunde? Richtiges

Urteil! Was war Mitleid? Verächtlich. *Nie...* habe ich meinen Bruder samt seiner Philosophie so gering, so erbärmlich gesehen. Dabei rühmte sich Lou immer ihrer bösen Natur (das Böse ist ja eine größere Kraftquelle als das Gute) und nun macht sich der arme Fritz so böse wie möglich... Zuletzt höre ich nun noch, wie Lou ihr gemeines Schmähen dargestellt hatte. Himmel, ich habe gar nicht gedacht, daß ich noch so zurückgebliebene Ansichten hätte, was wäre denn eine wilde Ehe und eine solche Beabsichtigung? Doch gewiß nichts Herabsetzendes! Sie ständen über der Sitte, da könnte es doch für Fritz nichts Herabsetzendes haben, sie hätte ihn auch damit durchaus nicht herabsetzen wollen.«[4]

Während sich Lou und ihr Bruder Elisabeths Ansicht nach in dieser schamlosen Weise betrugen, zog sich Nietzsches Schwester immer mehr in ihr verwundetes Innere zurück.»Ich zog mich ganz von ihrer Gesellschaft zurück und dann kam immer Fritz und schmeichelte mir ins Gesicht und ich wußte doch wie er dachte. Ich weinte die bittersten Tränen über den armen Verblendeten, er ist früher nie so gewesen, so unaufrichtig und hinterlistig, zum Beispiel auch hinter meinem Rücken machte er mir zum Verbrechen, daß ich Novellen schriebe, das ›wäre seiner unwürdig‹, und er wußte doch, daß ich es *nur* angefangen hatte, um ihm einen Teil meines Einkommens geben zu können und das nun durch Schriftstellerei zu ersetzen.«[5]

Der Monat August 1882 war der bitterste Monat in Elisabeths Leben. Sie lebte in Zwietracht mit ihrem geliebten Bruder wegen eines jungen Mädchens, daß er liebte und das sie verabscheute. Kein Freund war in ihrer Nähe und sie fühlte sich verraten und betrogen. Als der Tag kam, an dem Lou endlich abreisen sollte, fiel es ihr schwer, freundliche Abschiedsworte zu finden. Sie machte ihrem Bruder bittere Vorwürfe über die Art seines Benehmens ihr gegenüber und weigerte sich, mit ihm zusammen nach Naumburg zu fahren. Sie sei so empört, daß sie, wäre sie katholisch, in ein Kloster gehen würde, um für seine Sünden zu büßen. Nietzsche nannte sie eine dumme Gans und fuhr allein nach Hause. Als ihn seine Mutter fragte, warum Lieschen nicht mitgekommen wäre, machte er dunkle Anspielungen über Meinungsverschiedenheiten zwischen ihm und seiner Schwester, und zwar einer jungen Dame wegen. Franziska, die von Lou überhaupt nichts wußte, wurde argwöhnisch und stellte Fragen, die Nietzsche so gut es ging zu beantworten versuchte; doch ohne Erfolg; seine Mutter wurde immer ungehaltener. Als sie von ihrer Tochter erfuhr, was in Tautenburg geschehen war, und was ihr in diese völlig unmoralische Frau verliebte Sohn zu tun beabsichtigte, entrüstete sie sich maßlos. Sie schalt ihren 38jährigen Sohn wie einen Schuljungen, warf ihm vor, daß sein Verhalten unverzeihlich sei und sich sein frommer Vater vor Scham im Grab umdrehen würde. Das ging nun wirklich zu weit. Wütend verließ Nietzsche Naumburg und schwor, nie wieder nach Hause zu kommen. Er fuhr nach Leipzig, mietete sich ein kleines Zimmer und wartete auf Lou und Rée, die ihn dort, wie verabredet, treffen wollten. Overbeck schrieb er:»Das Nützlichste aber, was ich in diesem Sommer getan habe, waren meine Gespräche mit Lou. Unsere Intelligenzen und Geschmäcker sind im Tiefsten verwandt – und es gibt andererseits der Gegensätze so viele, daß wir füreinander die lehrreichsten Beobachtungs-Objekte und -Subjekte sind... Gestern schrieb mir Rée ›Lou ist entschieden um einige Zoll gewachsen in Tautenburg‹ – nun, ich bin es vielleicht auch... Tautenburg hat Lou ein Ziel gegeben. – Sie hinterließ mir ein ergreifendes Gedicht *Gebet an das Leben*. Leider hat sich meine Schwester zu einer Todfeindin Lous entwickelt, sie war voller moralischer Entrüstung von Anfang bis Ende und behauptet, nun zu wissen, was an meiner Philosophie ist. Sie hat an meine Mutter geschrieben, ›sie habe in Tautenburg meine Philosophie ins Leben treten sehen und sei erschrocken: ich liebe das Böse, *sie* aber liebe das Gute...‹ Kurz, ich habe die Naumburger ›Tugend‹ gegen mich, es gibt einen wirklichen *Bruch* zwischen uns – und auch meine Mutter vergaß sich einmal so weit mit einem Worte, daß ich meine Koffer packen ließ und morgens früh nach Leipzig fuhr. Meine Schwester (die nicht nach Naumburg kommen wollte, solange ich dort noch war und noch in Tautenburg ist) zitiert dazu ironisch: ›Also begann Zarathustras Untergang‹. – In der Tat, es ist der *Beginn* vom Anfang.«[6]

Während Nietzsche einsam in Leipzig saß und auf seine Freunde wartete, machten sich seine Schwester und Mutter Gedanken über sein Schicksal. Franziska glaubte, es gäbe nur drei Möglichkeiten für ihren verlorenen Sohn.»Entweder heiratet er das Mädchen, oder er wird verrückt, oder er erschießt sich.«[7] Man gewinnt den Eindruck, daß die erste dieser drei Möglichkeiten der frommen Pastorenwitwe am wenigsten zusagte. Aber Elisabeth war anderer Meinung:»Heiraten will die Russin Fritz nicht, sie will nur durch ihn berühmt werden. Sie will nur einen reichen Mann heiraten,

weil sie viel Geld braucht und keines hat.«[8] Unter bitteren
Schmähreden auf ihren Bruder und Lou berichtete Elisabeth ihrer
Mutter, was für Unrecht sie erduldet hatte und schwor, daß sie sich
rächen würde. Sie würde es weit und breit verkünden, was für ein
Scheusal Lou war. Sie würde die preußische Polizei über Lous unmoralischen Lebenswandel informieren und verlangen, daß Lou
nach Rußland zurückgeschickt würde, wohin sie gehörte.

Vierter Akt

Während Elisabeth ihre giftige Anti-Lou-Kampagne in Naumburg
startete, wartete ihr Bruder in Leipzig ungeduldig auf Lous Rückkehr. Sie war in Stibbe, wo sie und ›Bruder Rée‹, wie sie ihn nannte,
sich so köstlich amüsierten, daß sie trotz Nietzsches dringender Bitten keine Eile hatten, ihn in Leipzig zu treffen. Er verfolgte sie mit
Briefen, berichtete, daß die Bosheit in der Natur seiner Schwester,
die sich gewöhnlich gegen ihre Mutter richtete, nun auf ihn fiele und
bestand darauf, da er seine natürliche Schwester verloren hatte, nun
eine übernatürliche zu verdienen: »Unsere liebe Lou, *meine* Schwester (nachdem ich die natürliche Schwester verloren, muß mir schon
eine übernatürliche Schwester geschenkt werden)«.[1] Er zählte die
Tage, bis er sie wiedersehen würde. Als Lou und Rée Anfang Oktober in Leipzig erschienen, versuchte Nietzsche das vertraute Verhältnis, das seinem Gefühl nach zwischen ihm und Lou in Tautenburg bestanden hatte, wiederherzustellen. Doch vergebens. Rées
Gegenwart verhinderte das. Obwohl sie immer noch über ihre
Dreieinigkeit sprachen und gemeinsam Konzerte und Theater besuchten, begann sich Nietzsche mehr und mehr als Außenseiter zu
fühlen. Lou stand offensichtlich Rée näher als ihm. Seine Bemühungen, Rée in Lous Augen herabzusetzen, indem er beißende Bemerkungen über seines Freundes ›sterilen Pessimismus‹ machte, be-
wirkten das Gegenteil. Sie irritierten Lou, und sie begann, sich Gedanken zu machen, ob ihr Winterplan wirklich klug sei. Aber je mehr
sie zögerte, um so hartnäckiger wurde Nietzsche. Er erinnerte sie an
Orta und an sein Versprechen, die großen Entdeckungen seiner Philosophie mit ihr zu teilen. Wie könne sie zögern? Er bot ihr ja dafür
die Gelegenheit, wirklich reif zu werden und teilzunehmen an den
tiefsten Mysterien des Zeitalters. In der irrigen Annahme, daß Lous

Überraschung ein Zeichen ihres Gefühls für ihn sei, wurde er lyrischer und fing an, in sinnlichen Bildern zu sprechen. Das beunruhigte Lou. Sie notierte in ihr Tagebuch:»So wie die christliche Mystik (wie jede) gerade in ihrer höchsten Ekstase bei grob religiöser Sinnlichkeit anlangt, so kann die idealste Liebe – gerade vermöge der großen Empfindungsaufschraubung in ihrer Idealität – wieder sinnlich werden. Ein unsympathischer Punkt, diese Rache des Menschlichen, – ich liebe nicht die Gefühle da, wo sie in ihrem Kreislauf wieder einmünden, denn das ist der Punkt des *falschen* Pathos, der verlorenen Wahrheit und Redlichkeit des Gefühls. Ist es dies, was mich von Nietzsche entfremdet?«[2]

Rée beobachtete Lous wachsende Entfremdung von Nietzsche mit Genugtuung. Er hatte seit einiger Zeit vermutet, daß etwas mit Nietzsche nicht stimmte. Je weniger ernst man ihn nahm, desto heftiger versuchte er, seine Umwelt zu schockieren. Seine ganze Philosophie zielte auf Provokation ab; damit die Menschheit aufhorchte, gab Nietzsche herrische Befehle im Namen einer künftigen Philosophie oder spielte mit dunklen Worten auf das Rad der ewigen Wiederkehr an. All das wies auf Krankhaftes und Verkrampftes hin. Ganz offenbar war Nietzsche in seinem gegenwärtigen geistigen Zustand ein ungeeigneter Studiengenosse. Um jedoch einen offenen Bruch mit dem Freund in Leipzig zu vermeiden, schlug Rée Lou vor, sie sollten ihn in dem Glauben lassen, daß sie sich mit ihm, wie verabredet, in Paris treffen und mit ihm zusammen studieren würden, obgleich sie in Wirklichkeit planten, den Winter mit Rées Mutter in Berlin zu verbringen. – Ein Täuschungsmanöver, das zwar gelang, aber das Nietzsche zutiefst verletzte.

Es war ein trauriger Sonntag, jener erste Sonntag im November, als Nietzsche auf dem Leipziger Bahnhof seinen Freunden Lebewohl sagte. Manch Unausgesprochenes lag zwischen ihnen, obwohl sich nach außen hin nichts verändert hatte. Sie wollten sich bald wiedersehen und zusammen leben, wie sie es in der vollkommenen Harmonie ihrer Dreieinigkeit geplant hatten. Doch als er sich von seinen Freunden verabschiedete, überkamen Nietzsche ernste Zweifel sowohl was Lou betraf, die heiter und herzlich schien wie immer, als auch von Rée, der ernst und zurückhaltend war.

In den folgenden Wochen schwankte Nietzsches Stimmung zwischen bitterer Selbstironie und tiefer Verzweiflung. In Briefen und besonders in schnell hingeworfenen Briefentwürfen zeigte sich deutlich, wie groß seine Verzweiflung war. »Ein Einsamer leidet fürchterlich an einem Verdacht über die paar Menschen, die er liebt – nämlich, wenn es der Verdacht über einen Verdacht ist, den sie gegen sein ganzes Leben haben. Warum fehlte bisher unserem Verkehr alle Heiterkeit? Weil ich mir zuviel Gewalt antun mußte: die Wolke an unserem Horizont lag auf mir!... Ich spreche dunkel? Habe ich erst das Vertrauen, so sollen sie schon erleben, daß ich auch die Worte habe.«[3]

Als Nietzsche schließlich einsah, daß sein Orta-Traum ausgeträumt war und Lou nicht zu ihm zurückkehren würde, floh er nach Italien, tief verwundet und mit sich selbst und der Welt entzweit. Seine Freunde waren entsetzt über den verzweifelten Ton seiner Briefe. Er sprach von Selbstmord, bezeichnete sich als einen Verrückten und schrieb, daß er Überdosen von Opium einnehme: »Meine Lieben, Lou und Rée! Beunruhigt Euch nicht zu sehr über die Ausbrüche meines ›Größenwahns‹ oder meiner ›verletzten Eitelkeit‹ – und wenn ich selbst aus irgendeinem Affekte mir zufällig einmal das Leben nehmen sollte, so würde auch da nicht allzu viel zu betrauern sein. Was gehen Euch meine Phantastereien an! (Selbst meine ›Wahrheiten‹ gingen Euch bisher nichts an) Erwägen Sie beide doch sehr miteinander, daß ich zuletzt ein Kopfleidender, halb Irrenhäusler bin, den die lange Einsamkeit vollends verwirrt hat. Zu dieser, wie ich meine, *verständigen* Einsicht in die Lage der Dinge komme ich, nachdem ich eine ungeheure Dosis Opium – aus Verzweiflung – eingenommen habe. Statt aber den Verstand dadurch zu verlieren, scheint er mir endlich zu kommen. Übrigens war ich wirklich wochenlang krank; und wenn ich sage, daß ich hier zwanzig Tage Orta-Wetter gehabt habe, so brauche ich *nichts* mehr zu sagen. Freund Rée, bitten Sie Lou, mir alles zu verzeihen – sie gibt auch mir noch eine Gelegenheit, ihr zu verzeihen. Denn bis jetzt habe ich ihr noch nichts verziehen. Man vergibt seinen Freunden viel schwerer als seinen Feinden.«[4]

Elisabeth wußte nichts von der schweren Krise im Leben ihres Bruders. Sie wußte oft nicht einmal, wo er war, denn er weigerte sich, ihre Briefe zu beantworten. »Ich bringe es schlechterdings nicht mehr über mich, einen Brief aus Naumburg zu öffnen«, kritzelte er in einem Augenblick des Zornes nieder, »und immer weniger sehe ich ein, wie Ihr dies wieder gut machen wollt, was Ihr mir diesen Sommer angetan habt.«[5] Aber Elisabeth, die keine Ahnung von dem wirklichen Grund für die Verzweiflung ihres Bruders hatte, ja argwohnte, daß er in Paris in wilder Ehe mit Lou lebte, war fest entschlossen, das Verhältnis, wie es auch sei, zu zerstören. Um Verbündete für ihre Anti-Lou-Kampagne zu gewinnen, schrieb sie anklagende Briefe an Nietzsches engste Freunde: An Peter Gast, Malwida und sogar an die Overbecks, obwohl sie Ida Overbeck nicht mochte und tief erzürnt war, daß diese ihren Haß auf die russische Abenteuerin nicht teilte. »Ist das schreckliche Wesen vielleicht gar bei Fritz? Bitte schreiben Sie die Wahrheit! Aber sonst bitte enthalten Sie sich allen Urteils, denn es fällt mir eben ein, daß Sie wahrscheinlich sonst nichts von der ganzen Geschichte wissen, oder alles falsch gehört haben, denn das arme verblendete Lamm glaubt den Lügengeschichten von Fräulein Salomé oder tut wenigstens so.«[6]

Da die Overbecks wußten, wie schwer Nietzsche an seiner enttäuschten Liebe litt, und da sie vermuteten, daß Elisabeths Haß Lou in ihrem Entschluß, sich von Nietzsche zurückzuziehen, beeinflußt hatte, beobachteten sie ihre Anti-Lou-Kampagne mit unverhohlenem Mißfallen. Das Schlimmste, was ihrem kranken Freund jetzt, nachdem die unglückselige Episode vorbei war, geschehen konnte, war, durch Elisabeths Vorwürfe immer wieder daran erinnert zu werden. Um Nietzsche davor zu schützen, befolgten sie seine Bitte, seinen Angehörigen nicht mitzuteilen, wo er war. Wütend antwortete Elisabeth: »Das einzige, was wir zu wissen wünschen, ob Fritz wohl und noch in Santa Margherita ist; warum schreiben Sie das nicht?«[7] In langen und tränenreichen Briefen vertraute sie den Overbecks an, wieviel sie in Tautenburg erlitten habe, nicht nur, weil sie sich mit ihrem geliebten Bruder entzweit hatte, sondern weil es ihr so weh tat, daß er »unter der Gewalt einer niedrigen, sinnlichen, grausamen, schmutzigen Person stand.«[8] Lous Benehmen in Leipzig, »wo sie mit Rée zusammen gewohnt hat«,[9] war noch empörender. »Schöne Dinge schien man vermutet zu haben: Fritz und Rée hätten sich eine Geliebte aus Italien mitgebracht und hätten sie nun abwechslungsweise.«[10] Der Gedanke, daß diese Gerüchte sich in Basel herumsprechen könnten, mache ihr große Sorgen und sie wolle alles tun, um sie zu zerstreuen, denn sie liebte ihren Bruder und war sicher, er würde ihr eines Tages dafür danken, daß sie mit aller Gewalt gegen eine Person, die seinem guten Ruf so schädlich sei, gekämpft hatte. Dann aber, so fügte sie traurig hinzu, wäre sie wohl tot: »Denn mein Lebensfaden spinnt sich in diesem Jahr zu Ende. Ich bin so seltsam visionär geworden, aber nach vielen beängstigenden Visionen ist mir auch diese beglückende zuteil geworden und seitdem hat sich meiner eine sanfte Fröhlichkeit bemächtigt, und alle diese seltsamen Ereignisse scheinen manchmal weit hinter mir zu liegen. Ich habe sie aufgezeichnet, und ich rate Fräulein Salomé, sich in acht zu nehmen. Wenn Sie jemals wieder wagen sollte, allein mit Rée oder ganz allein ohne Mutter oder sonst würdigen Schutz sich zu Fritz zu setzen und mit ihrer zweifelhaften Gesellschaft des armen Fritz Ruf und Wirksamkeit zu ruinieren, dann – doch ich will nichts weiter sagen.«[11]

Die Overbecks waren über solche Haßtiraden entsetzt, denn wenn jemand Nietzsches Ruf schadete, so war es seine Schwester. Und sie rieten Gast, der ebenfalls von Elisabeth mit Briefen bombardiert wurde, ihr keine Munition für ihre Anti-Lou-Kampagne zu liefern. Gast befolgte Overbecks Rat und schrieb Elisabeth nur, daß sich ihr Bruder und Lou seines Wissens nach getrennt hätten. Hoch erfreut über diese Nachricht antwortete Elisabeth sofort: »Einstweilen will ich Ihnen nur sagen, daß uns der Brief mit seinem fröhlichen Inhalt sehr freute und uns wieder mutiger machte.«[12] Dann fuhr sie fort, Gast zu erzählen, daß sie sich in letzter Zeit sehr ausführlich mit Wagnerschen Ideen beschäftigt hätte: »Ein Freund von uns, Herr Dr. Bernhard Förster, lebt jetzt hier und ist von einer herrlichen Begeisterung für Wagnerische Bestrebungen erfüllt. Wir schwelgten zuweilen in Mitleid, heroischer Selbstverleugnung, Christentum, Heldentum, Vegetarismus, Ariertum, südliche Kolonien usw... Das ist mir alles so sympathisch, und in diesen Vorstellungen fühle ich mich zu Hause. Nicht wahr, Sie können es sich denken. Augenblicklich schreibt Herr Dr. Förster einen ausgezeichneten Artikel über: ›Nationale Erziehung‹, er soll in dem ersten Vierteljahr-Heft der *Bayreuther Blätter* erscheinen. Und ich möchte Sie bitten, es zu lesen. Ich dächte, er müßte ihren Beifall haben, wenn er auch aus einer ganz anderen Lebensbetrachtung hervorgeht.«[13]

Für Gast war dies ein Beweis dafür, daß Nietzsches Schwester nichts, aber auch rein gar nichts von der Gedankenwelt ihres Bruders verstand. Denn gerade um diese Zeit hatte Nietzsche geschrieben, er habe seine Verzweiflung überwunden und den ersten Teil von *Also sprach Zarathustra* geschrieben. Er nannte das Werk sein Testament. Es trug seine Philosophie in poetischer Form vor und verkündete das Kommen eines neuen Menschen, eines Übermenschen, der die Erde heiligen und nicht mit Furcht und Zittern auf eine nicht existierende

Hölle oder Himmel warten würde.»Gott ist tot« sprach Nietzsches alter Ego, Zarathustra.»Der Mensch ist ein Seil, geknüpft zwischen Tier und Übermensch – ein Seil über einen Abgrund... Der Mensch ist etwas, das überwunden werden soll, sehet ich lehre Euch den Übermenschen.«[14] So schrieb ihr Bruder, während Elisabeth – in Försters Gesellschaft – in Wagnerscher Musik und christlichen Gefühlen schwelgte. Zu ihrem größten Bedauern hörte sie, daß Förster im Begriff war, Deutschland, auf der Suche nach einem neuen Tätigkeitsfeld, zu verlassen. Nach seiner Entlassung aus seinem Berliner Lehramt – seiner antisemitischen Agitationen und des mißglückten Versuchs wegen, Bismarcks Unterstützung zu gewinnen – hatte Förster eingesehen, daß es für einen Mann seiner Überzeugungen keine Zukunft in Deutschland gab. Er mußte daher für sich und alle seine Landsleute, die seine Ideen teilten, eine neue Heimat finden.»Dafür war Nordamerika nicht geeignet,« erklärte er Elisabeth,»weil die Deutschen dort unter den Yankees nicht ihre Identität erhalten konnten. Südrußland, die unteren Donauländer, die Balkan-Halbinsel sind das nächstliegende und natürlichste Gebiet für deutsche Colonisation. Aber bei den grauenhaften Zuständen des russischen Reiches, wo Juden und Nihilisten an der Zerstörung des Bestehenden planmäßig und wie es scheint erfolgreich arbeiten, angesichts der sichtlichen Zerbröcklung des österreichischen Doppelstaates und der staatlichen Dekomposition der Balkan-Länder, kann man wohl die Auswanderung dorthin den deutschen Ansiedlern kaum empfehlen.«[15] Förster entschloß sich daher, die Möglichkeit der Gründung einer arischen Kolonie in Südamerika zu untersuchen und wählte Paraguay als das geeignetste Land.

Försters Abreise im Februar 1883 betrübte Elisabeth und hinterließ eine Leere in ihrem Leben. Insgeheim hatte sie gehofft, daß er sie bitten würde, als seine Frau mit ihm zu kommen. Aber obwohl sie eng befreundet waren und Elisabeth ihn mehrmals Gelegenheit geboten hatte, ihr einen Heiratsantrag zu machen, hatte Förster es nicht getan. Im kritischen Moment war er immer ausgewichen mit der Erklärung, daß sein Herz infolge einer bitteren Liebesgeschichte tot sei. Aber er sprach Elisabeth seinen tief empfundenen Dank dafür aus, daß sie seine letzten schmerzlichen Wochen in seinem Vaterland so verschönert hatte und versprach ihr, sie über die Ergebnisse seiner Reise auf dem laufenden zu halten.

Nach Försters Abreise beschloß Elisabeth, ihrer langweiligen

Vaterstadt durch eine kleine Reise zu entfliehen. Sie beabsichtigte, die Wagners in Venedig zu besuchen und einige Zeit bei Malwida in Rom zu verbringen. Malwida hatte vorgeschlagen, sie und ihr Bruder sollten sich wieder versöhnen, da Lou ja nicht mehr im Wege war, aber Elisabeth schrieb Gast: »Ich bin noch nicht ganz entzückt von diesem Gedanken, denn der Weg, den ich jetzt zu gehen habe, der Weg zu dem eigenen Ideal, das Ringen mit meinem Denken, Fühlen, Handeln in vollständiger Harmonie zu kommen, ist etwas schweres und ich darf mich nicht zu weit anderen Einflüssen aussetzen.«[16] Aber sie änderte ihre Meinung bald und glaubte, ein freundschaftliches Bruder-Schwester-Verhältnis könnte vielleicht trotz der Verschiedenheit ihrer Ideale wiederhergestellt werden. Als Nietzsche, den Malwida auch eingeladen hatte, nach Rom zu kommen, hörte, daß seine Schwester ebenfalls dort sein würde, änderte er seine Pläne abrupt: »Was Rom anbetrifft, so habe ich gestern abgeschrieben, ich will niemanden jetzt sprechen. Die Stimme meiner Schwester zu hören, macht mir Mißvergnügen. Ich bin immer krank gewesen, wenn ich mit ihr zusammen war.«[17] Und Malwida schrieb er, daß er mit Zarathustra den Rubikon überquert habe: »Inzwischen habe ich meinen entscheidenden Schritt getan; alles ist in Ordnung. Wollen Sie einen neuen Namen für mich? Die Kirchensprache hatte einen: ich bin – der Antichrist.«[18]

Als Elisabeth diesen Brief zu Gesicht bekam, schrieb sie ihrer Mutter entrüstet: »Antichrist! Es ist mir schrecklich, ich kann mir nicht helfen, die Ansichten von Fritz werden mir immer unsympathischer, denn ich sehe nicht ein, *wem* sie um das geringste helfen sollen. Siehst Du, ich wünschte bloß, Fritz hätte Försters Ansichten. Er hat Ideale, welche zu fördern und zu befolgen die Menschen besser und glücklicher machen. Laß die Kleinen außer sich sein, ich lache bloß darüber, denn Du wirst sehen, man wird Förster noch einmal als einen der besten deutschen Männer und Wohltäter seines Volkes preisen!«[19] In langen vertraulichen Gesprächen erzählte Elisabeth Malwida, wie sehr sie ihren Freund Förster bewundere: er sei ein Mann fester Gesinnung und großen Mutes. Ungleich seinen Kritikern, mache er sich große Sorgen um die Zukunft seines Vaterlandes und sei entschlossen in den Urwäldern von Paraguay ein neues Deutschland zu gründen. Wenn sie ein Mann wäre, würde sie ihm helfen. Im Vergleich zu Försters praktischem Idealismus, war ihr die Philosophie ihres Bruders nicht nur fremd, nein sie verabscheute sie,

110

nachdem sie gesehen habe, was für Menschen sich dafür begeisterten. Fräulein Salomés Benehmen war empörend gewesen, und jetzt verletzte diese Person alle Regeln des Anstandes, indem sie ganz offen mit Rée in Berlin zusammenlebe. Als Malwida erwähnte, Rée und Lou könnten ja heiraten und Elisabeth daran erinnerte, daß Wagner und Cosima auch vor ihrer Heirat schon zusammengelebt hätten, protestierte Elisabeth: »Gewiß, auch Cosima überstieg die Schranke der Sitte, aber sie tat es in heiliger Aufopferung und das ist verehrungswürdig, aber nicht wie Fräulein Salomé, welche es in frivoler Abenteuerlust tut, denn das ist verächtlich.«[20]

Elisabeths abfällige Bemerkungen über Lou ärgerten Malwida, denn sie war dem jungen Mädchen, dessen unabhängiger Geist sie an ihre eigene Jugend erinnerte, sehr gewogen gewesen. Vielleicht war Rée für Lous unkonventionellen Lebensstil verantwortlich. Doch das kümmerte Elisabeth nicht, – sie hatte Rée nie getraut und sie haßte Lou. Gott sei Dank war ihr Bruder nun beide los. Auf Malwidas Rat schrieb Elisabeth ihrem Bruder einen versöhnenden Brief, bat ihn dringend, nach Rom zu kommen und die ganze unglückliche Angelegenheit mit ihr zu besprechen. Zu ihrer großen Erleichterung antwortete ihr Bruder postwendend: »Meine liebe Schwester! Es war der reine Zufall, daß Dein Brief in meine Hände kam, denn ich gehe nicht mehr wie sonst zur Post. Aber es soll ein *guter* Zufall gewesen sein; und so will ich Dir denn gleich antworten. Es freut mich von Herzen, daß Du nicht mehr Krieg gegen Deinen Bruder führen willst. Zu all dem bin ich jetzt auf einem Punkte angelangt, in dem man nicht mehr Krieg gegen mich führen darf, wenn man ›weise‹ und meine Schwester ist…«[21] Lou erwähnte er nur beiläufig im Zusammenhang mit seiner Schreibmaschine, die auf dem Transport von Naumburg nach Genua beschädigt worden war. Rée, der sich bereit erklärt hatte, die Maschine mit seinem eigenen Gepäck mitzunehmen, war für den Schaden nicht verantwortlich. Trotzdem schrieb Nietzsche erbost: »Was die Schreibmaschine betrifft, so hat sie ihren ›Knacks‹ weg: wie alles, was charakterschwache Menschen eine Zeit lang in den Händen haben, seien dies nun Maschinen oder Probleme oder Lou.«[22] Im übrigen verbat er sich jede Erwähnung von Lou und Rée und versicherte, daß das einzige, was für ihn und für Elisabeth jetzt noch von Bedeutung sei, sein ›Sohn‹ *Zarathustra* sei.

Nach außen hin war das Wiedersehen der Geschwister in Rom ein

Erfolg. Nachdem Nietzsche gleich zu Anfang kurz und bündig erklärt hatte, er halte Lou immer noch für ein hochbegabtes Mädchen, gab es Elisabeth auf, ihrer Verachtung für die Russin Luft zu machen und hielt den Mund. Ihrem Freund Förster berichtete sie: »Fritz ist fünf Wochen hier in Rom gewesen, wir sind wieder dieselben guten alten Freunde wie früher, ja noch etwas besser, wenn auch unsere Ansichten in manchen Dingen auseinander gehen. Er hat eben jetzt ein neues Buch erscheinen lassen: *Also sprach Zarathustra*. Und es ist ein ergreifendes und großartiges Buch. Sobald ich wieder in Deutschland bin, sende ich es Ihnen.«[23]

Elisabeths Begeisterung für *Zarathustra* erfreute Nietzsche und er vergaß ihre feindliche Haltung in Tautenburg. Und obgleich er zweifelte, ob Rom der geeignete Boden für den Autor des *Zarathustra* und selbsterklärten Antichristen sei, gefiel ihm Malwidas Gesellschaft und die heitere Stimmung seiner Schwester. Mitte Juni, als es in der Ewigen Stadt zu heiß wurde, reisten er und Elisabeth zusammen nach Mailand, wo sie noch einen Tag damit verbrachten, die Sehenswürdigkeiten der Stadt zu besichtigen und sich dann trennten. Nietzsche kehrte in seinen Schweizer Zufluchtsort Sils-Maria zurück, wo ihn im August 1881 die Zarathustra-Vision wie ein Blitz überfallen hatte, während Elisabeth vor ihrer Rückkehr nach Naumburg noch Freunde in Basel besuchte. Wenige Tage nach Nietzsches Ankunft in Sils-Maria hatte er in einem Ausbruch schöpferischer Energie innerhalb von zehn Tagen – vom 26. Juni bis 6. Juli – den zweiten Teil des *Zarathustra* geschrieben. Sein Sieg über seine Verzweiflung war damit vollkommen. Doch seine Hochstimmung wurde einige Tage unsanft durch die Abschrift eines Briefes seiner Schwester an Rées Mutter unterbrochen, den Elisabeth anscheinend auf Malwidas Anregung hin geschrieben hatte, in der Hoffnung, Rées Mutter dafür zu gewinnen, daß Lou nach Rußland zurückgeschickt würde. Elisabeth sandte ihrem Bruder die Abschrift, damit er sehe, was sie geschrieben hatte. »Literarisch betrachtet«, antwortete ihr Bruder, »ist Dein Brief an Frau Rée Deine beste Leistung.«[24] Aber er riß die alten Wunden wieder auf. Nietzsche kam jetzt zu der Überzeugung, daß Rée verantwortlich gewesen war für die häßlichen Bemerkungen, die – Elisabeths ursprünglicher Darstellung nach – Lou in Bayreuth über ihn gemacht haben sollte. Nietzsche geriet wieder in den höllischen Kreis von Selbstmitleid und Argwohn. Der Gedanke peinigte ihn, daß Rée ihre Freundschaft verraten, seine Philosophie lächerlich und ihm Lou abspenstig gemacht habe. Er erwog, ob er nicht Rée zu einem Duell herausfordern sollte, nannte Lou das Mundstück, das schmutzige Mundstück von Rées Gedanken und informierte die Overbecks, die ihn inständig baten, nicht auf die Haßtiraden seiner Schwester zu hören, daß Elisabeth völlig Recht hatte, zu verlangen, Lou müsse nach Rußland zurückgeschickt werden, wenn nötig mit Hilfe der preußischen Polizei. Da Overbeck fürchtete, daß Nietzsche wieder in einer selbstmörderischen Stimmung sei, reiste er zu ihm nach Sils-Maria und versuchte, ihn zu überreden, die unglückliche Episode zu vergessen. Er fand seinen Freund in zwiespältige Haßgefühle verstrickt: Rées Verrat, wie er es nannte, empörte ihn und er zürnte seiner Schwester, weil sie ihm nicht schon im vergangenen Sommer die Wahrheit gesagt habe. Er gestand Overbeck, daß sich aufgrund der bösen Erfahrungen der letzten Jahre »ein wahrer Haß auf meine Schwester entwickelt hat, die mich nun ein Jahr lang mit Schweigen zur unrechten Zeit und mit Reden zur unrechten Zeit um den Erfolg meiner besten Selbstüberwindungen gebracht hat: so daß ich schließlich das Opfer eines schonungslosen Rachegefühls bin... Vielleicht war meine Versöhnung mit ihr in dieser ganzen Geschichte der verhängnisvollste Schritt – ich sehe jetzt ein, daß sie dadurch geglaubt hat, ein Recht zu ihrer Rache an Fräulein Salomé zu bekommen.«[25] Overbeck erschrak, als Nietzsche sagte, er fürchte, seine langen unterdrückten Haßgefühle seiner Schwester gegenüber würden bei ihrem geplanten Wiedersehen im September in Naumburg zu schrecklichen Szenen führen. Daher bat ihn Overbeck, die Reise zu unterlassen. Jedoch vergeblich. Nietzsche verbrachte einen Monat bei seinen Verwandten, einen Monat voller gegenseitiger Beschuldigungen und Anklagen.

Der Grund jedoch war nicht Lou – Nietzsche hatte sich jede Erwähnung von Lou und Rée ausdrücklich verboten –, sondern der Grund war Elisabeths Freundschaft mit Förster. Von seiner Mutter erfuhr Nietzsche, daß Elisabeth vor Försters Abreise nach Paraguay sehr viel Zeit mit ihm verbracht hatte, daß sie seine Ideen bewunderte und davon sprach, ihm nach Paraguay zu folgen. Solche Reden erschreckten die alte Frau, denn ihr schien Försters Vorhaben völlig unrealistisch und sie suchte Unterstützung bei ihrem Sohn, um ihre Tochter von ihrem Vorhaben abzubringen. Nietzsche war entsetzt, als er diese Nachrichten hörte. Es war unglaublich, daß seine

Schwester daran dachte, gemeinsame Sache mit einem Mann zu machen, dessen Ideen er verabscheute. Elisabeth wußte doch, wie sehr er Försters vulgären Antisemitismus verachtete, und was Försters arische Ideale anbetraf, so waren sie offenkundig absurd. Das ganze Gerede von einer ›reinen deutschen Rasse‹ war Unsinn, völliger Unsinn. Er warf Elisabeth vor, Verrat an ihm und seiner Philosophie zu begehen, wenn sie Försters Ideen tatsächlich teile.

Im Verlauf der folgenden hitzigen Debatten verteidigte Elisabeth ihren abwesenden Freund leidenschaftlich. Wenn sie zwischen ihm und ihrem Bruder zu wählen hätte, würde ihre Wahl auf den Freund fallen. »Meines Bruders Ziel ist nicht mein Ziel«, schrieb sie Förster, »seine ganze Philosophie geht mir sozusagen wider den Strich, es sträubt sich etwas in mir dagegen. Bei dem ersten Teil *Zarathustra* war ich ganz beglückt, weil ich fühlte oder zu fühlen glaubte, daß schließlich meines Bruders Ideal auch noch das meinige werden könnte. Dieses Streben nach dem Übermenschen schien mir etwas wundervolles, und es kam mir so vor, als ob Sie mit Ihrer Neugründung den ersten Schritt dazu getan hätten. Inzwischen aber kam der zweite Teil von: *Also sprach Zarathustra* und nun bleibe ich in meinem Entzücken stehen, denn ich sehe, daß der ›Übermensch‹ nicht mein Ideal ist.«[26]

Sie verglich Försters Artikel über ›Nationale Erziehung‹ mit *Zarathustra* und fand ihn viel überzeugender als ihres Bruders poetische Auswüchse. Beleidigt und angewidert durch solches Geschwätz notierte Nietzsche »Menschen wie meine Schwester müssen unversöhnliche Gegner meiner Denkart und Philosophie sein. Das liegt im ewigen Wesen der Dinge.«[27] Und wieder verließ er Naumburg mit dem Schwur, nie wieder zurückzukommen. Das Leben in Deutschland fand er unerträglich, das Klima schlecht, die Menschen unmöglich. Er haßte die teutonische Selbstzufriedenheit, den derben Patriotismus, die Stammtischpolitik. Und der Gedanke an ein Leben mit seinen Angehörigen ließ ihn erschaudern. Diese Armen hatten ja keine Ahnung davon, daß das Dynamit in seinem Kopfe ihre ganze gemächliche christliche Welt in die Luft sprengen würde. Seine alte Mutter, die liebe Närrin, wäre entsetzt, wenn sie wüßte, was er schrieb. Und durch ihre Freundschaft mit Förster hatte das geliebte Lama bewiesen, daß sie keine Ahnung hatte von der revolutionären Brisanz seiner Philosophie. Nein, er hatte nichts gemein mit ihnen und würde sein Leben bis zum Ende allein leben.

Auch Elisabeth entschloß sich, Deutschland zu verlassen. Ihre Abenteuerlust war durch Försters Beschreibungen seiner Reisen in Paraguay geweckt worden. Naumburg langweilte sie, und sie ärgerte sich über die ständigen Vorwürfe, die ihr ihre Mutter ihrer Freundschaft mit Förster wegen machte. Es war lächerlich. Jahrelang hatte ihre Mutter sie ermahnt, sie solle doch einen Mann finden, ehe es zu spät sei, und jetzt, nachdem sie jemanden getroffen hatte, der ihr gefiel, behauptete ihre Mutter, es sei nicht der Richtige. Gott sei Dank brauchte sie nicht auf ihre Mutter zu hören, sie war 37 Jahre alt und durchaus fähig, ihre eigene Entscheidung zu treffen. Wahrscheinlich würde ihre Mutter nichts gegen Förster einzuwenden haben, wenn er ihr einen Heiratsantrag machen würde. Das hatte er aber eben leider nicht getan; obwohl sie ihm oft Gelegenheit gegeben hatte, hatte er immer nur betont, er könne nur ihr Freund sein. Daß ihre Mutter Förster nicht mochte, tat Elisabeth leid; viel schmerzlicher jedoch empfand sie die scharfe Verdammung ihres Freundes durch ihren Bruder. Sie hatte gehofft, daß beide Männer Freunde werden würden. Doch nach dem Bruch mit Wagner hatte sich Fritz so verändert, daß sie nicht mehr an ihn glaubte. Sie beschloß, ihm und ihrer Mutter zu zeigen, daß sie nicht mehr von ihnen abhängig war. Schließlich war es ihr Leben, um das es ging und sie wußte, was sie wollte. Sie wollte Förster nach Paraguay folgen, aber nicht als seine Freundin, sondern als seine Frau.

8. Die Jagd nach dem Mann

Nachdem Elisabeth den Entschluß gefaßt hatte, Förster zu heiraten, verfolgte sie ihn mit der ihr eigenen Zielstrebigkeit. Da sie durch einen Ozean von ihm getrennt war, mußte sie ihren künftigen Gatten durch Korrespondenz zu gewinnen versuchen. Das tat sie auch und zwar mit sichtbarem Erfolg. Von Kindheit an war sie eine passionierte Briefschreiberin; sie schrieb schnell und leicht in dem plaudernden Stil eines Schulmädchens, das von dem neuesten Klatsch zu erzählen weiß. Sie wog ihre Worte nicht sorgfältig ab und wenn sie wütend war, schrieb sie so verletzende Briefe, daß manche Empfänger ihrer verbalen Beleidigungen drohten, sie würden sie verklagen und dies oft auch taten. Die Strategie, die sie in ihren Briefen an Förster anwandte, war einfach: sie schmeichelte Försters Ego, indem sie immer wieder betonte, wie sehr sie seinen Pioniergeist bewundere und wie dankbar sie sei, daß er sie in eine völlig neue Welt der Ideen und Taten eingeführt habe. Da sie wußte, daß Förster seine Mutter, die in Naumburg lebte, innig liebte, erwähnte sie in ihrem ersten Brief, den sie im Januar 1883 nach Paraguay schickte, daß sie die alte Dame oft besuche und mit ihr über ihn spreche: »Als ich nun auf dem Heimgang darüber nachdachte, wie viele Ihrem Ruf nun folgen und durchaus unter Ihrer Führung sich stellen wollen, da schien es mir fast, als ob Sie schließlich eine Art Märchengestalt würden – zum Beispiel Goldener, der in die blaue Ferne zog, und ohne daß er es ahnt und begehrt, ein Volk und eine Königskrone findet.«[1]
Wenn Förster Sinn für Humor gehabt hätte, hätte er über solche Kleinmädchenschmeicheleien gelacht. Aber er fühlte sich tatsächlich als moderner Siegfried, der als einzelner gegen den Drachen der jüdischen Korruption kämpft und für seine arischen Brüder eine neue Heimat sucht. Es war eine schwere, anstrengende Aufgabe. Er war nach Paraguay mit den primär verbalen Ermutigungen seiner fahnenschwenkenden Volksgenossen gegangen, die davon träumten, deutsche Kolonien in anderen Erdteilen zu gründen, während sie

gemütlich zu Hause saßen und nur zögernd Geld spendeten für idealistische Pioniere wie Förster, die ihre Träume zu verwirklichen suchten. In der Hoffnung, von seinen Landsleuten Unterstützung für seine Kolonie Nueva Germania zu erhalten, schrieb Förster Artikel für Provinz- und Lokalblätter, in denen er von seinen Reisen in Paraguay erzählte.

Nach seinen Schilderungen war das Land und sein Boden vorzüglich für deutsche Siedler geeignet, und es gab genug Land für jeden fleißigen Deutschen, der der Korruption zu Hause entfliehen und mithelfen wollte, ein neues Vaterland in der südlichen Hemisphäre aufzubauen. Nötig war nur etwas Kapital und sehr viel harte Arbeit. Um seinen Lesern einen Einblick in das Leben in seiner neuen Heimat zu geben, beschrieb er das Hüttchen, in dem er lebte, eine bescheidende Unterkunft inmitten eines Orangenhains. Elisabeth war von dieser Beschreibung enttäuscht, und sie schlug vor, er solle das Äußere seines Hauses doch etwas verbessern: »Bauen Sie doch Ihr Hüttchen ein bißchen schön auf, umgeben Sie es mit großen umrankten Veranden, damit Ihre Wohnung etwas würdiger aussieht. Ein Übelwollender beglückte mich mit einem Zeitungsausschnitt, worin eine ziemlich klägliche Schilderung Ihrer Wohnverhältnisse und Lebensweise entworfen war. Ich war ganz betrübt darüber. Nun wünschte ich bloß, Sie könnten, um diese Lügner und Neider zu beschämen, sich ein stattliches Heim aufrichten, – das müßten Sie dann ›Försterhof‹ nennen. Denken Sie einmal, wie stattlich das klänge: ›Förster auf Försterhof‹.«[2] Doch Förster hatte ganz andere Sorgen als das Bauen eines herrschaftlichen Wohnhauses – seine Mittel waren für ein solch großartiges Projekt völlig unzureichend; außerdem verbrachte er die meiste Zeit zu Pferde, auf der Suche nach einem geeigneten Stück Land für seine Kolonie – aber Elisabeths offensichtliche Teilnahme an ihm und seinem Unternehmen schmeichelte und rührte ihn. Er beantwortete ihre Briefe ausführlich, berichtete von seinen Enttäuschungen und seinen Erfolgen, und als Zeichen seiner Freundschaft sandte er ihr Geschenke: ein Buch, ein Stück handgewebten Tuches, ein Goethisches Sonett. Es war ein Sonett – Elisabeth erhielt es im Januar 1884 –, das ihr Herz höher schlagen ließ, und sie veranlaßte, einen Brief zu schreiben, der einer Liebeserklärung glich. In Goethes Sonett erzählt eine liebende Frau dem Geliebten, daß sie ihm schreibt, obwohl sie gar nichts zu berichten hat, denn nichts ist geschehen, sie schreibt nur, weil sie sich nach ihm sehnt. In einem Begleitbrief erklärte Förster, daß ihm dieses Goethische Sonett zufällig in den Sinn kam – er änderte es, um es seinen Umständen anzupassen: ein liebender Mann schreibt an eine Frau, die er liebt: »Möge Ihnen dieses schöne Sonett, welches mir durch den Kopf schwirrt, die Stimmung andeuten, in welcher ich die Feder ansetze.«[3] Elisabeth ergriff die ihr so gebotene Gelegenheit, um ihr eigenes Herz zu entblößen. Obgleich es Januar und mitten im Winter war, tobten stürmische Frühlingsgefühle in ihrem Herzen: »Sie raubten mir ganz den Schlaf, denn es ist durchaus unvorteilhaft für die Nachtruhe und erst recht für die Gemütsruhe, wenn einem reizende Goethische Verse umschweben. Es sind mir so viel Liebenswürdigkeiten im Leben gesagt worden, aber nie im Leben hat mir etwas so entzückend geklungen wie das Goethische Sonett, welches Sie an mich richteten, und daß Sie mir sagen, sie sehnten sich ein wenig nach mir, aber – nun kommt der schmerzliche Nachsatz, zürnen Sie mir nicht lieber, lieber Freund, aber ich weiß nicht wie es kommt: ich kann es nicht recht glauben. Der einfachste Grund für mein Nichtglauben ist vielleicht, es wäre zu schön, als daß es wahr sein könnte – aber nein, jetzt weiß ich es: ich fürchte, Sie haben eine falsche Vorstellung von mir. Ich fürchte, Sie halten mich für sehr unterrichtet und das bin ich ja gar nicht; was Sie von Wissen an mir bemerkt haben, das war nur ein schwacher Abglanz Ihres eigenen ungeheuren Wissens… Meine Talente liegen alle nach der Seite des Praktischen. Deshalb entzücken mich all Ihre Pläne und herrlichen Gedanken, weil sie in wirkliches Tun umzusetzen sind, deshalb weiß ich auch gar nichts mit meiner lieben Bruderphilosophie anzufangen, ich sehe auch gar nicht ein, was dabei zu tun ist.«[4]

Naumburg, schreibt sie, sei nicht der richtige Ort gewesen für ein gegenseitiges Sichkennenlernen. Die Eifersucht ihrer Mutter und ihres Bruders hätten das verhindert. Außerdem habe sie sich immer gefürchtet, ihm, Förster, gegenüber ihre wahren Gefühle zu offenbaren, denn »ich fürchtete die Macht Ihrer Persönlichkeit, ich fürchtete für meine goldene Freiheit, welche ich zärtlich liebe…« Ihr wirkliches Selbst, gestand sie, sei »eine Zusammensetzung von einem schwärmerischen und etwas leidenschaftlichen Herzen und einem Kopf voller Heiterkeit, selbst etwas Torheit und Übermut.«[5] Sie sei von vielen Männern umworben worden, ohne etwas besonderes zu fühlen, aber in seiner Gegenwart habe sie immer heimlich gezittert. In einem langen Nachwort fügte sie hinzu: »Vielleicht habe

118

ich aus Ihrem letzten lieben Briefe etwas herausgelesen, das Sie gar nicht hineingelegt haben. Ich bin furchtbar beschämt, aber erstaunen Sie nicht zu sehr, ich bin nicht daran schuld; die Torheit stammt nicht allein aus mir. Die anderen Menschen haben mir den Zweifel ins Herz gebracht. Ich war immer so stolz auf unsere Freundschaft, ich war so glücklich, es entsprach meinem schwärmerischen Gemüt, daß ich da persönlich gar nicht in Betracht kam. Sie hatten mich auch so sicher durch das Geständnis Ihres toten Herzens gemacht, da war ich nun immer bitter gekränkt durch den Zweifel der Leute. Die Frauen waren noch gut, sie glaubten noch eher daran, aber kein Mann glaubte an Ihre Freundschaft und quälten mich auch alle Herren durch ihre Witzeleien; sie beneideten Sie, daß Sie mein Freund wären, sie beklagten Sie, daß Sie nur mein Freund sein sollten usw. Ich mochte sagen was ich wollte und mich auf mein würdiges Alter berufen, nichts schützte mich vor diesen Torheiten, und ich verteidige doch so gern Ihre herrlichen Pläne und Gedanken! Und nun bin ich selbst so töricht. Ich bin zu Tode betrübt. Ich sollte den Brief doch nicht fortschicken – doch ich will es tun. Sie sehen, was Sie mit Frühlingsbriefen hier angerichtet haben, mein heiterer Kopf ist mir ganz abhanden gekommen und nur das Herz voller Torheit und Zweifel geblieben... Verbrennen Sie den Brief, bitte, bitte!«[6]

Förster hat ihn nicht verbrannt. Im Gegenteil, er hat ihn im Schein seines Lagerfeuers oft gelesen oder vor dem Einschlafen auf der rauhen Matratze in seiner Hütte. Er hatte Elisabeth sehr liebgewonnen, aber da er von ihrer engen Verbundenheit zu ihrem Bruder wußte, fragte er sich, ob sie mit einem anderen Mann glücklich werden könnte. Er selbst hatte eine bittere Enttäuschung durch eine Frau erlebt, die er sieben Jahre lang treu geliebt hatte, um schließlich zu erfahren, daß sie ihn von Anfang an mit einem anderen Mann betrogen hatte. Diese Erfahrung hatte ihn so tief verletzt, daß er glaubte, sein Herz sei daran zerbrochen und er würde niemals wieder lieben können. Er hatte Elisabeth die Geschichte seiner enttäuschten Liebe erzählt und angedeutet, daß er gern ihr Freund wäre, aber ihr Geliebter nicht sein könnte. Aber als er ihren Brief in der Einsamkeit seiner Hütte wieder las, begann sein totes Herz zu schlagen. Die Möglichkeit, eine liebende Frau an seiner Seite zu haben, die ihm bei seiner schwierigen Aufgabe, eine Kolonie im Urwald zu gründen, helfen würde, schien ihm von Tag zu Tag attraktiver. Aber würde Elisabeth bereit sein, ein sehr bescheidenes Leben zu führen? Er hatte nicht die Mittel, den Lebensstil und Komfort zu bieten, an den eine Europäerin gewohnt war. Er konnte sich nicht einmal einen eingeborenen Diener leisten, obwohl es viele indianische Peones gab, die gern und für wenig Geld den Haushalt eines weißen Señors geführt hätten.

Während sich Förster noch Gedanken machte, wie er Elisabeths Brief beantworten sollte, erhielt er von ihr einen weiteren Brief. Sie schrieb, sie müßte ihm schnell noch einmal schreiben, um ihn zu bitten, er solle ihren letzten törichten Brief vergessen. Jedoch, töricht oder nicht, ihr Brief war der Ausdruck eines echten Gefühls, welches – und das dürfte er nicht vergessen – durch das Gedicht, das er ihr gesandt hatte, erregt worden war. Bis sie dieses Gedicht erhielt, hatte sie an die Geschichte seines toten Herzens geglaubt, aber warum sollte ein Mann, dessen Herz tot war, ihr solch provozierende Verse schicken? Immerhin, sollte sie ihn mißverstanden und zuviel persönliche Gefühle in seinen letzten Brief hineingelesen haben, so hoffe sie, er würde ihr vergeben. Worauf es ihr allein ankam, war ihre Freundschaft zu erhalten, die fest begründet war auf der Gemeinsamkeit ihrer Überzeugungen und Ziele.

Nachdem sie dies gesagt hatte, fuhr sie in einer sehr nüchternen Tonart fort, es tue ihr leid, daß er seinen eigenen Haushalt führen müßte. »Es betrübt mich, daß diese Hände, welche zu einem so geistreichen Kopf gehören, solche kleinlichen Dinge tun müssen. Alles was Kunst und Kraft erfordert, kann ein vornehmer Mann tun – aber kochen, fegen? Nein, das schmerzt uns Frauen, wenn er sich darauf einlassen muß. Ich bewundere Sie, daß Sie es so ruhig ertragen, als ob es sich selbst verstünde, aber ich möchte es doch gern etwas anders haben, noch dazu durch die häßlichen anonym zugesandten Zeitungsnotizen, welche Ihr Leben und Los so besonders kläglich schildern, mein Ehrgeiz auf das höchste angestachelt wurde.«[7] Dann teilte sie ihm mit, sie habe ihm 800 Mark gesandt, damit er sich einen Diener halten könnte. »Sehen Sie, im Mittelalter durfte man den Zehnten seiner Habe der Kirche, welche man als das höchste und beste ansah, opfern – und warum wollten Sie nun durchaus eine Opferung verschmähen? Und es ist noch nicht einmal der zwanzigste Teil meine Habe.«[8] Sie fuhr fort, daß er sich auch nicht weigern könnte, ihr Geschenk anzunehmen, weil sie es schicken würde, ehe er Zeit hatte, zu antworten. Sie hätte es jetzt schon mitgeschickt, wenn sie 800 Mark in Pfund Sterling hätte wechseln können. Aber in

Naumburg war das unmöglich, denn jeder hätte dann sofort von der Sache gewußt. Sie würde nach Leipzig fahren und das Geld dort umtauschen. Schließlich konnte sie mit ihrem kleinen Vermögen von 23 000 Mark tun, was sie wollte. Aber warum sollte sie an die große Glocke hängen, was sie damit anfing?

Sie schloß ihren langen Brief mit dem Rat, er solle, anstatt Pioniere für seine Kolonie anzuwerben, das Leben dort so reizvoll schildern, daß er Scharen von unternehmungslustigen Deutschen anzog. »Die Leute sollen sich Ihnen anbieten, und froh sein, wenn sie angenommen werden.«[9] Ihr letzter Vorschlag war, Förster solle nach Deutschland zurückkehren, seine Freunde zu einer Beratung nach Bayreuth einladen und seinen Kampf für ein neues Deutschland in der günstigen Umgebung beginnen, wo Wagner seinen Kampf für die Wiedergeburt des alten Deutschland begonnen hatte.

Försters Antwort auf Elisabeths langen Brief war vorsichtig und überlegt. Er warf ihr zunächst vor, sie habe eine viel zu hohe Meinung von ihm und seinen Talenten »Lassen Sie sich sagen, daß ich nicht das bin, für was Sie mich halten.«[10] Dann ermahnte er sie, das größte Hindernis für ihre Verbindung nicht zu vergessen: »Wenn Ihr Bruder und Ihre Mutter mich hassen oder doch mir von Herzen abgeneigt sind, ich ihnen verdächtig bin etc., muß es auch für Sie zu einem Konflikt führen, wenn Sie mich ferner liebhaben wollen. Es ist wünschenswert, diesen an sich unerfreulichen Verhältnis rechtzeitig ganz klar ins Auge zu schauen. Sollten Sie nun eines Tages vor das ›entweder-oder‹ gestellt werden: der Freund, der Geliebte – die Mutter und der Bruder: – so könnten Sie vielleicht eine Wahl treffen wollen, welche Ihr Instinkt Ihnen eingibt. Lassen Sie mich Ihnen sagen, daß ich nicht glaube, Sie könnten auf die Dauer den Verkehr mit Ihrer Familie entsagen. Jedem ist seine Familie von Wert – Sie sind mit ganz besonders engen Banden an Ihre Blutsverwandten gefesselt und könnten diese Fesseln ohne schwerste Gefährdung Ihrer Gesundheit niemals lösen. Bedenken Sie dieses doch recht ernstlich, meine geliebte Freundin! Ich wünsche Sie unter allen Umständen glücklich zu wissen und werde niemals etwas tun, was dieses Glück in Ihnen zerstören müßte... Endlich bitte ich Sie, hinsichtlich meiner noch eins zu bedenken: Sie kennen Teile meiner Vergangenheit, Sie wissen, daß ich eine Frau, in der ich mein Ideal gefunden zu haben meinte, sieben Jahre meines besten Mannesalters mit aller Inbrunst, aller Kraft, aller Leidenschaft geopfert habe. Und jetzt? Was ist sie mir, was bin ich ihr? Was ist die Freundschaft, die Liebe eines Mannes wert, der sich so hat irren können? Bedenken Sie wohl.«[11]

Elisabeth jubelte: »O geliebter Freund, wenn mir nun Ihr Herz, wie es auch sei oder gewesen sei, eben doch herrlicher erschien, als alle anderen Männerherzen auf der ganzen Welt.«[12] Auf Försters Warnung, daß ihre Mutter und ihr Bruder gegen eine Verbindung mit ihr sein könnten, antwortete sie: »Sie werden es schon gemerkt haben, daß meine Angehörigen unserer Freundschaft nicht gerade günstig gesinnt sind, sie meinen immer nur, ich sei nur für ihr Interesse und ihr Wohl auf der Welt!«[13] Aber sie täuschten sich; ihr Entschluß, dem Diktat ihres Herzens zu folgen, war unwiderruflich. Sie würde für ihre Freiheit kämpfen. Gerührt von dieser Sprache und zweifellos auch beeinflußt von der Überlegung, daß Elisabeths Vermögen für die Verwirklichung seiner kolonialen Pläne von großem Wert war, gestand Förster, daß seine Freundschaft zur Liebe gereift sei, und daß er sobald als möglich nach Deutschland kommen würde, um sie zu heiraten.

Elisabeths Antwort war ekstatisch: »Mein geliebter Freund! Mit heißen Tränen habe ich Ihren lieben, lieben Brief gelesen und kann gar nicht aufhören zu weinen... Ich empfinde nichts mehr, als daß ich Sie innig liebe und ewig lieben werde... Heute früh bin ich zu Ihrer Mutter gelaufen und habe ihr unsere seltsame Liebesgeschichte erzählt und ihr mein Herz ausgeschüttet... Sie war so lieb und gut zu mir und das machte mich so glücklich... O mein geliebter Freund, wie ist das nur alles so herrlich gekommen? Ist es nicht wie ein seeliger Traum? Aller Zweifel und alle Zaghaftigkeit sind von mir verschwunden, und felsenfest steht es in meiner Seele – ja, wir gehören zueinander, nichts, nichts kann uns trennen.«[14]

Nachdem Elisabeth ihren Gefühlen über ihre seltsame Liebesgeschichte genügend Luft gemacht hatte, wendete sie sich anderen Themen zu. Da sie wußte, daß sich Förster besonders über die Entwicklung der antisemitischen Bewegung in Deutschland interessierte, gab sie ihm einen langen Bericht über einen Abend, den sie am 6. März im Hause von Professor Gelzer in Jena in der Gesellschaft einiger Studenten verbracht hatte: »Was übrigens diese jungen Leute für natürliche Antisemiten waren, würde Sie gewiß gefreut haben. Überhaupt, diese Bewegung ist doch in stetem Zunehmen, und da die Jugend durchaus antisemitisch ist, so gehört diese Bewegung jedenfalls in die nächste Zukunft. Man rechnet auch von liberaler Seite mit dieser Strömung, denn Gelzer erzählte mir, daß neulich bei Wiederbesetzung einer Professur ein liberaler Professor nicht umhin gekonnt hätte, gegen einen Vorgeschlagenen sich zweifelhaft auszusprechen, weil er ein Jude sei und bei dem antisemitischen Geist der Jugend eine andere Berufung zweckmäßiger sein würde. Daraufhin nahmen sie auch einen anderen. Ihnen wird immer der Ruhm bleiben, zuerst gegen die widrige Überhebung des Judentums angekämpft zu haben. Wie Sie sich in Ihrer Abschiedsrede aussprachen: Sie haben uns auch den Juden in der eigenen Brust gezeigt, diese Gier nach Geld und klingender Auszeichnung, der törichte Luxus und diese Schätzung des Menschen nach dem Geldwert.«

Und dann erzählt sie ihrem ›Verlobten‹, wie sie Förster jetzt nennt, ihre Pläne für die Zukunft. Er soll doch so bald als möglich nach Deutschland zurückkehren, denn »es wäre bezaubernd schön, wenn Sie zu Weihnachten hier wären.«[15] Aber dann fragt sie sich, ob sie das Recht hätte, ihn zu bitten, zu ihr zu kommen, ehe seine Arbeiten in Paraguay abgeschlossen wären. Die meisten Deutschen, schrieb sie, richteten ihre Augen nach Afrika, wenn sie Kolonien gründen wollen, »aber das schadet gar nichts, denn es gibt ja verschiedene Auswanderer, und mir scheint nun Paraguay ganz besonders gut geeignet für Leute mit kleinem Vermögen, welches hier nur zu Hunger und Kummer hinreicht. Solche Leute ersehnen ein weniger kompliziertes Leben, gesundes Klima, billige Nahrungsmittel und Anmut der Umgebung, und alles das finden sie ja dort… Familien, die Schiffbruch erlitten haben, würden gerne in ein Land gehen, wo sie mehr für ihr Geld bekommen: es müßte freilich alles sehr konkret mitgeteilt werden, wieviel Anlagekapital nötig ist, welche Berufe gefragt werden und was die Erfolgschancen sind. Sollte es Ihnen möglich sein, Zollbegünstigungen hervorzurufen, wonach Deutschland und Paraguay gegenseitig in die Stellung der meist begünstigsten Nationen treten und gegenseitig ihre Produkte austauschen, so würde das vielleicht der Auswanderung nach Paraguay am meisten Tür und Tor öffnen.«[16]

Sie gesteht, daß sie nicht weiß, wie und von wem ein solches Abkommen getroffen werden kann, aber sie ist sicher, es würde für Försters Unternehmen von großem Nutzen sein. Überhaupt liegt ihr viel daran, eine Antwort auf die Frage zu bekommen, die ihre Mutter beständig stellt:»Wovon gedenkt Ihr denn eigentlich zu leben?... Da denke ich dann zunächst an meine 23 000 Mark, denn nicht wahr, geliebter Freund, zwischen uns ist nicht mehr von mein und Dein die Rede, mag die Zukunft kommen wie sie will, was mir gehört, das gehört Ihnen, aber ich sage nichts davon, sondern ich breite andere schöne Pläne aus.«[17] Dann erklärt sie, ihre Lieblingsidee sei die Gründung einer Knabeninternatsschule. »Zufällig las ich einmal, was deutsche reiche Kaufleute in Montevideo und Buenos Aires für große Summen für die Erziehung ihrer Kinder ausgeben, um ihnen eine gute deutsche Erziehung zuteil werden zu lassen; besser könnten es diese nun gar nicht haben als in einer von ihnen geleiteten Anstalt. Nun dachte ich, wenn wir im Anschluß an diese nationale Erziehung einen Erziehungsplan und Prospektus ausarbeiten und darunter einige Ihrer Freunde und einige meiner Freunde, wie Professor W. Vischer in Basel und Professor Gelzer usw. um nähere Erkundigungen einzuziehen, setzten, und wenn wir dann dort, wo Sie jetzt wohnen, ein geräumiges Haus bauten und alles nach Ihren Ideen einrichteten, wenn wir dann diese Prospekte entweder von dort aus oder von hier aus solchen Freunden, welche in Südamerika gute Bekannte haben, sendeten oder senden ließen, würde dies nicht ein sehr schöner Plan, worin sich Ideales und Praktisches schön vereint... Geliebter Freund, was sagen Sie zu all diesen Plänen? Kommen Sie sobald wie möglich und lassen Sie uns dann so schnell wie möglich durch ein *Fait accompli* allem Überlegen, Seufzen, Stöhnen und Tränen ein Ende machen, indem wir heiraten. Nicht eine große Hochzeit, o nein! Die würde in diesem Falle möglicherweise wie eine Begräbnisfeierlichkeit ausfallen, nein, so wie es in den englischen Büchern vorkommt: Trauung im engsten Kreise, dann Abreise. Aber wir bleiben noch mindestens ein halbes Jahr im lieben Deutschland, erst in Berlin und dann in unserem netten Häuschen, was groß genug ist. Nicht wahr, Sie lächeln über diese kühnen Pläne. Ja, manchmal gerate ich so in einen Mut der Verzweiflung, und ich denke, ich kann das Geseufze und Gestöhne um meine werte Person nicht mehr lange aushalten. Nach einem *Fait accompli* beruhigt sich alles merkwürdig schnell. Sie wissen doch, daß mein Papa am Hofe zu Altenburg Erzieher gewesen ist, und daß er dort die Prinzessinnen erzogen hat: Therese, welche unverheiratet geblieben ist, Elisabeth, nunmehr Großherzogin von Oldenburg und Alexandra, Großfürstin Konstantin von Rußland. Ich heiße nach diesen drei Prinzessinnen, und sie betrachten mich als ihre Pate... Die älteste und jüngste von diesen dreien, welche wir persönlich kannten, haben uns viel liebes und gutes erwiesen und sich lebhaft für unser Wohl interessiert, Prinzessin Therese vorzüglich ist wie eine gute Freundin zu uns. Nun denkt die gute Mama, wenn sie dieser ihr Herzeleid klagt, so würde sie ihr zu helfen suchen. Die Tochter der Großfürstin Konstantin ist die Königin von Griechenland und diese hat sieben Söhne. Da träumt sich nun die gute Mama Sie als Erzieher von einigen von diesen. Es ist allerdings ein bißchen Unsinn wegen der Sprache und der überall hinreichenden Macht der Judenschaft. Auch entspricht ein Hofleben sicher nicht Ihren Idealen, obgleich Athen und Akropolis recht reizend wären. Aber dieser Gedanke tröstet Mamachen und sicher ist es, daß, wenn Freunde und Gönner irgendetwas nach irgendeiner Richtung tun wollen, sie tun es erst nach einem *Fait accompli*.«[18]

Elisabeths langer Brief erreichte Förster in Asunción, wohin er nach langen und oft gefährlichen Reisen durch das Innere Paraguays zurückgekehrt war. Da er noch viele praktische Probleme zu lösen hatte, ehe er an die Gründung seiner Kolonie Nueva Germania denken konnte, schenkte er Elisabeths Plänen wenig Beachtung. Alles, was er von ihr wollte, war, daß sie seine Pionierexistenz mit ihm teilte. Er hoffte, sie würde ihm schnell und ohne Aufsehen nach Paraguay folgen und war nicht entzückt von ihrer langen Beschreibung, was man in Naumburg von ihrer wunderbaren Liebesgeschichte hielt. Besonders ärgerte es ihn, wenn sie von ihrem geliebten Bruder Fritz sprach: »Zuweilen erhebt sich eine Stimme in mir und fragt: ist es recht, daß ich meinen Bruder verlasse, ist es nicht meine Pflicht, hier zu bleiben und für ihn zu sorgen? Ach, und jetzt fühle ich erst, wie sehr ich Sie liebe, und daß ich nicht anders *kann*, als Sie zu lieben, und nur ein einziges könnte mich wanken machen, der Gedanke, daß Sie ein anderes Weib mehr lieben als mich.«[19] Trotz Elisabeths Beteuerung, sie liebe ihn mehr als ihren Bruder, fragte Förster, ob sie wirklich so sicher sei, denn wenn sie mit ihm nach Paraguay ginge, würde sie ihren Bruder vielleicht nie mehr wiedersehen. »Gewiß, gewiß«, beteuerte Elisabeth. Sie hätte ihrem Bruder auf immer Lebewohl gesagt: »Am letzten Tage unseres Zusammenseins war uns auf einmal, ohne daß wir es aussprachen, als ob unsere ganze schöne Vergangenheit abgeschlossen wäre und wir uns, Gott weiß wann, einmal wiedersehen, vielleicht nie...«[20]

Ihr heißester Wunsch war jetzt Försters baldige Rückkehr. Sie hoffte, er würde zur Weihnachtszeit kommen und schlug vor, ihn heimlich in Berlin zu treffen, um einige Tage allein mit ihm zu verbringen, ehe er nach Naumburg kam. Als Förster antwortete, er könne nicht vor März nach Deutschland zurückkommen, weil er erst noch einige wichtige Landtransaktionen abwickeln müsse, die viel mehr Kapital erforderten, als er besitze und erklärte, man könne mit einer Kapitalanlage von 5 000 Mark einen sehr schönen Landbesitz in Paraguay erwerben, schrieb ihm Elisabeth, es täte ihr leid, daß sie nicht früher erfahren habe, daß man dort so günstig Land erwerben könne und schicke ihm nun 5 000 Mark. Da es jedoch zu spät sei, das Geld nach Paraguay zu schicken, würde sie es nach Hamburg überweisen, so daß er es bei seiner Ankunft vorfände. Außerdem, fügte sie hinzu, könne er auch über den Rest ihres Vermögens verfügen: »Es bleiben uns dann... noch ungefähr 18 000 Mark zur Verwendung, welche für Aussteuer, Übersiedlung und Einrichtung des dortigen Hauses bestimmt sind.«[21] Förster konnte ein so großzügiges Angebot unmöglich ausschlagen. Es war die erste namhafte Summe, die ihm für seine Kolonie versprochen worden war. Er nahm das Geld an, kehrte im März nach Deutschland zurück und heiratete Elisabeth am 22. Mai, dem Geburtstag Richard Wagners. Er hatte diesen Tag gewählt, obwohl, oder vielleicht sogar weil er wußte, daß ein so offen zur Schau gestellter Beweis seiner Bewunderung für den Mann, der Nietzsche öffentlich verspottet hatte, seinen Schwager tief verletzen mußte.

Die Hochzeit fand in Naumburg, in einem kleinen Kreis von Verwandten statt. Das einzige Familienmitglied, dessen Abwesenheit allgemein auffiel, war Elisabeths geliebter Bruder Fritz.

9. Ritter, Tod und Teufel

Nietzsche verfolgte die Ereignisse in Naumburg von seinem zeitweiligen Aufenthaltsorten in Nizza, Venedig und Sils-Maria mit gemischten Gefühlen. An Overbeck schrieb er: »Dr. Förster ist aus Paraguay zurückgekehrt, großer Jubel in Naumburg. Vielleicht entsteht aus der Verheiratung meiner Schwester auch für mich etwas Gutes: sie wird die Hände voll zu tun haben und jemanden besitzen, dem sie völlig vertrauen darf und dem sie wirklich nützen kann: was beides bisher, in Bezug auf mich, nicht immer möglich war.«[1] Seiner Mutter, die Nietzsches Befürchtungen über Elisabeths Wahl ihres Gatten teilte, gestand er, daß der Frühling des Jahres 1885 einer der melancholischsten Frühlinge seines Lebens war.

Es war schlimm genug, daß sein treues Lama die Frau eines anderen werden sollte, unverzeihlich fand er es, daß sie einen Agitator für von ihm längst überwundene Ideale geheiratet hatte: »Es mag sein, daß mit Deinem Namen Unfug getrieben wird und Du die Hälfte von dem nicht kennst, was mir in Deinem Namen als Deine Ansicht vorgeworfen wird – aber schließlich *zeigst Du* durch den extravaganten, weithin sichtbaren Schritt, Deiner Verlobung mit Förster, zu deutlich, daß Du nicht *meinen* höchsten Zielen, sondern jenen ›Idealen‹, die ich überwunden habe und jetzt bekämpfen muß (Christentum, Wagner, Schopenhauersches Mitleid etc.) Dein Leben opfern willst. Du bist zu meinen Antipoden übergegangen! Davor hätte Dich der Instinkt Deiner Liebe bewahren müssen.«[2]

Er scheute sich vor einer persönlichen Begegnung mit Förster und war erleichtert, als er hörte, daß auch Förster nicht viel daran lag, ihn zu treffen. »Er zweifle«, schrieb ihm Förster, »ob eine persönliche Beziehung vor unserer Abreise uns dauerndes Behagen zurücklassen würde.«[3] Da sich ihr Bruder weigerte, zu ihrer Hochzeit zu kommen, bat ihn Elisabeth, er solle ihr als Hochzeitsgeschenk Dürers Stich *Ritter Tod und Teufel*, der in ihrer Basler Wohnung gehangen hatte, schicken. Nietzsche hatte nach seinem Wegzug aus Basel den Stich den Overbecks zur Aufbewahrung gegeben: »Es ist mir der Wunsch ausgedrückt worden (bei meiner Anfrage, womit ich imstande sei, eine Art ›Hochzeitsgeschenk‹ zu machen), daß jenes Dürerische Blatt *Ritter Tod und Teufel,* welches in Deinen Händen ist, mit diesen beiden Auswanderungen als mein wertvolles und tapferes Wahrzeichen in ihre neue ferne Heimat wandern solle. Es tut mir eigentlich gründlich wehe, es aus Deinen Händen zu nehmen, denn zuletzt hast Du solche Trostmittel ebenso nötig als irgendein Auswanderer... Vielleicht aber ist es für Deinen Geschmack zu düster: und so sende es, wenn es Dir gefällt, an meine Schwester ab.«[4]

Nietzsche war nicht der einzige, der sich Gedanken machte über die Zukunft seiner Schwester. Seine Mutter war tief besorgt, und Elisabeth selbst konnte ihre Zweifel nur dadurch betäuben, daß sie sich in einen hektischen Wirbel von Betriebsamkeit stürzte. Sie half ihrem Gatten beim Verfassen eines Buches über Paraguay, das sowohl als Führer für zukünftige Kolonisten gedacht war, als auch Werbung für sein ›Neudeutschland‹. Sie schrieb zahlreiche Briefe an Freunde und Bekannte, in denen sie ihnen anpries, daß Grunderwerb in Paraguay eine sehr vorteilhafte Kapitalanlage sei, adressierte Briefumschläge und bereitete Presseankündigungen vor. Während der ganzen Zeit – von Försters Ankunft in Naumburg im März 1885 bis zu Elisabeths Abreise nach Paraguay im Februar 1886 als Försters Frau – war das Haus ihrer Mutter am Weingarten das Propagandazentrum für ›Neudeutschland‹ in Paraguay und für den Antisemitismus. Im Vorwort seines Buches erklärte Förster, warum sich viele Deutsche, wie er selbst, genötigt sähen, ihr Vaterland zu verlassen: »Nicht weil sie wollten – wie gern wären die meisten von ihnen geblieben, wie peinigt sie jahrelang, vielleicht für immer, das tief schmerzliche Gefühl der Sehnsucht nach der Heimat ihrer Väter, welche die ihrige nicht mehr ist – sondern weil sie müssen, weil materielle und moralische Not ihnen das Leben in Deutschland unmöglich macht, weil das Vaterland ihnen ein Stiefvaterland geworden ist.«[5]

Er machte den Einfluß fremder, undeutscher Ideen verantwortlich für den Verfall der alten germanischen Tugenden und warnte davor, durch moderne liberale Tendenzen im Erziehungswesen die Moral der Jugend zu untergraben. Viele Eltern entschlossen sich daher, Deutschland zu verlassen, damit ihre Kinder in einer moralisch gesünderen Atmosphäre aufwüchsen. Schade fand Förster, daß die meisten von ihnen in die Vereinigten Staaten von Nordamerika auswanderten, denn »jedesmal, wenn ein Deutscher sich in einen Yankee verwandelt, erleidet die Gesamtheit der Menschheit eine Einbuße an Reichtum.«[6] Um dieses Unglück zu verhindern, machte sich Förster auf den Weg, ein Stück Land zu finden, in dem die alten germanischen Ideale bewahrt und der Nachwelt überliefert werden könnten. Das schwach besiedelte Paraguay war sein Eldorado. Dort beschloß er, ›Neugermanien‹ zu gründen.

Sein Ziel war, als Grundstock zwanzig Familien anzuwerben, vorzugsweise Bauern, Handwerker und Arbeiter mit etwas Kapital, mit dem sie zwischen 1000 Mark und 10000 Mark pro Kopf in die Gemeinschaftskasse einzahlen konnten. Sobald eine Summe von 100 000 Mark vorhanden wäre, sollten die Hausältesten eine Dreimannkommission wählen, die unter Försters Führung ein geeignetes Stück Land aussuchen sollte. Förster sprach von 50 000 Morgen, einem Territorium von der Größe einer deutschen Grafschaft, bestehend aus Weideland und Urwald. Dieses Land konnte entweder von einem privaten Landbesitzer durch Kauf erworben werden oder von der Regierung von Paraguay durch Deponierung von Wertpapieren und Unterzeichnung eines Vertrages, der bedingte, daß das Land innerhalb einer vereinbarten Zeit von einer bestimmten Anzahl von Familien besiedelt werden müsse. Auf jeden Fall sollte das Land für alle Zeiten der rechtmäßige Besitz der Kolonisten bleiben. Gewählte Vertreter sollten sich ihr vertragliches Recht auf Selbstregierung von der Regierung von Paraguay bestätigen lassen.

Nach Försters Vorschlag sollte jede Pionierfamilie ein Stück des Gemeindelandes als persönliches Eigentum erhalten, das sie nach Gutdünken bebauen und ihren Erben vermachen konnten. Verkaufen konnten sie es nicht. Wenn sie die Kolonie aus irgendwelchen Gründen verlassen sollten, würde es wieder Gemeindeland werden. Das Kapital der Kolonie – die 100 000 Mark, eingezahlt von individuellen Kolonisten – war zum Ankauf von Land, Vieh und Pferden bestimmt. Nach Försters Berechnung würde sich das Gemeindekapital durch Viehzucht und Verkauf zu jährlich 9% verzinsen. Über die Kosten solch notwendiger öffentlicher Ausgaben wie für Straßenbau, Wasserversorgung und den Unterhalt einer Schule und Kirche, schwieg er sich aus. Er erklärte jedoch, daß er davon überzeugt sei, daß der Fleiß deutscher Bauern und Arbeiter alle Hindernisse überwinden werde.

Er appellierte vor allem an den nationalen Stolz seiner Landsleute. Um diese für den Aufbau einer neuen Heimat in den Urwäldern von Paraguay zu begeistern, reiste er quer durch Deutschland. Angespornt von seiner Frau, sprach er vor Wagner-Gesellschaften, Kolonialvereinen, Bauerngenossenschaften, Gewerkschaften und Studentenverbindungen. Und sein Thema war immer das gleiche: er warnte seine Volksgenossen vor dem unvermeidlichen Verlust ihres nationalen Erbes, wofür er das internationale Judentum, die Indifferenz deutscher Politiker, einschließlich Bismarck, den materialistischen Zeitgeist und nicht zuletzt die bedauerliche deutsche Gewohnheit, Fleisch zu essen, verantwortlich machte. Denn Förster war fanatischer Vegetarier. Seine Geldgeber waren der Naumburger Bankier E. Kürbitz, ein langjähriger Berater der Familie Nietzsche in finanziellen Angelegenheiten, und Max Schubert, ein Chemnitzer Industrieller, der Försters politische Ansichten teilte. Der Herausgeber der *Bayreuther Blätter*, Freiherr von Wolzogen, war von Försters kolonialem Projekt begeistert und unterstützte es durch patriotische Aufrufe in seiner Zeitschrift ebenso wie die Herausgeber verschiedener Provinzblätter. Die liberale Berliner Presse dagegen stand dem ganzen Unternehmen ausgesprochen feindlich gegenüber, spottete über Försters Idealismus und machte hämische Bemerkungen über seinen Charakter. Förster wehrte sich dagegen, indem er gegen einige der Herausgeber Verleumdungsklagen erhob. Im übrigen aber setzte er seine Kampagne für die deutsche Kolonie in Paraguay mit unverminderter Energie fort – halb Don Quijote, halb Rattenfänger von Hameln.

Nietzsches Reaktion auf das Aufsehen, das die Initiativen seiner Schwester und ihres Mannes erregten, war zunächst überraschter Unglaube, dann jedoch eine Mischung aus Bewunderung und Neid. Er wünschte, man würde seinen Ideen nur halb soviel Aufmerksamkeit schenken wie dem zweifelhaften Projekt seines Schwagers. Zugegeben: Förster war nicht der einzige Agitator für neue Kolonien. Um 1880 sprossen Kolonialvereine in deutschen Städten und Dörfern hervor wie Pilze nach einem Sommerregen. Bücher, Flugschriften und Zeitungsartikel über dieses Thema wurden gedruckt, gelesen und heftig debattiert. In öffentlichen Kundgebungen wurde die Regierung aufgefordert, deutsche Kolonien zu errichten. Leidenschaftliche Patrioten ermahnten Bismarck, den von deutschen Kaufleuten an der Ost- und Westküste Afrikas und Neuguineas errichteten Kolonien den Schutz des Reiches zu gewähren. Ihr Motto war: Der Handel folgt der Flagge.

Universitätsprofessoren erklärten, daß es in Deutschlands nationalem Interesse sei, im Wettkampf um Kolonien nicht von England und Frankreich geschlagen zu werden und warnten davor, daß Deutschland seiner rasch wachsenden Bevölkerung wegen zusätzlichen Lebensraum unbedingt benötige. Nietzsche fand den philiströsen Charakter dieser Agitation verächtlich. Seiner Schwester sagte er, es gehe gegen seine aristokratische Natur, daß sie mit einem Heer von Bauern gemeinsame Sache machen wolle. Noch sarkastischer sprach er sich gegen Försters Idealbild der deutschen Rasse aus: »Zum Enthusiasmus für ›deutsches Wesen‹ habe ich's freilich noch wenig gebracht, noch weniger aber zum Wunsch, diese ›herrliche Rasse‹ gar rein zu erhalten. Im Gegenteil, im Gegenteil.«[7]

Als Elisabeth ihm sagte, ihr Gatte bestehe darauf, sie Eli anstatt Lisbeth oder Lieschen zu nennen, erinnerte er sie daran, daß Eli ein hebräisches Wort sei und ›mein Gott‹[8] und wahrscheinlich im besonderen Falle ›meine Göttin‹[9] bedeute. Es amüsierte ihn, daß ein so eingefleischter Antisemit wie Förster ein den Juden heiliges Wort als Kosenamen für seine Frau benutzte. Er selbst würde sie weiterhin ›Lama‹ nennen, obgleich auch dieses Wort eine hebräische Bedeutung habe.

Jedoch trotz des herablassenden Tones, in dem Nietzsche über seinen Schwager sprach, konnte er ein Gefühl des Neides nicht ganz unterdrücken, denn während Försters Ideen allgemeine Aufmerksamkeit erregten, blieben die seinen völlig unbeachtet. Er beklagte sich bitter darüber, daß es eine Verschwörung des Schweigens gegen ihn gebe. Alles und alle schienen sich gegen ihn verschworen zu haben: seine schlechte Gesundheit – er fürchtete zu erblinden –, die Gleichgültigkeit der Öffentlichkeit, seiner Freunde und seiner Familie seinem Werk gegenüber, und nicht zuletzt die verbrecherische Haltung seines Verlegers Ernst Schmeitzner, der einen unverantwortlich hohen Preis für Nietzsches Bücher forderte und sich obendrein weigerte, dem Autor das Honorar für die bereits verkauften Exemplare zukommen zu lassen.

Den ganzen Frühling über war Nietzsche in sehr deprimierter Stimmung. Es bedrückte ihn von Tag zu Tag mehr, so wenige Leser gefunden zu haben. Schließlich war er nun 41 Jahre alt und hatte inzwischen 13 Bücher veröffentlicht, Bücher, deren revolutionärer Inhalt das Gesicht der Welt verändern könnte, wenn man sie nur läse. Und ausgerechnet jetzt, da er den vierten und letzten Teil des *Zarathustra*, die Krönung seiner Philosophie, geschrieben hatte, fand er keinen Verleger dafür – eine beschämende Tatsache, für die Nietzsche seinen Verleger Schmeitzner verantwortlich machte. Man las seine Bücher nicht, weil sein Verleger absolut nichts tat, um die Öffentlichkeit auf sie aufmerksam zu machen. Und Schmeitzner tat nichts, weil er – Nietzsche betrachtete dies als die allergrößte Beleidigung – in finanzielle Schwierigkeiten geraten war durch die Veröffentlichung von Gesangbüchern und antisemitischen Flugschriften.

Am Ende des Sommers 1885 waren Nietzsches Unstimmigkeiten mit Schmeitzner so groß geworden, daß er beschloß, persönlich etwas zur Lösung des Problems zu unternehmen. Obwohl ihm der Gedanke an eine Reise nach Deutschland mißfiel, verließ er sein Berg-Refugium Sils-Maria mitten im September, um sich nach einem anderen Verleger umzusehen. Er beabsichtigte, die Hälfte seiner Zeit in Leipzig, dem Zentrum des deutschen Verlagswesens zu verbringen, die andere Hälfte bei seiner Familie in Naumburg. Seinem Freund Overbeck schickte er einen Gruß aus Leipzig mit den Worten: »Das wird Dir unvermutet kommen, aber es zog mich diesen Herbst unwiderstehlich noch einmal nach Deutschland (wo ich weder für Leib noch für die liebe ›Seele‹ fürderhin etwas zu suchen habe), um meine Mutter und Schwester noch einmal beisammen zu finden – wer weiß, ob nicht zum allerletzten Male!… Dr. Förster habe ich noch nicht zu sehen bekommen, denn er weilt in Westphalen, redet und reitet abwechselnd auf seinen zwei Pferden (Paraguay und Antisemitismus) und wird im Monat November auch noch dasselbe für Sachsen tun.«[10]

Försters Abwesenheit war ein glücklicher Zufall, und obwohl Elisabeth sich in ihren Briefen an ihren Gatten über ihre Trennung beklagte, fühlte sie sich nun in der Gegenwart ihres Bruders sehr wohl, vor allem, wenn auch ihre Mutter die verschiedene Verwandte besuchte, abwesend war. Ungestört konnten die Geschwister dann in Erinnerung an ihre Kindheit schwelgen, vertraute Gespräche führen über ihr vergangenes, gemeinsames Leben in Basel und Pläne schmieden für die Zukunft. Elisabeth versuchte ihren Bruder zu überreden, mit nach Paraguay zu kommen. Ihr Gatte, sagte sie, achte und verehre ihn und würde ihn mit offenen Armen empfangen. Und an Förster schrieb sie: »Fritz hat Dich *sehr* lieb und interessiert sich ungeheuer für unsere Pläne. Ich glaube wirklich, er kommt noch nach. Wir zählten gestern sein Vermögen zusammen; er hat 4500 Taler, also ein ganz hübsches Anlagekapital!«[11] Während Elisabeth ihrem Gatten in diesem Sinne schrieb, berichtete Nietzsche seinem Freund Overbeck, daß er nach einem gründlichen Studium des ganzen Projekts jeden Gedanken, nach Paraguay zu gehen, aufgegeben habe und zwar hauptsächlich, weil er fürchte, das Klima bekomme ihm nicht:»Sonst aber ist an der ganzen Sache viel Vernunft, es ist ein prachtvolles Stück Erde für deutsche Landbebauer – und unter nicht gerade fantastischen Erwartungen darf ein Westphale oder Pommer wohlgemut dahin absegeln. Ob gerade meine Schwester und mein Herr Schwager *dort* am Platze sind, ist eine andere Frage; und ich gestehe, mit meiner Mutter zusammen oft sogar schrecklich besorgt zu sein.«[12]

Förster hatte seine Frau gebeten, die zur Veröffentlichung seines Paraguay-Buches nötigen Schritte zu unternehmen, während er auf seiner Vortragsreise war. Er hatte keinen Verleger gefunden und ließ es auf eigene Kosten drucken. Es ärgerte ihn, als Elisabeth ihm schrieb, ihr Bruder hätte das Manuskript gelesen und Änderungsvorschläge zu Stil und Format gemacht. Und der Grund seines Ärgers war mehr als verletzter Autorenstolz: Förster fürchtete, daß sich Elisabeth mit ihrem Bruder gegen ihn verbunden hätte und daß Nietzsches Kritik an seinem Stil zugleich eine Kritik an seiner Person sei. Er hatte immer befürchtet, daß das geschehen könnte, denn er wußte, daß Elisabeth ihrem Bruder sehr nahe stand und viel von ihm hielt. Er ahnte in Nietzsche den Rivalen.

Nietzsches Hauptkritik an Försters Buch richtete sich gegen das Titelbild – ein ganzseitiges Porträt des Autors. Es zeigte einen Mann mit hoher Stirn und dunklen, furchtlos in die Welt blickenden Augen unter buschigen Augenbrauen, einer geraden Nase und einem durch einen großen Schnurrbart überschatteten Mund – das Gesicht eines intelligenten, mutigen, entschlossenen Mannes. Dieser Eindruck wurde noch verstärkt durch die breite, mit Orden geschmückte Brust; die Unterschrift lautete: ›Dr. Bernhard Förster‹ (in steilen gotischen Buchstaben), dazu Goethes Worte ›Allen Gewalten zum Trutz sich erhalten!‹ Förster war stolz auf dieses Bild. Es repräsentierte jenen Typus deutscher Männlichkeit, für den er sich einsetzte und der sich übrigens auch in Dürers Stich *Ritter, Tod und Teufel* widerspiegelte. Es irritierte ihn daher besonders, als er von seiner

Frau erfuhr: »Fritz meint, da das Buch im *Selbstverlag* erscheint, man könnte das Bild als Eitelkeit aufnehmen, jedenfalls wäre es für ein so objektives Buch nicht nötig.«[13] Förster betrachtete es als eine billige Beleidigung, von seinem Schwager daran erinnert zu werden, daß er keinen Verleger für sein Buch gefunden hatte, denn schließlich befand sich Nietzsche in derselben Situation. Außerdem war sein Buch als Vademecum für Kolonisten gedacht, die es durch Subskription erwerben sollten, und sein Bild darauf hielt er für wichtig, denn es zeigte den Interessenten, was für ein Mann ihr Führer war.

Als Förster hörte, daß Elisabeth mit Hilfe ihres Bruders die Einleitung zu seinem Buch völlig umgeschrieben hatte: – »Ich habe Dir noch einmal die Einleitung gesandt, damit Du, wenn sie gedruckt ankommt, keinen Schreck bekommst, da sie etwas verändert ist«[14] – verlor er die Geduld und befahl dem Drucker, das Buch genau so zu drucken, wie er es geschrieben hatte. Der Drucker, der bis dahin ausschließlich mit Elisabeth verhandelt hatte, schickte ihr die Postkarte mit Försters neuen Instruktionen. Elisabeth war sprachlos: »Eben schickt mir Hauthal Deine Karte. Du konntest mir kaum auf eine unfreundlichere Art ein Mißtrauensvotum ausstellen. Wenn ich genau Deinen Anweisungen folge und dann von allen das Gegenteil beschlossen wird, ist es mir freilich unmöglich, auch nur das Geringste Dir zu helfen, da Du kein Vertrauen zu mir hast, so mag ich überhaupt mit der ganzen Buchangelegenheit auch *nichts mehr zu tun haben...* Warum tust Du mir nur so absichtlich weh?«[15]

Förster war viel zu viel mit seinen Vorträgen beschäftigt, um sich über die Klagen seiner Frau Gedanken zu machen. Es war viel schwerer, als er gedacht hatte, Kolonisten und finanzielle Unterstützung für sein ›Neudeutschland‹ zu finden. Sein Buch war eine zusätzliche Belastung. Trotz eifriger Werbung stellten sich nur wenige Subskribenten ein. Elisabeth warnte ihn, daß seine heftigen antisemitischen Reden – sie nannte sie ›Judenreden‹ – mögliche Käufer abschrecken könnten. Förster argwöhnte, daß die plötzliche Vorsicht seiner Frau über seine Reden ein Beweis dafür sei, daß sie unter dem Einfluß ihres Bruders stand. Er wisse, daß Nietzsche sich über seinen antisemitischen Kreuzzug lustig mache, weil er den verderblichen Einfluß der Juden eben nicht kenne oder wahrhaben wolle. Förster hatte seiner Frau oft gesagt, ihr Bruder lebe in einem Elfenbeinturm und wisse nicht, daß die Juden die Verderber der deutschen Kultur seien. Wagner dagegen sei ein viel scharfsinnigerer Beobachter, der dies erkannt habe. Warum, fragte sich Förster, schien Elisabeth seine Ansichten zu teilen, wenn sie mit ihm zusammen war, sich in seiner Abwesenheit jedoch die Ideen ihres Bruders zu eigen zu machen. War sie ihm oder ihrem Bruder gegenüber ehrlich?

Auch Elisabeth begann sich Gedanken über ihren Mann zu machen. Sie fand es schwer, ihm zu schreiben, weil sein Mißtrauen sie betrübt und deprimiert hatte:»Ich habe meinen Kummer nicht weiter merken lassen, ich bin ohnehin so kummervoll, daß man eine Schattierung mehr oder weniger nicht besonders bemerkt. Mein armer lieber Fritz tut mir so leid, er ist so einsam in der Welt, und außerdem habe ich soviel Anlaß mich zu sorgen. Wenn Du nun so unfreundlich zu mir bist, da vereinigen sich alle meine Sorgen und Kümmernisse in der einen Frage: lieben Bernhard und ich uns wirklich genug, um diesem schweren Leben entgegen zu gehen? Und dann fühle ich so deutlich, daß alle Deine Geschwister dasselbe denken, daß sie alle einige Zweifel in Deiner Liebe zu mir setzen und sich sorgen, ob ich damit zufrieden sein werde... Es wäre besser, ich hätte nicht geschrieben, es wird Dich in all Deiner Arbeit nicht freuen. Sehr betrübt Deine Eli.«[16]

Auch Förster war deprimiert. Nicht nur wegen seiner wachsenden Zweifel über seine erst vier Monate alte Ehe, sondern auch wegen der mangelnden Unterstützung seitens seiner Landsleute für seine Kolonie in Paraguay. Abend für Abend sprach er zu vermeintlich Gleichgesinnten in verrauchten Bierstuben oder Vortragssälen. Er appellierte an ihren Patriotismus und beschwor sie, ihm bei der Gründung von ›Neudeutschland‹ zu helfen und dadurch ihr Vaterland zu retten. Aber wenn am Ende des Abends die Sammelbüchse herumgereicht wurde, war der Ertrag meist enttäuschend. Er teilte Elisabeth das dürftige Ergebnis seiner aufreibenden Arbeit mit, und sie bat ihn, er solle nach Hause kommen:»Damit wir uns gegenseitig trösten und aussprechen können. Ich bitte Dich aber gleich: sage meiner Mama *nichts*, wie gering das finanzielle Ergebnis der Abende war, es ist nicht nötig, sie würde nur einen Präzedenzfall für die Zukunft darin sehen und mir das Leben noch schwerer machen.«[17] Sie gab zu bedenken, ob es nicht weiser wäre, wenn sie sehr bald ihr geliebtes, aber teures Vaterland verließen.»Indessen, wir wollen uns jetzt auch nicht das Leben verderben und uns mit kleinlichem Sparen quälen, denn schließlich, wer soviel und kühn wagt, wie wir beide, den darf es auch nicht um 1 000 Mark mehr oder weniger ankommen. Sollen wir zu Grunde gehen, so helfen uns auch 1 000 Mark nicht.«[18] Sie versicherte ihrem »lieben, liebsten Herzens-Bernhard«, daß sie sich trotz allem, was geschehen war, sehr nach ihm sehne und schloß ihren langen Trostbrief mit den Worten »In zärtlichster Liebe immer Deine Eli.«[19]

Försters Zweifel an seiner Frau und seiner Ehe wurden durch diese Worte beruhigt; er stürzte sich mit neuer Energie auf die Arbeit, und es gelang ihm, eine kleine Gruppe von Pionieren anzuwerben, die bereit waren, ihm über den Ozean zu folgen und in Paraguay eine neue Heimat zu errichten. Doch Elisabeth bestand darauf, daß er vor ihrer Abreise noch ihren Bruder kennenlernen müsse. Zögernd gehorchten beide Männer dem Wunsche Elisabeths. Es wurde beschlossen, daß die beste Gelegenheit für ein solches Treffen der 15. Oktober wäre, Nietzsches 41. Geburtstag. So geschah es auch, und die Begegnung verlief ohne Zwischenfälle. Beide Männer bemühten sich, ausgesprochen höflich zueinander zu sein, vermieden politische Gespräche und tranken auf gegenseitige gute Gesundheit und Glück in ihren Unternehmungen. An Overbeck schrieb Nietzsche: »Dr. Förster war mir nicht unsympathisch, er hat etwas Herzliches und Edles in seinem Wesen und scheint recht zum Handeln gemacht. Es überrascht mich, wie viele Dinge er fortwährend erledigte und wie leicht ihm das wurde; darin bin ich anders. Seine Wertschätzungen sind, wie billig, nicht gerade sehr nach meinem Geschmakke, alles ist zu geschwinde fertig, – ich meine, wir (Du und ich) empfinden diese Art von Geistern voreilig.«[20]

Auf Förster machte sein Schwager den Eindruck eines typischen deutschen Professors, der seinen Kopf in einer Wolke von Theorien hat, ohne jeden Bezug zur Wirklichkeit. Auch war Nietzsche offensichtlich ein kranker Mensch, halb blind und zur Arbeit unfähig – also in keiner Hinsicht ein Kandidat für ein Pionierleben im Urwald. Überrascht war Förster von dem Widerspruch zwischen dem ›werde hart‹-Tenor in Nietzsches Schriften und der weichen, fast femininen Art seines persönlichen Verhaltens. Er war froh, daß er seinen Schwager getroffen hatte, denn nun brauchte er sich nicht mehr zu sorgen. Wenn Nietzsche tatsächlich ein Rivale um die Gunst Elisabeths war, so würde er letztendlich nichts zu fürchten brauchen. Nietzsche war ein kranker Mann und mehr zu bemitleiden als zu fürchten.

Das war die einzige Begegnung der beiden Männer. Als Elisabeth ihren Bruder bat, er möchte doch etwas Geld in die Kolonie ihres Mannes investieren, tat er dies zwar, bestand aber darauf, daß das durch seine Mittel in Paraguay erworbene Stück Land ›Lama-Land‹ heiße und nicht, wie Elisabeth vorschlug, ›Friedrichsheim‹.

Als Zeichen ihrer Liebe schickte Elisabeth ihrem Bruder vor ihrer Abreise nach Paraguay, im Februar 1886, einen goldenen Ring mit den eingravierten Worten: »Denke in Liebe an B. und E.« Nietzsche nahm den Ring an, aber er schrieb an seine Mutter: »Ich gestehe, daß diese Verbindung ›Bernhard und Eli‹ meinen Gefühlen immer noch manchen Zwang antut. Ich bin mit Försters Art nicht gerade verwandt, von seinen Tendenzen nicht zu reden. Es ist zuletzt ein Glück, daß er fort ist.«[21]

Auf einer von Hamburg abgeschickten, gedruckten Abschiedskarte, teilten Dr. Förster und seine Gattin Elisabeth ihren Freunden mit, daß in Zukunft ihre Anschrift Asunción wäre. Kurz nach Besteigen des Schiffes *Uraguay*, das sie nach ihrer neuen Heimat bringen sollte, bemerkte Elisabeth zu ihrem Schrecken, daß ihr Schmuckkästchen mit ihrem Verlobungs- und ihrem Ehering verschwunden war. Sie war untröstlich, aber es war zu spät, um auf dem Bahnhof Erkundigungen darüber einzuziehen. Der Würfel war gefallen – auch ohne Ehering war Elisabeths Schicksal nun mit dem Försters verbunden.

Dritter Teil
1886–1893

10. Die Königin von Neugermanien

Nach einer anstrengenden Seereise, die fast einen Monat dauerte, kam Förster mit seiner kleinen Schar Gleichgesinnter in Montevideo an, wo diese ein Dampfschiff bestiegen, das sie in fünf Tagen, den Paraguay-Strom aufwärts, nach Asunción brachte. An einem schwülen Tag Ende März ging man an Land. Obgleich Förster seine Frau gewarnt hatte, keine Stadt im europäischen Sinn zu erwarten, erschrak Elisabeth beim Anblick der Hauptstadt ihres neuen Vaterlandes. Es gab keinerlei imponierende öffentliche Gebäude, der kaiserliche Palast war eine überwachsene Ruine, die, wie viele andere, schweigend Zeugnis ablegte von einer Reihe von Revolutionen und Bürgerkriegen. Schnurgerade, ungepflasterte Straßen führten zum Geschäftsviertel, das aus einigen einstöckigen, steinernen Häusern bestand. Im Wohnviertel stieß man primär auf Ranchos, ärmliche, strohbedeckte Lehmhütten, umgeben von Scharen halbnackter eingeborener Kinder.

In ihren Briefen an ihre Mutter verharmloste Elisabeth den deprimierenden Eindruck, den Asunción auf sie machte und sprach von »malerischen Bildern«. Sie pries das gesunde Klima und die gutmütigen Eingeborenen, die in einem Zustand natürlicher Unschuld lebten. Daß sie faul und liederlich und dem Trunk ergeben waren, verschwieg sie. Auch berichtete sie nicht von den furchtbaren Wolkenbrüchen, die innerhalb weniger Minuten die Straßen der Stadt in Schlammflüsse verwandelten, noch von jener besonderen Art aggressiver Moskitos, die das Leben von Mensch und Tier zur Qual machten. Ihrem Gatten gleich schilderte sie Paraguay als ein Paradies, einen vom Himmel begünstigten Zufluchtsort für Europa-müde Deutsche.

Elisabeths Tagebuch dagegen bietet ein realistischeres Bild vom Leben in ihrer neuen Heimat. Förster hatte seine Frau in einem gemieteten Landhaus, einige Meilen außerhalb Asunción, untergebracht. Es war zum Teil mit den Möbeln eingerichtet, die sie aus

Deutschland mitgebracht hatten und groß genug für ein im bescheidenen Rahmen gehaltenes gesellschaftliches Leben. Aber Elisabeth hatte nur wenig Zeit und Muße für die Rolle der geselligen Gastgeberin, als die sie sich in ihren Briefen an ihre Mutter immer wieder darstellt. In Wirklichkeit war sie eine hart arbeitende Bäuerin. Mit Hilfe einer nicht sehr verläßlichen eingeborenen Frau und einer Anzahl ebenso unverläßlicher Peones melkte sie Kühe, buk Brot oder sammelte Eier ein, während ihr Gatte in der Stadt weilte, um mit Regierungsbeamten über ein geeignetes Stück Land für seine Kolonie zu verhandeln. Es war ein langwieriger, mühsamer Prozeß, obwohl sich der Präsident von Paraguay, General Caballero, persönlich für Försters Unternehmen einsetzte. »Bern reitet nach Asunción, um mit dem Präsidenten Caballero über San Salvador zu sprechen. Präsident, freundlich und entgegenkommend, fordert Bern auf, ein diesbezügliches Gesuch einzureichen«, notierte Elisabeth am 5. Juli 1886 in ihr Tagebuch. Einige Tage später: »Abend zu dem argentinischen Gesandten eingeladen, nur Bern geht hin, weil es für mich zu umständlich ist, in die Stadt zu kommen.« Und am 15. Juli: »Große Wäsche. Bern geht zum Präsidenten. Es ist nichts mit San Salvador. Ein Italiener ist uns zuvorgekommen.« Zwei Tage später: »Bern reitet mit Herrn Matenas und Herrn Torris nach Lambané, um sich Grundstücke anzusehen. Schönes Wetter, etwas warm. Wir fangen mit dem Abendmelken an. Wir finden ein Nest von unseren braunen Hennen im Busch mit neun Eiern.«

Oft erwähnt in Elisabeths Tagebuch wird eine Familie Erck. Oscar Erck, ein deutscher Bauer mit einer etwas dunklen Vergangenheit, war einer der ersten Anhänger Försters gewesen. Wie die anderen wartete er besorgt in Asunción auf den Tag, an dem er seine Familie in das gelobte Land führen könnte. Er war einer der engsten Mitarbeiter Försters und wurde zum Verwalter der Kolonie bestimmt. Aber wie die anderen ließ Förster auch ihn völlig im dunkeln über die finanziellen Vereinbarungen, die zum Erwerb von ›Nueva Germania‹ führen sollten.

Der Hauptgrund, warum es so lange dauerte, bevor Förster den Grund und Boden für seine Kolonie erwerben konnte, war sein Mangel an Kapital. Es war ihm nicht gelungen, vor seiner Abreise aus Deutschland 100 000 Mark zusammenzubringen. Und auch seine dringenden Appelle aus Asunción nach mehr finanzieller Unterstützung hatten nicht den gewünschten Erfolg. Doch Förster war nicht der Mann, der sich so schnell geschlagen gab. Wenn es zum Äußersten kommen sollte, erklärte er, würde er lieber sterben, als nach Hause zurückzukehren, ohne sein Ziel erreicht zu haben. Er erklärte seiner Frau, daß germanische Krieger aus der Schlacht entweder mit ihren Schildern zurückkehrten oder als gefallene Helden auf ihren Schildern. Elisabeth war ganz seiner Meinung und spornte ihren Gatten zu immer kühneren finanziellen Transaktionen an.

Während der langwierigen Verhandlungen in Asunción machte Förster die Bekanntschaft des reichen paraguayischen Landbesitzers und Finanziers Cirilio Solalinde, der bereit war, in einer äußerst riskanten Bodenspekulation Försters Partner zu werden. Das fragliche Land, es hieß *Campo Cassaccio*, umfaßte 140 000 Morgen, meistens Urwald. Es lag in der Nähe des Städtchens San Pedro, ungefähr 50 Meilen nördlich von Asunción. Der Kaufpreis für dieses enorme Territorium soll 175 000 Mark betragen haben. Wieviel Förster dazu beitrug, ist unbekannt, denn als sich herausstellte, daß eine rasche Besiedlung dieses großen Terrains unmöglich war, erbot sich Solalinde, Försters Anteil zu übernehmen – und zwar unter der Bedingung, daß letzterer einen Vertrag mit der Regierung von Paraguay schließe, die gerade ein Landbesiedlungsgesetz verabschiedet hatte. Dieses Gesetz berücksichtigend, kaufte die Regierung 40 000 Morgen von Solalindes Land für 80 000 Mark und übergab es Förster, der dafür nur 2 000 Mark als Kaution zu hinterlegen hatte, unter der Bedingung allerdings, daß das Land innerhalb von zwei Jahren von 140 Familien besiedelt werde; erst dann sollte es ihm rechtmäßig gehören. Sollte das Unternehmen jedoch mißlingen, riskierte Förster nicht nur den Verlust seiner 2 000 Mark, sondern auch Prozesse mit empörten Kolonisten, denen er Land verkauft hatte, das ihm zur Zeit des Verkaufs noch gar nicht gehört hatte. Da Förster die Möglichkeit eines Mißlingens nicht in Betracht zog, unterschrieb er den Vertrag und übernahm durch einen Federstrich ein Territorium von der Größe eines deutschen Herzogtums.

Wie wenig Elisabeth die Bedingungen dieser riskanten Transaktion begriff, zeigt der jubelnde Ton der Eintragung in ihr Tagebuch vom 23. November 1886: »Großer Tag. Solalinde kauft für Bernchen Campo Cassaccio.« Daß der schlaue Paraguayer, dessen spanische Grandezza Elisabeth bewunderte, einen Teil seines Landes mit einem guten Profit an seine eigene Regierung verkauft hatte, und daß die Regierung rechtmäßiger Eigentümer blieb, schien Elisabeth, die sich immer ihrer geschäftlichen Tüchtigkeit rühmte, nicht registriert zu haben. Was sie wußte war nur, daß man durch den Verkauf von unbebautem Land an deutsche Siedler gut verdienen konnte. Sie betrachtete es daher als ihre Pflicht, all ihre Verwandten und Freunde zu informieren, daß sie durch Landinvestitionen in Paraguay über Nacht Reichtümer erwerben könnten. Es gelang ihr auch, kleinere Summen von ihrer Mutter, ihrem Bruder, ihrer Schwiegermutter und zwei ihrer Naumburger Freundinnen zu erhalten. Selbst Alwine, das treue Dienstmädchen ihrer Mutter, investierte einen Teil ihrer Ersparnisse in Försters Kolonie und sorgte dafür, daß man es in Naumburg erfuhr – auch sie war jetzt Landbesitzerin in Paraguay.

Als es klar wurde, daß mehr Kapital nötig war, erinnerte sich Elisabeth an das bei dem Bankier Kürbitz in Naumburg deponierte kleine Vermögen ihres Bruders. Sie schrieb ihm, daß er es verdoppeln könne, wenn er es in ihre Kolonie investiere und forderte ihn auf, das zu tun. Ihre Anfrage kam zu einer Zeit, in der Nietzsches finanzielle Zukunft sehr unsicher war. Er wußte nicht, wie lange er noch auf seine Basler Pension würde zählen können. Sie war ursprünglich auf zehn Jahre gewährt worden, und er wußte nicht, ob sie verlängert werden würde, obgleich sich sein Freund Overbeck bei den Basler Behörden nachdrücklich dafür einsetzte. Doch Nietzsche fürchtete und wohl nicht zu Unrecht, daß er durch seine heftigen Angriffe auf das Christentum und auf die bestehende moralische Weltordnung die konservativen Schweizer so sehr beleidigt habe, daß sie aufhören würden, eine Pension zu zahlen, zu der sie rechtlich nicht verpflichtet waren. Diese Möglichkeit bedrückte ihn um so mehr, als er gerade jetzt Geld brauchte, um seine Bücher veröffentlichen zu können. Er hatte ausgerechnet, daß sich die Druckkosten auf einige tausend Mark belaufen würden; schließlich hegte er ernste Befürchtungen, was Försters finanzielle Unternehmungen betraf – trotz der enthusiastischen Berichte seiner Schwester. Und doch: Wenn sein geliebtes Lama Geld brauchte, sollte er es ihr nicht geben?

Im Zwiespalt solcher Gefühle wandte er sich an Overbeck um Rat: »Meine Angehörigen in Paraguay haben mir einen ausgezeichneten Plan ihrer kolonialischen Unternehmung geschickt und wollen mein Geld, das in Naumburg liegt, dazu. Was denkst Du eigentlich über meine Basler Perspektiven? Mir ist zumute, als ob ich mir das wenige Geld, das ich habe, für alle Fälle bereithalten sollte: ich meine so, daß es jeden Augenblick flüssig zu machen wäre? – Andererseits verstehe ich mich nicht darauf, in einer solchen dummen Geldsache nein zu sagen.«[1]

Nietzsche fühlte sich erleichtert, als ihm Overbeck riet, sein Geld nicht in ein unsicheres Unternehmen zu investieren und schrieb seiner Schwester: »Was mein Geld betrifft: so rät mir mein Verstand, wie der meines Freundes Overbeck, jetzt unbedingt ab, mich irgendwo damit zu binden und die vollkommene freie Verfügbarkeit und jederzeitige Flüssigmachbarkeit desselben aufzugeben. Wer weiß, was in den nächsten vier Jahren gerade bei mir sich begibt? Gewiß ist, daß es jetzt an kleinen Zufällen hängt, ob ich meine Basler Pension noch fortbeziehe; mein letztes Buch wurde zum Beispiel in einer schweizerischen Zeitung so begrüßt: ›Jene Wagen, welche die zum Bau der Gotthardt-Bahn nötigen Dynamitvorräte führten, trugen eine schwarze auf Todesgefahr deutende Warnungsflagge. In diesem Sinne nennen wir das Buch des Philosophen Nietzsche ein *gefährliches* Buch usw.‹«[2] Overbeck gestand er, was er seiner Schwester am meisten verüble, sei, daß sie ihn durch ihr Verlangen nach seinem Geld gezwungen habe, nein zu sagen. Als Elisabeth hörte, daß sich ihr Bruder weigerte, ihr sein Geld zu leihen, das sie dringend benötigte, »war sie ärgerlich, vorzüglich, weil es mir so weh tut, daß Du denken konntest: ich würde Dir irgend etwas Unsicheres zumuten und dann, daß Du durchaus ein armer Mann bleiben willst, während es doch so nett und leicht für Dich wäre, Dein Vermögen zu verdoppeln.«[3] Was sie aber am meisten ärgerte, war der Gedanke, daß ihres Bruders abschlägige Antwort durch Overbeck beeinflußt war. Sie hatte ihrem Bruder seine Freundschaft zu Overbeck immer übelgenommen, und im Verlauf der Lou-Episode war ihre Abneigung gegen Ida Overbeck in Haß umgeschlagen. Als sie nun in Asunción über die tieferen Gründe für die Weigerung ihres Bruders, ihr zu helfen, nachgrübelte, war sie plötzlich überzeugt davon, daß Overbeck, obwohl protestantischer Theologe, in Wirklichkeit Jude sein müsse. Wie ihr Mann begann sie, immer dann jüdische Intrigen zu vermuten, wenn etwas mit ihrem arischen Unternehmen schief ging.

Doch diese Gedanken behielt sie für sich. Ihrem Bruder schrieb sie, daß sie ihm seine Weigerung, ihr zu helfen, nicht mit gleicher Münze vergelten würde – im Gegenteil, sie würde ihren Reichtum mit ihm teilen, denn von dem Erfolg ihres Unternehmens sei sie überzeugt. Sie gab zu, daß ihr das lange Warten in Asunción, während ihr Haus und Nueva Germania gebaut wurde, langsam auf die Nerven ging, aber sie berichtete mit Stolz von dem erstaunlichen Fortschritt, den die kleine Schar ihrer Pioniere schon gemacht hatte. Der Rand des Urwaldes war bereits gerodet und der Boden vorbereitet für die erste deutsche Stadt in der Wildnis: Försterrrode.

Elisabeths zweijährige Wartezeit in Asunción endete im März 1888, und der Augenblick der Wahrheit rückte nahe – der erste Blick auf Nueva Germania. In einem langen Jubelbrief an ihre geliebte ›Herzensmutter‹ berichtete sie, daß »wir am 5. März in unserer herrlichen Heimat angelangt sind und eingezogen wie die Könige… Wir fuhren nicht mit dem kleinen Dampfer bis zur Kolonie, sondern mit der Carate von 6 Ochsen gezogen, Bernchen ritt nebenher. Als wir nun ungefähr noch eine halbe Stunde von Nueva Germania entfernt sind, kommen zwei Paraguayer und erzählen dem Ochsenlenker Wunderdinge, worauf dieser und die beiden uns begleitenden Peone in ein Jubelgeschrei ausbrachen und der redegewandteste mir spanisch mitteilte, in der Kolonie wäre alles voll von Fahnen und die ganze Umgebung wäre teils schon versammelt, teils warte sie auf uns am Wege… Es war ordentlich rührend, an jeder Besitzung, an welcher wir vorbeifuhren, standen die Leute im Festkleid, überreichten mir Blumen und Zigarren und hielten mir die kleinen Kinder hin zur Benediktion. Auf einmal tauchten 8 stattliche Reiter auf, das waren nun Neugermanen, welche uns empfingen: Herr R. und sonst die hervorragenden, auch brachten sie Bernchens Lieblingspferd wundervoll mit schwarz-weiß-roten Rosetten geschmückt mit, was er sogleich bestieg. Das war nur die erste Begrüßung, aber immer noch nicht in unserem Lande. Ihr hättet nur den Zug sehen sollen, erst die Ochsencarate, dann die Reiter, dann die Volksmenge, ein langer Zug. Nun kamen wir zur Grenze, der Aguaraymi ist dieselbe. Jenseits fängt unser Eigentum an, und hier empfingen uns nun nicht gerade Böllerschüsse, aber ein fröhliches Flintengeknatter und eine reizende kleine Carate, ganz eine grüne Laube von Palmenzweigen und darin ein kleiner roter Thron, zu niedlich gemacht. Hier umarmte ich nun meine liebe Frau Erck, und Elschen begrüßte einen Trupp neugermanischer Jünglinge. Herr Erck hielt mir eine kleine feierliche Ansprache, weil ich doch noch nie hier gewesen war. Darauf setzte sich nun der Zug nach dem Hafen von Aguaray Guazo, wo auch das

Einwandererhaus, der Laden und der Mittelpunkt des geschäftlichen Lebens ist, in Bewegung. Hier war nun die erste Ehrenpforte, und nun kam große allgemeine Begrüßung, und dann setzten wir uns an den herrlich schattierten Platz, und drei wunderhübsche Mädchen nahten, und die älteste, schon mehr Fräulein, bald 15 Jahre, bildhübsch, die schönste der Kolonie, sagte uns ein reizendes, von dem Papa verfaßtes Begrüßungsgedicht her und überreichte uns Blumen; dann frühstückten wir etwas, und Wein und Cimin erfreute die Volksmenge. Die Kolonistenfrauen, welche man in der Eile zusammengeholt hatte, brauten mit an unserem Tisch Kaffee, und unter dem schönen schattigen Baum saßen an einer langen Tafel die Neugermanen. Liebe Mutter, ich kann nur sagen: Gott gebe, daß alle kommenden Kolonisten so nett aussehen und sind wie diese Reihe an der Begrüßungstafel. Es waren solche hübsche, biedere, deutsche Gesichter. Daraufhin hielt Herr Enzweiler, ein sehr strebsamer und geachteter Kolonist, eine hübsche Rede und ließ die ›Koloniemutter‹, was meinem Herzen recht wohl tat, hoch leben! Ihr seht, die Leute in Neugermania sind galant: zuerst die Frauen! Dann feierten sie unser liebes Bernchen, worauf Bernchen in unser beider Namen dankte und die Kolonisten hoch leben ließ, und dann kamen noch eine Reihe von Toasten. Es war zu hübsch und fröhlich, aber wir mußten noch weiter, unter den Klängen: Deutschland, Deutschland über Alles fuhren und ritten wir unserem Hause zu, welches ungefähr ein halbes Stündchen vom Hafen entfernt ist. In der Wald Pihade fanden wir eine zweite Ehrenpforte von den Kolonisten, welche zu den beiden Seiten des Waldweges wohnen, errichtet. Wir stiegen aus und beschauten uns die halbfertigen Kolonistenhäuser, in denen die Leute so amüsant wohnen. Das könnte man freilich nicht bei einem anderen Klima. Wir bekamen wieder Blumen und feierliche Wünsche. Dann begaben wir uns endlich nach unserem Haus, wo uns die dritte Ehrenpforte errichtet und das Haus mit Grün geschmückt war. Hier überreichte uns ein niedliches kleines Mädchen: Brot, Salz und Schüssel und wir traten in unser sehr geräumiges Haus. Von außen ist es überraschend häßlich, aber innen wundervoll, hoch, weit und kühl. Man weiß gar nicht, was Hitze ist. Wir nennen den Stil, in welchem das Haus gebaut ist, den Eiskellerstil, weil das Dach so furchtbar weit herunter geht, aber es ist zu allen Tageszeiten angenehm frisch. Die drei Mittelzimmer sind sehr groß und wohl fast 6 Meter hoch. Nach und nach verliefen sich die Leute, und wir blieben allein zur Arbeit. Der Festesrausch war vorüber, aber nun galt es, tüchtig zu arbeiten. Wir hatten so furchtbar viel Sachen, es ist kein Glück. Dazu mußten noch die Fußböden in drei Nebenzimmern gemacht werden, und dahin kamen gerade alle Vorräte, so daß man manchmal gar nicht aus noch ein wußte. Was aber die Kolonie anbetrifft, so habe ich mir die ganze Geschichte nicht halb so großartig vorgestellt! Es ist hier nämlich wunderbar. Alles hat einen so gewerbsmäßigen und deshalb großartigen Anstrich. Unser Administrator, unsere anderen Beamten sind Gentlemen und ehrenwerte Leute, welche so besonders gut zu ihren Stellungen passen, und man schließt doch von den Beamten auf den Unternehmer. Ich kann nicht umhin, Euch zu erzählen, daß ich öfter vor dem Einschlafen rechnend im Bett liege und mich frage: wo haben wir eigentlich zu diesem großartigen Unternehmen das Geld gehabt? Gott hat es gesegnet, er hat aus jeder Mark, welche wir hatten, oder welche liebende Herzen uns schenkten oder liehen, fünf Mark gemacht. Sonst ist es gar nicht zu erklären. Wir haben ein herrliches Besitztum, ein großes Haus, fünf kleine Häuser, zwei mittelgroße, wir haben 100 Stück Rindvieh, 8 Pferde, wir haben einen Laden mit 6 000 Mark Waren und einen Monatsumsatz von 2 000 Mark. Wir besolden einen geschäftlichen Administrator, einen landwirtschaftlichen Administrator, einen Commissario, der den Laden verwaltet, einen Feldmesser und einen Reisemarschall, der die Kolonisten aus San Pedro hinunterleitet und außerdem zwanzig Peone, Köchinnen, Mägde und dergleichen. Und zwar bezahlen wir hohe Gehälter und Löhne, und wir können sie stets bezahlen, es hat uns niemals noch an Geld gefehlt, obwohl wir oftmals in tiefer Angst waren. Lieber Himmel, die Leute meinen, weil sie es sich gar nicht erklären können, Bern habe eine sehr reiche Frau geheiratet, ich stehe allgemein im Ruf, eine solche zu sein, aber Ihr wißt am besten, wie das ist. Ihr wißt auch den wahren Grund: Gottes Segen ist es, der auf redlicher Arbeit ruht. Der liebe vortreffliche Herr Kaiser aus Dortmund, welcher jetzt mit 6 Leuten ankam, hat auch einen solchen Eindruck von der Großartigkeit des ganzen Unternehmens gewonnen und war ganz erzürnt, daß Bern viel zu wenig günstig von dieser herrlichen Kolonie berichte. Er ist ganz entzückt und meinte vertraulich: ›Nun, meine liebe Frau Doktor, man sieht es wohl, daß *Sie* hier eine Viertelmillion hineingesteckt haben.‹ Bern und ich lachten herzlich darüber, es ist ja wahr, wir haben Schulden, im Verhältnis zu unserem Besitz sind sie aber lächerlich klein. Nun leb wohl, liebe Herzensmutter, ich muß schließen. Kaum halb eingerichtet, haben wir vier liebe Gäste zu Besuch. Es ist eine recht arbeitsame Zeit, aber doch eine recht glückliche. In treuer Liebe Eure glückliche Eli.«[4]

Franziska weinte vor Freude, als sie den langen Brief ihrer Tochter las und wieder las. Sie glaubte, sie müsse Lieschen um Verzeihung bitten wegen ihres Widerstandes gegen die Ehe mit Förster. Gott sei Dank waren ihre Bedenken unnötig gewesen. Lisbeth hatte Recht. Der Herr hatte sie reich gesegnet, Dank sei dem Herrn! Sie setzte sich sofort hin und berichtete ihrem Sohne die frohe Botschaft. Damit er sie auch in allen Einzelheiten verstände, schickte sie ihm Lisbeths langen Brief mit.

Nietzsche war beeindruckt. Obwohl er sich weiter weigerte, sein Geld in Försters »antisemitischem Unternehmen« zu investieren, informierte er stolz seine Freunde:»Von meiner Schwester ist ein geradezu bezaubernder langer Bericht über die Ankunft und feierliche Einholung in Nueva Germania da. Die Sache gewinnt wirklich einen großartigen Aspekt. Es ist möglich, daß eine der größten Eisenbahnen der Welt, welche unten von der Mündung des La Plata nach dem Panamakanal geht, entweder durch die Kolonie hindurch oder nah vorbei führt (die Bahnlinie durch Bolivia und Peru). Schon bei dem Bahnbau läßt sich ein Vermögen erwerben, denn die Kolonie ist mit prachtvollem Hochwald bedeckt und hat zwei Wasserstraßen nach dem Hauptstrom. Der General Osborne, früherer Gesandter der Vereinigten Staaten in Argentinien, verhandelt jetzt mit der Regierung über diese Bahn, die sein ›Ideal‹ und Lebenszweck ist (– er hat meiner Schwester gesagt, beim Abschied, ›sein schönster Gedanke sei, wenn er eines Tages mit dem Zug käme, to see the little queen of Nueva Germania‹).«[5] Den letzten Satz dieses Briefes schrieb Nietzsche auf Englisch; Elisabeth hatte ihn also inspiriert. Sie war entschlossen, ihrem Bruder zu beweisen, daß er eine falsche Meinung von Förster hatte und daß seine Zweifel an dem Gelingen ihres Unternehmens unberechtigt waren. Und damit hatte sie auch Erfolg.

Der steile Aufstieg seiner Schwester zu Ruhm und Ehren erfüllte Nietzsche mit Neid, besonders wenn er ihn verglich mit seinem eigenen finanziellen Mißerfolg und einsamen Umherirren – von einer schäbigen Pension in die andere.»Vor einigen Tagen machte ich folgendes Verzeichnis meiner Habseligkeiten: 4 Hemden,

4 Nachthemden, 3 wollene Hemden, 8 Paar Strümpfe, – ein guter Rock. Ein stärkerer Überrock. Der Winterüberzieher aus Naumburg (noch recht gut, aber ich trage ihn selten!) 2 schwarze Hosen, eine sehr dicke Hose, 2 hohe schwarze Westen, die zwei letzten Naumburger Westen (die ganz gut wären, nur um eine Hand zu kurz). Die dikken Morgenschuhe.«[6] Das sei alles, was er besitze, schrieb er seiner Mutter, während seine Schwester und ihr Mann die größten Landbesitzer in Paraguay seien und eine wichtige Rolle im politischen und gesellschaftlichen Leben ihrer Wahlheimat spielten. »Der Einfluß Dr. Försters ist, wie ich ganz indirekt und zufällig gehört habe, derartig gewachsen, daß eine Anwartschaft auf die nächste Präsidentenschaft der Republik durchaus nicht außer der Wahrscheinlichkeit liegt,«[7] schrieb Nietzsche im Februar 1888 an Overbeck.

Der auffallende Erfolg seines Schwagers machte seinen eigenen Mißerfolg, seine Mühe, Anerkennung für seine Werke zu finden, noch bedrückender und verstärkte seinen Entschluß, die Welt zu zwingen, von ihm Notiz zu nehmen. In einem Ausbruch schöpferischer Energie schrieb er eine Anzahl provozierender Streitschriften, in denen er seiner Verachtung gegen jeden erfolgreichen Mann und jede populäre Idee Luft machte. Er erklärte allen den Krieg: Wagner und Bayreuth, Bismarck und dem Deutschen Reich, Nationalismus und Demokratie und sprach einen feierlichen Fluch aus auf das Christentum. Ein Schwarm brillanter Aphorismen entsprang seinem fiebernden Geist, gipfelnd im *Ecce homo*, einem autobiographischen Essay, den er zur Feier seines 44. Geburtstags schrieb, um damit seine Unsterblichkeit zu verkündigen.

Im Spätherbst und Winter 1888 erreichte Nietzsche unmerklich seinen Rubikon, die Trennungslinie zwischen Wahn und Wirklichkeit. Zur gleichen Zeit kämpften seine Schwester und ihr Mann verzweifelt um die Zukunft von Nueva Germania, die noch vor wenigen Monaten so glänzend schien, aber plötzlich durch das Gespenst des finanziellen Ruins bedroht war.

Nach den Vereinbarungen des Vertrags zwischen Förster und der Regierung von Paraguay mußten bis August 1889 140 Familien in der Kolonie angesiedelt sein. Um diese Verpflichtung zu erfüllen, bombardierten Förster und seine Frau ihre deutschen Freunde und Bekannten mit Briefen, Berichten und Appellen, die in den *Chemnitzer Kolonial-Nachrichten*, dem offiziellen Organ des Chemnitzer Kolonialvereins, das Max Schubert gegründet hatte, um Nueva Germania zu unterstützen, und in den *Bayreuther Blättern* veröffentlicht wurden. Deutsche Leser dieser Berichte gewannen den Eindruck eines geradezu idyllischen Lebens in Försters Kolonie. »Welches Los können wir dem an so vielen Stellen des alten Vaterlandes in Armut, Siechtum und Mutlosigkeit verkümmernden deutschen Arbeiter bieten! Wir geben ihm Brot, wo die liberale Sozialdemokratie nur den Stein gibt!... Wir träumen hier von einer Erneuerung unserer alternden und müde werdenden Rasse... Wenn die Axt im Urwalde erschallt, wenn wir im Schweiße der Stirn den fruchtbaren Boden vom Gestrüpp reinigen, um ihn für Kulturpflanzen vorzubereiten, wenn wir Gräben ziehen, um stehenden Wässern Ablauf zu verschaffen, wie weit entfernt scheint solches Tun von dem Leben auf dem heiligen Hügel von Bayreuth! Aber wir fühlen sehr bestimmt, daß wir uns gerade in solcher Arbeit als die geistigen Söhne Richard Wagners betrachten dürfen.«[8] Mit Hilfe solch lyrischer Töne hoffte Förster, Kolonisten und Geldgeber für seine Kolonie zu gewinnen.

Seine Frau verfolgte dasselbe Ziel, aber ihre Beschreibungen des Lebens in Nueva Germania – wenn auch ebenso enthusiastisch – enthielten praktische Ratschläge für zukünftige Kolonisten, polemische Abkanzelungen von Verleumdern und Feinden der Kolonie und Klagen über die mangelnde Unterstützung aus der alten Heimat. Ein längerer Artikel, betitelt *Ein Sonntag in Nueva Germania*, den sie ihm Dezember 1888 für die Bayreuther Blätter schrieb, beginnt mit dem idyllischen Bild: »Es ist Sonntag, Mittsommer, ½ 5 Uhr früh. Sanftes Dunkel liegt noch auf Neugermania... Der geräumige, mit Schattenbäumen bestandene Hof, welcher sich hinter dem Herrschaftshaus ausbreitet und an den beiden Seiten von den Wirtschaftsgebäuden begrenzt ist, bietet zu diesen frühen Morgenstunden einen sehr malerischen Anblick dar. Überall zwischen den Bäumen, den Carreten, in den Vorhallen der Baulichkeiten sind hellfarbige Hängematten und Mosquiteros angebracht (letztere mehr zum Schutz gegen den Nachttau, als gegen die wenigen Mosquitos). Das sind die Schlafstellen der hier dienenden Paraguayer, augenblicklich 14 an der Zahl. Mitten im Hof lodert hoch ein Feuer empor, dabei brodelt der Wasserkessel und ringsum hocken die Peone (paraguayische Arbeiter) und trinken aus den kleinen harten, ausgehöhlten Kürbissen mit dünnen Röhrchen, bombilla genannt, das vielgeliebte Getränk der Paraguayer, die yerba oder mate. Dabei ertönt schon am frühen Morgen heiteres Plaudern, fröhliches Lachen, denn die gewöhnlichen Paraguayer sind im allgemeinen ein sehr gutmütiges, harmloses Völkchen mit einem gewissen Zug von Kindlichkeit, welchen man bei ihrer Behandlung nie vergessen darf... Das Rezept, um Paraguayer im Dienst zu behalten, heißt im allgemeinen: sie fest und gütig wie Kinder zu behandeln, ihnen im Essen, Trinken und Arbeiten ihre eigene Art und Weise zu belassen und sie dann und wann durch kleine Geschenke (manchmal tun es schon Zigarren oder frisches Brot, das die Paraguayer als einen Leckerbissen betrachten) als Zeichen des Wohlwollens zu erfreuen. Doch kehren wir wieder zu unserem Sonntagmorgen zurück. – Der Hausherr tritt heraus, die Peone eilen herbei, seine etwaigen Wünsche zu erfüllen; der Paraguayer ist gegen seine Herrschaft sehr dienstwillig und ehrerbietig. Die Reitpferde, welche nachts frei im Kamp weiden, werden herbeigeholt, geputzt und gefüttert, jetzt noch mit jungen Maiskolben, welche samt ihren Stengeln und Blättern in Stücke geschnitten ein sehr gutes Futter geben. Einige Peone machen hübsch Ordnung ums Haus herum, harken den Platz und ziehen, sobald die Sonne heraufkommt, an den beiden hohen Fahnenstangen, welche vor dem Herrschaftshaus stehen, die deutsche und paraguayische Fahne auf. Unser deutscher Gärtner bringt aus dem Hause Gurken und Melonen, klagt aber sehr, wie die ungewöhnliche Hitze, welche wir in letzter Zeit hatten, uns um so viele Gurken gebracht hat. Jetzt kommt das Frühstück; die Deutschen trinken Kaffee und Milch und essen Brot mit Butter, Miel oder Maispolenta mit Miel (Zuckerrohrsirup), die Peone essen gewöhnlich gerösteten oder gekochten mandioca, da er aber jetzt schwer zu haben ist, so frühstücken sie heute zum Sonntag frisches Brot mit Miel. Wir backen sehr wohlschmeckendes Brot aus Maisschrot, Almidon und Weizenmehl.«[9]

Dieser Beschreibung eines Sonntagmorgens in Neugermanien folgt ein Bericht über die monatlich einmal – nachmittags – stattfindende Versammlung der Kolonisten, alles brave, ehrliche Leute, die entrüstet seien,»daß in Berlin ein gewisser Julius Klingbeil (Schneider aus Antwerpen) solche gräßlichen Lügen über die Kolonie und ihre Bewohner verbreite.« Es sei höchst unglücklich, jammerte Elisabeth, daß dieser unsaubere Charakter je in Nueva Germania war, denn seine verleumderischen Berichte würden dem Ansehen der Kolonie schaden, vor allem seine Beschuldigung, daß das Land, was Förster verkauft habe, ihm rechtlich nicht gehört habe. Elisabeth versucht diese Beschuldigung aus der Welt zu räumen:»Es kommt uns so vor, als ob in Deutschland der Tatsache, daß hier binnen zwei Jahren 140 Familien angesiedelt werden sollen, eine ganz falsche Wichtigkeit beigelegt wird. In der Tat hatte sich mein Mann zu dieser Bedingung zu verpflichten und eine Kaution von 2 000 pesos fuertes hinterlegt, da aber die Regierung nicht das geringste Interesse daran hat, daß, nur um die Zahl zu erreichen, unbrauchbare Leute in das Land gezogen werden, so ist sie auf Wunsch meines Mannes jederzeit bereit, diese Bedingung der zwei Jahre aufzuheben und den im Kontrakt angegebenen Termin auf drei oder vier Jahre zu verlängern. Diese Verlängerung würde nicht einmal Einfluß auf die so viel besprochene und von den Feinden ausgebeutete Besitztitelfrage haben. Mein Mann, welcher die Zusicherung der Regierung hat, wird im Mai nach Asunción gehen, um sich das Recht: definitive Besitztitel auszustellen, zu holen, und dann wird seine Forderung sicherlich ohne weiteres erfüllt werden.«[10]

Im Dezember 1888, als Elisabeth diese zuversichtliche Erwartung aussprach, ihr Mann könne leicht von der Zweijahrklausel entbunden werden, kannte sie noch nicht, oder wollte sie den Wortlaut des Dokumentes nicht kennen, das Förster unterschrieben hatte. Ihrer Ansicht nach war es ein unwichtiger Punkt, den man leicht korrigieren konnte. Förster allerdings glaubte daran nicht. Er wußte, daß alles Land, was er verkauft hatte, an die Regierung von Paraguay zurückfallen würde, falls nicht bis August 1889 140 Familien in Nueva Germania angesiedelt sein würden. Da er nicht in der Lage war, die Gelder, die er von den Siedlern erhalten hatte, zurückzuzahlen, befürchtete er, wegen Veruntreuung verurteilt zu werden. Je näher der Tag der Abrechnung kam, desto verzweifelter wurde er. Elisabeths unbekümmertes Ignorieren dessen, was auf dem Spiele stand, verstärkte seine Depression noch. Seine Frau weigerte sich kategorisch, den Ernst der Lage einzusehen und war überzeugt, daß er nur nach Asunción reisen und die Regierung zu bitten brauche, die Zweijahrklausel aus dem Vertrag zu eliminieren, und alles wäre in Ordnung. Natürlich hatte Förster vor, das zu versuchen, denn ihm blieb keine andere Wahl; doch an den Erfolg seiner Mission glaubte er nicht.

Ihrer Mutter schrieb Elisabeth, daß sie ein sehr tristes Weihnachtsfest verlebt hätte, weil Bernchen immer in so schlechter Laune war. Sie mußte ihn immer an sein Lebens-Motto erinnern: ›allen Gewalten zum Trutz sich erhalten‹. Sie hoffe, er würde dies im nun kommenden Jahre beherzigen.

11. 1889 – Drama und Tragödie

Schon im Jahre 1888 deuteten alle Zeichen die sich nähernde Schlußphase in Nietzsches Krankheit an. Langsam aber unerbittlich begann das Gift, das schon viele Jahre in seinem Körper war, sein Gehirn anzugreifen; ein Prozeß, der die Irritibilität seines Nervensystems stark erhöhte und seinen körperlichen und geistigen Zustand massiv beeinflußte. Er verbrachte das erste Vierteljahr in Nizza, entweder tief deprimiert –»Es gab düstere Stunden, es gab ganze Tage und Nächte inzwischen, wo ich nicht mehr wußte, wie leben und wo mich eine schwarze Verzweiflung ergriff, wie ich sie bisher noch nicht erlebt hatte.«[1] – oder freudig und zuversichtlich:»Ich sage mir jetzt in jedem gesunden Augenblick: ›Es ist sehr viel erreicht! Es ist trotz alledem sehr viel erreicht!‹«[2]

Am Anfang April verließ er Nizza auf der Reise nach Turin, aber ehe er dort ankam, wurde er krank und mußte zwei»schreckliche Tage« in der kleinen Stadt Sampierdarema bei Genua bleiben. Von dem Augenblick an jedoch, als er in Turin –»jener wahrhaft fürstlichen Residenz des 17. Jh.«[3] – ankam, verbesserte sich seine Gesundheit, und als ihn die Nachricht erreichte, daß der dänische Literaturkritiker Georg Brandes eine Reihe von Vorlesungen über seine Philosophie gehalten hatte, verschwand seine Depression und eine euphorische Stimmung überkam ihn. Endlich war der Bann der Nichtbeachtung seiner Werke, der ihn auf Schritt und Tritt verfolgt hatte, gebrochen. Stolz informierte er seine Freunde darüber, daß die Brandes-Vorlesungen ein großer Erfolg seien:»Der Saal jedes Mal zum Bersten voll. Mehr als 300 Zuhörer. Alle großen Zeitungen geben Berichte.«[4] Und während er seiner Schwester zu ihren»wahrhaft fürstlichen Einzug« in Nueva Germania gratulierte, schrieb er ihr:»Auch ich habe Ursache, mich ein wenig stolz zu gebärden. Was hast Du dazu gesagt, daß Brandes Vorlesungen an der Universität Kopenhagen ›om den tyske filosof Friedrich Nietzsche‹ hält?«[5] Seinem überhitzten Gehirn entsprangen immer kühnere Ideen, die er schnell und fast unlesbar hinkritzelte, weil seine Finger nicht dem *tempo fortissimo* seines Geistes folgen konnten. Er fühlte sich fast am Ziel: vor dem Triumphbogen seiner Philosophie. »Ich habe, zu meiner eigenen Überraschung, bereits das erste Buch meiner *Umwertung aller Werte* bis zur Hälfte in seiner endgültigen Form fertig«, schrieb er Overbeck. »Es hat eine Energie und Durchsichtigkeit, welche vielleicht von keinem Philosophen je erreicht worden ist... Was den Inhalt, die Leidenschaft des Problemes betrifft, so schneidet dieses Werk durch Jahrtausende hindurch – das erste Buch, unter uns gesagt, heißt ›Der Antichrist‹, und ich will schwören, daß alles, was je zur Kritik des Christentums gedacht und gesagt worden, eitel Kinderei dagegen ist.«[6] Während einer zehntägigen Erholungspause von seinen philosophischen Arbeiten schrieb er *Der Fall Wagner*, eine Kriegserklärung ohne Pardon. Er hoffte, es würde eine Sensation werden, und er hatte Recht: »...mein Verleger meldet mir, daß schon seit ein paar Wochen (auf die erste Ankündigung im Buchhändler-Blatt) so viel Bestellungen darauf eingelaufen sind, daß die Auflage von 1 000 Ex. als erschöpft gelten kann.«[7] Und in einem späteren Brief jubelte er: »Ich habe jetzt Leser – und, zum Glück lauter ausgesuchte Intelligenzen, die mir Ehre machen – überall, vor allem in Wien, St. Petersburg, Paris, Stockholm, New-York. Meine nächsten Werke werden sogleich mehrsprachig erscheinen. Das schwedische Genie Strindberg... sendet Briefe an alle Welt: ›Carthago est delenda. Lisez Nietzsche‹.«[7a] Im Verlauf des Jahres wandte er sich immer kühneren Projekten zu. Mit dem Hammer philosophierend zertrümmerte er jeden Gott und Abgott, den die Menschen verehren: Sokrates, Christus, Luther, Rousseau, Kant, Schiller, Schopenhauer fielen seinen Geistesblitzen zum Opfer. »Ich heiße das Christentum den Einen großen Fluch, die Eine große innerlichste Verdorbenheit, den Einen großen Instinkt der Rache, dem kein Mittel giftig, heimlich, unterirdisch, *klein* genug ist, – ich heiße es den Einen unsterblichen Schandfleck der Menschheit.«[8] Und für dekadent erklärte er alle modernen Ideen wie Nationalismus, Sozialismus, Demokratie. Er sagte, er schreibe für einen noch nicht existierenden Menschentypus – »die Herren der Erde«, eine Herrenrasse mit einem schrecklichen Willen zur Macht, die Barbaren des 20. Jahrhunderts. Überwältigt von der Vehemenz der Gedanken, die durch sein Gehirn jagten, fragte er: »Und wißt ihr auch, was mir ›die Welt‹ ist? Soll ich sie euch in meinem Spiegel zeigen? Diese

Welt: ein Ungeheuer von Kraft, ohne Anfang, ohne Ende, eine feste, eherne Größe von Kraft, welche nicht größer, nicht kleiner wird, die sich nicht verbraucht, sondern nur verwandelt, als Ganzes unveränderlich groß, ein Haushalt ohne Ausgaben und Einbußen, aber ebenso ohne Zuwachs, ohne Einnahmen, vom ›Nichts‹ umschlossen als von seiner Grenze... Diese Welt ist der Wille zur Macht – und nichts außerdem. Und auch Ihr selber seid dieser Wille zur Macht – und nichts außerdem!«[9]

Am 15. Oktober 1888, seinem 44. Geburtstag, blickte er auf sein Leben zurück und schrieb *Ecce homo*, einen autobiographischen Essay, ein sprachlich brillantes Feuerwerk, in dem der Wahnsinn bereits glitzerte. »Ich kenne mein Los. Es wird sich einmal an meinen Namen die Erinnerung an etwas Ungeheures anknüpfen – an eine Krisis, wie es keine auf Erden gab. Ich bin kein Mensch, ich bin Dynamit.«[10]

Er fühlte sich wie ein König, der inkognito durch die Straßen von Turin wandert und schrieb an seine Mutter: »Ich werde hier wie ein kleiner Prinz behandelt, von jedermann bis zu meiner Hökerin herab, die nicht eher Ruhe hat, als bis sie das Süßeste aus allen ihren Trauben für mich zusammengesucht hat.«[11] Overbeck war entsetzt, als ihm Nietzsche mitteilte: »Ich selber arbeite eben an einem Promemoria für die europäischen Höfe zum Zwecke einer antideutschen Liga. Ich will das ›Reich‹ in ein eisernes Hemd einschnüren und zu einem Verzweiflungskrieg provozieren.«[12] Er verlangte, daß der deutsche Kaiser und alle Antisemiten erschossen werden sollten. Am 31. Dezember vertraute er Peter Gast in einem Ton schrecklicher Finalität an, er hätte jetzt den Rubikon überschritten. Von da ab lebte er in einer irrationalen Welt und unterzeichnete seine Briefe als ›Nietzsche Cäsar‹, ›Dionysos‹ oder ›der Gekreuzigte‹.

Es dauerte mehrere Monate, ehe Elisabeth die Nachricht vom Zusammenbruch ihres Bruders erreichte. Sie war viel zu sehr mit ihren eigenen Problemen beschäftigt, um dem immer gereizter werdenden Ton der Briefe ihres Bruders Beachtung zu schenken. Sechs Monate waren seit ihrem glorreichen Einzug in Neugermanien verstrichen, aber eine Reihe von ernsten Rückschlägen erschütterte das, was so vielversprechend begonnen hatte, und bedrohte die Existenz der Kolonie. Förster erhielt die erhoffte Unterstützung von seinen Geldgebern in Deutschland nicht, die Zahl der Kolonisten vermehrte sich nicht so rasch wie erwartet – und, was am schlimmsten war, einige der Kolonisten waren von der Kolonie so enttäuscht, daß sie sie wieder verließen. Im Verlauf dieser sehr gespannten Situation entdeckte Elisabeth, daß ihr Mann völlig unfähig war, praktische Lösungen für schwere Probleme zu finden und daß also die gesamte Verwaltungslast der Kolonie auf ihren Schultern ruhte. In ihren Briefen an ihre Mutter klagte sie gelegentlich über ihre schwere Verantwortung, genoß aber trotzdem ihre Rolle als Königin von Nueva Germania und fand sogar noch Zeit, mit ihrem Bruder zu korrespondieren. Anläßlich seines 44. Geburtstages schrieb sie ihrem »lieben Herzens-Fritz« einen langen Brief und gratulierte ihm zu seinem wachsenden Ruhm: »Denn Ruhm ist ein süßer Trank. Ich persönlich hätte Dir einen anderen Apostel als Dr. Brandes gewünscht, er hat in so vielerlei Töpfchen geguckt und von zu vielen Tellern gegessen; indessen man kann sich seine Verehrer nicht wählen, und ganz sicher ist es: er wird Dich in Mode bringen, denn das versteht er. Einen gut gemeinten Rat kann ich aber doch nicht unterdrücken: triff lieber nicht persönlich mit ihm zusammen, schreibt Euch Eure angenehmen Empfindungen, aber sieh ihn Dir nicht in der Nähe an. Zwei unserer Freunde kennen ihn und stimmen überein, daß er einen ausgezeichneten Spürsinn für die interessantesten Erscheinungen aller Zeiten hat und sich durch sie interessant macht. Meinem Herzen tut es unendlich wohl, daß nun von Todschweigen nicht mehr die Rede sein kann, und daß durch Brandes nun vielleicht die echten guten Verehrer, die zu Dir passen, von Dir hören… Mein lieber Herzens-Fritz, nun ist Dein lieber Geburtstag wieder einmal da und man denkt daran, wie viele Jahre wir schon miteinander und jetzt leider weit voneinander durchs Leben gewandert sind. Wieviel Freud und Schmerz ist schon an uns vorübergezogen, lohnt es sich eigentlich zu leben?«[13]

Wenn Nietzsche diesen Brief zu irgendeiner anderen Zeit erhalten hätte, hätte er darüber gelächelt und ihn nicht sonderlich beachtet – so schrieb das Lama eben –, aber da ihn der Brief auf dem Höhepunkt seiner Euphorie erreichte, wo er sich als ungekrönter König fühlte, beleidigte ihn der herablassende Ton des Briefes; um so mehr, als ihm gerade Gerüchte zu Ohren gekommen waren, daß das Förstersche Unternehmen kurz vor dem Zusammenbruch stand. Wieder einmal fühlte er sich von seiner Schwester und der großartigen Beschreibung ihres »fürstlichen Empfanges« betrogen, denn er hatte ja ihren Worten Glauben geschenkt und sie sogar an seine Freunde weitergegeben. Er verlor daher keine Zeit, Overbeck zu informieren, »daß es in Paraguay so schlimm als möglich steht. Die hinübergelockten Deutschen sind in Empörung, verlangen ihr Geld zurück – man hat keins. Es sind schon Brutalitäten vorgekommen; ich fürchte das Äußerste – dies hindert meine Schwester nicht, mir zum 15. Oktober mit äußerstem Hohn zu schreiben, ich wolle wohl auch anfangen, ›berühmt‹ zu werden. Das sei freilich eine süße Sache. Und was für ein Gesindel ich mir ausgesucht hätte, Juden, die an allen Töpfen geleckt hätten, wie Georg Brandes... Dabei nennt sie mich ›Herzens-Fritz‹... Dies dauert nun schon sieben Jahre!«[14]

Nietzsches zornige Reaktion auf den Brief seiner Schwester und die Art, wie er ihn zitierte, zeigt, wie tief ihn Elisabeth verwundet hat. Ihre Heirat sei Verrat gewesen und habe seine Augen geöffnet über den wahren Charakter seines treuen Lamas. Sie habe ihn nie verstanden, sie habe nicht die geringste Ahnung von seiner Philosophie: sie sei geblieben, was sie immer gewesen war – ein gehässiges kleines Wesen mit der rechthaberischen Überzeugung, daß die Moralprinzipien des deutschen Mittelstandes eine absolute Gültigkeit hätten. Daß sie seine Schwester sei, sei zum Lachen, wenn es nicht so traurig wäre. Das würde er ihr sagen.

Während Nietzsche über die unglückliche Rolle nachdachte, die Elisabeth in seinem Leben gespielt hatte, kämpfte Elisabeth um die Existenz ihrer Kolonie. Immer mehr Kolonisten, die Deutschland verlassen hatten, weil sie hofften, in Paraguay ein leichteres Leben zu finden, entdeckten, daß das keineswegs der Fall war. Das Roden des Urwaldes und Bebauen des schweren, lehmigen Bodens, den Förster in seinem Buch und seinen Artikeln so sehr anpries, stellte sich als äußerst schwer, ja vielfach als hoffnungslose Aufgabe heraus. Trotz harter Arbeit waren die meisten Kolonisten schlechter dran als in Deutschland. Sie lebten in primitiven Holzhütten, mußten die meisten Nahrungsmittel in Försters Laden kaufen, fanden keinen Absatz für die Früchte ihrer Arbeit und waren täglich einer Reihe tropischer Insekten ausgesetzt, die das Leben zur Qual machten. Sie machten Förster für ihre Enttäuschungen verantwortlich, meinten, er habe sie durch falsche Versprechungen betrogen und verlangten ihr Geld zurück.

In seinen Werbeschriften hatte Förster versichert, er würde jedem Kolonisten den Kaufpreis für das Land und die vorgenommenen Verbesserungen zurückerstatten, wenn ein Kolonist Nueva Germania verlassen wollte. Aber es wurde sehr bald klar, daß Förster viel mehr Kapital brauchte, als er besaß, um dieses Versprechen einzulösen. Er wurde gezwungen, Anleihen zu einem untragbaren Zins aufzunehmen und schließlich Ausflüchte zur Erklärung seiner Unfähigkeit zu erfinden, Gelder, die er schuldete, zurückzuzahlen. Das gab Anlaß zu der Behauptung, Förster sei ein Schwindler und das ganze Kolonialunternehmen eine betrügerische Landspekulation. Diese Beschuldigung, zuerst in privaten Gesprächen von verärgerten Kolonisten gemacht, wurde durch einen empörten Antwerper Schneider namens Klingbeil in einer 160 Seiten langen Schrift, betitelt *Enthüllungen über die Dr. Bernhard Förster'sche Ansiedlung Neugermanien* zu einer öffentlichen Anklage erhoben. Die Schrift erregte großes Aufsehen.

Ungefähr zur selben Zeit, als Klingbeils Buch erschien, erfuhr Elisabeth, daß ihr Bruder wahnsinnig geworden und in eine Irrenanstalt gebracht worden war. Ihr erster Impuls war, nach Hause zu eilen und ihren geliebten Fritz zu pflegen:»Wenn ich nur fort könnte und Geld zur Reise hätte, so machte ich mich allein auf... Es quält mich beständig der Gedanke, daß vielleicht das Schrecklichste vermieden worden wäre, wenn ich drüben geblieben wäre, und das macht mich so unglücklich. Bernhard nimmt nicht den geringsten Anteil an meinem Kummer, im Gegenteil, er tut alles, um mir hier das Leben noch so schwer wie möglich zu machen. Ich gebe mir selbst alle Mühe, das Leben wieder liebzugewinnen, indessen, es nützt nichts bei dem Benehmen von Bernhard, denn dann muß ich immer wieder von neuem daran denken, wie lieb immer Fritz zu mir gewesen ist (die schlimmen Briefe damals schrieb er ja unter dem ersten Anfall der Chloralvergiftung). Er hat mir nie ein unfreundliches Wort gesagt; zum Dank dafür habe ich das arme liebe Herz seinem Schicksal überlassen... «[15] »Natürlich bin ich eine ausgezeichnete Frau, wenn ich wie gewöhnlich mit Freuden jede Last auf mich nehme, als einzige Belohnung das Gelingen unseres Unternehmens, nie irgendetwas für mich selbst begehrend, sondern immer nur für Bern und die Kolonie sorgend (für mich gebe ich auch buchstäblich nichts aus, außer zwei Paar Schuhen im Jahr), weder zu Weihnachten noch zum Geburtstag hab ich irgend etwas geschenkt bekommen. Nun aber seit 6 Wochen dachte ich auf einmal an mich, da hatte ich eine sehr schmerzhafte Augenentzündung, und dann diesen großen Kummer. Und nun empfinde ich echt, daß Bern doch ein schrecklicher Egoist ist, und das tut mir so weh... Ich weiß es wohl, daß ohne mich diese ganze Koloniegründung eine dunkle ungewisse Sache gewesen wäre. Das sage ich, ohne mich zu rühmen, sondern nur, um mich zu entschuldigen, daß ich meinen armen Fritz im Stich gelassen habe.«[16]

Da Elisabeth von ihrem Mann keine Anteilnahme für ihren Schmerz empfing, grübelte sie in einsamer Trauer über die Ursachen für den Zusammenbruch ihres Bruders nach und gelangte zu der Überzeugung, daß er das Opfer einer Chloralvergiftung sein müsse. Er hatte ihrer Meinung nach zuviel Schlafmittel genommen. Sie erinnerte sich, daß sie ihn oft davor gewarnt hatte: »Ich bin fest überzeugt, daß ich, wenn ich in seiner Nähe geblieben wäre, das Leiden verhindert oder wenigstens gleich die richtige Behandlung anwenden konnte. Das ganze Leiden ist *nur* Folge des Chloral! Er leidet an einer Chloralvergiftung.«[17] Overbeck hätte ihn in ein Krankenhaus, nicht in eine Irrenanstalt bringen sollen. Ihre Befürchtungen hatten sich also bestätigt. Overbeck schien kein wahrer Freund ihres Freundes; wahrscheinlich war er schon seit Jahren neidisch auf ihn, und Elisabeth war überzeugt davon, daß dadurch, daß er ihn in eine Irrenanstalt gebracht hatte, Fritzens Ruf als Philosoph schwer geschadet worden sei. Entrüstet schrieb sie ihrer Mutter: »Ich höre, daß Overbeck ein Jude sein soll, das spricht Bände und ich glaube es!«[18] Aber Elisabeths Kummer über die Erkrankung ihres Bruders und ihr Zorn auf Overbeck wurden von Ereignissen in Nueva Germania überschattet, Ereignissen, die durch Klingbeils Schrift ausgelöst, wenn auch nicht verursacht wurden.

Klingbeil war ein unternehmungslustiger Deutscher, der sich in Antwerpen niedergelassen hatte und dort eine kleine, aber profitable Schneiderwerkstatt betrieb. Er hatte sich durch harte Arbeit und einen bescheidenen Lebensstil ein kleines Vermögen zusammengespart, das er in einer deutschen Kolonie investieren wollte, da er das Antwerper Klima nicht vertrug. Er stammte aus einer bäuerlichen Familie und wollte zurück aufs Land. Auf seiner Suche nach einem geeigneten Stück Land war ihm Försters Paraguay-Buch in die Hände gefallen. Försters Beschreibungen der günstigen Lebensbedingungen in Neugermanien, das ideale Klima, der fruchtbare Boden und überhaupt der ehrliche, patriotische Ton des Buches, der sich so überzeugend in den männlichen Zügen des Autors wiederspiegelte, hatten einen tiefen Eindruck auf Klingbeil gemacht. Er hatte mit Förster korrespondiert, der ihm versichert hatte, daß Neugermanien ein Refugium für deutsche Patrioten sei. Aufgrund dieser Versicherungen hatte Klingbeil 5 000 Mark für ein Grundstück in Paraguay eingezahlt und war im März 1888 in Begleitung von acht tüchtigen jungen Deutschen in der Kolonie eingetroffen.

Aber schon während der Überfahrt waren Klingbeil Zweifel über die finanziellen Transaktionen Försters gekommen, denn er hatte erfahren, daß entsprechend des Vertrags mit der Regierung von Paraguay rechtmäßige Besitztitel über das von Förster verkaufte Land erst erstellt werden könnten, wenn gewisse Voraussetzungen erfüllt worden seien. Und diese Bedingungen, so hieß es, würde Förster keineswegs erfüllen können. Klingbeil war daher bereits mißtrauisch und nicht gerade in bester Stimmung, als er Neugermanien erreichte.

Was er dort erlebte, bestätigte seine Befürchtungen aufs schlimmste. Er sah, daß die meisten Kolonisten in sehr ärmlichen Hütten wohnten, während Försters Haus groß und komfortabel war: »Da fehlte nichts, was das Leben im Hause behaglich machen kann, bequeme Sessel, Ruhebett, Pianino etc., die hohen Türen waren mit Portieren behangen, und der Fußboden bestand aus hübschen Zementsteinen. Wie traurig mag es schon manchen, welcher in der alten Heimat in behaglichen Verhältnissen lebte, zumute gewesen sein, wenn er Vergleiche anstellte zwischen dem so wohl ausgestatteten Förster'schen Hause und seiner elenden Behausung, wo er das Allernötigste, was in Deutschland der ärmste Tagelöhner besitzt, entbehren muß, von der armseligen, ungewohnten Nahrung gar nicht zu reden! Wie oft habe ich diesbezügliche Bemerkungen in der Kolonie gehört mit dem bitteren Zusatz, daß der Doktor das angenehme Leben führe auf Kosten der Ersparnisse der Betreffenden.«[19]

Der ursprünglich günstige Eindruck, den Försters männliche Züge auf Klingbeil gemacht hatte, schwand sehr schnell, als er Förster persönlich traf: »Der Mann besaß keine von den von uns erwarteten Eigenschaften, er konnte den Blick unserer Augen nicht ertragen. Unruhig, wie das verkörperte böse Gewissen, läuft der Mann mit der hageren Gestalt, und den unstet flimmernden unschönen Augen hin und her; in der Unterhaltung springt er wie geistesabwesend von einem Thema zum anderen. Zeugten nicht seine Handlungen und Arbeit wie ich noch Gelegenheit zu zeigen haben werde, von Raffiniertheit und Berechnung, man wäre versucht, den Doktor für geisteskrank zu halten. Einen widerwärtigen Eindruck machte,

Zeuge zu sein, wie er die Domination seiner herrschsüchtigen Frau erträgt… Sie sagt, daß sie und ihr Mann in dem kleinen Fürstentum, wie sie die Kolonie nennt, die Regenten seien!«[20]

Im Verlauf von Klingbeils erster Begegnung mit dem Ehepaar Förster vertrat Elisabeth »den praktischen Standpunkt der Dinge, denn immer wieder wußte sie in raffinierter Weise das Gespräch auf den Geldpunkt zu bringen. Schließlich kam sie frei heraus mit folgenden Worten an ihren Mann: ›Liebes Bernchen, würdest Du den Herren nicht die landesüblichen Zinsen von 1% monatlich gewähren, wenn sie die im Oktober fälligen 2.500 Mark schon jetzt bezahlen würden?‹ In rücksichtsloser Weise brauste der Doktor auf: ›Warum sollte ich das wohl tun? Nein, daran denke ich nicht, ich habe es ja gar nicht nötig!‹ Zu unserem Nachteil verging noch eine geraume Zeit, ehe wir einsahen, daß das Manövrieren der Frau sowie das Großtun des Doktors nur gespielte Komödie war, um ihre Opfer weiter beschwindeln zu können, denn in jener Zeit hatte der Doktor, wie ich schon erwähnte, in Asunción 60% Zinsen geboten, um ein Kapital von 2 000 Pesos zu erhalten.«[21]

Klingbeils Schrift enthält noch schwerwiegendere Beschuldigungen: »Mit vieler Eleganz entrollte die Frau Doktor eine ungefähr anderthalb Quadratmeter große Karte des zwölf leguas umfassenden Kolonialgebietes. Da war freilich nahezu alles verkauft. Mit Ausnahme der für Bartels und Co. bestimmten legua waren sämtliche übrigen Namen fälschlich eingetragen. Kein einziger von diesen hatte bis dahin gekauft.«[22] Daß Klingbeil trotz seiner kritischen Einstellung Elisabeths Überzeugungskünsten zum Opfer fiel und 2.500 Mark für ein Grundstück bezahlte, welches sie schon, wie sie sagte, einem anderen versprochen hatte, entbehrt nicht der Komik. Im Vergleich zu ihrem Mann, der Klingbeil, bei näherer Bekanntschaft »als ein häufig geradezu komisch wirkendes Gemisch von Feigheit und Ehrgeiz« erschien erklärte er, daß Elisabeth »neben der letzteren Eigenschaft einen unglaublich hohen Grad von Tapferkeit besaß.« Leider »äußerte sie diese heroische Tugend zum offenbaren Schaden für ihre Mitmenschen in nicht gerade guten und edlen Handlungen.« Er fügt hinzu: »Einen komischen Eindruck machte es, die kleine Dame, stets in reicher, eleganter Toilette, um den durch die Karte bedeckten Tisch tänzeln zu sehen. Unermüdlich arbeiteten Mund, Hände und Füße.« Dem Antwerper Schneider war von Anfang an klar, daß Elisabeth die wirkliche Macht in der Kolonie besaß und daß ihr Mann nur ihr Mundstück war. Er faßte diese Einsicht in dem einen Satz zusammen: »Was für ein trauriges Leben der Herr an der Hand einer solch herrschsüchtigen Frau führen muß!«[23]

Das Unglück wollte es, daß Klingbeils Anklageschrift erschien, als sich Försters persönliches Leben einer tiefen Krise näherte. Befürchtungen über seine Ehe hatte er von Anfang an gehabt, denn er wußte, daß Elisabeth eine sehr eigenwillige Frau war. Aber er hatte gehofft, er könnte sich in seiner Rolle als Gatte und Ernährer behaupten, wenn Elisabeth dem Einfluß ihrer Familie entzogen sei und mit ihm in einem Land leben würde, das ihr fremd war. Er entdeckte jedoch sehr bald, daß er sich geirrt hatte. Sofort nach ihrer Ankunft in Paraguay hatte Elisabeth die Führung der Kolonie übernommen und ihren Gatten gezwungen, eine untergeordnete Stellung anzunehmen – natürlich ohne Aufhebens davon zu machen, denn nach außen hin fügte sie sich stets gehorsam seinen Wünschen. Aber niemand zweifelte, wer der wirkliche Herr auf dem Försterhof war. Förster, in seinem männlichen Stolz zutiefst gekränkt, wurde immer gereizter und unnahbarer. Er wurde noch trübsinniger, als er erkannte, wie stark Elisabeth an der Erkrankung ihres Bruders litt. Es schien, als mache sie ihn verantwortlich dafür, denn sie ließ keine Gelegenheit verstreichen, um ihm zu versichern, daß ihr Bruder nicht erkrankt wäre, wenn sie bei ihm geblieben wäre. Was Förster insgeheim immer befürchtet hatte, war nun geschehen: Wenn seine Frau vor die Wahl gestellt würde, sich für ihn oder ihren Bruder zu entscheiden, sie würde ihren Bruder wählen. Diese Erkenntnis betrübte ihn um so mehr, als Elisabeth genauso empört wie er gewesen war über Nietzsches gemeinen Angriff auf den von ihnen beiden so verehrten Richard Wagner. Er fragte sich, ob Elisabeth heimlich doch so dachte wie ihr Bruder und nur ihm gegenüber eine andere Meinung vertrat. War sie ehrlich zu ihm? Und was sollte aus einer Ehe werden, die auf Mißtrauen und Unehrlichkeit gründete?

Die Last dieser Fragen machte Förster schwer zu schaffen, als dann obendrein noch Anklagen veröffentlicht wurden. Er versuchte sich dagegen zu verteidigen, indem er diejenigen der Kolonisten, die mit ihrem Los zufrieden waren, bat, als Zeugen für ihn aufzutreten und Klingbeils Lügen zu widerlegen. Aber seine deutschen Geldgeber wurden argwöhnisch und weigerten sich, weitere Mittel zu schicken, bevor die ganze Angelegenheit aufgeklärt war. Dadurch wurde Försters finanzielle Lage unhaltbar. Als sein Versuch, zusätzliche Anleihen in Asunción aufzunehmen, auch mißlang, gab es keinen Ausweg mehr: er mußte kapitulieren. In dieser verzweifelten Situation war er, als er Ende Mai Asunción verließ. Aber er reiste nicht nach Neugermanien zurück, um in den Armen einer liebenden Frau Hilfe und Trost zu finden, sondern er ging nach San Bernardino, einer schweizer Kolonie, in der er gelebt hatte, als er zum erstenmal nach Paraguay kam und davon träumte, eine eigene Kolonie zu gründen – ein Traum, der nun zum Alptraum geworden war. Dort schrieb er am 2. Juni 1889 folgenden Brief an den Direktor des Chemnitzer Kolonialvereins:»Lieber Herr Schubert! – Das seltsame Verhalten des Kolonialvereins in Chemnitz entzieht mir die letzte Möglichkeit, mich hier kaufmännisch und geschäftlich zu halten. Mein körperlicher und seelischer Zustand ist derart, daß ich die Ablösung von meinem harten Dienste als nahe bevorstehend annehmen muß. – Meine letzte Bitte an sie: Fahren Sie fort, Ihr schönes Talent, Ihre bedeutende Kraft und Ihre jugendliche Begeisterung in den Dienst der guten von mir begonnenen Sache zu stellen. Vielleicht entwickelt sie sich ohne mich besser als mit mir. Aber wert ist Neugermania vor vielen anderen Unternehmungen gestützt und gefördert zu werden; es kann ein Ehrendenkmal für alle werden, die am Entstehen dieser Kolonie beteiligt sind.– Herzlichst Ihr Bernhard Förster.«[24]

Einen Tag nachdem er diesen Brief geschrieben hatte, am 3. Juni 1889 wurde Förster tot in seinem Zimmer in San Bernardino gefunden. Als Elisabeth die Nachricht von seinem unerwarteten Tod erhielt, gab sie alle Anzeichen einer von dem schweren Verlust des geliebten Mannes getroffenen Frau, obgleich sich ihre Liebe zu Förster, die nie sehr stark war, im Verlauf ihrer Ehe beträchtlich vermindert hatte, vor allem während der letzten Monate, nachdem sie von der Krankheit ihres Bruders erfahren hatte. Während sie, wie sie Ihrer Mutter schrieb, über das Schicksal ihres Bruders Tag und Nacht weinen mußte, berührte sie Bernhards Schicksal nur deswegen, weil sie befürchten mußte, daß die mysteriösen Umstände seines plötzlichen Todes die ohnehin sehr prekäre Lage von Neugermanien weiter belasten würden. Daher bestand sie darauf, daß eine offizielle Todesurkunde ausgestellt wurde, nach der Dr. Förster einer »ataque nervioso« – einem Schlaganfall – zum Opfer gefallen sei. Diese von einem paraguayischen Arzt unterzeichnete Todesurkunde ist sowohl medizinisch wie rechtlich von zweifelhaftem Wert und konnte nicht verhindern, daß die Presse in Argentinien und in Deutschland berichtete, Förster habe Selbstmord begangen und zwar durch Gift, genauso wie es Klingbeil in seiner Schrift angedeutet hatte. Für Elisabeth war diese Todesurkunde trotzdem ein wertvolles Dokument, denn sie konnte damit die »bösartigen Verleumdungen« widerlegen und behaupten, daß ihr geliebter Mann im Alter von 46 Jahren an Überarbeitung im Dienste seines Vaterlandes gestorben sei. In ihrer neuen Rolle als Witwe eines patriotischen Märtyrers, die als alleinstehende Frau das schwere Werk ihres Mannes fortführt, konnte Elisabeth auf beträchtliche öffentliche Sympathie und Unterstützung zählen. Das war anfangs auch der Fall in den schwierigen Verhandlungen mit den Gläubigern ihres Mannes und mit der Regierung von Paraguay. Mehr als ein Jahr kämpfte sie hartnäckig und energisch, um die Macht der Kolonie in ihren Händen zu behalten, doch trotz ihrer geschäftlichen Tüchtigkeit gelang es ihr nicht, den Zusammenbruch zu verhindern. Am 1. August 1890 wurde die ›Königin von Neugermanien‹ gezwungen, abzudanken. Eine internationale Gesellschaft, die *Sociedad Colonizadora Nueva Germania en el Paraguay,* übernahm die Kolonie. Obwohl die Mehrzahl der Aktionäre nicht Deutsche waren, gelang es Elisabeth, den Hauptaktionär davon zu überzeugen, daß es vorteilhaft wäre, den von ihrem Mann bestellten Verwalter der Kolonie, Oscar Erck, in seiner Stellung zu belassen. Da Erck daran gewöhnt war, Elisabeths Anordnungen zu folgen, blieb ihr Einfluß beträchtlich. Aber das genügte ihr nicht, sie wollte die rechtmäßige Macht in der Kolonie wiedererlangen. Daher reiste sie Ende 1890 nach Deutschland, um durch eine große Propagandaaktion Gelder für den Wiedererwerb Neugermaniens zu sammeln – in ehrenvoller Erinnerung an ihren verstorbenen Mann.

Friedrich Nietzsche im Alter von 27 Jahren als Professor in Basel, 1872

Elisabeth Nietzsche, genannt »Lieschen«, als junges Mädchen in Naumburg

Friedrich Nietzsches Freund und späterer Herausgeber seiner Werke, Peter Gast (Heinrich Köselitz), um 1890

Fritz Koegel im Jahre 1893, damals noch vertrauter Freund Elisabeths und Herausgeber der Werke Nietzsches

Harry Graf Kessler, im Jahre 1906 von Edvard Munch porträtiert

Louise von Salomé, genannt »Lou«, 1882 (aus: *Lebensrückblick*)

Bernhard Förster, um 1884, vor seiner Heirat mit Elisabeth Nietzsche; die Hochzeit der beiden fand am 22. Mai 1885 statt

Ernst Thiel, Elisabeths schwedischer Freund und Gönner, Verehrer und Übersetzer der Werke Friedrich Nietzsches (um 1908)

Elisabeths Farmerhaus in der deutschen Siedlung Nueva Germania, Paraguay, die ihr Gatte, Bernhard Förster, gegründet hat

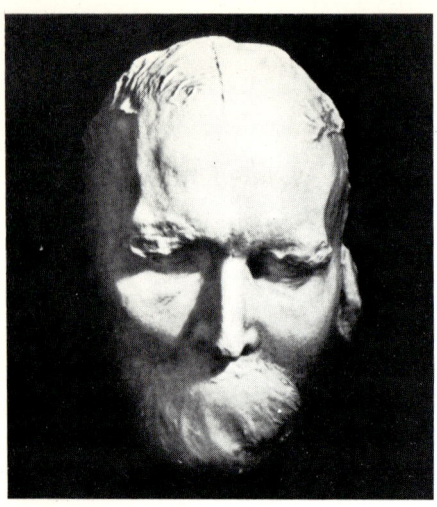

Die Totenmaske Friedrich Nietzsches, abgenommen im August 1900

Elisabeth Förster-Nietzsche im Jahre 1894, nach dem Tode ihres Gatten

Das Nietzsche-Archiv in Weimar, gegründet von Elisabeth Förster-Nietzsche als Forschungsstätte für die Werke ihres Bruders

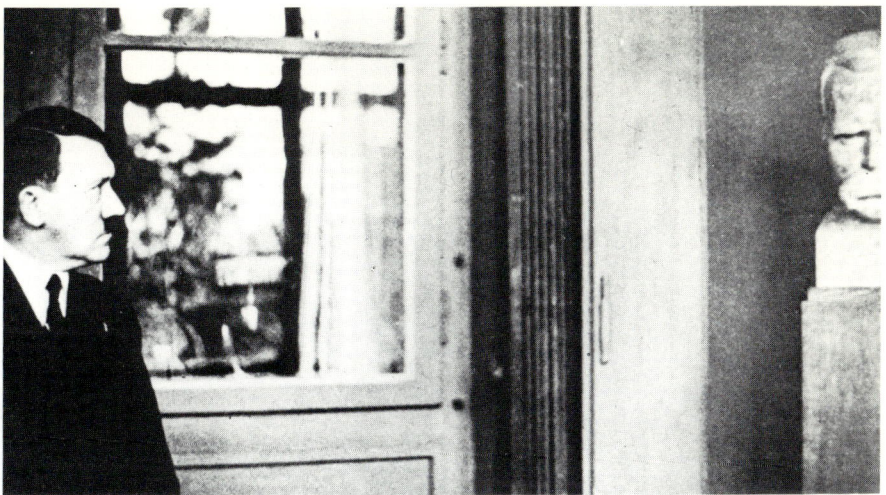

Adolf Hitler betrachtet die Büste Friedrich Nietzsches im Weimarer Nietzsche-Archiv, 1934
(G.D.K.L., Weimar)

Die 88jährige Elisabeth Förster-Nietzsche wird von Adolf Hitler vor dem Nietzsche-Archiv empfangen
(G.D.K.L., Weimar)

Elisabeth Förster-Nietzsche in der Tür zu ihrer Villa Silberblick in Weimar, nach dem Umbau des Hauses

Elisabeth Förster-Nietzsches Porträt des Malers Edvard Munch, 1906 (© Thielska Galleriet, Stockholm)

Porträt des kranken Philosophen Friedrich Nietzsche (1894) von Curt Stoeving

12. Heimkehr

Als sich Elisabeth wenige Tage vor Weihnachten im Zug Naumburg näherte, wanderten ihre Gedanken fast fünf Jahre zurück, nämlich zu den Eindrücken, die sie von ihrer Abreise behalten hatte. Sie erinnerte sich an das besorgte Gesicht ihrer Mutter – das arme Mamachen hatte sich nie mit dem Gedanken abgefunden, daß ihr Lieschen Heim und Vaterland verlassen würde, um in die Wildnis von Paraguay zu ziehen. Und sie erinnerte sich, wie Bernhard die zwei alten Damen – seine und ihre Mutter –, die auf den Bahnhof gekommen waren, dadurch zu trösten versuchte, daß er versprach, sie würden sich sicher in wenigen Jahren alle wiedersehen, entweder in Naumburg oder in Försterrode – seiner Stadt. Und sie erinnerte sich an ihr letztes Zusammensein mit ihrem Bruder, der damals noch so hochgemut und gesund war. Das alles war vor fünf Jahren gewesen – nur fünf Jahre, aber sie schienen ihr wie eine Ewigkeit. Bernhard war tot, sein Werk unvollendet, und auf ihr ruhte das Erbe seiner enttäuschten Hoffnungen. Und ihr armer geliebter Bruder? Der Gedanke, ihn als geistig kranken Mann wiederzusehen, beunruhigte sie stark, obwohl sie wußte, daß er inzwischen aus der Anstalt entlassen und der Pflege ihrer Mutter anvertraut worden war.

Als der Zug auf dem Naumburger Bahnhof eintraf, erkannte Elisabeth sie sofort: ihre kleine Mutter, die ihren Sohn liebevoll, als wäre er ein Kind, am Arm führte. Er ging langsam in sehr aufrechter Haltung, wie ein preußischer Gardeoffizier. In seiner rechten Hand hielt er einen Strauß roter Rosen. Elisabeths Augen füllten sich mit Tränen, als sie hörte, wie ihre Mutter Fritz ermahnte, er solle ihr die Blumen geben. Das tat er auch sehr feierlich, nannte sie ›Lama‹ und schwatzte fröhlich über sein Leben in der Armee. Elisabeth wechselte einen kummervollen Blick mit ihrer Mutter, umarmte ihren Bruder und weinte.

Spät am Abend, nachdem Alwine ihren Bruder in das oben gelegene Schlafzimmer gebracht hatte, sprachen Elisabeth und ihre Mutter stundenlang im Wohnzimmer über die beiden Tragödien ihres Lebens. Elisabeth erklärte, daß Bernhard auf dem Wege nach Hause gewesen war, als er in San Bernardino den tödlichen Schlaganfall erlitt. Das Gerücht von seinem Selbstmord, das in einigen deutschen Zeitungen erschienen war, nannte sie eine boshafte Lüge, die jüdische Journalisten erfunden hätten, um sich an ihrem Mann zu rächen; aber sie würde es ihnen heimzahlen, denn sie habe den Beweis, woran ihr Mann gestorben sei, und sie sei fest entschlossen, gegen alle Zeitungen, die Lügen verbreitet hätten, Verleumdungsklage zu erheben. Aus diesem Grund sei sie nach Hause gekommen: um für den guten Ruf ihres verstorbenen Mannes, sein Werk und seine Ideale zu kämpfen. Neugermanien sei ein Monument deutscher Tüchtigkeit, deutschen Mutes und deutscher Ehre. Sie sei überzeugt, daß die Kolonie wieder in deutsche Hände käme und glaube zuversichtlich an den Erfolg ihrer Mission, da sie ja von so treuen Freunden wie Graf von Wolzogen unterstützt würde. Der Herausgeber der Bayreuther Blätter hatte gerade ein langes Gedicht zu Ehren Bernhards veröffentlicht, mit dem Titel »Germanischer Krieger, willkommen in Wallhalla«. Elisabeth sagte, sie wolle das deutsche Volk ernstlich an seine vaterländischen Pflicht ermahnen, diejenigen Landsleute zu unterstützen, die in fernen Kontinenten deutsche Kolonien gründeten. Sie wolle nach Berlin fahren und im Auswärtigen Amt nachdrücklich auf die Bedeutung deutscher Kolonien für das Ansehen des Reiches hinweisen. Da Bismarck erklärt habe, Kolonien interessieren ihn nicht, würde sie um eine Audienz beim Reichskanzler bitten und versuchen, ihn für Neugermanien zu gewinnen. Und schließlich wolle sie sich an den Lutherischen Kirchenrat, Provost von der Goltz, wenden, mit der Bitte, ihr beim Bau einer christlichen Kirche in Nueva Germania zu helfen. Außerdem plane sie, ein Buch über ihre Kolonie zu schreiben, denn Deutschland solle erfahren, was man in Paraguay schon alles geschaffen habe und was noch getan werden müsse.

Franziskas Antwort auf den leidenschaftlichen Monolog ihrer Tochter war bedrücktes Schweigen. Sie hatte gehofft, daß Lieschen zu Hause bleiben würde, um ihr bei der Pflege ihres kranken Bruders zu helfen. Aber daran schien Elisabeth nicht interessiert zu sein. Sie war ausschließlich mit kolonialen Angelegenheiten beschäftigt und lebte in einer Welt, die ihrer Mutter absolut fremd war. Aber Franziska wußte, daß es sinnlos wäre, Elisabeth Vorwürfe zu machen.

Nach den ersten Gesprächen war ihr klar, daß ihre Tochter wieder nach Paraguay zurückkehren und daß die Pflege ihres Sohnes weiterhin ausschließlich auf ihren Schultern ruhen würde. Während sie die Konsequenzen, die sie aus dieser Nachricht zu ziehen hatte, überdachte, wurde die Stille der Nacht plötzlich durch ein furchtbares, unmenschliches Gebrüll aus Fritzens Zimmer unterbrochen. Elisabeth schwieg und starrte ihre Mutter ungläubig an. Franziska schüttelte traurig den Kopf und erzählte ihr, daß ihr Bruder, obwohl er jetzt meistens ruhig sei, von Zeit zu Zeit schreckliche Wutanfälle erlitt. Dann sei es gefährlich, in seiner Nähe zu sein. Einmal habe er sie an der Gurgel gepackt und fast erdrosselt. Am Anfang seiner Krankheit seien diese Wutausbrüche häufig gewesen, und wenn Overbeck nicht sofort nach Turin geeilt wäre, als er den Brief gelesen hatte, den Fritz an Jacob Burckhardt geschrieben hatte, hätten ihn die Italiener in eine ihrer berüchtigten Irrenanstalten eingewiesen. Was da mit ihm geschehen wäre, weiß der liebe Gott. Overbeck habe wie ein guter Samariter und ein wahrer Freund gehandelt, weshalb sie ihm zu großem Dank verpflichtet seien. Er habe nicht nur Fritz, dessen Bücher und Manuskripte nach Hause gebracht, sondern auch dafür gesorgt, daß Fritz seine Basler Pension weiter erhalte. Daß er sie verlieren könne, sei ihre größte Sorge gewesen und noch jetzt sorge sie sich Tag und Nacht um seine Zukunft: Wovon sollte er leben, wenn sie stürbe, und wer sollte ihn dann pflegen?

Elisabeth ließ diese Befürchtungen ihrer Mutter nicht gelten. Wenn nötig, meinte sie, würde sie ihren Bruder auf dem Försterhof in Paraguay pflegen. Aber zuerst müsse er gesund werden, und um gesund zu werden, müsse er richtig behandelt werden. Er sei nicht geisteskrank, sondern leide nur an einer Chloralvergiftung. Das habe sie sofort gewußt, als sie von seinem Zusammenbruch hörte. Und an Overbecks Stelle hätte sie Fritz sofort in ein Krankenhaus gebracht. Ihn in eine Irrenanstalt einzuliefern, sei ein schwerer Fehler gewesen, denn selbst ein vernünftiger Mensch verlöre dort den Verstand. Und über die finanzielle Lage ihres Bruders solle sich ihre Mutter keine Sorgen machen – sie würde sich schon darum kümmern.

In den folgenden Monaten beschäftigte sich Elisabeth primär mit kolonialen Angelegenheiten. Vom Hause ihrer Mutter in Naumburg aus betrieb sie eine rege Propagandakampagne für ihre Kolonie. Auf dem Briefpapier lautete ihr Titel: »Dr. Eli Förster auf Försterhof Neugermanien.« Sie bombardierte hohe Staatsbeamte und koloniale

Gesellschaften mit Petitionen um Unterstützung und arbeitete Memoranden aus über die landwirtschaftliche und industrielle Bedeutung Neugermaniens; sie propagierte, daß vor allem deutsche Tee- und Tabakimporteure durch Investitionen in der Kolonie ihres verstorbenen Mannes gute Profite erzielen könnten. Sie appellierte an die patriotische Geistlichkeit um Unterstützung zum Bau einer christlichen Kirche und arbeitete an ihrem Paraguay-Buch.

Das Buch – ein Konglomerat bereits veröffentlichter Zeitungsartikel, Lobpreisungen Försters von dem mit ihrem Los zufriedenen Kolonisten und eine scharfe, gegen Klingbeil gerichtete Polemik – sollte aus zwei Gründen erscheinen: zur Rechtfertigung ihres Mannes und als Reklame für Neugermanien. Im Vorwort erklärte sie, daß nach dem vorzeitigen Tod ihres Mannes das Schicksal der Kolonie und eine große Schuldenlast auf ihr, einer »schwachen von Herzeleid gebeugten Frau«[1]– gelegen habe. Sie habe diese schwere Last mehr als ein Jahr in der Hoffnung getragen, daß ihr ihre deutschen Landsleute zu Hilfe kommen würden. Da dies nicht geschah, sei sie gezwungen gewesen, die Kontrolle der Kolonie einer internationalen Gesellschaft zu überlassen, von der man nicht erwarten könne, daß sie den deutschen Charakter von Neugermanien respektieren würde. Sie sei nach Deutschland zurückgekommen, um durch einen persönlichen Appell an das patriotische Gewissen ihrer Landsleute die Mittel zur Gründung einer deutschen Gesellschaft zu erhalten, die die von Fremden erworbenen Aktien zurückkaufen sollte. Außerdem hoffe sie auf Spenden zum Bau einer christlichen Kirche und eines Pfarrhauses, denn beide seien dringend nötig, damit die Kolonisten ein christliches Leben führen könne.

Franziska, die mit der Pflege ihres Sohnes völlig in Anspruch genommen war, beobachtete die hektische Betriebsamkeit ihrer Tochter mit ungläubigem Staunen, Lieschen war wie ein Dynamo, der die ganze Zeit auf vollen Touren lief. Heute war sie in Naumburg, dann in Berlin, am nächsten Tag in Magdeburg, dann in Leipzig und Chemnitz. Wenn sie zu Hause war, führte sie eine umfangreiche Korrespondenz und fand sogar noch Zeit für ihr Paraguay-Buch.

Das Buch erschien im Frühjahr 1891, kaum fünf Monate nach Elisabeths Ankunft in Deutschland und wurde von Rezensenten, die sich für koloniale Angelegenheiten interessierten, positiv besprochen. Die übrige Presse jedoch ignorierte es und die erhofften finanziellen Spenden für Neugermanien blieben aus. Doch das Buch trug trotz allem dazu bei, Elisabeths Ruf als mutige und energische deutsche Frau, die das Werk ihres Mannes trotz größter Schwierigkeiten unverzagt fortführt, zu begründen. Sie betonte das Image einer trauernden Witwe, indem sie sich immer in schwarz kleidete. Sie trug modisch geschnittene Gewänder aus Seide oder Taft und schwarze Hüte mit kleinen weißen Schleiern, die ihrem immer noch jugendlichen Gesicht sehr gut standen. In einem Brief an Overbeck erwähnt sie, daß sie »jetzt zur Klasse der ›einflußreichen Frauen‹ gehörte.«[2]

In den Monaten ihrer hektischen Betriebsamkeit hatte Elisabeth nicht viel Zeit für ihren Bruder, der im oberen Stockwerk des Hauses – in einem Lehnstuhl sitzend oder auf einer Couch liegend – vor sich hindämmerte. Nur an wenigen Abenden ging sie zu ihm hinauf und las ihm aus *Zarathustra* vor, was ihm Freude zu machen schien, obwohl er nichts davon verstand. Doch nach und nach verbreitete sich der Ruhm ihres kranken Bruders unter der intellektuellen Elite und sie wurde gewahr, daß sich ihr eigener Ruf als Pionierfrau nur auf einen ziemlich kleinen Kreis Interessierter beschränkte.

In Berlin traf Elisabeth begeisterte junge Verehrer ihres Bruders, denen ihre kolonialen Belange völlig gleichgültig waren, die aber mit Ehrfurcht zu ihr aufblickten, als sie erfuhren, daß Frau Dr. Förster Nietzsches Schwester sei. Sie verehrten Nietzsche als den Gründungsvater einer Bruderschaft wirklich freier Geister, als einsame Stimme die inmitten einer immer mehr auf die Masse ausgerichteten Gesellschaft den Wert des einzelnen proklamierte. Es war zwar anfangs nur eine kleine Schar, aber deren Nietzsche-Verehrung war groß, besonders als bekannt wurde, daß ihr Idol in geistiger Umnachtung lebte. Nietzsches Erkrankung hatte keinen negativen Einfluß auf die Wirkung seiner Bücher – im Gegenteil, sie umhüllte ihn mit der Aura des Geheimnisvollen; seine Ideen schienen aus dem Munde eines vorchristlichen Propheten zu kommen. Diese Entwicklung überraschte Elisabeth. Sie hatte befürchtet, daß die Schriften ihres Bruders als Pamphlete eines Wahnsinnigen abgetan würden, falls bekannt würde, daß er in einer Irrenanstalt war. Die leidenschaftliche Verehrung der Jünger ihres Bruders rührte Elisabeth. Einer von ihnen, ein gut aussehender junger Mann mit künstlerischem Temperament, machte einen besonders tiefen Eindruck auf sie. Er hieß Koegel – »Dr. Fritz Koegel,« las sie auf seiner Visitenkarte, »Premier Leutnant der Reserve des 10. Infanterieregiments«. Auch Koegel war von Elisabeth beeindruckt, einmal, weil sie die

Schwester des von ihm hochverehrten Philosophen war und dann, obwohl Elisabeth 25 Jahre älter war als er, auch von ihren weiblichen Reizen. Nachdem er sie durch Zufall auf einer Einladung in Berlin getroffen hatte, schickte er ihr am nächsten Tag ein Briefchen, in dem er sich noch einmal für »die reizenden Stunden« bedankte, die er in ihrer Gesellschaft verleben durfte. Er machte sie auf eine Anzahl von Artikeln über ihren Bruder aufmerksam, geschrieben von Lou Andreas-Salomé, die in der *Vossischen Zeitung* und in der *Freien Bühne* erschienen waren. Elisabeth war zuerst überrascht, dann wurde sie wütend. Hier war sie also wieder, die schreckliche Person, die so viel Mißverständnisse zwischen ihr und ihrem Bruder verursacht hatte. Und nun schlug sie auch noch Kapital aus ihrer kurzen Begegnung mit Fritz, indem sie in jüdischen Zeitungen Lügen über ihn verbreitete. Es war unerhört. Elisabeth bat Koegel, nach weiteren Artikeln von Salomé Ausschau zu halten und sie ihr zu schicken. Dann entschloß sie sich, die Verträge ihres Bruders mit seinen Verlegern zu überprüfen. Wenn andere sich durch Fritz bereichern konnten, so wurde es Zeit, daß auch er selbst etwas verdiente.

Streng genommen war Franziska verantwortlich für die finanziellen Vereinbarungen ihres Sohnes mit seinen Verlegern, denn sie war sein gesetzlich bestimmter Vormund. Aber Elisabeth wußte, daß sich ihre Mutter nie sehr für die Schriften ihres Sohnes interessiert hatte und von seinen Vereinbarungen mit Druckern und Verlegern nicht viel wußte. Daher übernahm sie die Aufklärung der Angelegenheit selbst, indem sie durch einen Naumburger Rechtsanwalt die drei Firmen, die Nietzsches Bücher veröffentlicht hatten – Fritzsch, Schmeitzner und Naumann – aufforderte, genaue Abrechnungen zu liefern über die Anzahl der Bücher, die sie aufgelegt und verkauft hatten. Die Antworten waren alles andere als ermutigend. In gereiztem Tone berichtete Schmeitzner am 1. September 1891, daß er die unverkauften Exemplare für ein paar tausend Mark an Fritsch verkauft hätte, da »die Bücher unverkäuflich wie Blei auf dem Lager lagen. Mit Nietzsches unheilbarem Kranksein kam aber endlich Leben in die literarische Welt und die Bücher wurden jetzt soviel begehrt, daß kein Exemplar übrig bleibt und wohl neue Auflagen nötig geworden sein werden. Ich habe mit dem Verlegen der Nietzscheschen Schriften gegen 20 000 Mark Verlust gehabt. Seine Aphorismen-Bände würde außer mir kein Verleger gedruckt haben, da dieselben seinerzeit niemand kaufte.«[3]

Eine ähnlich enttäuschende Antwort erhielt Elisabeth von C. G. Naumann, dem Verleger der letzten Werke ihres Bruders. Es war eine Leipziger Verlags-Druckerei, die nur Bücher von Autoren im Selbstverlag übernahm. Man präsentierte Elisabeth eine Rechnung über 1 600 Mark, die ihr Nietzsche seit 1886 schuldete – und zwar für die Veröffentlichungen seiner letzten vier Werke: *Jenseits von Gut und Böse, Die Genealogie der Moral, Der Fall Wagner* und *Götzendämmerung.* Naumann erklärte, er hätte 6 200 Exemplare gedruckt und 2 801 verkauft, sodaß also noch 3 199 Exemplare unverkauft seien. Diese Antwort befriedigte Elisabeth nicht. Sie verglich Naumanns Abrechnung sorgfältig, besonders die für Druck und Werbung angeführten Beträge, die sie, da sie sie als zu hoch betrachtete, anderen Druckereien zur Überprüfung vorlegte. Als diese bestätigten, daß Naumanns Forderungen zu hoch seien, drohte Elisabeth empört, den Verlag zu verklagen. Besonders entrüstet war sie darüber, daß der Verlag ohne Autorisation zweite Auflagen einiger Werke ihres Bruders herausgegeben hatte. Constantin Naumann, der Chef des Verlags, erwiderte auf diese Beschuldigung, daß er sowohl bei Professor Overbeck wie bei Heinrich Köselitz (alias Peter Gast) angefragt habe, und daß ihm beide versichert hätten, Nietzsches Vormund, Frau Pastor Nietzsche, habe ihre Einwilligung dafür gegeben. Als ihre Mutter dies bestätigte, wurde Elisabeth wütend und drohte ihr, sie habe sich durch die Erteilung einer Vollmacht an Overbeck und Gast zur Veröffentlichung der Schriften ihres Bruders möglicherweise strafbar gemacht, denn eines der Bücher, die Naumann gedruckt hatte und herausgeben wollte, sei der vierte Teil von *Zarathustra* und dieser enthalte blasphemische Angriffe auf das Christentum. Wüßte ihre Mutter denn nicht, daß das Antiblasphemiegesetz in Preußen streng befolgt wurde? Außerdem habe Friedrich immer betont, daß *Zarathustra IV* in seiner gegenwärtigen Form nicht veröffentlicht werden sollte.

Die gute Pastorenwitwe war außer sich, als sie das hörte. Sie bat Overbeck, Gast darüber zu informieren, daß sie ihre Einwilligung zum Druck von *Zarathustra IV* leider gegeben habe, ohne seinen Inhalt zu kennen. Nachdem ihr aber ihre Tochter berichtet habe, was das Buch enthielt, müsse sie ihre Einwilligung zurückziehen, um so mehr, da sie sicher war, daß ihr Bruder, Pastor Edmund Oehler, der zweite Vormund ihres Sohnes, nie erlauben würde, ein derartiges Buch zu veröffentlichen. Auf Elisabeths Rat hin wurde Naumann telegraphisch darüber informiert, daß *Zarathustra IV* aus dem Buchhandel zu ziehen sei. Darüber war Naumann verständlicherweise verärgert und drohte seinerseits mit einer Klage. Gast, der *Zarathustra IV* zur Veröffentlichung vorbereitet hatte, war wütend und teilte Frau Pastor Nietzsche mit, es würde sie 3 000 bis 4 000 Mark kosten, das Buch einstampfen zu lassen, da bereits 1 000 Exemplare gedruckt worden seien. In einem Brief an Overbeck, in dem er von der gegen *Zarathustra IV* gerichteten Aktion der Naumburger Damen berichtet, schreibt Gast: »Eigentlich ist es zum Kranklachen, zwei gottesfürchtige Weiber und einen Landpfarrer über die Veröffentlichbarkeit von Schriften eines der ausgemachtesten Antichristen und Atheisten zu Gericht sitzen zu sehen. Augenblicklich fehlt mir aber der Humor zum Lachen.«[4]

Gast fand Elisabeths Einmischung in seine Veröffentlichungsarbeit völlig unverantwortlich, denn in den Jahren, in denen sie in Paraguay war, hatte er eng mit Nietzsche zusammengearbeitet und wußte, was sein Freund veröffentlicht haben wollte und was nicht. Als es Nietzsche infolge seiner wachsenden Erblindung schwer wurde, die Korrekturbögen seiner Schriften zu lesen, hatte Gast dies für ihn übernommen, obgleich er darüber seine eigenen Arbeiten vernachlässigen mußte; sogar Vorschläge über Stil und Buchtitel hatte er gemacht. Ja, während der fruchtbarsten Periode in Nietzsches Leben war niemand ihm näher gewesen – Overbeck ausgenommen – als der treue »maestro Pietro« – wie Nietzsche seinen Freund manchmal nannte. Gast meinte nun, es sei doch absurd von Elisabeth, aus Paraguay zurückzukommen und sich eine Autorität über Schriften anzumaßen, die sie gar nicht kenne. Wenn sie glaube, *Zarathustra IV* sei blasphemisch, wie entsetzt würde ihr christliches Gewissen dann sein über den schrecklichen Fluch, den Nietzsche im *Antichrist*, einer Streitschrift, die sie noch nicht gelesen habe, ausgestoßen habe, oder über die verächtlichen Bemerkungen über sie im *Ecce homo*, einem Werk, das sie ebenfalls noch nicht kannte. Gast hielt die Unterdrückung von *Zarathusta IV* schlichtweg für ein Verbrechen.

Zu Gasts großem Erstaunen war es Elisabeth (die ja die ganze Unterdrückungsaktion gestartet hatte, indem sie ihrer Mutter Angst einjagte und vor möglichen gerichtlichen Folgen einer Veröffentlichung von *Zarathusta IV* warnte), die nun einen Gesinnungswechsel vollzog und ihm plötzlich schrieb: »Haben wir das Recht, für immer der Welt diese herrlichen Gedanken zu entziehen? Es ist kein Zweifel, eine Veröffentlichung in dieser Form ist durchaus wider den Willen des Autors. Es gilt nun, die Sache gründlich zu prüfen und schließlich das am wenigsten Unrechte zu tun.«[5] Die Andeutung, daß Elisabeth nicht mehr gegen die Veröffentlichung des ganzen *Zarathustra IV* war, sondern nur gegen gewisse Partien, die, wie sie behauptete, auch der Autor selbst nicht veröffentlicht hätte, veranlaßte Gast zu der sarkastischen Bemerkung, sie beabsichtigte »*Zarathustra IV* zu verstümmeln«.

Was Elisabeth wirklich wollte, war, einen Verleger finden für alle Werke ihres Bruders, einschließlich *Zarathustra IV*, Auszüge aus unveröffentlichten Manuskripten, sowie die Übersetzungsrechte in fremde Sprachen – und zwar unter der Bedingung, daß der Verleger die Verantwortung für alle eventuell anfallenden Prozesse übernehmen und dem Autor eine Leibrente zahlen solle. Als Gast von Elisabeths Vorhaben hörte, mußte er laut lachen, denn welcher Verleger würde wohl einem Autor, von dessen Büchern rund 300 Exemplare im Jahr verkauft wurden, und der trotz seines gegenwärtigen Zustands noch sehr alt werden konnte, eine Leibrente aussetzen? Auch mißfielen Gast Elisabeths ständige abfällige Bemerkungen über Naumann, den sie einen Geizhals und ruppigen Kerl nannte, der sich an ihrem armen Bruder bereichere. Gast selbst hatte in seinen Verhandlungen mit dem Verlag nie Schwierigkeiten gehabt und seine Beziehungen zu dem jüngsten Mitglied des Unternehmens Gustav Naumann waren besonders herzlich. Wenn es wirklich wahr war, daß Naumann durch Nietzsches Werke überfordert worden sei, so würde sie durch die Unterdrückung von *Zarathustra IV* sehr viel Geld einbüßen.

Elisabeth hatte eigentlich beabsichtigt, Ende November 1891 nach Paraguay zurückzukehren, entschloß sich jedoch nun, in Deutschland zu bleiben, bis das Verleger-Problem für die Schriften ihres Bruders geklärt war. Sie hatte das Gefühl, daß auf lange Sicht die Beantwortung dieser Frage wichtiger sein könnte als ihre Arbeit in Neugermanien, denn im Gegensatz zu ihrer Mutter, ihrem Onkel und selbst Gast und Overbeck war Elisabeth davon überzeugt, daß die rasch wachsende Berühmtheit ihres Bruders zu einer entsprechenden Nachfrage nach seinen Büchern führen würde. Es schien ihr daher nur recht und billig, einen möglichst günstigen Verlagsvertrag zu erhalten. Sie forderte, daß man sich an einen weitblickenden

Verleger wenden solle, der den günstigen Augenblick – jetzt, wo soviele Artikel über ihren kranken Bruder in Zeitschriften und Zeitungen erschienen – nutzen solle, um den Verkauf seiner Bücher durch eine großzügige Werbekampagne zu fördern. Auf die Einwände ihrer Mutter hin, die es geschmacklos fand, Friedrichs Krankheit in dieser Form auszunutzen, entgegnete Elisabeth, es wäre töricht, einen Verleger davon abzuhalten, das traurige Geschick ihres Bruders der breiten Öffentlichkeit vorzuenthalten, da die Leute anscheinend lieber die Bücher eines kranken als die eines gesunden Philosophen kauften. Außerdem sei dies ja kein Geheimnis mehr.

In einer kurzen Notiz an Peter Gast vom 17. Januar 1892 berichtete Elisabeth, daß ihre Bemühungen um einen Verleger abgeschlossen seien: »Nun wollen wir Ende des Monats einen feierlichen Entschluß in Betreff der Gesamtausgabe von den Werken unseres teuren Kranken treffen. Da müssen Sie uns beistehen. Ich habe schon an alle Bewerber um den Verlag geschrieben, daß wir nichts ohne Sie tun können und wollen.« Der Grund für Elisabeths Bitte um Gasts Rat bei der Wahl eines Verlegers war sehr einfach: Sie wußte, daß Gast der einzige war, der die fast unlesbare Handschrift ihres Bruders entziffern konnte, und daß ohne Gasts Mitarbeit an eine Herausgabe der Manuskripte aus Nietzsches letzten Jahren nicht zu denken war.

Gast war und blieb der Überzeugung, daß Naumann der geeignetste Verleger für Nietzsches Schriften sei. Er atmete daher erleichtert auf, als er hörte, daß Elisabeth und Gustav Naumann ihre Differenzen geregelt hatten. Der Verlag zog seine Forderung von 1 600 Mark zurück, erwarb die unverkauften Exemplare der Bücher Nietzsches und zahlte dem Autor 3 500 Mark dafür. In dem am 9. Februar unterzeichneten Vertrag verpflichtete sich Naumann, fünfzig Mark pro Korrekturbogen an Nietzsches Vormundschaft zu zahlen und die Verantwortung zu übernehmen für etwaige, gegen den Autor erhobenen, gesetzlichen Verfügungen. Jubelnd schrieb Elisabeth: »Am Dienstag wurde der Vertrag mit Naumann abgeschlossen. Fritzsch telegraphierte entrüstet! Offenbar hat er Naumann überbieten wollen; aber es hilft alles nichts. Nietzsche und Wagner vertragen sich nicht in einem Verlag... Was meinen Sie zur Veröffentlichung von *Nietzsche contra Wagner*? Der Moment ist für Frankreich sehr günstig... *Zarathustra IV* erscheint nun doch in nächster Zeit.«[6]

Einige Monate später teilte Elisabeth Gast mit, sie ersuche Naumann dringend, eine billige Volksausgabe der Werke ihres Bruders herauszubringen, um hunderte von Nietzsches jugendlichen Verehrern, die sich die teuere Gesamtausgabe nicht leisten könnten, die Möglichkeit zu geben, Nietzsches Schriften zu erwerben. Naumann war dazu bereit, aber er war nicht bereit, dieselben Tantiemen dafür zu zahlen wie für die Gesamtausgabe. Als Gast erwiderte, Naumann sei in der Tat berechtigt, geringere Honorare für eine Volksausgabe zu bezahlen, erklärte Elisabeth »in dürren Worten«, daß sie, solange ihr Bruder und ihre Mutter lebten, auf die höchsten Honorare bestehen würde. Naumanns Feilschen um jeden Pfennig sei sie allmählich leid, denn sie sei überzeugt, daß sich die Tantiemen spielend um 25 000 Mark belaufen könnten, wenn nur die Werbung dementsprechend wäre. Als Gast diese Summe hörte, traute er seinen Ohren nicht. Frau Förster befand sich offenbar in einem finanziellen Tag-Traum. Autoren populärer Unterhaltungsliteratur konnten allenfalls auf Einnahmen dieser Größe hoffen, aber es war absurd, zu erwarten, daß ein so exzentrischer Philosoph wie Nietzsche je einen Massenabsatz erreichen würde. Aber Gast wußte, daß es klüger war, seine Meinung für sich zu behalten und nutzlos, mit Elisabeth zu streiten. Wenn sie einmal eine Überzeugung gewonnen hatte, war sie durch nichts wieder davon abzubringen, und sie war felsenfest davon überzeugt, daß die Schriften ihres Bruders eine weite Verbreitung finden würden, wenn nur die Werbung wirksam genug eingesetzt werden würde. Sie selbst würde die Werbekampagne leiten, wenn sie nicht nach Neugermanien zurückkehren müßte. Leider könnte sie aber ihre Rückreise nicht länger verschieben, da sie schon sechs Monate länger als geplant in Deutschland geblieben und ihre Anwesenheit auf dem Försterhof inzwischen absolut notwendig sei. Sie bat Gast, seine Herausgebertätigkeit fortzusetzen und beschwor ihn, in den Einleitungen, die er zu jedem Band schrieb, ein heroisches Bild von ihrem Bruder zu geben. Schweren Herzens schiffte sich Elisabeth am 9. Juli 1892 nach Paraguay ein. Ihrer traurigen Mutter vertraute sie kurz vor ihrer Abreise an, wenn sie einen Käufer für den Försterhof fände, würde sie diesen verkaufen und nach Deutschland zurückkommen.

13. Flucht

Elisabeth traf am ersten Sonntag im August 1892 in Neugermanien ein und wurde von dem Verwalter der Kolonie, ihrem Freund Oscar Erck, herzlich empfangen. Erck dankte ihr im Namen der Kolonisten für ihre erfolgreichen Bemühungen um die Kolonie in Deutschland, insbesondere dafür, daß sich der königliche Kirchenrat von Preußen bereit erklärt habe, einen protestantischen Geistlichen nach Neugermanien zu entsenden und dessen Gehalt für die ersten zwei Jahre zu bezahlen. Ihr Empfang auf dem Försterhof durch ihre zahlreichen, einheimischen Dienstboten war gleichfalls herzlich. Es freute sie, daß ihre Autorität in der Kolonie trotz ihrer langen Abwesenheit unvermindert schien. Ermutigt durch diese Beweise treuer Ergebenheit nahm Elisabeth die Zügel ihrer Herrschaft wieder fest in die Hand und sandte begeisterte Berichte über den raschen materiellen Fortschritt von Neugermanien an ihren deutschen Gönner und Geldgeber, Max Schubert, den Direktor des Chemnitzer Kolonialvereins.

Schubert wunderte sich über diese Berichte, denn sie waren unvereinbar mit Schilderungen, die er in persönlichen Briefen von einigen Kolonisten erhalten hatte und in denen schwere Vorwürfe über die Verwaltung der Kolonie erhoben worden waren. Ein Kolonist hatte ihm geschrieben, es sei zweifelhaft, ob die Rückkehr von Frau Förster der Kolonie Segen bringen würde, denn »ich glaube nicht, daß Frau Förster von ihrer Krankheit, welche in Größenwahn gipfelt, in Deutschland geheilt worden ist. Im Gegenteil dürfte sie durch ihre angeblichen Erfolge in bezug auf den Pfarrer usw. noch herrschsüchtiger und eingebildeter geworden sein.«[1]

Andere Kolonisten waren empört, als sie entdeckten, daß Elisabeth in ihrem Paraguay-Buch dieselben irreführenden Angaben wie ihr Mann über den fruchtbaren Boden der Wälder Neugermaniens gemacht hatte. In offenen Briefen an den Herausgeber der *Südamerikanischen Kolonial Nachrichten*, einer Zeitung, die es sich zur Auf-

gabe machte, Informationen über die Aussichten für deutsche Sied-
lungen in Lateinamerika zu veröffentlichen, erklärten sie, während
Försters Lobpreisungen der fruchtbaren Waldböden Paraguays
noch auf Unwissenheit beruht habe, sei es unverzeihlich, daß seine
Frau diese nun wiederhole, obgleich sie wissen müßte, daß alle Versuche, diese Waldböden zu kultivieren, gescheitert waren.

Elisabeth versuchte nicht, diese Beschuldigungen zu widerlegen,
sondern erhob scharfe persönliche Angriffe gegen ihre Kritiker, die
sie ›Verleumder‹ und ›elende Taugenichtse‹ nannte, welche ihr
eigenes Nest beschmutzten. Und indem sie lobende Briefe von Kolonisten, die ihr ergeben waren, veröffentlichte, wollte sie ihre Kritiker als undankbare Lügner bloßstellen. Dies verursachte einen
Skandal und führte zu der Forderung, daß Frau Dr. Förster gezwungen werden solle, die Kolonie zu verlassen. Aber da Elisabeth
noch beträchtliche Macht besaß, wurden diese Forderungen vorerst
nur von einigen wenigen Kolonisten erhoben. Die Mehrheit schwieg
– aus Furcht vor Repressalien.

Trotz dieser immer bitterer werdenden Kontroverse und der harten Pflichten ihrer Pionier-Existenz fand Elisabeth Zeit für ihre
Korrespondenz mit ihrer Mutter und Peter Gast. Ende November
1892 gratulierte sie Gast in einem langen Brief für seine »herrliche«
Einleitung zu den Schriften ihres Bruders: »wirklich bin ich in einem
wahren Begeisterungsrausch... Ein besseres Bild von unseren teue-
ren welterobernden Helden zu geben, ist unmöglich. Immer lese ich
die Einleitung und bin in einem Zustand seligen Entrücktseins! Was
sagen Sie für herrliche Dinge! Von Niemand ist noch seine Persönlichkeit und Philosophie so voll und ganz dargestellt worden.«[2]
Wenn sie ihr eigenes Los beschreibt, wird sie melancholisch: »Soll
ich nun noch etwas von mir selbst sagen, so ist es, daß ich hier in einer
vollständigen Einöde in Bezug auf den Geist lebe. Manchmal ergreift
mich ein unbeschreibliches Heimweh, so daß ich alle meine Seelen-
kräfte zusammenraffen muß, um meine Bahn unerschüttert weiter zu
wandeln. Es ist für eine einsame Frau schwer ein solches Ziel wie das
Meinige zu verfolgen, unbekümmert um Verstehen oder Mißverstehen der Umgebung, welche oft so kleinlich und persönlich denkt.
Dazu trafen mich hier schwere Geldverluste, so daß ich wohl sagen
kann: Es war hier ein schweres Von-Neuem-Anfangen.«[3] Elisabeth
gesteht außerdem, daß sie sich oft nach der »herrlichen« Vergangenheit sehne, »wo ich den edelsten Geistern nahe sein durfte. Ja,

wie beglückte es mich, selbst noch dem geliebten Bruder in seinem jetzigen Zustand nahe zu sein, wie leidenschaftlich sehne ich mich oft, mit den beiden Lieben am Weingarten zusammen sein zu können und wie beneide ich die liebe Mama den Geliebten pflegen zu dürfen.«[4] Sie schließt den Brief mit dem Wunsch, Gast möge doch einmal nach Berlin fahren, denn »man würde Sie in einem gewissen Nietzsche-Kreis auf den Händen tragen... Vorzüglich ein Dr. Koegel und Dr. Meyer würden Ihnen sympathisch sein; sie lieben Nietzsche nicht bloß mit dem Kopf.«[5]

Auch in den Briefen an die Mutter ist ihr Hauptthema Heimweh und ihre Sorge um die Briefe und Manuskripte ihres Bruders. Sie ermahnt ihre Mutter auf alle Notizbücher sorgfältig aufzupassen und ist ärgerlich, als sie erfährt, daß Franziska einige unveröffentlichte Manuskripte an Gast, der sie am Geburtstag ihres kranken Sohnes in Naumburg besuchte, übergeben hat.

Franziska selbst fühlte, daß sie das nicht hätte tun sollen, denn sie schrieb ihrer Tochter: »Das Übergeben des Manuskriptes war Dir am Ende nicht ganz recht, nach der Definition Deines letzten Briefes indem Du noch besonders aus den Manuskripten Geld schlagen willst.«[6] Und das war auch tatsächlich Elisabeths Absicht. Sie brauchte gerade jetzt mehr Geld denn je, da die Gefahr bestand, daß sie ihr Vermögen in Paraguay verlor. Solange sie Herrin auf dem Försterhof war, war es sicher, aber was würde geschehen, wenn sie die Kolonie verlassen müßte – wie es ihre Ankläger verlangten – ehe sie einen Käufer dafür gefunden hatte? Und selbst wenn sie das Haus verkaufen und die Kolonie schnell verlassen könnte, würde es nicht aussehen, als habe sie das Werk ihres Mannes im Stich gelassen? Eine Strategie mußte entwickelt werden, die es ihr erlaubte, Neugermanien zu verlassen, ohne Gesicht oder Geld zu verlieren.

Ihrer Mutter schrieb sie, sie würde versuchen, den Försterhof zu verkaufen, ohne viel Aufsehen zu machen. Sobald ihr das gelungen sei, solle ihre Mutter sie telegraphisch auffordern, sofort nach Hause zu kommen, wo sie dringend gebraucht werde, weil sich die Krankheit ihres Bruders sehr verschlimmert hätte. Eine dementsprechende Mitteilung solle auch der Presse gegeben werden. Franziska versicherte ihrer Tochter: »Ich spiele natürlich in diesem Falle die noble und zugleich sorgsame Mutter, daß Du ebenso eilig als möglich Dich aufmachen kannst, sobald Du weniger gute Nachrichten oder ein Telegramm von unseres lieben Kranken Verschlimmerung Dich hierher ruft. Das Heimweh Deinerseits habe ich mehr nebensächlich behandelt, obwohl es mir eine Hauptsache ist, aber ich wollte nicht, daß es etwa vom Kolonialberichterstatter ausgebeutet würde, wenn Du eben Neugermanien verlassen solltest.«[7]

Franziska war sich durchaus bewußt, daß der Anschein einer Flucht ihrer Tochter aus Neugermanien auf alle Fälle vermieden werden mußte. Der Plan gelang. Im April schrieb Elisabeth ihrer Mutter, sie habe den Försterhof einschließlich aller Möbel an einen Baron von Frankenberg-Lüttwitz verkauft. Leider könne sie aber vor Weihnachten nicht nach Hause kommen, da sie von kolonialen Angelegenheiten völlig in Anspruch genommen sei. Was sie ihrer Mutter nicht schrieb, war, daß sie durch einen scharfen und gehässigen Angriff auf einen der beliebtesten Kolonisten, so großen allgemeinen Unwillen erregt hatte, daß die Forderung nach ihrer Ausweisung aus Neugermanien öffentlich ausgesprochen wurde. Mit dieser Forderung wandten sich die empörten Kolonisten in einem Brief an den Herausgeber der *Kolonialnachrichten*, eines Blattes, das jahrelang Försters Bild auf der ersten Seite gebracht hatte. In einer kurzen Notiz erklärte der Herausgeber, er habe sich nur schwer dazu entschließen können, einen Brief zu veröffentlichen, der solch ernste Beschuldigungen gegen die Witwe eines verehrten Pioniers enthielt: »Wenn vielleicht mancher unserer Leser es uns verdenken wird, daß wir den nachstehenden Brief trotz seiner schonungslosen Sprache veröffentlichen, so bemerken wir dazu, daß sich die deutsche Kolonialpolitik so schwere Fehler hat zu Schulden kommen lassen, daß nicht mehr Zartgefühl, sondern nur die Notwendigkeit der Tatsachen entscheidend sein muß. Soll in Neugermanien etwas durchgreifendes geschehen, so ist die Beseitigung der Frau Dr. Förster die erste Bedingung.«[8]

Als dieser Brief erschien, hatte Elisabeth die Kolonie bereits verlassen und befand sich auf der Heimreise. Sie fand es unter ihrer Würde, darauf zu antworten und wartete fast ein Jahr, ehe sie in den *Bayreuther Blättern* Neugermanien offiziell »Auf Wiedersehen« sagte. Noch einmal berichtete sie von den heroischen Anstrengungen ihres geliebten Mannes, in den Urwäldern von Paraguay ein neues Deutschland edler Geister zu gründen. Nach seinem allzu frühen Tod durch Überarbeitung und Sorgen habe sie sich verpflichtet gefühlt, sein Werk fortzusetzen: »Aber wie wenig vermögen die schwachen Kräfte einer Frau!«[9] Sie hatte keine Mühe gescheut, die

Wahrheit über Neugermanien zu verbreiten und freute sich zu hören, daß nach ihrer zweiten und endgültigen Rückkehr nach Deutschland, sich die deutsche Siedlungsgesellschaft Herman in Berlin entschlossen hatte, Neugermanien von der fremden Gesellschaft, der das Land inzwischen gehörte, zurückzukaufen. Daher appellierte sie nun an ihre Landsleute, Herman-Aktien zu erwerben, damit das nötige Kapital zu einem Rückkauf zusammenkomme. »Vielleicht fragt jemand,« so beendete sie ihren Appell, »welche Berechtigung ich zu dieser Bitte habe, da ich doch weder Käufer noch Verkäufer bin. Darauf kann ich nur erwidern: was mich dazu treibt, ist der innigste Wunsch des teuren Verstorbenen Pläne zur Ausführung kommen zu sehen, damit er sein edles Leben nicht vergeblich im Kampf, die ersten großen Schwierigkeiten zu überwinden und gegen Hinterlist und Untreue, aufgerieben hat. Sodann ist es auch die Liebe, welche ich für mein ehemaliges Pflegekind Neugermanien habe, die mich zu dieser Bitte veranlaßt, die Liebe einer Mutter, welche sich nicht um ihr Kind kümmern kann, aber von Herzen besorgt ist, es in guten Händen zu wissen.«[10]

Sie schloß ihren ergreifenden patriotischen Appell mit den Worten: »Eine andere große Lebensaufgabe: die Pflege meines einzigen teuren Bruders, des Philosophen Nietzsche, die Sorge für seine Werke und Beschreibung seines Lebens und Denkens, nimmt von jetzt ab meine ganze Zeit und Kraft in Anspruch – so bin ich genötigt, den kolonialen Angelegenheiten Lebewohl zu sagen.«[11]

Vierter Teil
1894 – 1900

14. Meines Bruders Hüter

Elisabeth erschrak, als sie im September 1893 bei ihrer Ankunft in Naumburg ihren Bruder wiedersah. Sie war nur ein Jahr fort gewesen, aber in dieser Zeit hatte sich sein Zustand bedeutend verschlechtert. Er lief kaum noch, saß apathisch in einem Rollstuhl oder lag auf dem Sofa und starrte stundenlang, ohne ein Wort zu sagen vor sich hin. Seine Mutter und Alwine pflegten ihn, und für Elisabeth gab es nichts zu tun. Doch sie war auch nicht nach Hause gekommen, um Krankenpflegerin für ihren Bruder zu werden; sie war nach Hause gekommen, um sein literarisches Erbe, das mehr und mehr Bewunderer fand, zu verwalten und sich als seine Vertreterin zu etablieren. Als solche war ihr Name, Eli Förster, offenbar ganz ungeeignet, denn der bezog sich primär auf ihre koloniale Vergangenheit. Ihre Glaubwürdigkeit als Vertreterin Friedrich Nietzsches schien ihr in Verbindung mit dem Namen Nietzsche weitaus überzeugender. Sie mußte daher ihren Mädchennamen wieder annehmen.

Bald nach ihrer Rückkehr begann sie, ihre Briefe mit ›Elisabeth Förster-Nietzsche‹ zu unterschreiben und, um sicher zu sein, daß dieser Doppelname rechtsgültig war, ließ sie ihn sich durch Gerichtsbeschluß notariell bestätigen. Durch einen Federstrich verband sie so die beiden Männer in ihrem Leben, die es skrupelhaft vermieden hatten, sich kennenzulernen, weil ihre Weltanschauungen unvereinbar waren. Bei einigen von Nietzsches engsten Freunden, wie den Overbecks, die Nietzsches Verachtung für Försters Ideen kannten, löste Elisabeths Namensänderung Unwillen aus, weshalb sie sie weiter als Frau Förster ansprachen, was Elisabeth als beleidigend empfand – ein weiterer Grund für Elisabeths schwelenden Zorn auf die Overbecks. Sie behandelten sie, als wäre sie noch das kleine Mädchen, das den Haushalt ihres Bruders in Basel geführt hatte, und sie weigerten sich, anzuerkennen, daß sie inzwischen selbst Autorin und eine bekannte Persönlichkeit in kolonialen Angelegenheiten geworden war. Leider mußte sie einen offenen Bruch mit ihnen vermeiden, weil ihre Mutter überzeugt war, Fritz hätte seine Basler Pension verloren, wenn sich Overbeck nicht für ihn eingesetzt hätte. Aber Elisabeth hoffte, daß sich infolge des wachsenden Ruhms ihres Bruders das Einkommen durch seine Bücher so vermehren würde, daß er nicht länger von der Gnade Overbecks und der Basler Universität abhängig sein würde. Auf jeden Fall ließ sie sich durch Overbecks Kritik nicht davon abhalten, weiter ihre Doppelrolle als trauernde Witwe und liebende Schwester zu spielen. Es war nur recht und billig, daß ihr neuer Name diese Rolle klar ausdrückte.

Während ihrer langen Schiffsreise nach Europa hatte Elisabeth einen Arbeitsplan ausgearbeitet, den sie auch fest entschlossen war, durchzuführen. Vor allem wollte sie eine Biographie über ihren Bruder schreiben. Zahlreiche Bewunderer Nietzsches und seines aristokratischen Radikalismus fragten sich, wer dieser Bilderstürmer eigentlich sei, wo er her käme und warum er psychisch erkrankt sei. Elisabeth hatte eine Anzahl von Zeitungsartikeln über ihren Bruder gelesen, verfaßt von Leuten, die ihn nie gesehen, geschweige denn kennengelernt hatten, und anderen – wie Lou – die aufgrund kurzer Bekanntschaft vorgaben, ihn zu kennen. Da ihn aber niemand so gut kenne, wie sie, sei es ihre Pflicht, sein Bild der Welt so zu überliefern, daß sein Ansehen sowohl bei seinen Verehrern als auch bei seinen Kritikern steige.

Neben dem Schreiben der Biographie sah sie ihre wichtigste Aufgabe in der Überwachung der Veröffentlichung der Schriften ihres Bruders. Als erstes beschloß sie, von Naumann eine genaue Abrechnung über die Anzahl der seit ihrer Abwesenheit verkauften Bücher zu verlangen. Es ärgerte sie, daß sie vor ihrer Abreise aus Paraguay keine solche Aufstellung erhalten hatte. Angesichts ihrer eigenen ungewissen finanziellen Zukunft, mußte sie wissen, wie hoch die Honorare waren, mit denen sie rechnen konnte. Außerdem erwartete sie einen Bericht von Gast über die Veröffentlichungen, die er während des letzten Jahres vorbereitet hatte. Sie hoffte, er würde zu jedem Werk ihres Bruders eine Einleitung schreiben. Sie selbst plante, alle seine Manuskripte, Notizbücher und Briefe zusammenzutragen. Ein Koffer voll, wußte sie, stand noch auf dem Boden im Hause ihrer Mutter und sie vermutete, daß sie noch weitere Texte finden würde. Sie war davon überzeugt, daß jede Zeile ihres Bruders aufgehoben werden müßte, weil jede Zeile Gold wert war.

Naumanns Antwort auf Elisabeths Anfrage über den Verkauf der

Bücher ihres Bruders brachte zwei große Überraschungen: in den letzten zwölf Monaten war das öffentliche Interesse an den Schriften Nietzsches so stark gestiegen, daß sich der Verlag entschlossen hatte, eine Gesamtausgabe – mit Gast als Herausgeber – zu bringen. Und um die Neugier der Nietzsche-Leser zu befriedigen, hatte Naumann das Erscheinen einer Nietzsche-Biographie von Gast angekündigt. Elisabeth war außer sich, als sie das erfuhr. Niemand hatte das Recht, ohne ihre Erlaubnis eine Gesamtausgabe der Werke ihres Bruders zu verlegen, und niemand – außer ihr – war berechtigt, seine Lebensgeschichte zu schreiben. Sie teilte Gast in klaren Worten mit, sie hätte nichts dagegen, wenn er eine wissenschaftliche Biographie über ihren Bruder schreiben wolle, aber »sein Leben, das mein lieber Herr Koeselitz, schreibe ich. Niemand kennt das so gut wie ich.«[1] Doch um Gast zu besänftigen, fügte sie hinzu: »Sie sind der Priester am Nietzsche-Altar, der allein wahre Verkünder seiner Lehre, der Hüter der heiligen Flamme.«[2]

Aber ihr freundlicher Ton hielt nicht lange an. Schon ein paar Tage später war sie wieder wütend und beklagte sich in langen Briefen an Gast über Naumanns unverzeihliche Handlungsweise. Er hätte doch kein Recht, eine Gesamtausgabe der Werke ihres Bruders herauszubringen. Es sei ihr völlig unverständlich, warum Gast diesen unverschämten Burschen immer in Schutz nehme: »Lieber Herr Koeselitz, machen Sie sich folgende einfache Dinge klar: Sie können natürlich nur Herausgeber im Einverständnis mit mir sein und zwar im vollsten aufrichtigsten Einverständnis… Wir müssen als gute Kameraden miteinander schaffen, sonst geht es überhaupt nicht. Zum Schluß komme ich auf den Gedanken, daß Sie vielleicht die ganze Sache los sein wollen. Bitte sagen Sie das doch aufrichtig. Vielleicht wollen Sie selbst etwas schaffen und die mühselige Arbeit belastet Sie unnötig. Wir werden niemals jemand finden, der mit soviel Liebe und Verständnis des Teuren Werke veröffentlicht, dem wir so viel Vertrauen schenken könnten wie Ihnen.«[3]

Die Wahrheit war, daß Gast sehr gern die begonnene Arbeit als Herausgeber der Gesamtausgabe zu Ende geführt hätte; doch Elisabeth hatte andere Pläne. Sie hatte bald nach ihrer Ankunft ihre Bekanntschaft mit Fritz Koegel erneuert, indem sie ihn einlud, sie in Naumburg zu besuchen. In langen, intimen Gesprächen hatte sie Koegel einen Einblick in die vielen Probleme gewährt, die vor einer Veröffentlichung des Gesamtwerks ihres Bruders zu lösen waren. Sie meinte, sie könne diese schwierige Aufgabe unmöglich allein bewältigen und in gewisser Hinsicht sei Gast zwar der ideale Herausgeber, da er Nietzsches Werke sehr gut kenne und auch Erfahrung als Herausgeber habe, doch leider sei er ungemein starrköpfig. Er weigere sich beharrlich, ihrem Rat zu folgen und behauptete, er sei von ihrem Bruder beauftragt worden, seine Werke zu publizieren. Aber was am schlimmsten sei: Gast ergreife immer Naumanns Partei gegen sie. Dabei sei sie durchaus bereit, zuzugeben, daß Gast einige vorzügliche Einleitungen geschrieben habe – obwohl er in seiner Beschreibung der Freundschaft ihres Bruders mit Wagner und deren späteren Entfremdung unnötigerweise äußerst beleidigende Ausdrücke benutzt habe. Da ihr ihre Freundschaft mit Cosima teuer sei, halte sie es für unnötig, den Bruch ihres Bruders mit Wagner besonders zu betonen. Gast verstehe das nicht und sei daher ungeeignet, den Briefwechsel ihres Bruders mit Wagner herauszugeben, den dagegen sie selbst bald veröffentlichen wolle. Koegel stimmte ganz mit Elisabeth überein und schrieb ihr:»Wenn Sie mich für geeignet halten und mir es übertragen wollen, werde ich natürlich mit großer Freude diese ehrende Aufgabe übernehmen.«[4]

Nach seiner Rückkehr nach Berlin bedankte sich Koegel für die herzliche Aufnahme, die er in Naumburg gefunden hatte und »bei der ich mich so heimisch fühlte und so angeweht von einem Hauch der Freundschaft, die auch mich berührt, als wäre es eine altbewährte.«[5] Die Aufmerksamkeit des jungen Mannes tat Elisabeth wohl; je länger sie ihn kannte, desto besser gefiel er ihr. Koegel war ein Mann von Welt, ein wirklicher Gentleman, ein guter Musiker und ein ausgezeichneter *Causeur*. Er verkehrte in den ersten Gesellschaftskreisen in der Hauptstadt des Deutschen Reiches, Gast dagegen lebte in einem engen kleinbürgerlichen Milieu und hatte sich mit den Manuskripten ihres Bruders in sein provinzielles Heimatstädtchen Annaberg im Erzgebirge zurückgezogen. Die Frage war nur, wie konnte sie Gast los werden, da er ja von ihrer Mutter die Erlaubnis erhalten hatte, die Werke ihres Bruders herauszugeben? Man müßte ihn dazu bringen, freiwillig zu verzichten – das wäre die beste Lösung. Auch Koegel war der Meinung, daß die Entlassung Gasts eine äußerst heikle Angelegenheit wäre, ja geradezu unmöglich, solange er das Vertrauen der Vormundschaft Nietzsches besäße. Koegel riet Elisabeth, sich von ihrer Mutter und Nietzsches zweitem Vormund, ihrem Vetter Oehler, die Vollmacht erteilen zu las-

185

sen, über die Veröffentlichungen der gedruckten Schriften ihres Bruders und der Manuskripte selbst entscheiden zu können. Als ersten Schritt in dieser Richtung teilte Elisabeth Gast im Oktober mit, er würde bald von ihrem Rechtsanwalt ein offizielles Schreiben erhalten, alle Manuskripte und Notizbücher Nietzsches, die in seinem Besitz seien, zurückzugeben, denn »ich soll ein genaues Inventar für die Vormundschaft aufstellen und überhaupt soll ich ein Archiv und Register machen über alles, was an handschriftlichem Material vorhanden ist. Ich selbst habe noch vielerlei. Vor Ende Oktober kann ich die Sachen nicht gebrauchen. Eher wird das Archivzimmer nicht zur Einrichtung und Gebrauch fertig, im Sommer steht Ihnen dann wieder das, was Sie brauchen, zur Verfügung.«[6]

Elisabeths Hinweis auf ein Archivzimmer bezog sich auf einen Umbau im Hause ihrer Mutter in Naumburg, den sie vorgenommen hatte, obwohl Franziska davon nicht begeistert war. Elisabeths Argument war, daß es eines Autors, der internationale Berühmtheit erlangt hatte, unwürdig sei, seine Bücher in winzigen Zimmern aufzubewahren. Durch das Durchbrechen eine Wand zwischen zwei Zimmern im Erdgeschoß des Hauses konnte ein größerer, repräsentativer Archivraum geschaffen werden. Er sollte außerdem als Sammelort sämtlicher ›Denkwürdigkeiten‹ ihres Bruders dienen, die in eigens dafür gebauten Schränken, geschmückt mit Zarathustras Tieren – Adler, Schlange und Löwe –, aufbewahrt würden. In diesem Raum wollte sie auch alle Besucher ihres Bruders empfangen. Darüber hinaus sollten ein Sofa, Lehnstühle und ein Flügel im Archivzimmer stehen, wo sie zu besonderen Gelegenheiten die Verehrer ihres Bruders bewirten wollte. Franziska hatte ernste Bedenken gegen solche Pläne, denn sie zweifelte daran, daß ihr Haus – mit dem kranken Sohn im Obergeschoß – der geeignete Platz für Elisabeths gesellschaftliche Ambitionen sei. Doch letztendlich gab sie ihre Erlaubnis für den Umbau. Ende des Jahres 1893 eröffnete Elisabeth das erste ›Nietzsche-Archiv‹ im Erdgeschoß des Hauses ihrer Mutter, Weingarten 18 in Naumburg. In weniger als drei Monaten hatte sich Frau Dr. Eli Förster auf Försterhof, Neugermanien, in Elisabeth Förster-Nietzsche, Leiterin des Nietzsche-Archivs in Naumburg an der Saale, verwandelt.

Elisabeths Aufforderung an Gast, er solle alle Manuskripte, die in seinem Besitz waren, zurückschicken, löste bei diesem einen Gewissenskonflikt aus: »Ihre heutige Karte, die von Rückforderung aller

Manuskripte spricht, hat mir keine geringe Sorge gemacht. Ich fühle, daß mit dieser Rücksendung eines der wichtigsten Ereignisse in der Geschichte des menschlichen Geistes vernichtet würde. Ich muß, wenn ich das große Werk zustande bringen soll, von dem ich unbedingt die schlichte Überzeugung haben muß, daß niemand außer mir es fertigstellen könnte, *alle* Hefte auch haben; die genialsten Aufzeichnungen, die aus dem Herbst 1888, wahre Feuerberge des Geistes und Seelenmacht, sind nur noch mit Hieroglyphen, Wortzeichen, einem bloßen Auf und Nieder der Feder gechrieben. Nur wer mit Nietzsches Denkweise und Sprachschatz aufs Innigste vertraut ist, vermag diese Schätze zu heben.«[7] Anstatt die Hefte nach Naumburg zu schicken, schlug Gast vor, Elisabeth solle ihn in Annaberg besuchen und sich persönlich davon überzeugen, wie gut er diese kostbaren Schätze verwahre. Doch davon wollte Elisabeth nichts hören. Telegraphisch befahl sie Gast, er solle sie am 23. Oktober in Leipzig treffen und ihr die Manuskripte ihres Bruders aushändigen. Widerwillig gehorchte Gast. Im Verlauf ihrer zum Teil sehr hitzig geführten Unterhaltung fragte Elisabeth zornig, wer denn überhaupt Gast zum Herausgeber ernannt habe? Dann informierte sie ihn, sie plane einige der Basler-Vorträge ihres Bruders in literarischen Zeitschriften zu veröffentlichen. Sie habe die Angelegenheit persönlich mit dem Herausgeber des *Magazins für Literatur* besprochen. Was sie Gast verschwieg, war, daß sie mit Koegel korrespondiert hatte über die Möglichkeit, einige unveröffentlichte Schriften ihres Bruders an *die* literarische Zeitschrift zu verkaufen, die das höchste Angebot machte. Koegel hatte ihr mitgeteilt, das die *Deutsche Rundschau* die höchsten Honorare zahle, aber auch das *Magazin für Literatur* und *Zukunft* würden nicht schlecht zahlen. Koegel hatte sich bereit erklärt, persönlich mit jedem der drei Herausgeber über Nietzsche-Artikel zu sprechen und da es um die Produkte eines Autors, der in geistiger Umnachtung lebte, ginge, »werde ich selbstverständlich ›Affektionspreise‹ von ihnen verlangen, die auch bezahlt werden.«[8] Diese Sprache verstand Elisabeth. Sie war irritiert, als Gast ihr Vorwürfe machte, weil sie verschiedene Schriften ihres Bruders in populären Zeitschriften veröffentlichen wollte: Schriftstücke in Zeitschriften zu publizieren, meinte Gast, würde ganz gegen den Geist und Geschmack des Autors sein. Darauf Elisabeth: »Denken Sie doch nicht, daß ich die Veröffentlichungswut habe! Nein, ganz im Gegenteil, was ich mir schicken lasse, ist nur zu meiner persönlichen

Unterweisung bestimmt. Ich denke nicht daran, auch nur ein Wort davon der Öffentlichkeit anzuvertrauen. Meine Absicht und Aufgabe für die nächsten zehn Jahre ist, die Persönlichkeit Nietzsches als die edelste Lichtgestalt den Leuten fest in die Herzen zu prägen. Das ist der Grund und die alleinige Veranlassung all meiner privaten Veröffentlichungen.«[9]

Im selben Brief erwähnt sie, daß infolge eines vor kurzem erschienen Artikels von vielen Leuten das Verlangen nach der Veröffentlichung des *Antichrist* ausgesprochen worden sei. Das jedoch sei eine heikle Angelegenheit, denn sie seien ja beide der Ansicht, daß der *Antichrist* zur Zeit und in seiner jetzigen Form nicht zu veröffentlichen sei, da dieses Werk wegen seiner scharfen Angriffe auf das Christentum gegen das preußische Antiblasphemiegesetz verstöße. Daher bestand Elisabeth darauf:»Wir dürfen *niemand,* niemand sagen, daß der *Antichrist* des Inhalts wegen nicht veröffentlicht werden kann. Und so bin ich auf die folgende Lüge gekommen. Bei näherer Prüfung habe sich ergeben, daß ein Stück daraus fehle, ehe nun sämtliche Papiere geprüft, abgeschrieben und geordnet wären, was eben lange, lange Zeit in Anspruch nehmen würde (bei der Schwerlesbarkeit der Handschrift) könnte von einer Veröffentlichung nicht die Rede sein. Diese Lüge müssen sie auch Overbeck und Naumann aufbinden. Ich werde die gute Mama und den trefflichen Vormund in Magdeburg und sonst die ganze Welt auch so anlügen. Schön ist es nicht, aber es hilft nichts. Die vier Genannten sind die einzigen, welche vielleicht zweifeln, aber Overbeck hat nichts.«[10] Es darf bezweifelt werden, daß es Gast gefiel, die ihm vorgeschlagene Rolle zu spielen. Er wußte, daß Overbeck zumindest durch Elisabeths fadenscheinige Erklärung für die Nichtveröffentlichung des *Antichrist* nicht getäuscht werden konnte, denn er hatte das Manuskript gelesen, ja sogar abgeschrieben. Aber Gast war ein versöhnlicher Mensch, und obgleich er sich bei Overbeck über Elisabeths beständige Bemühungen, Geld aus den unveröffentlichten Manuskripten ihres Bruders zu schlagen, beklagte, war er bereit, unter ihrer Aufsicht weiterzuarbeiten. Sie drängte ihn dazu, seine Einleitungen zu den Werken ihres Bruders in Buchform zu veröffentlichen:»Sieben Vorreden zu Nietzsches Werken: das gäbe ein treffliches, vielgelesenes Werk.«[11]

Während Elisabeth Gast ermunterte, sie bei der Veröffentlichung der Werke ihres Bruders zu unterstützen, drängte sie Koegel, er solle nach Naumburg kommen und Gasts Stellung als Herausgeber der

Nietzsche-Gesamtausgabe übernehmen. Für einen jungen Mann von künstlerischem Temperament, der im Begriff stand, in den Konsulardienst einzutreten, war Elisabeths Angebot ungemein schmeichelhaft. Koegel zögerte aber, weil er nicht der Grund für Gasts Entlassung sein wollte. Er kannte Gasts Schwächen als Herausgeber, beklagte dessen unbekümmerte Art, Nietzsches Texte zu ändern und war wie Elisabeth der Meinung, daß Gasts Anspruch, er sei von Nietzsche selbst autorisiert, die Gesamtausgabe zu machen, völlig unbegründet sei. Aber obwohl er Elisabeths Kritik an Gast als Herausgeber teilte, war Koegel weit davon entfernt, ein so verdammendes persönliches Urteil über Gast zu fällen wie Nietzsches Schwester, die Gast einen »groben Klotz« und »Einfaltspinsel« nannte: »Bitte sprechen Sie nicht mehr von Koeselitz. Ich kann ihn nicht ausstehen. Sie wissen mehr über Nietzsche und verstehen ihn schon jetzt besser als dieser grobe Klotz.«[12]

Koegel wandte ein: »Ich kann mir nicht helfen, aber ein offener Bruch zwischen mir und Koeselitz muß, so viel an mir liegt, vermieden werden. Wie ich schon sagte, scheint ihre Mutter auch dieser Ansicht, und zu irgendwelchem unbedingten Haß habe ich nun einmal Menschen gegenüber ebensowenig Anlage wie zur unbedingten Liebe, da ich meine Leidenschaften an den Sachen aufbrauche.«[13]

Elisabeth hielt solche Einwände für jugendliche Rethorik. Sie wußte, daß es Koegel schwer fallen würde, die Stellung, die sie ihm anbot, endgültig abzulehnen. Und sie hatte Recht. Nach langem Überlegen willigte Koegel ein, Gast zu schreiben, daß dieser seine Arbeit als Herausgeber der Gesamtausgabe nicht fortsetzen könne. Der Brief, ein Dokument von 38 Seiten, ist eine detaillierte Kritik an den von Gast herausgegebenen Bänden der Gesamtausgabe. Sie beginnt mit der Feststellung, daß Gast nicht das Recht habe, die Gesamtausgabe in Angriff zu nehmen, da er von niemandem dafür autorisiert sei und endet mit der Bemerkung, daß er, Koegel, leider nicht in der Lage sei, die Position als Herausgeber anzunehmen, da er andere Pläne habe. Es ist zwar möglich, daß diese Bemerkung zu der Zeit der Wahrheit entsprach, als Koegel seine Kritik verfaßte, doch wahrscheinlicher ist, daß er sie nur machte, um Gast nicht zu verletzen. Auf jeden Fall schrieb Koegel Elisabeth kaum drei Monate, nachdem er Gast auf Elisabeths Befehl entlassen hatte, daß er nach Rücksprache mit seinem Vater bereit sei, die Stellung als Herausgeber der Nietzsche-Gesamtausgabe zu übernehmen. Obwohl

Elisabeth inzwischen bereits einen jungen Mann vom Goethe-Schiller-Archiv in Weimar angestellt hatte, war sie über Koegels Zusage hoch beglückt.

Gast nahm seine unfreiwillige Trennung von einer Aufgabe, die er jahrelang als Freundschaftsdienst und ohne Entgelt ausgeführt hatte, mit erstaunlicher Ruhe hin. Er schrieb an Overbeck, er fühle sich erleichtert, davon enthoben zu sein, und sagte, er habe volles Vertrauen in Koegel, den er einen ›sensitiven jungen Mann und großen Verehrer Nietzsches‹ nannte: »Dr. Koegel und sein Assistent Dr. Zerbst werden eine gute Gesamtausgabe Nietzsches herausbringen.«[14] Aber Overbeck blieb skeptisch. Er schüttelte den Kopf, als ihm Elisabeth schrieb: »Dr. Koegel ist ein wahrhaft *eminenter* Geist; die Herren des Goethe-Archivs, mit denen wir jetzt die liebenswürdigsten Beziehungen pflegen, sagen mir beständig über seine wirklich hervorragende künstlerische und wissenschaftliche Begabung die aller schmeichelhaftesten Dinge. Sein zeitweiliger Vertreter, Herr Dr. Zerbst, war auch ein netter Mensch, aber weder in Herausgeberangelegenheiten noch in philosophischer Hinsicht wußte er Bescheid, während Dr. Koegel eben alles kann!«[15] Die beiläufige Art, mit der Elisabeth Dr. Zerbsts kurze Anwesenheit im Nietzsche-Archiv erwähnte, verletzte Overbecks Gerechtigkeitsgefühl, und er vermutete, daß es nicht nur Mängel an Herausgebertüchtigkeit waren, die zur Entlassung von Gast und Zerbst geführt hatten. Er verfolgte die Entwicklung des Nietzsche-Archivs mit wachsendem Mißtrauen.

Für Elisabeth war Koegels Anwesenheit in Naumburg eine Quelle reiner Freude. Er war ein talentierter junger Mann und ein ausgezeichneter Pianist, der sie stundenlang mit Liedern, die er selbst komponiert hatte, unterhielt. Es rührte sie, als er ihr eine Reihe selbst vertonter Gottfried-Keller-Gedichte widmete, obgleich sie ihn sanft schalt, er solle sie lieber einem reizenden jungen Mädchen widmen. Diesen Vorschlag wies Koegel mit den Worten zurück: »Sie verzeihen: aber jungen, reizenden Mädchen werde ich kaum je wieder Lieder noch Bücher widmen. Eher solchen, die einmal junge, reizende Mädchen gewesen sind.«[16] Und auf einen anderen Vorschlag Elisabeths, er möge doch sein Wissen in volkswirtschaftlichen Angelegenheiten in einem Buch niederlegen, erwiderte er: »Ein Buch über Ein- und Ausfuhrstatistik werde ich doch kaum je schreiben... Höchstens über die Psychologie der Kolonisation.«[17]

190

Elisabeth stellte ihren jungen, gut aussehenden Protegé stolz ihren Naumburger Freunden vor. Man beneidete sie sehr und jeder wollte wissen, wo sie Koegel kennengelernt und wie sie es vermocht hatte, daß er Berlin mit dem braven, verschlafenen Naumburg vertauschte. Selbst ihrer Mutter war Koegel sympathisch, obgleich es ihr leid tat, daß er den alten Freund ihres Sohnes, Peter Gast, verdrängt hatte. Was der alten Dame jedoch mißfiel, waren die langen gesellschaftlichen Abende mit Musik und Gelächter in den festlich beleuchteten Archivräumen – während sie selbst oben im Dunkeln saß, angstvoll auf den ruhelosen Schlaf ihres kranken Sohnes horchend.

15. Der arme Koegel

In ihren langen Besprechungen mit Koegel, die zu dem von ihr gewünschten Ergebnis geführt hatten, hatte Elisabeth immer betont, daß ganz abgesehen von der Ehre, Nietzsche-Herausgeber zu sein, Koegel auch eine großzügige finanzielle Vergütung erhalten würde. Sie wußte, daß er erst am Anfang seiner diplomatischen Laufbahn stand, aber sie versprach ihm das Gehalt eines Universitätsprofessors, wenn er sich verpflichtete, bis zur Vollendung der Gesamtausgabe bei ihr zu bleiben. Da Elisabeth nicht in der Lage war, ein solches Gehalt zu zahlen, wandte sie sich an Naumann und schlug diesem einen dreijährigen Verlagsvertrag für Koegel vor. Unter den Bestimmungen dieses Vertrages verpflichtete sich der Verlag zu Vorauszahlungen von Honoraren in Höhe von 12 000 Mark und zwar je 4 000 Mark für 1894, 1895 und 1896. Koegel, als Chefredakteur, sollte 2 800 Mark Gehalt im Jahr erhalten, die übrigen 1 200 Mark sollten auf das Konto ihres Bruders überwiesen werden, das von der Vormundschaft, ihrer Mutter und ihrem Vetter Dr. Albert Oehler, verwaltet wurde.

Für ihre eigene Entschädigung als Direktorin des Nietzsche-Archivs traf sie mit der Vormundschaft besondere Vereinbarungen. Auch rechnete sie mit zwei zuzüglichen Einkommensquellen: mit Geldern, die ihr noch aus Paraguay zustanden und mit Honoraren für das Buch über ihren Bruder. Es sollte zwei Bände umfassen. Und da sie an schnelles Arbeiten gewöhnt war, hoffte sie, den ersten Band in einem Jahr fertigzustellen. Darin wollte sie ihren Bruder als kerngesunden Jungen, brillanten Schüler und angehendes Genie darstellen. Sie ging davon aus, daß ihr Buch einen weiten Leserkreis ansprechen und den Verkauf der Werke ihres Bruders fördern würde – vor allem auch, da momentan das Verhältnis zwischen Genie und Wahnsinn überall diskutiert wurde, und zwar häufig in Verbindung mit dem Schicksal Nietzsches. Elisabeth war fest davon überzeugt, daß der Buchhandel die von ihr geforderten Vorauszahlungen sehr schnell zurückverdienen würde, wenn Naumann, der auch ihr Buch verlegen sollte, eine gut organisierte Werbekampagne starten würde.

Gustav Naumann, der jüngste Teilhaber des Verlags, war derselben Meinung und überredete seinen Onkel, dem von Elisabeth vorgeschlagenen Vertrag zuzustimmen, obwohl die Gefahr bestand, daß der Verlag Geld verlieren würde, wenn sich die Herausgeberarbeiten aus irgendeinem Grunde verzögern sollten, wie damals während Elisabeths Kontroverse mit Gast. Andererseits war Nietzsche inzwischen ein viel diskutierter Autor, ein ›begehrtes Objekt‹, und es war anzunehmen, daß sowohl der Verlag als auch der Autor gut verdienen würden, wenn die Werke nach einem vorgeschriebenen Zeitplan erschienen. Da dem Verlag viel daran lag, daß der Chefredakteur während der ganzen Zeit der Fertigstellung der Gesamtausgabe in seiner Stellung blieb, bestand sie darauf, daß der von ihr und Nietzsches Vormundschaft am 24. April 1894 unterschriebene Vertrag, folgende Klausel enthalte:»Grundsätzliche Änderungen in dem diesem Vertrag beigefügten Plane für die Gesamtausgabe, sowie ein Wechsel in der Person des Herausgebers bedürfen der Zustimmung der Firma C. G. Naumann.«[1] In dem Vertrag wurden Dr. Koegel und Dr. Zerbst als Herausgeber genannt, mit der Erklärung, daß Dr. Koegel der Chefredakteur und Dr. Zerbst sein Assistent sei.

Der Vertrag war kaum geschlossen, als Elisabeth schon bedauerte, daß er den Namen Dr. Zerbst enthielt, denn Zerbst störte das harmonische Verhältnis zwischen ihr und Koegel. Sie fand den jungen Koegel von Tag zu Tag sympathischer, genoß seine Gesellschaft, sein Klavierspiel und die vielen Aufmerksamkeiten, die er ihr erwies. Da sie älter und erfahrener war als Koegel, riet sie ihm, er solle seine Arbeit nicht zu ernst nehmen und ermutigte ihn sogar, mit ihr zu flirten, auch wenn er sie warnte:»Sie wissen gewiß, gnädige Frau, was sie tun, wenn sie mir so zum Flirten zureden, und wie weise es von mir ist, wenn ich mir darin Enthaltsamkeit verordnet habe. Fange ich solche Dummheiten einmal an, so beginne ich nicht mit leichtem Feuerwerk, sondern gehe eher etwas weiter.«[2] Das war ein aufregendes Geständnis für eine Witwe mit noch jungem Herzen und ein weiterer Grund dafür, daß Dr. Zerbsts Anwesenheit unerwünscht war. Daher begann sich Elisabeth sehr bald bei Naumann und ihrem Cousin über Dr. Zerbst zu beklagen. Er arbeite zu langsam, lese

Druckfahnen schlecht und kenne die Werke ihres Bruders nicht. »Die Situation ist: Dr. Koegel tut von der Arbeit 99% und Dr. Zerbst 1%. Kein Mensch kann sagen, daß das eine irgendwie gerechte Verteilung der Arbeit sei, der gute kleine Doktor wird die reine Verzierung, fast nutzlos, doch muß ich zu seiner Entschuldigung hinzufügen, daß neben einer solchen Arbeitskraft, wie nun einmal Dr. Koegel ist, es für einen anderen ungeheuer schwer wird, mitzukommen. Aber der brave Dr. Zerbst strengt sich nicht einmal an. Dr. Koegel ist das Genie in der Herausgabe.«[3]

Dr. Zerbst, der bald fühlte, daß er sowohl von Elisabeth als auch von Koegel als unwillkommener Eindringling betrachtet wurde, reagierte dementsprechend. Er wandte sich an Naumann, protestierte gegen die Art und Weise, wie man ihn behandelte und drohte Elisabeth zu verklagen, falls sie weiter verächtliche Bemerkungen über seine Arbeit machen sollte. Aber schließlich sah er ein, daß ungeachtet seiner vertraglichen Rechte seine Situation unerträglich geworden war und er stieg aus dem Vertrag aus, nachdem seine Forderungen auf einen Teil seines Honorars erfüllt worden waren. Elisabeth erbot sich, nachdem Zerbst gegangen war, dessen Arbeit zu übernehmen, das heißt, die Druckfahnen der von Koegel herausgegebenen Bände zu lesen, obgleich sie mit der Arbeit an der Biographie ihres Bruders voll ausgelastet war. Doch dadurch konnte sie in der nächsten Nähe ihres jungen Freundes arbeiten. Zu ihrem großen Ärger erhob ihre Mutter ernste Einwände gegen diesen Plan, angeblich, weil Druckfahnen-Lesen schlecht für die Augen ihrer Tochter sei, in Wirklichkeit aber fand es Franziska unziemlich, daß sich Elisabeth und Koegel stundenlang allein im Nietzsche-Archiv aufhielten. Weder sie noch Alwine konnten anwesend sein, da sie sich ja um den Kranken im oberen Stock kümmern mußten, und obgleich ihre Tochter 48 Jahre alt war, glaubte Franziska, es könnte Elisabeths guten Ruf gefährden, wenn sie und der junge Mann ohne eine Anstandsperson zusammenarbeiteten.

Elisabeth protestierte heftig gegen die Einwände ihrer Mutter. Schließlich habe sie jahrelang allein im Ausland gelebt und sei wirklich alt genug, auf sich aufzupassen. Als nach zweimonatiger stürmischer Auseinandersetzung keine Einigung erzielt worden war, beschloß Elisabeth, ihren eigenen Haushalt zu gründen. Sie mietete eine große Wohnung, nicht weit vom Haus ihrer Mutter, und am 1. September 1894 zog sie mit dem Nietzsche-Archiv dort ein. Länger als einen Monat arbeitete sie allein mit Koegel intensiv an der Gesamtausgabe. Aber um mögliche Klatschgeschichten über ihr Verhältnis zu dem jungen Mann zu vermeiden, und da der Vertrag mit Naumann einen Assistenten vorsah, lud sie Dr. von der Hellen, einen verheirateten Gelehrten, den sie im Goethe-Schiller-Archiv kennengelernt hatte, ein, Dr. Koegel bei seiner Herausgabetätigkeit zu helfen. Sie hoffte, daß von der Hellens Gegenwart die Arbeit beschleunigen würde, um so mehr, da diese gerade in die schwierige Phase der noch unveröffentlichten Manuskripte, die noch entziffert werden mußten, eintrat. Elisabeth war froh, daß von der Hellen gut mit ihrem jungen Freund auszukommen schien. Und tatsächlich arbeitete das Koegel-Hellen-Team einige Wochen lang so harmonisch zusammen, daß sich Elisabeth auf ihre eigenen Arbeiten konzentrieren konnte. Abends pflegte sie die beiden Herren und von der Hellens Gattin zu intimen Diners einzuladen. Sie war eine ausgezeichnete Köchin und verstand es, ihre Dienstboten geschickt einzusetzen. Die geschmackvollen Tafeldekorationen ihrer Abendgesellschaften wurden Stadtgespräch. Kein Zweifel, Lieschen Nietzsche hatte ein Flair für eleganten Lebensstil – selbst ihre Feinde mußten das zugeben. Nach dem Diner bat Elisabeth Koegel manchmal, einige Lieder vorzutragen. Sie war gerührt, als er eines Abends ein von ihm gerade vertontes Gedicht ihres Bruders sang.

Zu Elisabeths großer Enttäuschung hielt das harmonische Arbeitsverhältnis zwischen Koegel und von der Hellen leider nicht lange an. Von der Hellens kritische Einstellung ihm und seiner Arbeit gegenüber irritierte Koegel mehr und mehr. Er beklagte sich bei Elisabeth, daß sich von der Hellen in seine Stellung als Chefredakteur einmische. Elisabeths Versöhnungsversuche beleidigten Koegel und er beschuldigte sie, sie mache gegen ihn gemeinsame Sache mit seinem Kritiker. Von der Hellens pedantisch-gelehrsame Art der Nietzsche-Interpretation kollidierte mit dem künstlerischen Nietzsche-Bild Koegels und dieser war eifersüchtig über jeden Anflug von Respekt, den Elisabeth seinem Gegner zollte. Er verlangte, Elisabeth solle sich klar zwischen ihm und von der Hellen entscheiden, sonst müsse er von der Hellen zu einem Duell fordern. Vor dieses plötzliche Ultimatum gestellt, beschloß Elisabeth zunächst einmal, die beiden Gegner zu trennen. Sie schlug vor, Koegel solle – bei vollem Gehalt – einen Urlaub vom Archiv nehmen, sich bei seinen Eltern in Staßfurt erholen, um den Registerband für die von ihm herausgegebenen acht Bände vorzubereiten. Gleichzeitig informierte sie von der Hellen, daß seine Mitarbeit als Herausgeber der Gesamtausgabe beendet werden müsse. Koegel nahm seine »zeitweilige Verbannung« vom Archiv mit einem Ausdruck des Bedauerns an. »Schon neulich habe ich Ihnen mal gesagt« schrieb er Elisabeth, »daß mein Austritt von der begonnenen Arbeit – nach der Wendung, die ich zu Beginn dieses Jahres meinem Lebensplan gegeben habe – das Schlimmste wäre, was mich treffen könnte. Unerträglich würde mich der Gedanke quälen, daß nicht sachliche Gegensätze als in der Arbeit selbst liegende Schwierigkeiten mich dieser Aufgabe entziehen sollten, der dienen zu dürfen mein höchster Stolz ist.«[4] Was er damit ausdrücken wollte, war seine Furcht vor Elisabeths Launenhaftigkeit, denn während sie in einerseits ermutigte, mit ihr zu flirten, schien sie andererseits Gefallen daran zu finden, ihn zu quälen. Um seine Gemütsruhe wiederzufinden, reiste er nach Italien.

Während Koegels Abwesenheit beendete Elisabeth ihre Arbeit an dem ersten Band der Biographie Nietzsches und schickte Anfang 1895 das Manuskript an Naumann. Weil der zweite Band diejenige Periode im Leben ihres Bruders behandeln sollte, mit der sie am wenigsten vertraut war, plante sie, alle Orte, an denen er während seiner einsamen Wanderschaft gelebt hatte, zu besuchen. Doch ehe sie diese Reise antreten konnte, mußten die Angelegenheiten im Nietzsche-Archiv in Ordnung gebracht sein. Nachdem von der Hellen gegangen und Koegel noch immer nicht von seinem ausgedehnten Urlaub zurückgekehrt war, ohne sie wissen zu lassen, was er tat und wo er sich befand, benötigte sie jemanden, der die Geschäfte des Herausgebers wenigstens vorübergehend fortführen konnte. Wieder wandte sie sich an das Goethe-Schiller-Archiv in Weimar und aus der Gruppe der jungen Gelehrten, die dort arbeiteten, lud sie Rudolf Steiner ein, ihr zu helfen. Steiner, später der Führer der Anthroposophischen Bewegung, hatte gerade ein Buch über Nietzsche veröffentlicht. Er nahm Elisabeths Angebot einer vorübergehenden Anstellung im Nietzsche-Archiv an.

Als Steiner entdeckte, daß Nietzsches Schwester kein wirkliches Verständnis für die Philosophie ihres Bruders besaß, erbot er sich, ihr Privatunterricht zu geben. Elisabeth war damit einverstanden und fand Steiners schwungvolle Vorträge über die Umwertung aller Werte – ein Thema, über das sie tatsächlich nicht viel wußte und das ihr auch nicht besonders zusagte – äußerst interessant. Steiner war ihr sympathisch. Er war offenbar ein sehr gelehrter junger Mann, mit einem tiefen Verständnis für die Ideen, die ihr Bruder in den letzten hektischen Monaten seines Lebens niedergeschrieben hatte. Sie fragte sich, ob Steiner nicht geeigneter wäre als Koegel, die Umwertungsbände herauszugeben und beschloß, Steiner darum zu bitten. Als Koegel von Steiners Mitarbeit im Nietzsche-Archiv erfuhr, eilte er von Florenz, wo er sich gerade aufgehalten und komponiert hatte, nach Naumburg zurück. Auch ihm gefiel Steiner, um so mehr, als dieser ihm anvertraute, daß er kein Interesse an einer dauernden Mitarbeit im Nietzsche-Archiv hatte.

Von Koegels Rückkehr nach Naumburg im April bis zu Elisabeths Abreise im August herrschte eine äußerst optimistische Stimmung im Nietzsche-Archiv. Besonders Elisabeth war zuversichtlich und frohgemut. Die Rezensionen über ihr Buch waren ausgezeichnet, und es wurde viel gekauft. Selbst Peter Gast, der jeden Grund hatte, kritisch zu sein, war davon beeindruckt. Dazu kam, daß die Honorare für die acht Bände der Werke ihres Bruders, die 1894 erschienen, beträchtlich waren. Naumann zahlte 14 000 Mark auf das Konto ihres Bruders. Von dieser Summe erhielt sie als Direktorin des Nietzsche-Archivs und offizielle Vertreterin ihres Bruders 6 000 Mark von der Vormundschaft. Naumann schätzte, daß die englische und französische Ausgabe, die Koegel vorbereitete, ebenfalls 14 000 Mark einbringen würden. 6 000 Mark durch die englische und je 4 000 Mark durch die französische und amerikanische Auflage.

Die finanziell unsichere Zukunft, die Elisabeth nach ihrer Rückkehr aus Paraguay gedroht hatte, hatte sich innerhalb eines Jahres in eine blühende Gegenwart verwandelt. Elisabeth Förster-Nietzsche war auf dem besten Wege, der anerkannte Sprecher eines Autors zu werden, der über Nacht zu internationalem Ruhm gelangt war und als lebender Toter im Wahnsinn dahindämmerte. In den Augen der Welt gebührte der Schwester des »verrückten Philosophen« Mitleid und Anerkennung. Dies berücksichtigten die meisten Rezensenten ihres Buches. Sie sahen in Elisabeth Nietzsche die Fürsprecherin für einen Genius, der durch Indifferenz und Mangel an Anteilnahme zur Verzweiflung und schließlich zum Wahnsinn getrieben worden war. Elisabeth sonnte sich in der allgemeinen Bewunderung, die ihr zuteil wurde und reiste stolz, den Spuren ihres Bruders folgend, nach Italien. Während ihrer Abwesenheit sollte Koegel für das Archiv verantwortlich sein. Elisabeths euphorische Stimmung wurde jedoch jäh – und zwar durch das Entgleisen ihres Zuges in der Nähe von München – unterbrochen; das Gespenst einer feindlichen Macht stieg vor ihr auf. Obwohl sie, abgesehen von dem Schock und einigen Hautabschürfungen unbeschadet davon kam, fragte sie sich, was im Falle ihres Todes aus dem Archiv werden solle. Um es gegen eine solche Möglichkeit zu sichern, informierte sie die Vormundschaft: »Ich wollte nur sagen, wenn ich bei dieser Reise umkommen sollte, so sorgt dafür, daß das mühselig zusammengesammelte Archiv beieinander bleibt. Macht alles, wie Dr. Koegel vorschlägt. Er kennt meine Wünsche am besten.«[5]

Den Fußstapfen ihres Bruders folgend, reiste Elisabeth nach Sils-Maria, Venedig, Genua und Turin, aber während Friedrich in zweitklassigen Pensionen abgestiegen war oder bescheidene Zimmer gemietet hatte, wohnte seine Schwester nun in den besten, vom internationalen Publikum bevorzugten Hotels. In Sils-Maria traf sie Meta von Salis, eine junge Schweizer Dame aus altem Adel, die in den letzten Jahren seines Schaffens eine Freundin ihres Bruders gewesen war. Nietzsche hatte ihre hohe Intelligenz und ihren Geist bewundert. Im Gegensatz zu anderen weiblichen Bekanntschaften, die er in den ruhelosen Jahren seines Wanderlebens gemacht hatte, fühlte er sich zu Meta hingezogen, weil sie sich nicht als emanzipierte Frau gebärdete, obwohl sie den philosophischen Doktorgrad erworben hatte, ihr Haar fortschrittlich kurz trug und den Konventionen ihrer Klasse gegenüber gemischte Gefühle hegte. Meta blickte jedoch mit souveräner Verachtung auf die militanten Aktionen der Suffragetten herab. Als ernste Philosophiestudentin war sie von Nietzsches Schriften fasziniert und, nachdem sie ihn persönlich getroffen hatte, gerührt von seinem aristokratischen Charakter und seinem gleichzeitig bescheidenen Lebensstil. Daher nannte sie ihre Biographie über den Freund: *Nietzsche; Philosoph und Edelmensch.*

Elisabeth war von Metas adliger Herkunft tief beeindruckt. Es schmeichelte ihrer Eitelkeit, daß die Freundin ihres Bruders, die jetzt auch die ihre war, eine blaublütige Baronin war, die aus einer der ältesten Familien der Schweiz stammte und das alte Schloß Marschlin besaß. Schon immer hatte sich Elisabeth gewünscht, Zutritt zu dem auserwählten Kreis der europäischen Aristokratie zu finden, und nun sollte dieser Wunsch in Erfüllung gehen. Sie war umgeben von adligen Damen und umworben von Männern von Rang und Namen, die ihr sogar, so behauptet sie jedenfalls, eine Reihe von Heiratsanträgen machten:»Im vorigen Jahr, gerade im September, ehe der *Antichrist* herauskommen sollte, hatte ich einen solchen Heiratsantrag aus der großen Welt. Auch dieser meinte, ich sei dazu geschaffen, in der großen Welt zu glänzen; ich schlug es nur aus, weil ich mich dann unmöglich dem Nietzsche-Archiv widmen konnte und die conditio sine qua non eben die Nichtherausgabe des *Antichrist* war.«[6] Auf Koegels Drängen, aber ohne Wissen ihrer Mutter, die entsetzt war, als sie dies erfuhr, hatte Elisabeth der Veröffentlichung des *Antichrist* zugestimmt, obwohl sie noch einige Monate früher strikt dagegen gewesen war. Sie hatte es auf Koegels Versicherung hin getan, er würde persönlich für etwaige gerichtliche Einsprüche die Verantwortung übernehmen, zumal »wir sehr gute Freunde sind und in unseren Überzeugungen und Arbeiten ausgezeichnet zueinander passen.«[7]

Während Elisabeths Abwesenheit arbeitete Koegel an der Entzifferung der fast unlesbaren Notizbücher Nietzsches. Dabei stieß er auf verschiedene abfällige Bemerkungen des Philosophen über seine Schwester. Es wäre sein Fluch, mit ihr verwandt zu sein, schrieb Nietzsche und er verböte ihr, seine Bücher zu lesen, da sie total unfähig sei, sie zu verstehen. Koegel notierte sich diese Zitate, um sie gegebenenfalls gegen Elisabeth einsetzen zu können. Denn diese zog ihn gleichzeitig an und stieß ihn ab. Und doch vermißte er, als sie fort war, ihre anregende Gegenwart und fühlte sich verloren inmitten eines Berges von fast unlesbaren Manuskripten.

In einem Brief, den er ihr nach Sils-Maria schickte, schrieb er: »Für mich beginnt nun ein ganz einsames Leben: die Gespräche mit Ihnen wandeln sich in moralische Spaziergänge um, und an den Abenden wird das Manuskript abgeschrieben. Stellen Sie sich vor, wie ausgehungert nach Menschennähe (gute Leute nennen es Liebe) ich in einigen Wochen sein werde....«[8] Da er zu dieser Zeit gerade mit der englischen Ausgabe beschäftigt war, unterzeichnete er seinen Brief mit »Poor Koegel«. Er ahnte nicht, wie prophetisch diese Worte waren.

16. Mutter und Tochter

Franziska beobachtete ihrer Tochter ruhelosen Unternehmungsdrang mit einer Mischung aus Stolz und Sorge. Sie war stolz auf Lieschens Erfolge und freute sich über die anerkennenden Bemerkungen, die über die Biographie ihrer Tochter gemacht wurden. Naumburg war voll Lobes über Elisabeths Buch und jeder wünschte sich ein vom Autor signiertes Exemplar. Über Nacht war Lieschen Nietzsche eine berühmte Schriftstellerin geworden. Nur ihre Mutter übte Kritik – allerdings nicht öffentlich, denn sie liebte ihre Tochter und wünschte ihr Glück –, denn es tat ihr weh, als sie entdeckte, daß ihre eigene Rolle im Leben ihres berühmten Sohnes kaum erwähnt wurde. Nach Lieschens Schilderung war die einflußreichste Frau in ihres Bruders Leben und in ihren eigenen jungen Jahren die Mutter ihres Vaters, Großmutter Erdmuthe. Das war natürlich unwahr, und Franziska sah darin eine unverdiente Geringschätzung ihrer selbst und des ganzen Oehlerschen Zweiges der Familie.

In Briefen an andere Familienmitglieder beklagte sie sich bitter über das »falsche Bild«, das ihre Tochter »hervorgezaubert« hatte. »Lieschen will eben durchaus nicht den geringsten geistigen Einfluß meinerseits, eben ›Oehlerschen‹ dulden und alles nur dem ›Nietzscheschen‹ zuschreiben, und so bleibt nur das einzige, was sie mir nicht abstreiten kann, daß ich Fritz geboren habe. Was wäre wohl aus den Kindern geworden, wenn sie vier weibliche Personen und teilweise mit welcher Nervosität erzogen hätten. Es kümmerte sich eben keine Seele außer mir um ihre Erziehung, es wäre ja sonst für mich als Mutter nicht zum Aushalten gewesen, und so war unser gegenseitiges Verhältnis das denkbar beste… Lieschen denkt aber, daß die Musterkinder, wie sie in der Biographie sagt, von selbst gewesen sind.«[1]

Um das Bild ihrer Tochter zu korrigieren, begann auch Franziska, das Leben ihrer Kinder zu beschreiben. Doch sie hatte nicht mehr die Kraft, ihr Buch zu vollenden. Sie war fast 70 Jahre alt und durch die

Pflege ihres Sohnes voll in Anspruch genommen. Es war ein Liebesdienst, den sie mit niemanden – außer ihrer treuen Alwine – teilte, obgleich dies bedeutete, daß sie alle wachen Stunden ihres Sohnes bei ihm verbringen und oft auch noch nachts bei ihm wachen mußte. Ihr mütterlicher Instinkt sagte ihr, daß ihr Sohn nicht wünsche, in seinem gegenwärtigen Zustand von Fremden gesehen zu werden. Und soweit es in ihrer Macht stand, schützte sie ihn vor Besuchern. Doch als sie einmal von Naumburg abwesend war, lud Elisabeth den Maler Curt Stoeving ein und bat ihn, das Porträt ihres kranken Bruders zu malen, obgleich sie wußte, daß ihre Mutter sehr dagegen war, da es ja genügend Bilder von ihrem gesunden Sohn gab. Elisabeth wandte ein, daß die zahlreichen Verehrer ihres Bruders das Recht hätten, den Autor des *Zarathustra* auch in seinem gegenwärtigen Zustand kennenzulernen.

Stoeving malte zwei Ölbilder: ein großes, das Nietzsche auf der Veranda des Hauses seiner Mutter zeigt, wie einen kranken Vogel in einem Käfig, und ein kleineres, auf dem er vor sich hinstarrt mit dem ausdruckslosen Blick eines Irren, sein Gesicht fahlgelb und sein dunkles Haar durchzogen von grauen Strähnen. Franziska war entsetzt, als sie diese Bilder sah und außer sich, als sie hörte, daß ihre Tochter erlaubt hatte, eines dieser »gräßlichen Ölbilder« in Leipzig, Berlin und München auszustellen. »Hier sind alle, die es gesehen, geradezu entsetzt. Keiner nennt es anders als das ›entsetzliche Bild‹. Herr Peter Albrecht begreift Frau Dr. Förster einfach nicht, da es doch ihr Bruder ist, ein solches entsetzliches Bild in die Welt zu schicken. Dr. Zeller nannte es ›die reine Verbrecherphysiognomie‹ und Adalberts Frau sagte, sie würde das Bild vernichten, wenn sie die Mutter wäre.«[2]

Solche Vorwürfe berührten Elisabeth nicht, denn sie wußte sehr wohl, was sie tat: je mehr Leute über ihren Bruder sprachen, desto mehr Bücher wurden verkauft. Aber ihr waren die Hände gebunden, solange es in der Macht ihrer Mutter stand, ihr zu verbieten, die Ideen ihres Bruders einer breiten Öffentlichkeit zugänglich zu machen. Daher mußte ein Weg gefunden werden, ihrer Mutter die Verwaltung des literarischen Nachlasses ihres Sohnes zu entreißen. Als ersten Schritt in diese Richtung schlug Elisabeth vor, ein professioneller Krankenpfleger solle die Pflege ihres Bruders übernehmen. Doch davon wollte Franziska nichts wissen. Sie war fest davon überzeugt, daß ihr Sohn die mütterliche Pflege benötige und nicht die eines fremden Krankenpflegers. Um ihre Mutter umzustimmen, wandte Elisabeth sich an Dr. Gutjahr, den Arzt der Familie und ihren guten Freund. Er war einer der wenigen Menschen in Naumburg, mit dem sie sich über die Ideen ihres Bruders unterhalten konnte. Sie war daher überrascht und verärgert, als Dr. Gutjahr die Partei ihrer Mutter ergriff und erklärte, daß Franziska eine vorbildliche Pflegerin sei und niemand mehr als sie für ihren Sohn tun könne.

Elisabeth machte ihrer Enttäuschung in einem zehn Seiten langen Brief an Dr. Gutjahr Luft, in welchem sie ihre Mutter in der häßlichsten Weise angriff. Sie nannte Franziska eine »Frau ohne Charakter, die ihre Kinder nicht wirklich liebte und von ihnen auch nicht geliebt wurde, denn es war auch nichts *Wahres* an ihr, alles nur Schauspielerei für andere Leute berechnet. Das hat uns grenzenlosen Kummer bereitet, zum Beispiel unserer Mutter Christentum, was für eine jämmerliche Tuerei und Spiegelfechterei, Augen-Aufschlagen etc. etc. und da wundert man sich, daß Fritz zum Antichrist geworden ist ...«[3]

Dr. Gutjahr, der Franziska seit Jahren gut kannte und wußte, wie sehr sie ihre Kinder liebte, war so entsetzt über Elisabeths Brief, daß er nicht wußte, was er damit anfangen sollte. Eine Antwort verdiente er, aber von wem. Sollte er ihn der alten Dame zeigen, die schon eine genügend große Sorgenlast zu tragen hatte? Fast einen Monat trug er den Brief – während seiner fast täglichen Krankenbesuche bei Nietzsche – in seiner Tasche. Schließlich wurde Franziska argwöhnisch, weil sie erfahren hatte, daß ihre Tochter bittere Briefe über sie an andere geschrieben hatte und bat Dr. Gutjahr, ehrlich zu sein und ihr den Brief ihrer Tochter zu zeigen. Gutjahr zögerte zunächst, kam dann aber zu der Überzeugung, daß Frau Pastor Nietzsche das Recht habe, zu wissen, was ihre Tochter über sie verbreitet hatte.

Franziska brach in Tränen aus, als sie Elisabeths Brief las. Besonders tief schmerzte sie, daß Elisabeth behauptete, ihr Bruder habe ihr bereits 1880 geschrieben: »Hätten wir so lange Zeit nicht entfernt von unserer Mutter gelebt, sie hätte uns beide zum Selbstmord und Wahnsinn gebracht.«[4] Der Gedanke, daß ihr kranker Sohn etwas so Schreckliches über sie geschrieben haben sollte, ließ sie nicht mehr schlafen. Wütend stellte sie Elisabeth zur Rede und verlangte den besagten Brief zu sehen. Elisabeth, gleichfalls zornig über Dr. Gutjahrs Vertrauensbruch, erklärte, Fritz' Brief sei einer von denen, die ihr in Paraguay abhanden gekommen seien. Doch diese Antwort befriedigte Franziska nicht. Sie weigerte sich zu glauben, daß ihr geliebter Sohn je einen derartigen Brief geschrieben habe, und da es keinen Beweis dafür gab, nannte sie ihn einen »Gespensterbrief« und das Produkt der Phantasie ihrer Tochter. Dagegen jedoch protestierte Elisabeth heftig und versicherte, daß sie die Wahrheit geschrieben hatte – wenn auch eine bittere Wahrheit für eine Mutter, die dadurch erfahren muß, daß ihre Kinder sie nicht lieben, weil sie nicht an die Echtheit der Mutterliebe glauben.

Monatelang dauerte dieser bittere Zwist zwischen Mutter und Tochter, in den auch andere Familienmitglieder verwickelt wurden, da die beiden Frauen versuchten, Verbündete für ihre Positionen zu gewinnen. Elisabeth, die den ganzen Streit begonnen hatte, weil sie beweisen wollte, daß ihre Mutter untauglich für die Pflege ihres Sohnes sei, schrieb ihrem Onkel, Pastor Schenk: »Stelle dir die furchtbare Tragödie vor, gerade von dieser Mutter, die alles, was sie tut, zum Schauspiel macht, jetzt also auch den kranken Sohn und ihrer Pflege, muß mein armer teurer Fritz gepflegt werden!! Und er hat davor eine fast krankhafte Angst sein Leben hindurch gehabt. Deshalb mußte ich immer kommen, wenn er Pflege nötig hatte, unsere Mutter wußte *nie*, was ihm gut war. Er hat mir im Jahre 1880 ein feierliches Versprechen abgenommen, daß ich ihn nie der Pflege der Mutter überlassen dürfe. Deshalb kam ich vor drei Jahren herüber, sogleich als er aus dem Irrenhaus kam, aber nun fühlt sie auf einmal, daß sie jetzt mit der Pflege des Sohnes Staat machen könne, *und keine Macht der Erden kann sie ihr entreißen.* Sie hat in den letzten Jahren den armen Kranken und mich so mit ihrer Eifersucht gequält (Fritz zeigte für mich viel mehr Liebe als sie wollte), daß ich *nur deshalb* eine eigene Wohnung genommen habe, damit sie den armen Kranken nicht unnötig peinige. Siehst Du, das ist die *Wahrheit.*«[5]

Elisabeths häßliche Beschuldigungen trugen nicht dazu bei, sie bei denen beliebt zu machen, die Frau Pastor Nietzsche kannten und achteten. Das Ergebnis war: Elisabeth fühlte sich in Naumburg nicht mehr wohl. Fritz hatte Recht gehabt – es war eine muffige Klatschbasenstadt. Sie spürte, daß ihr Lebensstil, ihre gesellschaftlichen Veranstaltungen, Feste, Reisen, aber vor allem ihr Umgang mit einigen jungen Männern, bei den braven Bürgern ihrer Vaterstadt Anstoß erregten. Und sie begann sich über einen Ortswechsel für das Nietzsche-Archiv Gedanken zu machen.

Das Problem war jedoch, daß ein Umzug Geld kostete, und obwohl die Honorare von den Büchern ihres Bruders immer größer wurden, konnte sie nicht darüber verfügen; denn nach dem Gesetz war nur ihre Mutter – als Vormund – berechtigt, die Finanzen ihres Sohnes zu verwalten. Sie hatte Elisabeth 6 000 von den 14 000 Mark gegeben, die Naumann überwiesen hatte und war der Meinung, daß diese Summe mehr als genug sei für die Ausgaben ihrer Tochter. Geld war überhaupt ein Thema, über das Elisabeth nicht mit ihrer Mutter sprechen konnte, denn Franziskas Grundsatz war: Geld muß gespart werden, damit auch für die Nachkommen noch etwas übrig bliebe. Eine lächerliche Auffassung, meinte Elisabeth, und doppelt lächerlich in ihrem Falle, weil es ja keine Erben gebe. Viel vernünftiger sei es, das Geld auszugeben und sich daran zu erfreuen, solange man lebte; die Nachwelt müßte sich eben selbst um sich kümmern.

So kam Elisabeth zu der Überzeugung, daß ihr keine andere Wahl blieb, als ihrer Mutter die Verwaltung über Fritz' Finanzen aus der Hand zu nehmen, denn sie konnte ihren Bruder nur dann in angemessener Weise repräsentieren, wenn sie unbeschränkten Zugang zu seinem Vermögen hatte. Die Frage, wie dies am besten zu bewerkstelligen sei, besprach sie ausführlich mit ihrem vertrauten jungen Freund Koegel, der in finanziellen Angelegenheiten Erfahrung hatte. Koegel riet ihr, sie solle ihrer Mutter den Vorschlag machen, ihr für eine festgesetzte Summe die Rechte über die Werke ihres Bruders zu übertragen. Dieser Betrag solle investiert werden, damit Franziska jährlich mit einem festen Einkommen rechnen könne, das für die Unterhaltskosten Nietzsches ausreichen würde, solange er lebte; damit wäre sie nicht mehr auf die von Jahr zu Jahr schwankenden Beträge angewiesen, die ihr der Verleger schicke. Das war zwar ein vernünftiger Vorschlag, doch besaßen weder Elisabeth noch Koegel das für ein solches Angebot nötige Kapital. Sie stellten Berechnungen darüber an, wieviel Geld man brauchte, um Nietzsche ein ausreichendes jährliches Einkommen zu sichern. Die Hauptquelle seines gegenwärtigen Einkommens war seine Basler Pension in Höhe von jährlich 1 600 Mark; Bei einem Zinssatz von 5% würde ein Kapital von 30 000 Mark jährlich 1 500 Mark Zinsen bringen. Koegel schlug vor, Elisabeth solle ihrer Mutter diese Summe für die Rechte auf die Werke ihres Bruders anbieten. Sehr günstig war dieses Angebot keineswegs, da allein die Honorare von Nietzsches Werken im vergangenen Jahr 14 000 Mark betragen hatten. Aber es war trotz allem mehr, als Koegel oder Elisabeth besaßen. Sie erwogen die Möglichkeit einer Bankanleihe, sahen aber sehr bald ein, daß dazu Sicherheiten nötig seien, die sie nicht hatten. Nach ausführlichen Überlegungen willigte Koegel schließlich ein, bei seinen wohlhabenden Berliner Freunden und Nietzsche-Verehrern anzufragen, ob diese bereit seien, die nötigen Sicherheiten für eine solche Transaktion zur Verfügung zu stellen. Als Gegenleistung würden sie Mitbesitzer der Nietzsche-Manuskripte und Treuhänder des Nietzsche-Archivs werden.

Elisabeth erschien Koegels Vorschlag als das Ei des Kolumbus. Es eröffnete eine neue Welt für ihren Tätigkeitsdrang. Als alleiniger Besitzer des literarischen Nachlasses ihres Bruders konnte sie damit schalten und walten, wie sie wollte, ohne Rücksicht nehmen zu müssen auf die kleinbürgerlichen Skrupel ihrer Mutter. Sie drängte Koegel, an seine Berliner Freunde heranzutreten und zu fragen, ob sie bereit wären, seinen Vorschlag zu unterstützen. Dieser erhielt innerhalb kurzer Zeit zustimmende Antworten von vier seiner Freunde, darunter von dem bekannten und wohlhabenden Grafen Harry Kessler. Elisabeth gelang es, auch Meta von Salis für ihren Plan zu gewinnen. Jeder der fünf Bürgen verpflichtete sich, 6 000 Mark in Wertpapieren bei einer Bank zu hinterlegen. Als Gegenleistung erhielt Elisabeth von der Bank eine Anleihe von DM 30 000,- zu 3% Zinsen.

Noch ehe diese komplizierte Transaktion, die zahlreiche rechtliche Entscheidungen erforderte, beendet war, machte Elisabeth ihrer Mutter und ihrem Vetter gegenüber vage Andeutungen von »anonymen Geldgebern«, die ihr 30 000,- gegeben hätten, damit sie die Rechte für den literarischen Nachlaß ihres Bruders erwerben könnte. Ihr Vetter, dem ihr Wunsch, über die Veröffentlichung der Werke ihres Bruders frei verfügen zu können, verständlich war, weil er wußte, daß sich Frau Pastor Nietzsche weder dafür interessierte noch die nötige Erfahrung hatte, ja möglicherweise die Veröffentlichung von Schriften, die ihr christliches Gewissen verletzten, verbieten würde, war bereit, den Vorschlag anzunehmen. Ihre Mutter jedoch war absolut dagegen. Sie weigerte sich, an »anonyme Geldgeber« zu glauben und vermutete ganz richtig, daß ihre Tochter das Geld borgen wollte und dafür Zinsen zahlen müßte. Sie wußte, wie leichtsinnig ihre Tochter mit Geld umging und betrachtete es als ihr Pflicht, eine Transaktion zu verhindern, die Elisabeth noch weiter belasten würde. Außerdem beleidigte sie der Gedanke des Verkaufes des literarischen Nachlasses ihres Sohnes. So lange sie lebe, schulde sie es ihm, die Güter seines Geistes zu schützen. Da Elisabeth fürchtete, das ganze Projekt könnte am Widerstand ihrer Mutter scheitern, appellierte sie in langen Briefen an alle, die einen Einfluß auf Frau Pastor hatten und bat sie, ihre Mutter zu bewegen, das Ermächtigungsdokument zu unterzeichnen. Doch auch Franziska suchte Hilfe bei ihren Freunden, um dem Druck ihrer Tochter zu widerstehen. Sie war entsetzt, als sie erfuhr, daß Elisabeth bei Overbeck angefragt hatte, ob es wahr sei, daß die Pension ihres Bruders demnächst gestrichen würde und erwähnt hatte, daß sie damit völlig einverstanden sei, weil das Einkommen von seinen Büchern für den Lebensunterhalt ihres Bruders genüge. Ja, Elisabeth deutete sogar an, Nietzsche würde gern etwas von den erhaltenen Pensionsgeldern zurückzahlen. Da hörte Franziskas Geduld auf. Sie schrieb Overbeck postwendend, er solle das Gerede ihrer Tochter auf keinen Fall ernst nehmen. Im Gegenteil, sie bitte ihn inständig, ihr die Versicherung zu geben, daß ihr Sohn seine Pension weiter erhalte und zwar so lange er lebe. Daraufhin schrieb Elisabeth Overbeck noch einmal, und forderte ihn auf, er solle ihre Mutter aufklären, daß ihr niemand eine solche Garantie geben könne; wenn er aber ihrer Mutter riete, das Angebot der anonymen Geldgeber anzunehmen und die Ermächtigungsurkunde zu unterzeichnen, wäre die Zukunft ihres Sohnes für alle Zeiten gesichert: »Vielleicht fragen Sie sich mit größtem Erstaunen: ›Warum will eigentlich Frau Pastor nicht?‹ Nun, der einfache, aber ganz vertrauliche Grund ist eine leidenschaftliche, kindische Eifersucht auf mich. Sie ist über die guten Leute ärgerlich, die mir ein so schönes und großes Vertrauen schenken, darüber vergißt sie, um was es sich eigentlich handelt, sie klammert sich an ganz äußerliche Dinge, um den wahren Grund zu verbergen, die Geber waren allerdings klug genug, die absolute Bedingung zu stellen, daß ihre Namen durchaus verschwiegen sein und bleiben müßten; das kränkt nun die arme Mutter am meisten. Die ganze schlimme Situation stammt von der Biographie her. Die arme Mutter hat allen Oehlers in den Kopf gesetzt, daß durch die starke Selbstbetonung meines Bruders Nietzschetums (er wollte allerdings durchaus kein geborener Oehler sein) sie: die gesamten Oehlers beleidigt wären ... Doch muß ich noch hervorheben, daß die guten Geber das Geld mir geben, weil sie eben meine leidenschaftliche Energie und mein Wissen über meinen Bruder fürs Archiv haben wollen, und ich die einzige Person bin, an die das Archiv verkauft werden kann. Mama als Vormünderin, darf überhaupt gesetzlich *nichts* von ihrem Sohn kaufen, nur wenn jemand das Archiv etc. gekauft hat, können gesetzliche Bestimmungen für die Zukunft getroffen werden, der arme Kranke kann selbst nicht, auch kann niemand sonst für ihn testieren.«[6] Das Overbeck von diesen Argumenten beeindruckt war, ist zweifelhaft. Er wußte, daß, solange Franziska lebte, die Finanzen ihres Sohnes in guten Händen waren. Nach ihrem Tode würde Elisabeth sowieso erben, was sie jetzt kaufen wollte. Warum also diese Eile? Weil er Elisabeth kannte, vermutete er, daß der Grund, warum sie sofort die alleinige Verwaltung der Schriften ihres Bruders übernehmen wollte, ihre herrschsüchtige Natur war. Sie rebellierte gegen die Bevormundung durch ihre Mutter und wollte als unbestrittene Autorität über das Leben und Werk ihres Bruders anerkannt werden. Overbeck hielt diesen Anspruch für unberechtigt und sympathisierte mit Franziska. Aber auf Elisabeths dringende Bitte, zeigte er sich zu einer persönlichen Aussprache mit ihr in Leipzig bereit. Diese fand am 19. September 1895 im Evangelischen Vereinshaus statt. Fast drei Stunden lang unterhielten sich die beiden. In Overbecks Bericht an seine Frau heißt es:»Sie, prachtvoll in schwarzer, modisch aufgebauschter Seidenrobe angetan auf dem Sofa thronend, sucht uns nach freundlicher Begrüßung – unter bekümmerter Niobemiene – über die Pein des ersten Momentes mit einem Redeschwall wegzubringen – Taschentuch bereit für eventuelle Tränen – worunter auch ein Vortrag über den Gebrauch von Chloral in Verbindung mit Alkohol. Wir kommen damit zur ersten direkt mit unserem Hauptgegenstand im Zusammenhang stehenden Frage: Wann ich zuerst etwas davon gemerkt, daß Nietzsche Chloral oder dergleichen nähme.«[7] Im Laufe ihrer Unterhaltung kam Elisabeth immer wieder darauf zurück, daß die Ursache für die Erkrankung ihres Bruders eine Chloralvergiftung sei. Es war tragisch, daß das nicht sofort festgestellt worden sei, denn bei richtiger Behandlung hätte ihr armer Bruder gerettet werden können. Jetzt war es natürlich zu spät. Overbeck, der sich noch genau an die makabren Szenen von Nietzsches Wahnsinnsausbrüchen in Turin erinnerte, hörte dem gegen ihn gerichteten Redeschwall schweigend zu. Es schien ihr völlig unbewußt zu sein, wie tief sie ihn durch ihre selbstgerechte Behauptung beleidigte, wonach sie und nur sie allein den wahren Grund für den Zusammenbruch ihres Bruders kenne. Mit ihr zu streiten sei daher sinnlos; sie wisse, was sie wisse und keine Macht der Erde könne sie eines besseren belehren. Während er ihr zuhörte, erinnerte sich Overbeck, daß Nietzsche in den letzten Jahren vor seinem Zusammenbruch Elisabeth oft das ›größte Unglück seines Lebens‹ genannt hatte. Ihre Tiraden bestätigten seinen Verdacht, daß ihr Hauptinteresse allein darin bestand, das Monopol für das Werk ihres Bruders zu erlangen. Er willigte ein, ihr Auskünfte über Nietzsches Leben – während der Zeit, als sie in Paraguay war – zu geben, aber er war nicht dazu bereit, ihr Abschriften der Briefe Nietzsches an ihn zu überlassen oder sie über die Veröffentlichung der Manuskripte seines Freundes zu beraten. Sein Standpunkt war: mit dem Nietzsche-Archiv wolle er nichts zu tun haben.

An den Sorgen der Mutter Nietzsches dagegen nahm Overbeck großen Anteil. Er verstand sie gut, als sie ihm schrieb:»Ich empfand es überhaupt als eine Begriffsverirrung meiner Tochter, mir den Geistesschatz meines Sohnes, unseres gemeinsamen geliebten Kranken, also unseren *Familienschatz* für fremdes Geld mir und vor allem meinem Sohn, welcher doch Namen hat, abkaufen zu wollen.«[8] Und auch Overbeck teilte den Verdacht der alten Frau bezüglich der anonymen Geldgeber:»Es handelt sich nämlich darum, daß 30 000 Mark aufgebracht werden sollen von Freunden, worüber aber ein vollständiges Geheimnis herrscht, wer diese Freunde sind, die sich erboten hätten, in idealster Weise Geld zu geben, wenn die Vormundschaft meines Sohnes ›das Archiv an meine Tochter abtrete‹.« Was Franziska überhaupt nicht verstehen konnte war, warum ihre Tochter auf diesem Kauf bestand, wo doch weder sie noch ihr Neffe je versucht hatten, ihr Vorschriften über die Leitung des Nietzsche-Archivs zu machen. Der ganze Plan schien ihr unnötig und unwürdig, und sie lehnte ihn ab.

Das Jahr 1895 näherte sich seinem Ende und der Konflikt zwischen Franziska und ihrer Tochter war noch immer ungelöst. Je länger sich ihre Mutter weigerte, die Ermächtigungsurkunde zu unterzeichnen, desto verzweifelter wurde Elisabeth; schließlich wandte sie sich an ihre Mutter mit der Drohung, sie würde vor Gericht gehen und einen Antrag stellen, daß Franziska unfähig sei, Vormund ihres Sohnes zu bleiben. Aufgerieben durch das bösartige Verhalten ihrer Tochter und erschöpft durch den schweren Pflegedienst für ihren Sohn, erkrankte Franziska, und am 18. Dezember unterschrieb sie schweren Herzens das juristisch vorbereitete Dokument, in dem sie alle Rechte an den Werken ihres Sohnes an Elisabeth übereignete. Aber unmittelbar nachdem sie ihre Unterschrift gegeben hatte, bedauerte sie dies und schrieb an ihren Neffen:»Die soeben getane Unterschrift hinsichtlich der Abtretung des Geistesschatzes meines Sohnes mit fremdem Geld habe ich nur auf Bitten und Drängen meiner Tochter, Frau Dr. Förster, getan und ist somit durch eine gewisse Nötigung geschehen, welches ich durch Namensunterschrift bezeuge.«[9]

Elisabeth aber frohlockte. Sie umarmte und küßte ihr »geliebtes Mamachen« und beruhigte sie mit den Worten, daß sie nun alle ruhiger würden schlafen können. Sie hatte endlich ihr Ziel erreicht – von nun an war sie die alleinige Herrin des Nietzsche-Archivs.

17. Der Fall Elisabeth

Es sollte sich jedoch herausstellen, daß Elisabeths Jubel verfrüht war. Entsprechend des Ermächtigungsdokuments, das ihre Mutter am 18. Dezember 1895 so widerwillig unterzeichnet hatte, mußte Elisabeth bis zum 1. Februar 1896 30 000 Mark auf das Konto ihrer Mutter einzahlen, ansonsten war der Vertrag null und nichtig. Wieder einmal befand sich Elisabeth, wie so oft in ihrem Leben, unter Zeitdruck. Koegel hatte ihr zwar zugesichert, daß er von seinen vier Freunden das feste Versprechen habe, sie würden Sicherheiten im Werte von 6 000 Mark in einer Berliner Bank deponieren, und Meta von Salis hatte ihr dasselbe Versprechen gegeben, doch waren weder die nötigen rechtlichen Dokumente verfaßt, noch war bisher eine Bank in dieser Angelegenheit angesprochen worden. Um diese Dinge ins Reine zu bringen, schickte Elisabeth Koegel nach Weihnachten nach Berlin. Er berichtete in einem langen Brief, daß er nach ausführlichen Besprechungen mit seinem Freund Dr. Hecker, einem Rechtsanwalt und zugleich einer der vier Berliner Geldgeber, zu dem Entschluß gekommen sei, die Bürgen zu bitten, ihre Sicherheiten in barem Geld und nicht in Wertpapieren zu hinterlegen, da nur ein »jüdischer Bankier« bereit wäre, Geld auf Wertpapiere von Privatpersonen zu leihen. »Die Vermittlung einer jüdischen Bank müsse, wenn *es irgend angeht* vermieden werden, darin hat Hecker ganz Recht, und ich habe auch vor Mendelssohn einen horror. Würde die Sache mit Hilfe dieser Herren gemacht, so würde Juda die ganze Sache sich aufs *Verdienstkreuz* schreiben. Man wird an der Börse und im Salon sich rühmen: ›Nietzsche finanziert zu haben‹ und das würde bald in die Zeitungen und die Literatur durchsickern mit dem stolzen Refrain: ›Unsere Leute sind die einzigen Förderer aller geistigen Freiheit‹.«[1]

Elisabeth war bestürzt über diese unerwartete Entwicklung. Ihre Hauptsorge war, das Geld vor dem 1. Februar zu bekommen; woher es kam, war ihr gleichgültig. Sie war noch bestürzter, als sie hörte, daß einer der vier Bürgen Dr. Heckers Mutter war. Dadurch würden den Heckers zwei Stimmen in dem fünfköpfigen Aufsichtsrat zufallen, der die Verantwortung für das Nietzsche-Archiv tragen sollte. Sie informierte Koegel, daß sie diese Disposition nicht billige und schrieb Meta, sie habe nun die ganze Transaktion persönlich in die Hände genommen:»Es ist ein Elend, ehe sich diese Männer einigen, da geht beinahe alles zu Grunde. Ich habe nun die Führung der ganzen Angelegenheit wieder übernommen. Ich bin furchtbar in Angst, daß schließlich an dem Eigensinn der einzelnen das ganze große zur Sicherung der Werke meines Bruders unternommene Arrangement scheitert. Es hat sich zwischen Dr. Koegel und Dr. Hecker einerseits und Graf Kessler und Dr. Richter andererseits eine Art Gegensatz ausgebildet und zwar wegen dem Bankier. Die beiden erstgenannten, eigentlich nur Dr. Hecker, versteifen sich auf den Bankier von der Heydt, der aber selbst gar nicht will; und die anderen schlagen den Bankier von Mendelssohn vor, der (seines Ahnen, des Philosophen eingedenk) offenbar gern die 30 000 Mark auf die ausgezeichneten Sicherheiten hin leihen will, aber nun regen sich die beiden über seine Abstammung auf.«[2]

Elisabeth ärgerte sich sehr über Koegel. Was sie anbelangte, war jüdisches Geld genausogut wie arisches. Sie versicherte ihrem jungen Protegé, daß ihr Bruder, dem die Juden keineswegs sympathischer seien als ihr, immer gesagt habe, für die Verbreitung seiner Ideen brauche er jüdisches Kapital. Außerdem sei Robert Mendelssohn, – ein Nachkomme des berühmten Philosophen Moses Mendelssohn – und seine Familie seit drei Generationen getaufte Christen. Meta gegenüber beklagte sich Elisabeth, daß Koegel zu sehr unter den Einfluß seines Freundes Hecker geraten sei, der eine persönliche Antipathie gegen Mendelssohn zu haben schien. Daher wäre es sehr unklug, Hecker und seine Mutter im Aufsichtsrat zu haben. Sie regte an, Meta solle ihren Anteil von 6 000 auf 10 000 Mark erhöhen und sie, Elisabeth, würde aus ihrer eigenen Tasche noch 2 000 Mark zuschießen, so daß sie ohne Frau Hecker auskommen könnten. Da Meta in diesem Fall zwei Stimmen im Aufsichtsrat hätte, schlug Elisabeth vor, sie solle eine Stimme Rudolf Steiner übertragen:»Er ist ein ausgezeichneter, ernster Gelehrter, Ende der 30er oder mehr, ich weiß nicht genau, und in Wirklichkeit ungemein interessant und anziehend, ein echter und guter Nietzsche-Verehrer. Er ist jetzt hier, um kurze Zeit im Archiv zu arbeiten, aber eigentlich gehört er nach Wei-

211

mar, wo er im Goethe-Archiv die naturwissenschaftlichen Sachen herausgegeben hat.«[3]

Elisabeth schloß ihren langen Brief mit einem tiefen Seufzer über die Schwächen der Männer: »Ach, meine Liebe, diese Trödelei und Streiterei der Männer macht mich elend und heute in acht Tagen muß alles klipp und klar sein! Die Eifersucht ist bei den Männern viel größer als bei den Frauen. Da gönnt keiner dem anderen, daß er die Sache macht: ich wünschte, die Männer hätten Ihre Hochherzigkeit!«[4] Sie unterzeichnete »Ganz bedrückt« und wartete besorgt auf Metas Antwort. Diese kam gerade noch rechtzeitig. Meta war bereit, Sicherheiten im Wert von 10 000 Mark zu deponieren und Robert Mendelssohn gab die Anleihe, die die offizielle Gründung des Nietzsche-Archivs ermöglichte. Jubelnd schrieb Elisabeth ihrer Freundin am 2. Februar 1896: »Alles ist in schönster Ordnung, und ich umarme Sie in warmer herzlicher Dankbarkeit.«[5]

Nachdem sie diese Hürde glücklich überwunden hatte, stürzte sich Elisabeth mit neuer Energie in die Arbeit. Sie war entschlossen, auch den zweiten Band der Biographie ihres Bruders, für den sie bereits Vorschußhonorar erhalten hatte, zu beenden, während Koegel weitere Bände der Gesamtausgabe aus Nietzsches hinterlassenen Notizbüchern vorbereitete. Letzteres erwies sich als eine ausgesprochen frustrierende Aufgabe, weil allein die unzähligen, fast unleserlichen Aphorismen, die Nietzsche während der letzten Phase seiner Krankheit hingekritzelt hatte, jedem Versuch widerstanden, sie in einer sinnvollen Ordnung zu gruppieren. Die Arbeit wurde noch dadurch erschwert, daß die Notizbücher widersprechende Eintragungen enthielten über ein Hauptwerk, das Nietzsche zu schreiben beabsichtigt hatte. Er nannte es *Die Umwertung aller Werte* und behauptete, es stelle den Triumphbogen seiner Philosophie dar, der auf den beiden Säulen: *Ewige Wiederkehr* und *Wille zur Macht* ruhte. Obgleich ein solches Manuskript vorerst nicht existierte, hoffte Elisabeth, daß Koegel es aus den Notizbüchern zusammenstellen könne. Doch Koegel, dessen Talent als Herausgeber allgemein gerühmt wurde – selbst Elisabeth berichtete ihrem Vetter stolz »die Weimarer Herren sind ganz starr vor Erstaunen, wie schnell Koegel arbeitet«[6] – fand diese Aufgabe offenbar schwierig und arbeitete viel langsamer als zu Beginn. Während er 1894 acht Bände herausgegeben hatte, waren es im folgenden Jahr nur zwei. 1896 begannen die Arbeiten am 11. und 12. Band, aber Elisabeths Ansicht nach viel zu langsam. Da ihr Einkommen von den Honoraren abhing, die sie für jeden Band erhielt – und für Band 11 hatte sie bereits 2 000 Mark Vorschußhonorar erhalten – machten sie diese Verzögerungen nervös. Sie führte die Schwierigkeiten zum Teil auf die bedrückende kleinbürgerliche Atmosphäre in Naumburg zurück und entschloß sich, mit dem Nietzsche-Archiv nach Weimar zu ziehen. Sie hatte sich seit langem unbehaglich in ihrer Vaterstadt gefühlt, und da sie jetzt die Herrin des Nietzsche-Archivs war, brauchte sie ihre Mutter nicht mehr um Erlaubnis zu bitten. Weimar war weit genug von Naumburg und den vorwurfsvollen Blicken ihrer Mutter entfernt und doch nahe genug, um ihren Bruder jederzeit besuchen zu können, falls dies nötig sein sollte. Außerdem war Weimar das historische Zentrum deutscher Kultur und die Residenzstadt von Großherzog Alexander, an dessen Hof sich einige der geistreichsten Männer und Frauen Deutschlands aufhielten. Es war eine Stadt, in der die Künste in hohen Ehren standen und Sitz des neu gegründeten Goethe- und Schiller-Archivs. Elisabeth pflegte herzliche Beziehungen zu einigen der jungen Gelehrten, die dort arbeiteten, vor allem zu Dr. Rudolf Steiner, den Sie immer noch sehr verehrte. Sie hoffte insgeheim auf seine weitere Mitarbeit am Nietzsche-Archiv.

Franziska war sehr unglücklich über den beabsichtigten Wegzug ihrer Tochter aus Naumburg:»Daß meine Tochter Naumburg mit Weimar vertauschen und schon am 1. August dahin ziehen will, weil sie glaubt, dort mehr Verständnis für die Philosophie von Fritz zu finden, hat mir wieder viel Kummer gemacht. Sie ist aber einmal ein unruhiger Geist und setzt alles durch, was sie sich vorgenommen hat.«[7]

Elisabeth versuchte ihre Mutter mit dem Argument zu trösten, daß Weimar nicht weit wäre und daß sie in zwei Stunden jederzeit in Naumburg sein könnte. Begleitet von Meta von Salis, die zu Besuch bei ihr weilte und die sie »liebstes Herz« nannte, fuhr Elisabeth nach Weimar, fand eine geräumige Wohnung nicht weit von der Mitte der Stadt und zog Anfang August – mit sämtlichen Manuskripten und Notizbüchern ihres Bruders – um. Ihre Adresse war Wörthstr. 5. Es war der dritte Umzug des Nietzsche-Archivs innerhalb von zwei Jahren.

Koegel war viel zu sehr mit seinen eigenen Angelegenheiten beschäftigt, um Elisabeths Weggang nach Weimar große Beachtung zu schenken, obgleich seine Stellung als Chefredakteur dadurch möglicherweise gefährdet schien. Er hatte sich in Emily Gelzer, die Tochter von Elisabeths Jenaer Freundin, verliebt und war unvorsichtig genug gewesen, von Emilys wundervoller Stimme und ihrer reizenden Persönlichkeit in langen Briefen zu schwärmen, die er Elisabeth von seinem Ferienaufenthalt in den Schweizer Alpen schrieb. Offenbar waren Elisabeths Antworten kühl und kritisch, denn er beklagte sich über ihren »brummigen Brief«: »Es ist unbillig, daß Sie jetzt Geist von mir fordern. Ich habe doch unterweilen das Recht, mich auszuruhen, wenn es auch zur amtlichen Verpflichtung des Nietzsche-Herausgebers gehören mag, daß er Geist hat und zeigt.«[8]

Als Koegel aus dem Urlaub zurückkam, vergab ihm Elisabeth seine Sünden, ja sie wünschte ihm sogar Glück, als er ihr anvertraute, er beabsichtige, Emily einen Heiratsantrag zu machen. Da er aber jetzt mehr Zeit für seine persönlichen Angelegenheiten brauche, schlug Elisabeth vor, es wäre doch auch in seinem Interesse, wenn man Dr. Steiner als seinen Assistenten gewinnen könne. Doch gegen diesen Vorschlag protestierte Koegel heftig. Er sah darin eine Mißbilligung seiner eigenen Arbeit. Aber er versprach ihr, er würde den 11. Band Anfang Januar 1897 für die Veröffentlichung fertiggestellt haben. Beruhigt schrieb Elisabeth ihrem Verleger Naumann: »Dr. Koegel ist manchmal schwer zu behandeln, manchmal arbeitet er wenig oder gar nicht, aber trotzdem ist er der beste Herausgeber, den wir uns wünschen könnten.«[9]

Als Koegel ihr im November seine Verlobung mitteilte, erklärte Elisabeth, halb im Scherz und halb im Ernst, sie würde ihm ihren Segen verweigern, falls er ihr nicht die Versicherung gebe, vor Ende Januar Band 11 und 12 herauszugeben. Koegel versprach es, und am 26. November schrieb Elisabeth an Naumann »im Zustand der Rührung«, sie sei sehr glücklich über diese Entwicklung und plane ein großes Verlobungsfest für das junge Paar im Nietzsche-Archiv zu geben. Ein paar Tage später empfing sie von den Eltern der Braut die gedruckte Verlobungsanzeige und war empört, daß darin mit keinem Wort Koegels Funktion als Nietzsche-Herausgeber erwähnt wurde. Sie empfand das als persönliche Beleidigung und unternahm eine Reihe von Schritten, durch die sie mit Koegel, Steiner und Naumann in einen so bitteren Streit verwickelt wurde, daß die Beteiligten heftige Drohungen gegeneinander ausstießen. Koegel forderte Steiner zu einem Duell heraus und Naumann wollte Elisabeth sogar gerichtlich verklagen.

Die ganze Affäre hatte mit einem Brief begonnen. Anfang Dezember, kaum eine Woche, nachdem Elisabeth Naumann »im Zustand der Rührung« geschrieben hatte, schrieb sie ihm diesmal: »Sie haben sich gewiß gewundert, daß auf der Verlobungsanzeige das Nietzsche-Archiv einfach totgeschwiegen worden ist! Das Ganze ist recht beleidigend. Es war ein Irrtum, daß ich glaubte, Dr. Koegel heirate in gute Nietzsche-Tradition hinein. Gelzer und die Basler Verwandten schätzen den Doktor, aber seine Stellung am Nietzsche-Archiv finden sie ungefähr, als ob er Scharfrichter wäre. Ich glaube, es kann noch alles sehr anders werden. Wir wollen uns nicht zu früh aufregen, aber zum Trost will ich Ihnen sagen, daß ich für die *Umwertung* noch einen besseren Herausgeber habe. Alles wechselt, alles wandelt sich, nur Sie und ich stehen fest.«[10]

Was Elisabeth meinte, obwohl Naumann dies nicht wußte, war, daß sie in einem plötzlichen Zornesausbruch Koegels Stellung als Chefredakteur Steiner angeboten hatte. In einem vertrauten Gespräch mit Steiner am Abend vor dem Verlobungsfest für Koegel und seine Braut, hatte sich Elisabeth bitter beklagt, daß Emily Gelzer nicht die geeignete Frau sei für den Nietzsche-Herausgeber; außerdem glaube sie nicht, daß Emily ihren Verlobten in dieser Stellung sehen wolle. Sie, Elisabeth, müßte daher andere Dispositionen treffen. Würde Steiner diese ehrenvolle und gut honorierte Aufgabe wohl übernehmen?

Steiner war von diesem unerwarteten Angebot völlig überrascht und da er wußte, daß es ihm Koegel sehr verübeln würde und annehmen müßte, er sei das Opfer einer Intrige geworden, wenn seine Stellung hinter seinem Rücken einem anderen angeboten würde, lehnte Steiner Elisabeths Aufforderung nicht nur ab, sondern bat sie um völlige Diskretion in der ganzen Angelegenheit. Niemand dürfe je erfahren, daß sie ihm ein solches Angebot gemacht habe. Elisabeth versprach das, aber wiederholte, daß sie hoffe, er würde ihr Angebot ernstlich erwägen, falls Dr. Koegel von sich aus seine Stellung im Nietzsche-Archiv kündigen sollte.

Da Elisabeth wußte, daß jeder Wechsel in der Person des Herausgebers der Zustimmung des Verlegers bedurfte, bombardierte sie den jüngsten Teilhaber des Verlags, Gustav Naumann, der ihr besonderes Vertrauen genoß, mit Briefen, die mysteriöse Anspielungen über drohende kommende Ereignisse enthielten. So schrieb sie in einem Brief vom 6. Dezember, in dem sie Naumann zu der Verlobungsfeier für Koegel und seine Braut einlud:»Sehr gern hätte ich vertraulich mit Ihnen *allein* gesprochen, es scheint jetzt die Zeit großer Konflikte zu sein! Was ich in den letzten Wochen ausgestanden habe, ist gar nicht zu beschreiben, ungefähr wie vor drei Jahren, als ich die Entdeckung machte, daß der ausgezeichnete Peter Gast nicht der richtige Herausgeber sei… Nächste Woche soll alles zum Austrag kommen, aber am Sonntag wollen wir den Ernst des Lebens vergessen und noch harmlos froh sein.«[11]

Elisabeth wußte nicht, daß Gustav Naumann Koegel sowohl als Menschen als auch als Nietzsche-Herausgeber hoch schätzte. Ihre dunklen Andeutungen, Koegel müsse entlassen werden, da er seiner Aufgabe nicht gewachsen sei, bestürzten Naumann, denn er war überzeugt – wie es ja Elisabeth bis vor kurzem auch noch gewesen war –, daß Koegel für die Nietzsche-Ausgabe der richtige Mann sei. Als er dann nach Weimar fuhr, beschloß er, bei den Festlichkeiten der Verlobungsfeier wachsam zu bleiben.

Elisabeth, die die Rolle der Gastgeberin mit entwaffnendem Charme spielte, hatte eine Reihe Weimarer Nietzsche-Verehrer eingeladen, außerdem Koegels Braut und Schwester, Steiner und Naumann. Sie war in ausgezeichneter Laune, und in den festlich geschmückten Räumen des Nietzsche-Archivs herrschte ein fröhliches Treiben. Im geeigneten Augenblick erhob Elisabeth ihr Glas und wünschte dem jungen Paar mit einem Champagnertoast viele Jahre ehelichen Glückes. Als Ausdruck seines Dankes schlug Koegel vor, seine Braut Emily solle einige seiner Lieder singen, wobei er sie am Klavier begleiten würde. Elisabeth benützte diese Gelegenheit, um Naumann beiseite zu ziehen und ihm zuzuflüstern:»Koegel ist kein Philosoph, er ist Musiker; die *Umwertung kann* er gar nicht machen. Dr. Steiner dagegen ist ein Philosoph, der kann und *wird* die Umwertung machen.«[12] Als Naumann versuchte, Einspruch zu erheben, unterbrach Elisabeth ihn mit den Worten:»*Ich* habe in *allen* diesen Dingen *immer* Recht.«[13]

Die Aufmerksamkeit, die ihre Gäste der jungen Braut im Verlaufe des Abends zollten, irritierte Elisabeth zusehends. Emily bezauberte alle durch ihre Lebhaftigkeit, ihren Liebreiz und ihre wunderbare Stimme. Als man später auf Nietzsches Philosophie zu sprechen kam, erlaubte sich Emily einige kritische Bemerkungen. Ihr mißfalle besonders Zarathustras Rat:»Du gehst zu Frauen? Vergiß die Peitsche nicht!« Als man sie aufklärte, daß es nicht Zarathustra, sondern ein altes Weib sei, das Zarathustra diesen Rat gibt, meinte Emily: »Um so schlimmer!« Elisabeth fand solche Bemerkungen dumm und taktlos. War sich Emily denn nicht bewußt, daß sie Gast im Nietzsche-Archiv war? Noch mehr jedoch ärgerte sich Elisabeth über Koegels Haltung; er war – oder schien – mit allem einverstanden zu sein, was seine Braut von sich gab. Daß »der Nietzsche-Herausgeber vor der ›höheren Tochter‹ kapitulierte«,[14] war mehr als sie ertragen konnte. »Emily war im Nietzsche-Archiv unmöglich«. Darüber gab es nun für sie keinen Zweifel mehr: Koegel mußte gehen. Elisabeth behielt diese Entscheidung jedoch für sich und am Ende des Festes umarmte sie Emily herzlich und wünschte ihr nochmals Freude und Glück.

Am selben Abend teilte Naumann seinem Freund Koegel mit, daß Elisabeth ihn zu entlassen beabsichtige, und daß Steiner sich bereit erklärt habe, die Schlußbände herauszugeben. Koegel, der eine Änderung in Elisabeths Benehmen ihm gegenüber von dem Moment an bemerkt hatte, als er ihr seine Verlobung mitteilte, ermahnte Naumann, daß laut Verlagsvertrag Elisabeth ihn nur mit Einwilligung des Verlags kündigen konnte. Naumann wußte das und versicherte Koegel, er würde seinen Onkel bitten, seine Zustimmung zu einem Herausgeber-Wechsel nicht zu erteilen. Was Koegel besonders aufregte, war Steiners vermeintliche Einmischung in die Angelegenheit. Er betrachtete dies als Vertrauensbruch, denn Steiner hatte ihm wiederholt versichert, er habe kein Interesse daran, Nietzsche-Herausgeber zu werden: darüber hatten sie ein gentlemanagreement getroffen. In Koegels Augen war Steiner ein häßlicher Intrigant, der hinter seinem Rücken mit Elisabeth geplant hatte, ihn aus seiner Stellung zu vertreiben. Vergeblich versuchte Naumann seinen Freund davon zu überzeugen, daß Elisabeth die Intrige ganz allein angezettelt hatte. Blaß vor Zorn bestand Koegel darauf, daß er, um seiner Ehre willen, Steiner zum Duell fordern müsse. Naumann bat ihn, keine voreiligen Schlüsse zu ziehen und schlug vor, Koegel solle in einem persönlichen Gespräch mit Elisabeth und Steiner versuchen, die Sache zu klären.

Drei Tage nach dem Verlobungsfest stellte Koegel, in Gegenwart seines Freundes Dr. Hecker, Elisabeth und Steiner im Nietzsche-Archiv zur Rede. Eine stürmische Szene fand statt. Elisabeth wurde von drei zornigen jungen Männern bedroht, von denen einer den anderen zum Duell forderte, und sie fürchtete Blutvergießen. Sie erhob die Hände mit einer Geste beleidigter Unschuld und leugnete alles. Nie habe sie Steiner Koegels Stellung angeboten – das könne Steiner bezeugen. Naumann habe sich geirrt; er sei für das ganze unheilvolle Mißverständnis verantwortlich. Aber Steiner tat Elisabeth nicht den Gefallen, ihr Recht zu geben. Er war sehr wütend und zwar nicht über Koegels Drohungen, sondern darüber, daß Elisabeth sein Vertrauen getäuscht hatte. Sie hatte ihm am Sonnabend ihr Wort gegeben, niemandem etwas von dem Angebot zu sagen, das sie ihm gemacht und er abgelehnt hatte, und am Sonntag hatte sie ihr Wort gebrochen. Um die Angelegenheit zu klären, berichtete Steiner alles genau so, wie es geschehen war. Koegel teilte Naumann mit: »Die Szene im Archiv endete mit einer völligen Entlarvung Frau Försters. In bündigster Form nach langem Drehen und Winden *mußte* sie eingestehen, Steiner in eine kompromittierende Lage versetzt zu haben.«[15]

Elisabeth dagegen behauptete, an jenem Nachmittag im Nietzsche-Archiv seien: »die beiden Herren wie wilde Tiere über mich hergefallen, um zu beweisen, ich sei eine Lügnerin durch und durch, und doch wußten sie *genau,* daß ich mich nur opferte, damit kein Blutvergießen entstand.«[16] Obwohl ihre eigenen Briefe das Gegenteil beweisen, behauptete Elisabeth fest und steif, daß ihre Version der Ereignisse im Nietzsche-Archiv die Wahrheit, die reine Wahrheit sei. Der wirklich Schuldige an der schrecklichen Szene, deren Opfer sie, eine schutzlose Frau, geworden sei, sei Gustav Naumann, »der das blödsinnige Märchen erfunden hatte, ich hätte eine Intrige gesponnen, um Dr. Koegel aus seiner Stellung zu vertreiben.«[17] Als Naumann von dieser Beschuldigung, die Elisabeth in einem Brief an seinen Onkel aussprach, hörte, verlangte er durch seinen Anwalt, daß Elisabeth widerrufe, sonst würde er sie wegen Verleumdung verklagen.

Elisabeths Reaktion war ein Meisterstück an Doppelzüngigkeit: »Wenn in dem Ausdruck ›blödsinnig‹ in Verbindung mit Märchen etwas Ehrenrühriges liegt, so nehme ich den Ausdruck gern zurück, er war durchaus im Sinne von ›widersinnig‹ gemeint und wollte ich dadurch ausdrücken, *wie sehr* es *wider alle* meine Interessen gegangen wäre, Herrn Dr. Koegel zur Aufgabe seines Herausgeberpostens zu veranlassen. Dazu wäre eine Intrige ebenso unwürdig als unnötig gewesen, da zwischen Herrn Dr. Koegel und mir es vollständig klar verabredet war, daß jeder von uns jeden Tag kündigen könnte; es existiert auch nicht der Schatten eines bindenden Vertrages. – Ich mache Herrn Gustav Naumann den vollkommen berechtigten Vorwurf, daß er von einer Angelegenheit, von der er nichts näheres wußte, in einem von ihm mißverstandenen Sinne, ohne jede Autorisation von meiner Seite gesprochen und dadurch eine heillose Verwirrung hervorgerufen hat, die möglicherweise zu großem pekuniären Schaden, sowohl für die Firma C. G. Naumann als für mich selbst führen kann.«[18]

Als Gustav Naumann einsah, Elisabeth würde nie zugeben, daß sie wiederholt die Entlassung Koegels gefordert hatte, bereitete er ein Dokument vor, bestehend aus Zitaten aus Elisabeths Briefen, in denen sie durch ihre eigenen Worte Lügen gestraft wurde. Es ist ein 46 Seiten langes Exposé, betitelt: *Der Fall Elisabeth*. Elisabeth erfuhr durch Gustav Naumanns Anwalt, daß dreißig Exemplare dieses Dokumentes existierten und daß sein Mandant davon Gebrauch machen würde, wenn er es für nötig hielte, die Wahrheit seiner Aussage zu beweisen. Gleichzeitig informierte sie der Senior des Verlags, Constantin Naumann darüber, daß »Dr. Koegel beabsichtigt, eine Streitschrift unter dem Titel *Friedrich Nietzsche und seine Schwester* zu veröffentlichen. Ich glaube nicht, daß ein Skandal den Werken ihres Bruders oder ihrer Biographie dienlich wäre.«[19]

Elisabeth reagierte auf diese bedrohlichen Mitteilungen mit einer Mischung aus Zorn und Angst. Sie war wütend, daß Dr. Koegel es gewagt hatte, ihr durch seinen Freund Hecker ausrichten zu lassen: »Sie verstünde absolut nichts von ihrem Bruder, fälsche ihn, alles wäre nur Schauspielerei, das ganze Archiv hätte sie für ihre persönliche Eitelkeit eingerichtet«.[20] Und sie fürchtete, wenn es bewiesen würde, daß sie Koegel tatsächlich ohne die Zustimmung Naumanns entlassen wollte, sie wegen Vertragsbruch verklagt und in kostspielige Prozesse verwickelt werden könnte – ausgerechnet jetzt, wo sie dringend Geld benötigte.

Ihre Strategie war, beharrlich zu leugnen, daß es je ihr Gedanke gewesen sei, Koegel zu entlassen und zuzugeben, daß sie nur vorgeschlagen habe, er solle Dr. Steiner als seinen Assistenten akzeptieren. Dem Vertrag nach war sie dazu berechtigt, einen Hilfsherausgeber anzustellen.

Naumann dagegen wies darauf hin, daß sie ihm in einem Brief vom 16. Dezember geschrieben hatte: »Ich kündige Koegel bis zum 1. Oktober nächsten Jahres seine Stellung.« In einem eine Woche später geschriebenen Brief fragte sie dagegen ärgerlich: »Wer hat Dr. Koegel seine Stellung gekündigt? Wer hat Ihnen einen anderen Herausgeber vorgeschlagen? Irgendein Wesen Ihrer Fantasie.« Naumann sah ein, daß es sinnlos war, mit Elisabeth zu streiten. Sie wollte ihre eigenen Worte nicht wahrhaben. Daher warnte er seinen Onkel, der Verlag sei auf die Gnade einer verantwortungslosen Frau angewiesen, solange Elisabeth die Verantwortung für die Gesamtausgabe hatte und riet ihm, auf seinen Rechten als Verleger zu bestehen und der Entlassung Koegels nicht zuzustimmen. Constantin Naumann teilte zwar die Meinung seines Neffens, war jedoch ein alter Mann, und der Gedanke, gegen Elisabeth zu prozessieren, war ihm höchst unangenehm. Schließlich verdiente er gut an Nietzsche und hielt es letztlich für geschäftsschädigend, die Herausgeberarbeiten durch einen Prozeß zu verzögern. Auch müsse sein Neffe zugeben, daß Koegel, der anfänglich ein sehr guter Redakteur gewesen sei, in letzter Zeit wenig geleistet habe. Er habe im vergangenen Jahre keinen einzigen Band fertiggestellt und Elisabeth sei zu Recht enttäuscht darüber. Wenn sie also meinte, daß Steiners Gegenwart Koegel anspornen würde, mehr zu arbeiten, so wäre dieser Versuch doch der Mühe wert.

Naumanns Neffe behauptete, die Situation sei keineswegs so einfach. Koegel sei nicht bereit, einen zweiten Herausgeber zu akzeptieren, noch sei Steiner willig, einer zu werden. Wenn daher Elisabeth weiter versuche, Koegel zu entlassen, bestünde die Gefahr, daß in absehbarer Zeit für die Gesamtausgabe kein kompetenter Herausgeber mehr zur Verfügung stünde. Dadurch würde die Firma beträchtlichen finanziellen Schaden erleiden.

Auch Elisabeth begann sich Sorgen zu machen, am Ende keinen Herausgeber mehr zu haben. Sie verlebte ein trauriges Weihnachtsfest in Naumburg mit ihrer Mutter und ihrem Bruder und überraschte ihre Freunde mit dunklen Andeutungen, daß sie daran dächte, das ganze Archiv aufzugeben. Sie bildete sich ein, von dem Mann, dem sie mehr als jedem anderen ihr Vertrauen geschenkt hatte, empörend behandelt worden zu sein. Der wirkliche Grund für Koegels grausames Verhalten ihr gegenüber konnte nur der sein, daß er das Archiv selbst übernehmen wollte, weil er es nicht ertragen konnte, von einer Frau Befehle anzunehmen. Wenn sie ein Mann gewesen wäre, hätte er nicht gewagt, zu tun, was er getan hatte.« Aber eine schutzlose Frau kann von Männern aus gebildetem Stand bis zum Tode gequält werden. Sie kann nicht sagen: ›Noch ein Wort und ich schieße sie tot‹.«[21]

Dies war der Tenor des Briefes an ihren Neffen, Dr. Oehler, dem sie die schreckliche Szene im Nietzsche-Archiv beschrieb. Sie gab vor, das Opfer einer Verschwörung zwischen Naumann und Koegel zu sein, die beide in den Besitz des Archivs gelangen wollten. Dr. Oehler, der Koegel kannte und achtete und andererseits vertraut war mit Elisabeths explosivem Temperament, war zunächst geneigt, diesem Vorfall, der ihm ein Sturm im Wasserglas zu sein schien, keine Beachtung zu schenken. Als er jedoch einen Brief von Gustav Naumann erhielt – adressiert an ihn als Nietzsches Vormund – mit der Beschuldigung, daß Elisabeth einen Bruch des Verlagsvertrags beabsichtige und zugleich eine Kopie des Pamphlets *Der Fall Elisabeth*, die Naumann zu veröffentlichen drohte, wußte Oehler, daß er handeln mußte. Er übernahm die Rolle von Elisabeths Anwalt und verfaßte eine 17 Seiten lange Verteidigungsschrift, in der er behauptete, daß Elisabeth Koegel niemals entlassen wollte, sondern nur, wie es ihr Recht war, einen zweiten Herausgeber engagieren. Gustav Naumanns Drohung, sein »sogenanntes Exposé« zu veröffentlichen, nannte er Erpressung und drohte dem Verlag, er würde die nötigen gesetzlichen Schritte zum Schutz der Rechte Elisabeths unternehmen.

Constantin Naumann war außer sich, als er hörte, was sein Neffe getan hatte. Im Verlauf einer rasch einberufenen Konferenz in Weimar am 17. Januar, an der außer Constantin Naumann auch Dr. Oehler, Elisabeth und Koegel teilnahmen, erklärte Naumann, er würde seinen Neffen wegen seiner unautorisierten und unverzeihlichen Handlung aus dem Verlag ausschließen. Koegel, der versicherte, er habe von dem Exposé nichts gewußt und dies auch nicht mit verfaßt, behielt seine Stellung zwar noch drei Monate, um Band 11 und 12 für die Veröffentlichung vorzubereiten. Doch er durfte nicht mehr im Archiv arbeiten und mußte Elisabeth jeden Dienstag und Sonnabend persönlich über die Fortschritte seiner Arbeit berichten. Die Entscheidung, was in Zukunft veröffentlicht und was nicht veröffentlicht werden sollte, lag von jetzt an bei ihr allein.

Wieder einmal hatte Elisabeth gesiegt. Triumphierend schrieb sie ihrer Freundin Meta: »Dr. Koegel stellte sich gehorsam am Dienstag zur festgesetzten Zeit ein – wie alle Dienstags und Samstags seitdem... Aber es hilft alles nichts. Er hat mir gedroht, daß er eine

Skandalschrift auf ›Nietzsche und seine Schwester‹ schreiben will;
das heißt Verleumdung und Schmutz auf eines der besten Verhältnisse werfen. Auf diese Drohung gehört Entlassung.«[22]

Peter Gast, der die Weimarer Ereignisse von seinem Beobach-
tungsposten Annaberg aus mit amüsiertem Interesse verfolgte, berichtete Overbeck: »Dr. Koegel ist vom Archiv fort. Seitdem er sich
mit Fräulein Gelzer verlobt hatte, begann sein Stern bei Frau
Dr. Förster zu sinken. Wie es scheint, duldet Frau Dr. Förster nur
Junggesellen um sich, also Leute, um welche die leise Möglichkeit
einer Liaison mit ihr schwebt. Jetzt hat es ihr der Dr. Steiner angetan.«[23]

18. Villa Silberblick

Nachdem sie ihren schwierigen Winter glücklich überstanden hatte, freute sich Elisabeth sehr auf den Frühling. In gehobener Stimmung schrieb sie ihrer Freundin:»Geliebtes Herz Meta: Ich bin mir jetzt ein bißchen meiner Macht bewußt geworden.«[1] Der Versuch, ihr, der Schwester Nietzsches, das Archiv zu entreißen, sei elend gescheitert. Eine schutzlose Frau triumphiere über eine Gruppe intrigierender Männer. Es sei töricht gewesen, sich von ihnen einschüchtern zu lassen. Sie brauche ja eigentlich weder Koegel noch Steiner. Sie und Meta könnten die Werke ihres Bruders gemeinsam herausgeben. Und für das Entziffern und Abschreiben der Manuskripte könnten sie einen männlichen Sekretär einstellen.

Meta, die sich noch gut daran erinnerte, wie sehr Elisabeth Koegel immer gelobt hatte, und die ihn selbst schätzte, war über Elisabeths plötzliche Meinungsänderung ziemlich erstaunt. Elisabeths Idee, die Werke Nietzsches selbst herauszugeben, hielt sie für naiv. Offenbar hatte Elisabeth keine Ahnung vom professionellen Redigieren eines Textes. Doch Elisabeth ließ sich nicht beirren. Freudig berichtete sie, daß sie Professor Deussen, einen Freund ihres Bruders, und dessen Familie in Kiel besucht und Deussen gefragt habe, was er von zwei weiblichen Herausgebern halte. Er habe die Idee für ausgezeichnet gehalten und Elisabeth seinen akademischen Kollegen vorgestellt. Als Schwester des Philosophen, der momentan soviel Aufsehen erregte, sei sie überall königlich empfangen worden.»Ich lebe jetzt auf, ich werde schrecklich verwöhnt, nach all den Niederträchtigkeiten tut es wohl.«[2] Doch davon war Meta nicht beeindruckt. Sie erkannte immer mehr, daß Elisabeth vor allem sich selbst in Szene setzen und im Mittelpunkt stehen wollte.

Elisabeths Mitteilung, sie habe ihren Kieler Freunden versprochen, daß sie und Meta, ihre adlige Schweizer Freundin, im Mai acht Wochen in Kiel verbringen würden, Vorlesungen hören, Theater und Gesellschaften besuchen, hielt Meta keiner Antwort für würdig.

Es war einfach lächerlich von Elisabeth, zu erwarten, daß sie, Meta, die ein Studium von sieben Semestern an der Universität Zürich mit dem Doktorgrad abgeschlossen hatte, sich unter Elisabeths Anleitung Vorlesungen an der Universität Kiel anhören sollte. Meta mußte jedoch Elisabeths Einladung nicht ablehnen, da im April ein Ereignis eintrat, das weitreichende Folgen hatte: Die plötzliche Erkrankung und der Tod von Elisabeths Mutter.

Ernstlich krank war Franziska Nietzsche in den 70 Jahren ihres Lebens nie gewesen. Sie hatte schwer gearbeitet, einfach gelebt und bei ihrem täglichen Abendgebet immer ihrer Kinder gedacht, deren Ideen sie nicht verstand. Manchmal, während ihrer einsamen Nachtwachen am Bett ihres kranken Sohnes, der plötzlich so berühmt geworden war, hatte sie sich besorgt gefragt, ob seine Krankheit nicht eine Strafe Gottes sei. Franziska selbst blieb zeitlebens standhaft in ihrem Glauben und zweifelte nicht daran, daß am Ende auch Fritz Gottes Gnade teilhaftig würde.

Das Verhalten ihrer Tochter verletzte sie weit mehr. Franziska verstand nicht, warum Elisabeth die schrecklichen antichristlichen Notizen, die ihr Sohn hingekritzelt hatte, als er schon geistig krank war, veröffentlicht hatte. Sie war überzeugt, er selbst hätte dies sicher nicht getan, wenn er gesund gewesen wäre. Und Lieschen täte es nur, weil sie Geld bräuchte. Das sei der Fluch ihres Lebens: sie brauchte immer mehr Geld als sie hatte. Die lächerliche Komödie mit den anonymen Geldgebern habe sie auch nur inszeniert, weil sie allein über das Geld ihres Bruders verfügen wollte. Franziska hatte ihr das nie verziehen. Aus den bedrückten Worten eines Briefes an Overbeck hört man heraus, welches Mißtrauen sie gegen ihre Tochter empfand: »Wer weiß, ob die beiden besten Freunde meines Sohnes nicht auch für dessen Mutter einstehen müssen.«[3]

Franziskas robuste Gesundheit hatte sich im Laufe der achtjährigen aufopfernden Pflege ihres Sohnes und aufgrund der seelischen Belastungen durch die ewigen Auseinandersetzungen mit ihrer Tochter verschlechtert. Bald nach Weihnachten begann sie über Magenkrämpfe zu klagen. Anfang April verschlechterte sich ihr Zustand so sehr, daß Elisabeth nach Hause kommen mußte, um bei der Pflege ihres Bruders zu helfen. Daß auch ihre Mutter ernstlich krank war, merkte sie sofort. Das Ende kam schnell – ein gnadenvoller Tod befreite Franziska von einem Leben, das Mühe und Arbeit gewesen ist. Sie starb am 20. April 1897.

Von jetzt an mußte Elisabeth die Pflege ihres Bruders übernehmen – entweder im Haus ihrer Mutter, oder sie mußte in Weimar ein Haus finden, das groß genug für sie beide und das Nietzsche-Archiv war. Der Gedanke, nach Naumburg zurückzukehren, war ihr so widerwärtig, daß sie ihn gar nicht erst erwog. Obgleich ihre Weimarer Wohnung zu klein war, und sie kein Geld hatte, ein Haus zu kaufen, war sie fest entschlossen, in Weimar zu bleiben. In dieser schwierigen Lage vertraute sie sich Meta an, auf deren Freundschaft sie immer noch baute und die ihr schon mehrfach geholfen hatte. Und Meta kam ihr auch diesmal wieder zu Hilfe. Auf einer Anhöhe vor Weimar, mit einem herrlichen Blick auf die Stadt, stand eine vor kurzem erbaute Villa zum Verkauf, die Meta für einen idealen Zufluchtsort für den kranken Philosophen hielt, obwohl der Besitz nicht billig war. Der Eigentümer verlangte 40 000 Mark dafür. Um das Haus zu erwerben, mußte Meta Wertpapiere, die besonders günstige Rendite brachten, verkaufen. Doch aus Verehrung für Nietzsche tat sie es. Sein hilfloser Zustand rührte sie sehr. Er verdiente es, den Rest seines traurigen Lebens in völliger Abgeschiedenheit zu verbringen, ohne den Blicken Neugieriger ausgesetzt zu sein. Aus diesen Erwägungen heraus entschloß sich Meta im Juni 1897, Villa Silberblick zu kaufen.

Elisabeth hatte sich die Villa vor dem Kauf angesehen und war begeistert. Sie versicherte ihrer Freundin, es sei genau das richtige Haus für sie und ihren kranken Bruder. Meta schlug vor, sie und ihr Bruder sollten bei Zahlung einer bescheidenen jährlichen Miete darin wohnen. Nach dem Tod ihres Bruders sollte Elisabeth die Möglichkeit haben, die Villa zu kaufen. Mit einem Ausdruck tiefer Dankbarkeit nahm Elisabeth Metas Angebot an: »Ich gedenke Deiner wie eines guten Genius, der zu einer Zeit, als mein geliebter Bruder und ich selbst elend und hilfsbedürftig waren, uns an der Hand nahm und in das Haus führte, in welchem wir nun leben und sterben wollen.«[4]

Ehe sie einzog, entschied Elisabeth, daß die Villa – ein geräumiges dreistöckiges Gebäude – gewisser Veränderungen bedürfe, um seiner doppelten Funktion gerecht zu werden: ein Heim zu sein für sie und ihren kranken Bruder und ein würdiger Rahmen für die gesellschaftlichen Verpflichtungen, die das Nietzsche-Archiv mit sich brachte. Sie stellte ein Heer von Tischlern, Malern und Klempnern an, die den Auftrag erhielten, das Haus gründlich umzubauen. Für ihren Bruder mußte eine Veranda angebaut werden, sie selbst benötigte ein Badezimmer, die Küche einen neuen Kachelboden, ein neues Waschbecken und mußte außerdem gestrichen werden. Das Gästezimmer, das Meta für sich reserviert hatte, war viel zu klein, fand Elisabeth und ließ eine Wand zwischen zwei kleinen Zimmern durchbrechen, wodurch ein großes repräsentatives Gästezimmer entstand. Elisabeth war stolz auf diese Veränderungen und teilte Meta mit, sie freue sich, daß das für sie reservierte Zimmer nun so gemütlich sei:»Ich bin Deinen Intentionen gefolgt und habe aus den beiden kleinen Räumen einen Erker gemacht. Das Zimmer ist nun hell und freundlich und macht in seiner orginellen Form einen ganz reizenden Eindruck.«[5]

Meta hatte keinerlei Anweisungen für einen Umbau gegeben und war entsetzt, als sie hörte, daß Elisabeth ihn in Auftrag gegeben hatte, ohne dies zuvor mit ihr abzusprechen. Sie war empört, als sie nun die Rechnung dafür erhielt:»Liebe Elisabeth,« schrieb sie,»frage Dich einmal ruhig und mit Hinteransetzung alles Persönlichen, wie würdest Du über eine Frau denken, die gegen Deinen ausgesprochenen Willen in Deinem Haus und in den ihr reservierten Räumen bauliche Veränderungen träfe? Denn daß du *meine* Intentionen ausgeführt hättest, ist denn doch eine gewagte Umschreibung des Sachverhalts. Von meinen langjährigen Freunden, Frauen und Männern, würde niemand einer derartigen Verletzung – nicht nur meiner Rechte – meiner persönlichen Wünsche fähig gewesen sein.«[6] Tief enttäuscht von einem, wie sie sich ausdrückte, ›Grundmangel‹ in Elisabeths Charakter, teilte Meta ihr mit, daß sie unmöglich mit ihr zusammen leben könnte, denn »*Du* liebst äußeren Prunk, Bequemlichkeit und was den Menschen in die Augen fällt und meinst damit dem vornehmen Menschentum Deines Bruders zu dienen – *ich* würde es für das Schönste achten, dem Kranken alle mögliche Erheiterung oder Erleichterung seines Schicksals zu verschaffen und im übrigen durch Sparsamkeit und Anspruchslosigkeit sein Vermögen durch die Einnahmen aus seinen Büchern zu häufen und seinem Geisteswerk ein dauerndes Asyl zu schaffen.«[7]

Elisabeth beantwortete Metas langen und vorwurfsvollen Brief in einem Ton beleidigter Unschuld, wie sie es immer tat, wenn sie offenbar im Unrecht war. Sie betonte, daß sie nicht erwarte, Meta solle für die Kosten des Umbaus, den sie ohne sie zu konsultieren, vorgenommen hatte, aufkommen. Aber für lange Beratungen sei einfach keine Zeit gewesen, da der Umbau vor der Ankunft ihres Bruders hätte beendet werden müssen:»Ich konnte doch nicht warten, weil das Klopfen und Hämmern, wenn der liebe Kranke schon im Haus weilte, fast unmöglich war.«[8] Aber wenn sie die kostspieligen Umbauten im Haus und auch im Garten selbst bezahlen müsse –»so wie der Garten ist, nützt er mir nichts, er verfehlt seinen Hauptzweck, er bietet meinem teuren Bruder keine Schattenwege, also einen kleinen Teil möchte ich gern zu Anlagen nehmen: wie sollst Du nun dazu kommen, diese Anlagen zu bezahlen?«[9] – wenn das nun alles auf ihre Rechnung gehen solle, wäre es dann nicht richtiger, sie würde das Haus schon jetzt und nicht erst nach dem Tode ihres Bruders kaufen? Sie informierte Meta, daß sie tatsächlich Pläne für den Ankauf von Villa Silberblick mache und nur hoffe, Meta hätte die Villa nicht so liebgewonnen, daß sie sie nicht verkaufen wolle. Da Meta, die viel Zeit und Geld geopfert hatte, um das Haus knapp zwei Monate vorher zu erwerben, offensichtlich keine Eile hatte, es wieder zu verkaufen, betonte Elisabeth, sie würde nie vergessen, daß sie es Metas Tüchtigkeit und Herzensgüte verdanke, ein so gut geeignetes Zuhause für sich und ihren geliebten Bruder gefunden zu haben. »Leider«, fügte sie hinzu,»paßt das Haus nicht für jedermann, wer kleine Kinder hat oder empfindlich ist gegen Luftzug, dürfte nicht hier wohnen, irgendwo zieht es immer.«[10] Sie und ihr Bruder seien Gott sei Dank immun gegen Erkältungen und zwar dank der schon früh von ihrer Mutter verordneten Kaltwasserbäder.

In einem weniger beleidigten Ton fortfahrend, lud sie Meta ein, sie zu besuchen, um sich persönlich davon zu überzeugen, wie sehr das Haus durch den Umbau an Ansehnlichkeit gewonnen hatte. Sie berichtete, sie habe schon eine ganze Reihe bedeutender Besucher empfangen, wie zum Beispiel Frau von Petry, den Maler Curt Stoeving und Harry Graf Kessler, den sie ihren »bibliographischen Berater« nannte. Sie beabsichtige:»Eine neue kleine Ausgabe von *Zarathustra* zu machen, die jetzige ist doch im Stil von Jungendamenlyrik ausgefallen.«[11] Im Herbst erwarte sie eine Reihe distinguierter und interessanter Besucher und würde sich sehr freuen, wenn Meta auch nach Weimar käme, um sie zu treffen.

Schließlich kam sie noch einmal auf den Hauskauf zu sprechen. Da sie bereits 2 000 Mark für den Umbau zahlen müsse, wolle sie es kaufen. Sie hoffe auf Metas Zustimmung, denn Meta besitze ja ein herrliches Schloß in der Schweiz und würde Villa Silberblick sicher ganz gern wieder verkaufen.»Eben überlege ich nochmals die ganze

Kaufangelegenheit und komme zu folgender Bitte: würde es Dir recht sein, wenn ich für das erste Jahr, also vom 1. Juli 1897 bis 1898 das Recht oder Vorrecht besäße, das Haus für 40 000 Mark zu kaufen? Als ich am 22. Juli früh hier ankam auf die dämmernde Stadt und den weiten Horizont sah, da sagte ich meinem Herzen: ein neues Leben! Ja, ein schönes, neues Leben hat begonnen. Ohne Dich wäre ich da unten in dem kleinen Haus in Naumburg sitzen geblieben.«[12]

Metas Antwort kam prompt und war wenig tröstlich. Sie hatte keine Absicht, ihre Villa zu verkaufen, so lange Nietzsche noch lebte: »Wenn Du meine Villa und Garten, die Dir im Frühling so wohl gefielen, mit Tadel bedachtest, ein Badezimmer für Dich für nötig erklärst, nachdem du weder in Weingarten 18 noch in Deiner späteren Naumburger noch in Deiner Weimarer Wohnung ein solches hattest, wenn Graf Kessler, der Millionär, Dein bibliographischer Berater ist und Dich die letztes Jahr gemachte Zarathustra-Ausgabe im Handwerklichen verachten lehrte, so kann ich nur lächeln. Das sind Dinge, die Dich nicht nur mir, sondern vielen in ein ganz anderes Licht rücken, als Du vermutest.«[13]

Solch direkte Worte ließen selbst Elisabeth sprachlos. Sie konnte sich nicht vorstellen, warum Meta so ungehalten war. Sie hatte angenommen, daß Meta das Haus für ihren Bruder gekauft habe und sich über jede, ihm zuliebe angefertigte Verbesserung, freuen würde. Doch vielleicht sei dem gar nicht so. Vielleicht habe Meta das Haus als Anlageobjekt gekauft. (Elisabeth hatte gehört, daß viele reiche Schweizer Grundbesitz in Deutschland kauften, um Steuervorteile zu gewinnen.) Wenn das der Fall sei, müsse sie andere Vorkehrungen treffen, denn sie benötige ein Haus, daß groß genug sei für sie und ihren Bruder. Ihr Vetter habe sich bereit erklärt, ihr das nötige Geld zu leihen, damit sie sich in Weimar ein geeignetes Haus kaufen könne. Wenn Meta ihr Haus also nicht verkaufen wolle, so würde sie die Villa Oberist kaufen, die zum Verkauf angeboten worden sei.

Verärgert über diese Entwicklung der Dinge, beschloß Meta, nach Weimar zu reisen, um die Veränderungen, die Elisabeth an ihrem Haus angebracht hatte, in Augenschein zu nehmen. Am Bahnhof wurde sie von einem Diener in Livrée empfangen, der sie feierlich im Namen von Frau Dr. Förster-Nietzsche willkommen hieß und zu einem wartenden Wagen geleitete. Elisabeth empfing ihre liebe Freundin herzlich an der Tür der Villa Silberblick, und führte sie durch das Haus. Im Erdgeschoß lagen Archiv und Empfangszimmer, ausgestattet mit roten Samtmöbeln, einem Flügel und Vitrinen mit Nietzsches Büchern. An den Wänden hingen Familien- und Paraguaybilder, indianische Töpferwaren, gerahmte Spitzen und Stickereien. Elisabeths Wohnzimmer lag im ersten Stock, daneben ein Badezimmer und das Schlafzimmer und die Veranda ihres Bruders. Die Gästezimmer waren im zweiten Stock. Meta bemerkte, daß der Erkerraum, den Elisabeth ohne ihre Erlaubnis hatte bauen lassen, tatsächlich sehr freundlich und hell war, aber daß sie vor eine vollendete Tatsache gestellt worden war, ärgerte sie. Elisabeth hatte von ihrem Haus Besitz ergriffen, und es schien ihr nichts anderes übrig zu bleiben, als es ihr zu verkaufen. Nach einer peinlichen Szene, in der Elisabeth Meta beschuldigte, sie habe sie getäuscht, als sie ihr gesagt habe, sie hätte das Haus für sie und ihren Bruder gekauft, während offensichtlich steuerliche Erwägungen sie dazu veranlaßt hätten, verließ Meta Weimar demonstrativ. Sie sagte, sie würde mit Dr. Oehler über den Verkauf ihres Hauses korrespondieren.

Elisabeth fuhr fort, Meta mit langen Briefen zu verfolgen, in denen sie sich über Metas Verhalten beklagte. Warum sollte eine Freundschaft einem Stück Grundbesitz geopfert werden? Sie erinnerte Meta daran, daß sie es gewesen sei, die ihren Verleger dazu überredet habe, Metas »reizendes kleines Buch über ihren Bruder« zu veröffentlichen – Worte, die Meta beleidigten – ja, es sei ihr sogar gelungen, daß Meta für ihr Büchlein dasselbe Honorar erhalten habe, das sie, Elisabeth, seinerzeit für die Biographie über ihren Bruder erhalten habe. Sei das etwa kein Beweis ihrer Freundschaft? Um ihren Worten Nachdruck zu verleihen, übersandte sie ihrer Freundin als Weihnachtsgeschenk ein signiertes Exemplar der Gedichte ihres Bruders, ein Bändchen, das sie noch schnell für den Weihnachtsmarkt zusammengestellt hatte.

Meta dankte ihr dafür, bestand aber darauf, keine weiteren Geschenke zu erhalten: »Es ist überhaupt besser, wir schreiben uns fürs erste nicht mehr. Siehst Du, in Deinen beiden letzten Briefen sind wieder Stellen, die auf eine gänzliche Umkehr des Tatbestandes beruhen und mich nötigen würden, Seiten und Seiten zur Richtigstellung zu schreiben. Dazu habe ich weder Zeit noch Kraft, noch ist es meiner würdig, mich immer zur Wehr zu setzen gegen Menschen, denen ich mit meinem besten Willen entgegen kam… Hättest Du im Frühling, als ich immer und immer wieder von Deines armen Bruders Tod als Termin für einen eventuellen Verkauf des Hauses meinerseits sprach und schrieb, offen gesagt, Du wolltest es für Dich.«[14]

Der Briefwechsel zwischen Meta und Dr. Oehler zeigt, wie tief Meta durch die Handlungen Elisabeths verletzt worden war: »Glauben Sie mir, die Stellung als Schwester des berühmten Bruders ist dieser Frau über den Kopf gewachsen. Es könnten Fälle eintreten, in denen man sie nicht mehr schonen dürfte um des Bruders Willen.«[15] Oder »ich weiß nicht, ob Sie, geehrter Herr, Einfluß auf Ihre Kusine haben. Für den Fall, daß dem so wäre, kann ich nicht umhin, Sie auf etwas aufmerksam zu machen, was mir in letzter Zeit wiederholt entgegentrat. Die Reporterartikel über Nietzsche in den Zeitungen fangen an, den besseren Teil der Leser sehr zu verstimmen. Da ist unter anderem einer von Böttcher, der in wenig feiner Weise erzählt, wie er den armen Kranken zuerst schlafen, dann wachen sehen durfte, wie dieser auf einem Stuhl hockte und mit Kuchen gefüttert wurde. Ich kann Ihnen nicht wiederholen, was für Äußerungen über Frau Doktor dieser Artikel herbeigeführt hat, aber ich kann auch nicht verhehlen, daß es mir unfaßbar ist, daß der in gesunden Tagen so überaus sensitive Mann als hilfloser Kranker dergestalt preisgegeben wird.«[16]

Es ist unwahrscheinlich, daß Dr. Oehler Elisabeth von Metas kritischen Bemerkungen unterrichtete. Er wußte, daß Elisabeth mehr oder weniger immun gegen jede Kritik war. Sie war fest davon überzeugt, daß niemand ihrem Bruder so tief verbunden sei wie sie selbst und daher niemand in der Lage sei, zu beurteilen, was gut für ihn sei. »Ich glaube, Meta hat von der leidenschaftlichen Liebe, die ich für meinen Bruder empfinde, nie eine Ahnung gehabt. Ich lache im Stillen darüber, denn ich könnte leicht jedermann allerhand Illusionen nehmen ... Sie werden hier allerhand zwischen den Zeilen lesen.«[17]

Daß ihre Freundschaft mit Meta ein so plötzliches Ende gefunden hatte, war eine Enttäuschung für Elisabeth, denn sie hatte sie gern, genoß ihre Gesellschaft und liebte es, sich der aristokratischen Herkunft ihrer Freundin zu rühmen. Doch inzwischen hatte sie andere aristokratische Verehrer gefunden und brauchte Meta nicht mehr. Ihr letzter Brief an Meta, geschrieben im Juli 1898, ist Ausdruck ihrer Enttäuschung und ihres Selbstbewußtseins: »Es tut mir herzlich leid, daß es mit unserer Freundschaft wohl für immer zu Ende ist, denn ich habe dich so gern, wirklich lieb gehabt und Du fehlst mir so bei meinem jetzigen Triumph über all die Männer und Männlein!«[18]

19. Die Grablegung Zarathustras

Der wichtigste von Elisabeths neuen Freunden war Harry Graf Kessler, der Sohn eines reichen Hamburger Bankiers, der von Kaiser Wilhelm I. geadelt worden war und in Paris lebte, wo er am 23. Mai 1868 geboren wurde. Seine Mutter, eine berühmte Schönheit, stammte aus altem irischen Landadel. Als geborener Kosmopolit wurde Kessler in England, Frankreich und Deutschland erzogen und besuchte die Universitäten Bonn und Leipzig. Er war ein wißbegieriger, geistreicher junger Mann und ein scharfer Beobachter des politischen und kulturellen Lebens, das er mit großem literarischen Talent in seinen Tagebüchern festhielt; er begann damit im Sommer 1880, als er zwölf Jahre alt war und seine letzte Eintragung ist datiert vom 30. September 1937, kaum einen Monat vor seinem Tod.

Unübertroffen als Chronist seiner Zeit erfüllte Kessler im Laufe seines langen, bewegten Lebens verschiedene Funktionen. Er war ein scharfsichtiger Kunstkenner, ein Freund und Gönner von Malern und Dichtern, Museumsdirektor, Autor, Diplomat und Politiker. Nabokov bezeichnet ihn als einen »der wenigen ›Grandseigneurs‹, die unser Jahrhundert hervorgebracht hat, ein kompletter, völlig einzigartiger Kosmopolit, ein durch beste liberale deutsche Tradition geformter Europäer.«[1]

Als Elisabeth ihm zum erstenmal begegnete, war Graf Kessler 29 Jahre alt, unverheiratet, ein großer, schlanker Mann mit gepflegtem Schnurrbart und dunklen, suchenden Augen. Er war vermögend, aber im Gegensatz zu den meisten Mitgliedern seines Standes und seiner Erziehung, war er von den revolutionären Ideen seines Zeitalters tief beeindruckt. Er hatte erkannt, daß Darwin, Marx, Ibsen, Wagner und Nietzsche und andere zeitgenössische Denker am Ende einer Ära standen und war daher später nicht überrascht, als die alte Ordnung Europas durch den ersten Weltkrieg von Grund auf verändert wurde. Jedoch – wiederum im Gegensatz zu den meisten Angehörigen seines Standes – wurde Kessler durch die einschneidenden politischen und sozialen Umwälzungen, die dem Krieg folgten, nicht verbittert, sondern er begrüßte die neue Ordnung, unterstützte die Weimarer Republik, wurde Präsident der Deutschen Friedensgesellschaft und unterhielt so gute Beziehungen zu linken Politikern, daß er von seinen Feinden »Der rote Graf« genannt wurde.

Wie viele junge Intellektuelle um die Jahrhundertwende geriet Kessler unter den Einfluß Nietzsches, weil er fasziniert war von dessen provozierenden Ideen und begeistert von seinem Stil. Er war einer der ersten, der Koegels Bitte um eine Garantie über 6 000 Mark für die Gründung des Nietzsche-Archivs nachkam. Mit ihrem unfehlbaren Instinkt für wahre Verehrer ihres Bruders pflegte Elisabeth die Freundschaft des jungen Adligen. Kurz nach ihrem Einzug in die Villa Silberblick lud sie Kessler an einem Wochenende ein. Er nahm die Einladung an und notierte in seinem Tagebuch: »Weimar, 7. August 1897, Sonnabend. Um 5 1/2 Uhr hier an. Nietzsches Diener am Bahnhof; in Livrée; auf den Knöpfen fünfzackige Krone. Das Haus liegt oberhalb der Stadt an einem Hügel in einem neu gepflanzten, noch ziemlich kahlen Garten, aber die Aussicht auf Stadt und Land hübsch. Innen ist viel Raum; Parterre Archiv und Empfangszimmer, in der ersten Etage die Privatwohnung von Nietzsche und seiner Schwester, in der zweiten mein Fremdenzimmer: hier kein Federbett mehr, aber auch noch kein tub. Alles andere kulturell dementsprechend; wohlhabend, aber ohne Rücksicht auf die raffinierteren Kulturbedürfnisse eingerichtet. Es ist wie bei einem recht gut situierten Universitätsprofessor oder Staatsbeamten. Frau Förster erzählte mir einige Stunden lang ziemlich weitläufig ihren Streit mit Koegel, Steiner, Hecker und Consorten, ohne daß ich eigentlich sehr viel klüger wurde. Wenn sie eifrig wird, fängt sie an zu sächseln und manchmal wird sie auch larmoyant. Wie sie die Sachen sagt, klingt oft *niais*, aber *was* sie sagt, ist meistens gut. Über Cosima zum Beispiel bei einem Vergleich mit der Staël und der George Sand: was sie immer an ihr bewundert habe, sei, wie sehr sie mit ihrem Empfinden immer Frau, und zwar liebende, sich unterordnende Frau, geblieben sei, während die beiden anderen großen Frauen des Jahrhunderts eigentlich Männer gewesen seien... Über Nietzsches jetziges Leben spricht sie seit der Übersiedlung hoffnungsvoller. Das neue Haus gefällt ihm... Wenn Frau Förster von ihrem Bruder erzählt, so klingt es, als ob sie von einem ganz kleinen

Kinde berichte, das eben anfinge, sprechen zu lernen; sie scheint sich so daran gewöhnt zu haben, ihren Bruder als lallendes Kind zu betrachten, daß sie gar nicht mehr die entsetzliche Tragödie, die in alledem liegt, zu empfinden scheint... Nach Tisch die neuen Ausgaben des *Zarathustra* und der Gedichte besprochen; die Förster bot mir an, für diese an Koegels Stelle als Herausgeber zu figurieren. Ich lehnte ab.«[2]

Am Tage nach seinem intimen Diner mit Elisabeth machte Kessler einen Morgenspaziergang durch Weimar, kam am Goethe-Haus vorbei und notierte den Gegensatz zwischen dem Haus, in dem ein gesundes Genie gelebt hatte und jenem anderen auf dem Hügel, in dem ein kranker Genius im Wahnsinn dahindämmerte. Elisabeth bestand darauf, daß Kessler noch vor dem Frühstück ihren Bruder besuchen solle, weil er, wie sie sagte, Besucher gern hätte. Aber als sie Nietzsches Zimmer betraten, fanden sie ihn fest schlafend: »Er lag schlafend auf einem Sopha, der mächtige Kopf ruhte, als ob er für den Hals zu schwer wäre, halb nach rechts herunter gesunken. Die Stirn ist ganz kolossal; das mähnenartige Haar noch dunkelbraun; und ebenso der struppige wulstige Schnurrbart; unter den Augen sind breite, schwarzbraune Ränder tief in die Wangen eingesunken; man erkennt noch im matten, schlaffen Gesicht einige tiefe, vom Denken und Wollen eingegrabene Falten, aber gleichsam verwischt und allmählich wieder sich glättend. Im Ausdruck liegt eine unendliche Müdigkeit. Die Hände sind wie Wachs, grünlich und violett geädert und etwas geschwollen; wie bei einer Leiche. Ein Tisch und ein hoher Lehnstuhl waren ans Sopha gerückt, damit der schwere Körper bei einer ungeschickten Bewegung nicht herunterfalle. Er war von der schwülen Gewitterluft ermattet und, trotzdem die Schwester ihn mehrmals streichelte und kosend ›Liebling, Liebling‹ rief, nicht zu wecken. So glich er nicht einem Kranken oder einem Wahnsinnigen, sondern eher einem Toten.«[3]

Zwei Monate später verbrachte Kessler wieder ein Wochenende mit Elisabeth. Nach einem sehr anregenden Abendessen, an dem auch zwei junge Damen der Weimarer Gesellschaft teilgenommen hatten, ging Kessler auf sein Zimmer. Es war ungefähr 10.00 Uhr. Eine Viertelstunde nachdem er seine Leselampe ausgelöscht hatte, wurde er plötzlich aufgeschreckt durch das laute Brüllen des Kranken in der Etage unter ihm: »Ich stand halb auf und hörte noch zwei-, dreimal die langen rauhen wie stöhnenden Laute, die er mit ganzer Kraft in die Nacht hinaus schrie; dann war wieder alles still.«[4] Kessler erschauderte und konnte stundenlang nicht einschlafen. Was für ein furchtbarer Alptraum wohl der Grund für Nietzsches herzzerreißenden Aufschrei gewesen sein mag?

Kessler war der Herrin der Villa Silberblick vor allem deswegen zugetan, weil er Nietzsche als den Vorläufer des »guten Europäers« verehrte, den Propheten eines vereinten Europas, das ohne Rücksicht auf die kleinlichen nationalen Rivalitäten seine kulturellen Aufgaben erfüllen sollte. Und wie viele jugendliche Verehrer Nietzsches übertrug er die Bewunderung für sein Idol auf Elisabeth. Als Nietzsches Schwester verdiente sie Respekt. Kessler scheint nicht empfunden zu haben, daß das gesellschaftliche Treiben im unteren Stockwerk, die Tee- und Abendgesellschaften doch sehr unziemlich waren in einem Hause, in dem ein unheilbarer Kranker langsam dahinsiechte. Sollte er sich über Elisabeths Lebensstil Gedanken gemacht haben, so enthalten seine Tagebücher doch nichts darüber. Kessler bewunderte ihren Mut, ihre Entschlossenheit und ihre unermüdliche Energie.

Elisabeths nächstes Projekt – nach der Herausgabe der gesammelten Werke ihres Bruders, den beiden Ausgaben, in Groß- und Kleinoctav, mit je 15 Bänden geplant – war die Veröffentlichung seiner Briefe, die sie als Dokumente von größtem literarischen Wert bezeichnete. Sie hatte alle Freunde und Bekannten ihres Bruders, mit denen er korrespondiert hatte, gebeten, ihr seine Briefe zurückzuschicken. Einige hatten sie dem Nietzsche-Archiv gestiftet, andere Geld dafür verlangt. Sie hatte Malwida 2 000 Mark für die Briefe ihres Bruders bezahlt und seinem früheren Verleger Schmeitzner fast 3 000 Mark. Diese Ausgaben hatten sie finanziell sehr belastet, doch war sie fest entschlossen, sämtliche schriftlichen Äußerungen ihres Bruders im Nietzsche-Archiv zu verwahren. Nur Overbeck hatte sich geweigert, ihr seinen umfangreichen Briefwechsel mit Nietzsche zu überlassen. Sie empfand diese ablehnende Haltung ihr und dem Archiv gegenüber als persönlichen Affront.

Graf Kessler dagegen versprach ihr, sie nach besten Kräften in ihrem Ziel, dem Ausbau des Nietzsche-Archivs zu einer würdigen Denkstätte ihres Bruders, zu unterstützen. Er machte sie mit einer Anzahl einflußreicher Persönlichkeiten bekannt, wie mit dem belgischen Architekten Henry van de Velde, der als Begründer eines neuen Kunststils von sich reden machte, und mit Cornelia Richter, der Tochter des Komponisten Meyerbeer, die einen der elegantesten literarischen Salons in Berlin führte. Elisabeth wurde mit Neugier und Ehrfurcht in diesen Kreisen aufgenommen. Sie war bekannt als Autorin der Nietzsche-Biographie und als Mitarbeiterin an literarischen Zeitschriften. Immer elegant gekleidet, in langen, schwarzseidenen oder Taftgewändern und attraktiven schwarzen Hütchen mit Schleier oder großen Federhüten, verkehrte sie zwanglos mit der politischen und literarischen Elite Berlins. Verglichen mit dem Palast Meyerbeer fand Elisabeth, sei die Villa Silberblick ein bescheidenes Haus, das man aber durch einen entsprechenden Umbau repräsentativer gestalten könne. Elisabeth entschloß sich, darüber mit van de Velde zu sprechen.

Doch die wichtigste Entscheidung, die sie jetzt treffen mußte, war einen Herausgeber zu finden, der die von Koegel begonnene Gesamtausgabe vollenden würde. An Bewerbern dafür fehlte es nicht. Viele junge Gelehrte, die sich als Nietzsche-Herausgeber einen Namen machen wollten, bemühten sich um die begehrte Stellung. Aber Elisabeth zögerte, weil sie heimlich hoffte, daß Koegel vielleicht doch noch zurückkommen würde. »Über Koegel kann sich die Förster noch immer nicht beruhigen,« notierte Kessler im Oktober 1897, »im tiefsten Grunde würde sie ihn, glaube ich, gern zurückhaben, sie mag es sich aber nicht zugeben.«[5] Erst im Oktober 1898, über ein Jahr nach Koegels Weggang, entschloß sich Elisabeth, einen neuen Herausgeber anzustellen. Sie entschied sich für Dr. Arthur Seidl, einen wenig bekannten Musikkritiker und Mitarbeiter an antisemitischen Zeitschriften, mit dessen Loyalität sie rechnen konnte. Es stellte sich aber heraus, daß Seidl nur ein Jahr blieb und dem Archiv den Rücken kehrte, als ihm eine Dauerstellung in München angeboten wurde. Seine Nachfolger waren die Brüder Ernst und August Horneffer, die nun vor der schwierigen Aufgabe standen, Nietzsches fast unlesbare Hieroglyphen aus den Aufzeichnungen vom Herbst 1889 entziffern zu müssen. Da die beiden weit weniger mit Nietzsches Handschrift vertraut waren als Koegel – selbst dieser hatte zahlreiche Passagen unentziffert beiseite gelegt –, war dies ein langsamer und langwieriger Prozeß, viel zu langsam für Elisabeth, der es auf schnelle Resultate in Form von zur Veröffentlichung tauglicher Manuskripte ankam. Gast hatte sie vor seiner Entlassung gewarnt: »Was vorliegt, sind lauter in genialem Schwung hingeworfene Aphorismen, Dispositionen, Sprüche – Feuerberge des Geistes –, die zu einem großen Teil von niemanden als von mir entziffert werden können. Ich sage das wahrhaftig nicht aus Eigensinn, sondern mehr aus Trauer, daß ich Ihnen bei der Druckherstellung nicht entbehrlich bin.«[6] Als Elisabeth sah, daß es den beiden Horneffers offenbar sehr schwer fiel, die Handschrift ihres Bruders zu entziffern, erkannte sie, daß Gast Recht gehabt hatte. Ohne seine Hilfe würde es Jahre dauern, ehe aus diesen »Feuerbergen des Geistes« brauchbare Manuskripte entstehen würden. Aber die Zeit drängte. Die Nietzsche-Leser verlangten neue Werke und jeder Band vergrößerte ihr Einkommen, das sie dringend benötigte, um ihren aufwendigen Lebensstil führen zu können.

Villa Silberblick wurde nach und nach Treffpunkt der prominentesten deutschen Künstler, Schriftsteller und Dichter. Selbst der Großherzog von Sachsen-Weimar, Karl August, stattete der Schwester des »verrückten Philosophen« einen Überraschungsbesuch ab, da man ja, wie er dieser Tage keine Zeitung aufmachen könne, ohne dem Namen Nietzsche zu begegnen. Eine Pilgerfahrt nach Weimar wurde *de rigueur* für viele deutsche Nietzsche-Enthusiasten, und auch eine steigende Anzahl ausländischer Gelehrten kam auf den Hügel, um der Schwester Zarathustras ihre Aufwartung zu machen.

Während die eigentliche Person dieser Vergötterung völlig unberührt von all dem Rummel vor sich hindämmerte, sonnte sich Elisabeth in seinem Ruhm und betrachtete es als ihre Pflicht, ihn in einer geradezu fürstlichen Art und Weise zu repräsentieren. Das bedeutete, daß sie beträchtliche Summen zur Bewirtung ihrer Gäste ausgeben mußte, ganz zu schweigen von den laufenden Kosten des Archivs und ihres Haushalts. Die Zahl ihrer Angestellten belief sich zuweilen auf zehn: sie beschäftigte eine Köchin, ein Dienstmädchen, einen Kutscher, einen Privatsekretär, zwei Gärtner und manchmal bis zu vier Herausgeber. Ihre Ausgaben beliefen sich auf das Vier- oder Fünffache des Jahresgehaltes eines Universitätsprofessors. Da die einzige Quelle ihres Einkommens die Honorare für ihre eigenen und die Bücher ihres Bruders waren, fand sie sich ständig in finanziellen Schwierigkeiten. Das erklärt ihre Ungeduld mit Redakteuren wie den Brüdern Horneffer, die länger als ein Jahr benötigten, um zwei *Umwertungs*-Bände fertigzustellen. Sie erinnerte sich daran, daß ihr Gast vor sechs Jahren gesagt hatte, das Material, daß er in den Notizbüchern gesichtet hätte, würde mindestens vier oder fünf Bände zu je 400 Seiten ergeben und das Ganze würde dem geplanten Werk

Der Wille zur Macht – Versuch einer Umwertung aller Werte entsprechen.

Diesen Titel hatte Elisabeth nie vergessen. Er drückte aus, was ihr an der Philosophie ihres Bruders am meisten imponierte:»Wille zur Macht«. Hier war ein Gedanke, der auch im deutschen Volk viel Anklang finden würde. Jahrhundertelang war Deutschland ein schlafender Riese gewesen, aber jetzt war er erwacht und streckte sich nach allen Seiten. Hatte doch der Kaiser erklärt, nun sei Deutschland an der Reihe, sich einen Platz an der Sonne zu sichern. Er würde den Ausdruck »Wille zur Macht« verstehen, vielleicht sogar das Buch ihres Bruders lesen. Ihre Bemühungen, Kaiser Wilhelm für Nietzsches Philosophie zu gewinnen war bisher gescheitert. Aber durch die Veröffentlichung von »Der Wille zur Macht« würde sie vielleicht das Ohr und die Gunst des Allerhöchsten gewinnen. Das Buch mußte unbedingt erscheinen. Leider schien Gast der einzige zu sein, der die Handschrift ihres Bruders entziffern konnte. Sie sah jetzt ein, daß es ein schwerer Fehler gewesen war, ihn vor sechs Jahren so Hals über Kopf zu entlassen. Er hatte Recht behalten:»Nur wer mit Nietzsches Denkweise und Sprachschatz aufs Innigste vertraut ist, vermag diese Schätze zu heben.«[7] Allen anderen blieben sie wie ein Meer unverständlicher Kritzeleien verborgen. Es mußte unbedingt ein Weg gefunden werden, um Gast wieder für das Archiv zu gewinnen; aber würde er nach der wenig schönen Art seiner Entlassung bereit sein, noch einmal in ihren Dienst zu treten? Einen Hoffnungsstrahl gab es. Naumann berichtete, Gast habe den ersten Band ihrer Biographie sehr gelobt. Als Dank hatte sie ihm ein persönlich gewidmetes Exemplar der Gedichte ihres Bruders geschickt. Gast hatte es in stummer Dankbarkeit – so hoffte sie – angenommen. Sie wußte nicht, daß Gast an Overbeck geschrieben hatte, er habe über Elisabeths herzliche Widmung lachen müssen, denn »Naumann ist von der engelholden Dame wieder einmal beim Staatsanwalt verklagt worden. Sie weiß fast nichts, als die Menschen zu beunruhigen, zu quälen, zu schindern und mit der offenbaren Ungerechtigkeit zu beurteilen. Ich selber freue mich dabei, damals, als das Lama aus Amerika zurückkam, so kurzen Prozeß mit ihr gemacht zu haben. Trotz meiner Gutmütigkeit hatte ich sogleich das Gefühl, daß wir miteinander nicht auskommen würden. Für die Wirkung Nietzsches ist es freilich ein Fehler, daß ich seiner Sache entfremdet wurde: denn ich hätte sein Bild und seine Lehre in einer anderen Weise in die Herzen zu pflanzen gewußt, als sie, nach so mancherlei Zeugnissen, jetzt in den Herzen der Zeitgenossen stehen.«[8]

Das war Gasts Meinung von Elisabeth, als er eine offizielle Einladung erhielt, sie in Weimar zu besuchen. Sie erwähnte, sie möchte mit ihm über die Möglichkeit reden, ob er Interesse habe, Nietzsches musikalische Kompositionen herauszugeben. Da Gast bereits eine Reise nach Weimar – allerdings nicht ins Nietzsche-Archiv – geplant hatte und seinen kranken Freund gern wiedersehen wollte, nahm er Elisabeths Einladung an. Er wurde außerordentlich herzlich empfangen und verbrachte drei Tage im Nietzsche-Archiv. In langen Gesprächen erklärte Elisabeth, wie sehr sie die unglückliche Entwicklung bedaure, die zu ihrer Entfremdung geführt habe, und daß sie aufrichtig hoffe, er werde ihren Vorschlag annehmen. Überrascht und zugleich gerührt von Elisabeths unerwarteter Herzlichkeit, willigte Gast ein, noch einmal in ihre Dienste zu treten. Da er wußte, daß sich Overbeck darüber sehr wundern würde, wie es zu diesem plötzlichen Sinneswandel habe kommen können, deutete er diesem gegenüber nur an, er könne die unzähligen Gründe für seinen Entschluß gar nicht aufzählen.

Und dabei lagen die Gründe für Gasts Entschluß, die ihm angebotene Stellung anzunehmen, klar auf der Hand. Jahrelang hatte er vergeblich versucht, sich als Musiker einen Namen zu machen. Seine Oper *Der Löwe von Venedig*, von der Nietzsche gehofft hatte, sie würde Wagners Opern übertreffen, wurde von jedem Dirigenten, dem er sie vorlegte, zurückgeschickt. Dasselbe Schicksal erlitten seine zahlreichen Symphonien. Er konnte tun, was er wollte, als Musiker fand Gast kein Gehör – als Freund Nietzsches dagegen wurde er bald weitbekannt. Er wurde oft von Redakteuren literarischer Zeitschriften gebeten, Beiträge über Nietzsche zu liefern oder kritische Rezensionen über Bücher zu schreiben, die sich mit Nietzsches Philosophie befaßten. Und wer war kompetenter für derartige Aufgaben als Nietzsches treuester Schüler? In den letzten fünf Jahren hatte Gast von der Abgeschiedenheit seines Annaberger Heims aus mit Staunen Nietzsches steigenden Ruhm verfolgt. Für ihn selbst waren es Jahre der Enttäuschung. Er war 45 Jahre alt, aber für seinen Lebensunterhalt war er immer noch auf die Unterstützung seines Vaters angewiesen. Fast zehn Jahre schon liebte er eine junge Frau, die er heiraten wollte. Doch an eine Ehe war nicht zu denken, solange er sich nicht einmal selbst ernähren konnte. Elisabeth bot ihm nun eine gut bezahlte Stellung an, die Möglichkeit zu heiraten und aus dem Alltagsdunkel seiner Annaberger Existenz in das helle Licht zu treten, das seinen verehrten Lehrer umstrahlte.

Am 4. August 1900 schrieb Gast an Overbeck: »Jetzt liegen nun die Dinge so, daß ich die nächsten Jahre *hier* zu bleiben gedenke. Ja, ich will mich am 3. September verheiraten! Mit einem Liebchen, das ich bereits 10 Jahre habe, mit der jetzt 26 Jahre alten Fräulein Elise Wagner in Leipzig.«[9] Er schlug vor, Overbeck möge doch bei seinem jährlichen Besuch seiner Verwandten in Dresden durch Weimar kommen und da er Overbecks Abneigung für Elisabeth kannte, versicherte er, es bestehe keine Gefahr, daß er Nietzsches Schwester treffen würde, denn »Frau Förster tut keinen Schritt in die Stadt: sie fährt nur noch in der Equipage mit Kutscher und Diener in Livrée auf dem Bock. Sie ist die reine Hofdame geworden, als unterhaltliches Wesen in aristokratischen und Hofkreisen viel begehrt.«[10]

Der herablassende Ton, mit dem Gast von Elisabeth spricht, täuscht. Er schrieb an Overbeck und wollte den Eindruck vermeiden, er mache nun gemeinsame Sache mit Elisabeth, obwohl dies ja der Fall war. Die Rolle, die sie in Weimar spielte, imponierte ihm und er war überrascht, wie liebevoll sie ihren Bruder pflegte. Gast hatte in Nietzsche stets den Propheten einer neuen Religion gesehen, die im *Zarathustra* verkündet wird. »Ein heiliges Buch« hatte er es genannt, »eine neue Bibel«. Es freute ihn, daß Elisabeth diesen Glauben teilte – er fand seinen Freund gehüllt in die langen weißen Gewänder eines Brahmanen, seine »Christushände« gefaltet in seinem Schoß liegend. Obgleich Nietzsche keinerlei Zeichen gab, das darauf hinwies, daß er seinen früheren Famulus und Schüler erkannte, war Gast davon überzeugt, daß er seine Anwesenheit spürte. Er verbrachte einige Minuten in stiller Meditation im Zimmer seines kranken Freundes, und als er sich auf Zehenspitzen wieder leise entfernte, war er mehr überzeugt denn je, daß Nietzsche ein Heiliger sei.

Die Gelegenheit, der Welt Nietzsches Heiligsprechung zu verkünden, kam drei Wochen, nachdem Gast Overbeck mitgeteilt hatte, er sei nach Weimar gezogen. Am Sonnabend, den 25. August 1900 blies ein Schlag das flackernde Lebenslicht aus, das noch 11 Jahre nach dem geistigen Zusammenbruch in Nietzsches Körper verharrt hatte.

Graf Kessler war in seinem Berliner Klub, als er eine Sondermeldung der Wolffschen Presseagentur las, die Nietzsches Tod anzeigte. Zu Hause fand er ein Telegramm von Elisabeth: »Heute mittag ist mein heißgeliebter Bruder unerwartet verschieden. Montag nachmittag 5.00 Uhr Trauerfeier im Nietzsche-Archiv. Bitte kommen sie wenn möglich Montag früh.«[11] Kessler wartete nicht bis Montag. Er traf schon am Sonntagnachmittag in Weimar ein und begab sich sofort zu Elisabeth. Er fand sie in tiefer Trauer, aber fest entschlossen, die Begräbniszeremonie, die sie und Gast arrangiert hatten, in allen Einzelheiten durchzuführen. Der Leichnam ihres Bruders, eingehüllt in Leinen und Damast, lag in einem schweren eichernen Sarg im Archivzimmer aufgebahrt inmitten eines Meeres von Kränzen und Blumen. Kessler bemerkte, daß Nietzsches Gesicht eingefallen und klein war wie das Gesicht eines Kindes. Sein großer, frostgrauer Schnurrbart verhüllte den schmerzlichen Zug um seinen Mund. Elisabeth wollte eine Totenmaske anfertigen lassen, aber da keine Zeit mehr war, einen Bildhauer zu rufen, erbot sich Kessler, mit Hilfe eines jungen Stukkateurs einen Gipsabdruck anzufertigen. Später klagte Elisabeth oft, daß das Gesicht ihres Bruders nicht so schief gewesen sei, wie es die Todesmaske zeigte.

Für die Zeremonie hatte Elisabeth den bekannten Berliner Kunsthistoriker Kurt Breysig eingeladen, der die Gedächtnisrede halten sollte. Für den Nachruf hatte sie Ernst Horneffer bestimmt. Beginnen sollte die Zeremonie mit einem Lied von Brahms, gesungen von einem Frauenchor und enden mit einer Motette von Palestrina. Nur ein kleiner Kreis geladener Freunde und Mitglieder der Familie sollte anwesend sein. Die breite Öffentlichkeit sollte dann zu Nietzsches Begräbnis kommen, das für den folgenden Dienstag in seinem Geburtsort Röcken geplant war. Mit Hilfe Gasts hatte Elisabeth die Presse benachrichtigt und Kondolenzlisten angefertigt. Overbeck wurde zwar telegraphisch eingeladen, erschien aber – trotz Gasts Bitten – nicht.

Die Zeremonie begann pünktlich um 5.00 Uhr nachmittags. Brennende Kerzen umgaben den offenen Sarg. So viele Menschen drängten sich in das Archivzimmer, daß »es sich nicht vermeiden ließ, ganz nahe an den Sarg heranzutreten und mit einem Gefühl, gemischt aus Ehrfurcht und Scham, stand man so in nächster Berührung mit dem Toten und jetzt begann der Berliner Kulturhistoriker

240

Kurt Breysig, ins offene Fenster gelehnt, eine ›Festrede‹ zu halten. Ein selbstverständliches Gefühl gebot, sowohl nach der inneren wie nach der äußeren Tragik des Augenblicks, in wenigen feierlichen Herzensworten die Stimmung der Stunde zu fassen. Statt dessen zog der Redner ein dickleibiges Manuskript aus der Tasche und fing an vorzulesen. Da dies nicht recht gelang, wurde ihm schnell aus Frau Försters Nähkasten ein Pult improvisiert und nun las er erbarmungslos eine kulturhistorische Zergliederung der Erscheinung Nietzsches. Selten habe ich grimmigere Augenblicke erlebt. Noch bis zum Sarge verfolgten diesen Mann die Gelehrsamkeit im Gewande der Kultur, gegen die er so tapfer gekämpft hatte wie selten einer. Wäre er jetzt aufgestanden, er hätte den Redner zum Fenster hinausgeworfen und uns aus dem Tempel gejagt – auch uns Unschuldige.«[12]

Nicht Kessler schrieb diesen Bericht, sondern der Architekt Fritz Schumacher, ein wahrer Bewunderer Nietzsches, wenn auch kein Mitglied des Intim-Kreises. Kessler notierte nur, daß Breysigs Festrede viel zu lang und langweilig gewesen sei. Was ihm auffiel, war die kleinbürgerliche Mentalität der meisten Leidtragenden:»Stoeving, Heinze, Gersdoff, Gast usw., lauter ganz gute, aber ganz mittelmäßige Menschen; nichts an Geist oder Charakter, das hervorragt.«[13]

Dieser Eindruck wurde verstärkt am folgenden Tag, als sich die Mitglieder der Familien Nietzsche und Oehler zu Nietzsches Begräbnis versammelten. Es waren alles solide Bürger, Pastoren, Anwälte, Beamte, doch darunter kein außergewöhnliches Gesicht. Elisabeth hatte angeordnet, ihr Bruder solle neben seinem Vater begraben werden, am Rande des Friedhofs – nahe des Pfarrhauses, in dem er 56 Jahre zuvor geboren worden war – und zwar in dem traditionellen Stil eines evangelisch-lutherischen Begräbnisses. So geschah es, daß der überzeugte Antichrist unter läutenden Kirchenglocken und dem Gesang des Kirchenchores beerdigt wurde. Jeder der Leidtragenden trat an den Rand des Grabes und warf drei Handvoll Erde auf den Sarg, der mit einem silbernen Kreuz verziert war. Als besonderes Zeichen der Ehre rezitierten einige Leidtragende Texte aus dem *Zarathustra*.

Gast trat vor und sprach den Segen. Er pries Nietzsche als eines der edelsten Wesen, das je gelebt habe, den Schöpfer neuer Werte, den Verkünder eines neuen Evangeliums und er endete mit der Beschwörung»Friede seiner Asche! Heilig sei Dein Name allen kommenden Geschlechtern.«[14]

In seinem letzten Brief an Jacob Burckhardt, geschrieben kurz nach seinem Zusammenbruch 1889, sagte Nietzsche, daß er viel lieber Professor in Basel wäre als Gott, aber leider könne er nicht so egoistisch sein, da es ja seine Pflicht sei, die Welt zu schaffen. Und er schloß diesen Brief mit den italienischen Worten: *son dio, ho fatto questa caricatura* – ich bin Gott, ich habe diese Karikatur gemacht. Als er noch gesund war, hat Nietzsche immer beteuert, er fürchte nichts so sehr, als eines Tages heiliggesprochen zu werden. Und als dann die Zügel der Vernunft von ihm gefallen waren, spielte er die Rolle Gottes – er hätte sicher gelächelt oder, wahrscheinlicher, wäre in ein homerisches Gelächter ausgebrochen, hätte er gesehen, wie gut sein treues kleines Lama mit Hilfe seines maestro ›Pietro Gasto‹ nun das inszenierte, was er sowohl gefürchtet als auch gehofft hatte.

Fünfter Teil
1901–1935

20. Das verlorene Manuskript

Die Begräbnisfeierlichkeiten auf dem Friedhof zu Röcken hatten ein unerwartetes Nachspiel. Elisabeth hatte angeordnet, daß die Trauergemeinde – nebst ihren Dienstboten – nach ihrer Rückkehr von Nietzsches Grab im Röckener Gasthof bewirtet werden sollten. Dieses Angebot nahmen die meisten der Dienstboten an; obwohl sie nicht an der Beerdigung teilnahmen, konsumierten sie erstaunliche Mengen von Kalbshaxen und Freibier. Elisabeth war entsetzt, als sie eine Rechnung über 456 Mark erhielt. Der Gastwirt behauptete, er habe 114 Leute bewirtet, von denen jeder für 4 Mark Essen und Trinken verzehrt habe. Entrüstet erwiderte Elisabeth, beide Zahlen seien frei erfunden. Sie weigerte sich, die geforderte Summe zu zahlen und drohte, sie würde den Wirt wegen Überforderung verklagen. Nach langem Hin und Her, wobei die Röckener Dorfbewohner Elisabeth mit nicht gerade schmeichelhaften Ausdrücken bedachten, wurde ein Kompromiß erzielt. Der Wirt gab sich mit 250 Mark zufrieden, schwor jedoch, er würde nie wieder bei einem Nietzsche-Begräbnis für die Verköstigung sorgen.

Nach ihres Bruders Tod erbte Elisabeth sein kleines Vermögen von 36 000 Mark und konnte nun die 30 000 Mark zurückzahlen, die ihr der Berliner Bankier Mendelssohn geliehen hatte. Da sie außerdem beträchtliche Honorare für die Werke ihres Bruders und ihrer eigenen Schriften erhielt, schien ihre finanzielle Zukunft endlich gesichert zu sein. Doch ihr Lebensstil war alles andere als bescheiden. »Ich mag einige leidlich gute Eigenschaften besitzen«, hatte sie Gustav Naumann in einem Moment seltener Offenheit bekannt: »aber eine schlechte ist sicherlich: ich brauche viel Geld.«[1] Es war ihr Ehrgeiz, am Weimarer Hof nicht nur als ebenbürtig empfangen zu werden, sondern sie wollte der Mittelpunkt der kulturellen Renaissance in der thüringischen Hauptstadt sein. Die Zeit schien günstig für ein solches Vorhaben, denn Großherzog Wilhelm Ernst hatte gerade den Thron von Sachsen-Weimar bestiegen. Er war ein junger Mann mit noch unbekannten Eigenschaften, der – unter richtiger Führung – die großen kulturellen Traditionen seiner Vorfahren, Karl August und Karl Alexander, würde fortsetzen können. Ersterer hatte aus der unbedeutenden Provinzstadt Weimar das ›Deutsche Athen‹ gemacht, indem er Goethe dorthin berufen hatte und unter Karl Alexanders weiser und liberaler Herrschaft wurde Weimar zu einer Stadt der Künste, vor allem der Musik, mit Franz Liszt als ihrem bedeutendsten Vertreter.

Elisabeth träumte von einer dritten Weimarer Ära, in deren Mittelpunkt sie selbst und das Nietzsche-Archiv stehen sollte. Sie hatte Cosima Wagner schon so lange um ihre führende Rolle in Bayreuth beneidet und war entschlossen, aus ihrer Villa in Weimar einen ebenso bekannten Treffpunkt berühmter Männer und Frauen zu machen. Um ihren Traum zu verwirklichen, brauchte sie jedoch die Unterstützung begabter junger Künstler. Einige hatte sie in Cornelia Richters elegantem Salon in Berlin kennengelernt, wo man sie als die Schwester des Philosophen Nietzsche verehrte. Einer war der junge belgische Architekt und Kunstgewerbler Henry van de Velde. Elisabeth lud ihn ein, sie in Weimar zu besuchen und unternahm mit ihm eine sentimentale Reise nach Röcken, an das Grab ihres Bruders – eine Ehre, die sie nur wenigen besonders engen Freunden erwies. Wie die meisten ehrgeizigen jungen Männer hielt van de Velde Elisabeth für eine interessante Persönlichkeit und fühlte sich geschmeichelt, als sie andeutete, daß das kulturelle Klima in Weimar für seine Talente viel günstiger sei als Berlin, wo man sich hauptsächlich für Politik interessiere. Van de Velde versicherte ihr, er würde sehr gern nach Weimar kommen, wenn er eine Einladung vom Großherzog bekäme.

Sekundiert von Graf Kessler, der eine Reihe einflußreicher Persönlichkeiten am Weimarer Hof persönlich kannte, startete Elisabeth mit Hilfe ihrer aristokratischen Freunde eine gezielte Kampagne, die den jungen Großherzog überzeugen sollte, daß van de Veldes Gegenwart in Weimar seiner Herrschaft Ruhm und Segen bringen würde. Sie lud zum Tee und gab Essen für die Minister des Großherzogs und stellte van de Velde als anerkannte Autorität einer neuen kunstvollen Innenarchitektur vor. Seine Möbel, Vorhänge, Buchillustrationen, Keramik- und Metallkompositionen hatten auf Ausstellungen in Paris und in Berlin großes Aufsehen erregt. Seine Gegenwart in Weimar sei also nicht nur ehrenvoll für den Hof des jungen

Großherzogs, sondern auch wertvoll für das um seine Existenz ringende, häusliche Kunstgewerbe der Grafschaft. Van de Velde könnte den thüringischen Kunstgewerblern neue Entwürfe zeigen, ihnen neue Arbeitsmethoden beibringen im Zusammenhang mit neuen werk-und materialgerechten Formen. Als Beweis der hohen Meinung, die sie von dem jungen belgischen Künstler hatte, erwähnte Elisabeth, daß sie van de Velde mit dem Umbau ihres Hauses beauftragt habe; Villa Silberblick sollte eine würdige Heimstätte für die Bücher und Manuskripte ihres Bruders werden.

Zwar hatte weder der Großherzog, dessen Hauptinteresse die Jagd war, noch seine – primär mit Hofintrigen beschäftigten – Minister die geringste Ahnung von van de Veldes künstlerischen Neuerungen, aber sie konnten Elisabeths leidenschaftlicher Befürwortung des belgischen Künstlers auf die Dauer nicht widerstehen. Nach einer Reihe von Besprechungen auf höchster Ebene berief der Großherzog van de Velde als Kunstsachverständigen und Direktor der Kunstgewerbeschule nach Weimar. Einige Monate später lud er Graf Kessler ebenfalls ein, nach Weimar zu kommen, und die Leitung des dortigen Kunstmuseums zu übernehmen. Elisabeth jubilierte. Die Gegenwart ihrer beiden talentierten Freunde schien ihr ein gutes Omen für ihre eigene Rolle innerhalb des kulturellen Weimarer Lebens zu sein.

Kurz nach van de Veldes Ankunft in der thüringischen Hauptstadt, 1902, erhielt er von Elisabeth den Auftrag, die architektonischen Entwürfe für einen umfassenden Umbau ihres Hauses anzufertigen. Sie wollte das ganze Erdgeschoß, in dem sich bisher eine Reihe kleiner Räume befanden, in eine geräumige Bibliothek und einen Empfangssalon, groß genug für etwa 60 Gäste, verwandeln und das danebenliegende Speisezimmer sollte 20 Gästen Platz bieten. Van de Velde sollte persönlich die innenarchitektonische Gestaltung der neuen Räume übernehmen.

Während der Arbeiten an diesem Umbau, die fast ein Jahr in Anspruch nahmen, ging Elisabeth auf Reisen. Sie veranlaßte, daß die Manuskripte ihres Bruders in einer nahegelegenen Mietwohnung aufbewahrt wurden und überließ Peter Gast die Aufgabe, Nietzsches Notizbücher zu entziffern. Zusammen mit den Brüdern Horneffer hatte Gast gerade *Der Wille zur Macht* herausgegeben, das Elisabeth als das Hauptwerk ihres Bruders bezeichnete. Obwohl sie sehr wenig an den mühseligen Arbeiten – anhand des Chaos von Aphorismen, die ihr Bruder in den letzten Jahren seines Schaffens hingekritzelt hatte – beteiligt war, schrieb Elisabeth eine ausführliche Einleitung zu dem neuen Werk. Zweck dieser Einleitung war, der Öffentlichkeit mitzuteilen, daß ihr Bruder sein Hauptwerk *Der Wille zur Macht* nicht hatte vollenden können oder vielmehr, daß möglicherweise »diese Aufzeichnungen durch einen unglücklichen Zufall gleich nach der Erkrankung Nietzsches verschwunden und entwendet worden sind, – damals wo sich keiner der dazu Beauftragten ernstlich um die hinterlassenen Papiere des Erkrankten gekümmert hat.«[2] Es war dies eine schlechtverhohlene Beschuldigung, daß durch Overbecks Nachlässigkeit – es war Overbeck, der 1889 nach Turin geeilt war, um seinem kranken Freund zu helfen – möglicherweise ein unersetzbares Manuskript verlorengegangen war.

Nachdem sie das Nietzsche-Archiv vorübergehend untergebracht hatte, zog sich Elisabeth nach Tautenburg zurück, um am dritten Band der Biographie ihres Bruders zu arbeiten. Er behandelte die letzte und fruchtbarste Periode im Schaffen Nietzsches, mit der Elisabeth am wenigsten vertraut war, da sie sich zu der Zeit – damals geistig sowie geographisch weit entfernt von ihrem Bruder – um ihre Kolonie in Paraguay hatte kümmern müssen. Mit Gasts Hilfe, der in diesen Jahren mit ihrem Bruder eng verbunden war, konnte sie viele Ereignisse rekonstruieren. Aber Overbeck, der Nietzsche in diesen Jahren ebenfalls sehr nahe gestanden hatte, weigerte sich, ihr Nietzsches Briefe zu zeigen. Darüber war sie außer sich, denn sie vermutete, daß ihr Bruder in seinen Briefen an Overbeck wenig Schönes über sie geschrieben hatte. Sie hatte in Nietzsches Notizbüchern einige Briefentwürfe gefunden, die so kompromittierend für sie waren, daß sie entschlossen war, sie zu ignorieren und zu unterschlagen. Leider hatte Koegel Abschriften davon gemacht, und in der Presse erschienen mysteriöse Anspielungen über »Koegels Geheim-Excerpte«, die angeblich aufdeckten, was Nietzsche wirklich von seiner Schwester hielt. Um deren Veröffentlichung zu verhindern, unternahm Elisabeth gerichtliche Schritte gegen Koegel und, nach dessen frühem Tod im Jahre 1904, auch gegen seine noch unmündigen Kinder. Ihr Standpunkt war, daß alles, was Koegel während seiner Tätigkeit im Nietzsche-Archiv kopiert hatte, ihr Eigentum war und daher an sie zurückgegeben werden mußte. Sie fühlte sich berechtigt, jede Stelle im Werk oder in den Briefen ihres Bruders zu tilgen, die ihrer Meinung nach gegen den guten Geschmack verstieß, oder ihre

Beziehung zu ihrem Bruder und ihre Interpretation seiner Philosophie in Frage stellte.

In Rapallo, auf der Suche nach Material für den dritten Band ihrer Nietzsche-Biographie erinnerte sich Elisabeth, daß ihr Bruder verschiedentlich abschätzige Bemerkungen über die Hohenzollern gemacht hatte. Sie schrieb an Gast, der gerade dabei war, die entsprechenden Notizbücher zu veröffentlichen:»Ich kann noch eine Stelle nicht finden, welche besser wegbleibt und ungefähr so heißt:›Was geht es mich an, ob Hohenzollern existieren?‹, das wollen wir doch weglassen.«[3] Elisabeth schauderte, wenn sie an einen Zettel dachte, auf den ihr Bruder einmal in seiner großen Wahnsinnshandschrift geschrieben hatte:»Ich habe eben Besitz ergriffen von meinem Reich, werfe den Papst ins Gefängnis und lasse Wilhelm, Bismarck und Stöcker erschießen«. Elisabeth verehrte Kaiser Wilhelm und hoffte, eines Tages von ihm empfangen zu werden, denn sie war überzeugt davon, daß er den Begriff»Wille zur Macht« verstehen und gutheißen würde. Dies geht auch aus ihrer Biographie über Nietzsche hervor.

Im Sommer 1903 kehrte Elisabeth nach Weimar zurück und war sehr angenehm überrascht von dem neuen Aussehen der Villa Silberblick. Alles war verändert. Die unscheinbare Fassade des Haupteinganges war ersetzt durch ein schweres eichernes Portal mit einem bronzenen, von van de Velde entworfenen Türornament, das dem Buchstaben N ähnelte. Nachdem man durch diese schwere Türe eingetreten war, gelangte man durch eine kleine Vorhalle in die geräumige Bibliothek und in den erstaunlich form- und farbenprächtig ausgestatteten Salon. Die rötlichgelbe Buchenholztäfelung verlieh dem ganzen Raum ein Gefühl der Wärme und stand in starkem Kontrast zu dem Weiß der Decke. Eingebaute Bücherregale und geschwungene Sofas mit erdbeerfarbenen Bezügen zeugten von schlichter Eleganz. Um einen großen bronzenen Kamin standen handgearbeitete Stühle. Durch einen Flügel am anderen Ende der Bibliothek wurde der Blick auf eine große Nietzsche-Büste aus weißem Marmor gelenkt, die anläßlich des Umbaus der Villa Silberblick von dem bekannten Bildhauer Max Klinger angefertigt worden war und auf einem Postament zwischen zwei Fenstern stand.

Der Gesamteindruck des neuen Nietzsche-Archivs war äußerst imposant – der Preis ebenfalls. Zu ihrem Schrecken erfuhr Elisabeth, daß der Umbau 50 000 Mark gekostet hatte, 10 000 Mark mehr als sie für die ganze Villa seinerzeit bezahlt hatte. Da sie nicht annähernd genug Geld besaß, mußte sie eine große Hypothek aufnehmen, für die hohe Zinsen anfielen. Wieder einmal, wie so oft, war durch die finanzielle Lage die Existenz des Nietzsche-Archivs äußerst gefährdet. Doch darüber sorgte sich Elisabeth nicht. Als Vertreterin des größten Genius der Gegenwart glaubte sie ein Recht auf ein würdiges Heim zu besitzen, zumal sich ihr armer Bruder sein Leben lang mit elenden Quartieren hatte begnügen müssen. Wenn sie also Geld brauchte, verlangte sie Vorschüsse von ihren Verlegern oder wandte sich an Freunde und Verwandte mit der Bitte um Darlehen. Graf Kessler zum Beispiel gab ihr 12 000 Mark zum Erwerb der Klinger-Büste ihres Bruders. Außerdem arbeitete sie unermüdlich – sie schrieb Artikel, Aufsätze, Kommentare und vollendete den dritten Band ihrer Nietzsche-Biographie. Dieser erschien 1904 und fand viele Leser, wenn auch ihre Darstellung verschiedener Freundschaften Nietzsches stark kritisiert wurden, vor allem ihr Kapitel über Nietzsches Freundschaft mit Lou Salomé. Aber da es Lou, eine inzwischen von der Avantgarde in Berlin viel bewunderte Schriftstellerin, unter ihrer Würde fand, sich öffentlich mit Elisabeth zu streiten und nur wenige Eingeweihte wußten, was sich wirklich zwischen ihr und Nietzsche abgespielt hatte, nahm die breite Öffentlichkeit von den kritischen Stimmen kaum Notiz. Elisabeths dreibändige Biographie *Das Leben Friedrich Nietzsches* trug viel zur Popularisierung von Nietzsches Schriften bei und ist verantwortlich für die ›Heiligenlegende‹, die den Philosophen von jetzt ab hinter einem mystischen Gewande verbarg. Elisabeths Begründung für Nietzsches Krankheit – sie behauptete, die Ursache für seinen Zusammenbruch in Turin sei eine Überdosis an Chloral gewesen, die er aus Verzweiflung über die Indifferenz seiner Landsleute, ihm und seinem Werk gegenüber, genommen habe – erzeugte in vielen Deutschen Schuldgefühle. Wieder einmal hieß es, habe Deutschland einen nationalen Helden verraten, der – wie einst Siegfried – einem hinterlistigen Feind zum Opfer gefallen sei.

Elisabeth war fest entschlossen, keinerlei Zweifel an der von ihr erfundenen Ursache der Erkrankung ihres Bruders aufkommen zu lassen, als Nietzsches Zusammenbruch nach dem Erscheinen eines ausführlichen Krankheitsberichtes des Nervenarztes Dr. Paul Möbius im Jahre 1902 Anlaß zu einer öffentlichen Kontroverse gab.

Möbius, ein angesehener Leipziger Neurologe, hatte von Elisabeth selbst die Erlaubnis erhalten, die ärztlichen Eintragungen in den Krankenakten der Anstalten von Basel und Jena, in die Nietzsche zu Beginn seiner Krankheit eingewiesen worden war, einzusehen und zu analysieren. In ihren privaten Mitteilungen an Möbius versicherte Elisabeth, daß Nietzsche aus einem durchaus gesunden Elternhaus sowohl mütterlicherseits als auch väterlicherseits stamme, und daß daher von einer möglichen vererbten Geisteskrankheit keine Rede sein könne. Die Ursache des Gehirntumors, an dem ihr Vater gestorben sei, sei ein Sturz auf einer Treppe gewesen. Daß Pastor Nietzsche an Ohnmachtsanfällen gelitten habe, sei ein bösartiges Gerücht. Auch ihr Bruder sei ein völlig gesundes Kind gewesen und abgesehen davon, daß er sehr kurzsichtig gewesen sei und gelegentlich an Migräne-Kopfschmerzen gelitten habe, sei er in seinem ganzen Leben nie ernsthaft krank gewesen. Er habe seine Gesundheit einzig und allein durch Überarbeitung, die dann zu chronischer Schlaflosigkeit geführt habe, ruiniert. Denn zur Bekämpfung seiner Schlaflosigkeit habe er starke Dosen von Chloral eingenommen und außerdem eine mysteriöse braune Flüssigkeit aus Java, die ihm ein Holländer als Schlafmittel empfohlen habe. Sie habe ihn oft vor diesen Mitteln gewarnt, und er habe ihr versprochen, vorsichtig zu sein. Aber leider habe sie während der letzten kritischen Jahre seines Lebens, in denen er geradezu mit einem unmenschlichen Tempo gearbeitet habe, nicht bei ihm sein können. Was ihm damals gefehlt habe, sei Liebe und Verständnis gewesen, was er aber bekommen habe, Indifferenz und Spott. Überarbeitung, Drogen und Vereinsamung hatten, Elisabeths Meinung nach, diesen großen Geist zerstört.

Möbius nahm Elisabeths Erklärungen über den Zusammenbruch ihres Bruders zwar zur Kenntnis, verwarf sie jedoch nach einem gründlichen Studium der Krankheitsgeschichte Nietzsches. In dessen Briefen an Freunde, in Mitteilungen all derer, die ihn gut gekannt hatten, und aus den Berichten von Ärzten ging klar hervor, daß Nietzsches Hauptsorge sein Leben lang seine Gesundheit gewesen ist. Mehr als einmal hat er seinen Freunden gegenüber angedeutet, er fürchte, an einer Gehirnkrankheit zu leiden. Nach Konsultation weiterer Ärzte diagnostizierte Paul Julius Möbius Nietzsches Krankheit als »progressive Paralyse« und deutete an, daß deren Ursache Syphilis gewesen sei. Die bloße Erwähnung des Wortes ›Syphilis‹, eine Krankheit, die in guter Gesellschaft nicht einmal erwähnt werden durfte, brachte Elisabeths Blut in Wallung. Sie behauptete, Möbius' »Pamphlet« – so nannte sie dessen 1902 erschienene Studie *Über das Pathologische bei Nietzsche* – sei unter aller Würde. Was sie besonders erregte, war Möbius' Schlußfolgerung, wonach das Gift, das Nietzsches Zusammenbruch im Jahre 1889 verursacht habe, schon jahrelang in seinem Körper gewesen sei und alle seine Schriften, vom *Zarathustra* an, beeinflußt habe. Möbius warnte seine Landsleute, sie sollten vor Nietzsche auf der Hut sein, denn seine Schriften seien Erzeugnisse eines kranken Geistes.

Elisabeth reagierte auf diese »elenden Unterstellungen«, indem sie Verwandte und Freunde zu Hilfe rief. Alle waren ihrer Meinung, es sei unerhört zu behaupten, Nietzsche habe je eine Prostituierte, von der er sich syphilitisch hätte anstecken können, berührt. Er sei ein sehr sensibler Mensch gewesen und von Natur aus keusch. Die wollüstigen Stellen im *Zarathustra*, auf die Möbius hingewiesen habe, hätten keine andere Bedeutung als die, daß Nietzsche natürlich sehr wohl gewußt habe, was Geschlechtsverkehr sei. So geschah es, daß Möbius' Warnungen in den Wind geschlagen wurden und das von Elisabeth geschaffene Bild ihres Bruders in der Öffentlichkeit erhalten blieb.

Es gab jedoch einen Leser, der enger als Elisabeth mit Nietzsche verbunden war während der Zeit, von der ihre Biographie handelt, und dieser, Overbeck, protestierte: »Man hört wohl oft und mit Grund: mundus vult decipi, immerhin selten wird ein Lesepublikum gründlicher hinters Licht geführt werden, als das des Försterschen Buches. Das tritt bisweilen gerade da, wo die Verfasserin den Schein der intimsten Eingeweihtheit durch das Detail ihrer Angaben um sich zu bereiten weiß, besonders hell hervor. Manchmal siehts in dem Buche aus, als wolle Frau Förster den Lesern beweisen, im Grunde sei *sie* ihrem Bruder an Weisheit immer voraus gewesen. ›Nietzsche von einer Köchin beschrieben‹ – möchte ich als Überschrift vorschlagen... sie wird wohl jetzt noch als eine Heilige unter den Schwestern gepriesen. Das wird umschlagen. Sie kann einmal eine Hauptfigur im Typus der gefährlichen Schwestern werden. Nur möge man dann nicht vergessen, daß sie auf die Bahn der Biographie Nietzsches durch diesen selbst ebenso sehr gedrängt worden ist, als sie selbst sie aus eigener Macht beschritten. Sie hat sie nur auffallend leichtsinnig betreten.« Overbeck fügte hinzu, er sei im Besitz einer ausführlichen Korrespondenz, die eines Tages deutlich darstellen werde, was Nietzsche selbst, hätte er die Entwicklung miterlebt, über die Egozentrik seiner Schwester und über das Nietzsche-Archiv in Weimar gesagt hätte. Diese Worte lösten eine jahrelange, bittere Kontroverse aus. In Zeitungsartikeln und Aufsätzen in literarischen Zeitschriften stritten Elisabeth und ihre Getreuen gegen Overbeck und seine Freunde. Dabei spielte Gast eine wenig ehrenvolle Rolle. Er war Overbecks Freund und ein heftiger Kritiker Elisabeths gewesen, ehe er wieder in ihre Dienste trat und Archivbeamter wurde. Jetzt mußte er ihre Partei ergreifen. Auf Elisabeths Drängen schrieb Gast an Overbeck, daß das Gerücht von Nietzsches syphilitischer Ansteckung, das Möbius nach Einsicht der Krankenakten in Jena verbreitet hatte, auf eine Bemerkung zurückgehe, die Overbeck in einem vertraulichen Gespräch mit Professor Binswanger, dem Direktor der Jenaer Anstalt, gemacht habe, als er Nietzsche dort einlieferte. Overbeck erhielt Gasts Brief im Mai 1905, ungefähr einen Monat vor seinem Tod, und obwohl er damals schon sehr schwach war, beantwortete er ihn prompt. Eine derartige Bemerkung, schrieb er an Gast, habe er nie gemacht. Sollte sie in den Jenaer Krankenakten zu finden sein, so seien entweder die Nietzsche behandelnden Ärzte dafür verantwortlich oder Nietzsche selbst. In einer Nachschrift fügte Overbeck hinzu, daß ihm Binswanger im Februar 1890, unter dem Siegel der Verschwiegenheit, mitgeteilt habe, er zweifle nicht daran, daß Nietzsches Paralyse syphilitischen Ursprungs sei. »Ich habe das Siegel unverbrüchlich gehalten, *Sie* allein ausgenommen. Erinnern Sie sich noch eines Spaziergangs im Großen Garten?«[5]

Vielleicht erinnerte sich Gast an diesen Spaziergang, vielleicht auch nicht. Auf jeden Fall war Elisabeth nicht zufrieden mit der Erklärung, die er ihr gab. Sie verlangte eine schriftliche Bestätigung von Overbeck, daß er die fragliche Bemerkung nicht gemacht habe. Als sie hörte, daß Overbeck im Sterben lag, forderte sie Frau Overbeck auf, ihr Gatte solle ein dementsprechendes Dokument auf dem Todesbett unterzeichnen. Sie war wütend, als sich Frau Overbeck weigerte, dies von ihrem Mann zu verlangen.

Sie wurde noch wütender, als sie aus Zeitungsberichten erfuhr, daß Overbeck seine Nietzsche-Briefe testamentarisch der Universität Basel hinterlassen hatte, mit der Verfügung, sein Freund, Carl Albrecht Bernoulli, solle sie veröffentlichen. Um das zu verhindern, prozessierte Elisabeth mit Bernoulli und dessen Verleger Eugen

Diederichs, indem sie behauptete, Nietzsches Briefe an Overbeck hätten literarischen Wert und seien urheberrechtlich geschützt. Und allein sie sei im Besitz des Urheberrechtes aller Werke ihres Bruders, einschließlich seiner persönlichen Briefe. Sie verlangte vom Gericht ein Verbot jeder Veröffentlichung, so lange die Schutzfrist des Urheberrechtes gelte, nämlich dreißig Jahre; außerdem seien bereits veröffentlichte Briefe zu vernichten und die beiden Beklagten müßten die Prozeßkosten tragen.

Bernoulli und Diederichs entgegneten, Nietzsches Briefe an Overbeck seien rein persönliche Mitteilungen und könnten veröffentlicht werden, da sie nicht unter das Urheberrecht fielen. Nach längeren Beratungen wies das Weimarer Gericht Elisabeths Klage ab und verurteilte sie zur Zahlung der Prozeßkosten. Ihre Berufungsklage wurde ebenfalls abgewiesen, doch sprach das Gericht ein zeitweiliges Verbot der Veröffentlichung der Briefe ihres Bruders aus, damit Elisabeth Berufung beim höchsten deutschen Gericht, dem Reichsgericht in Leipzig, einlegen konnte.

Während Elisabeth in diese langen und kostspieligen Prozesse verwickelt war, wurde sie von Overbecks Witwe wegen Verleumdung verklagt, weil sie in einem Artikel im *Literarischen Echo* geschrieben hatte:»Durch die Nachlässigkeit des verstorbenen Professors Franz Overbeck in Basel sind nach der Erkrankung meines Bruders im Januar 1889 sowohl in Turin als in Sils-Maria einige seiner Handschriften verlorengegangen.«[6] Der Grund für diese Anklage war ein mysteriöses Manuskript – angeblich von Nietzsche verfaßt und vermutlich der fehlende Teil von *Der Wille zur Macht* –, das Ende der neunziger Jahre zu einem beträchtlichen Preis einer Anzahl von Interessenten angeboten worden war, darunter der Frau des Schriftstellers Richard Dehmel. Allerdings hatte niemand jemals die besagte Schrift noch ihren Besitzer gesehen, obgleich Elisabeth selbst und Koegel, damals noch ihr treuer Freund, keine Mühe gescheut hatten, sie zu finden. Sie war unauffindbar geblieben. Elisabeth hatte schließlich angenommen, daß kein derartiges Manuskript existiere und daß sie das Opfer eines Betruges geworden sei. In ihrer Unterredung mit Overbeck in Leipzig hatte sie auch nichts davon erwähnt.

Ihre Behauptung nach Overbecks Tod, daß durch seine Nachlässigkeit eine wertvolle Handschrift verlorengegangen sei, empörte nicht nur Overbecks Witwe –, die darauf bestand, daß Elisabeth öffentlich widerrief –, sondern auch Overbecks Freunde fanden den

Vorwurf beleidigend, denn er warf ein unverdient zweideutiges Licht auf Overbeck, den Freund und Gelehrten. Selbst die Brüder Horneffer, die an der Herausgabe des *Willen zur Macht* beteiligt waren und wußten, daß das Werk unvollendet war, fanden Elisabeths Beschuldigung unverzeihlich. Ernst Horneffer schrieb einen langen Artikel, in dem er Elisabeths Behauptung kategorisch widerlegte. Er berichtete, daß er, als er an *Der Wille zur Macht* arbeitete und Lücken in dem Manuskript bemerkte, Elisabeth gefragt habe, ob vielleicht ein Teil des Manuskriptes nach Nietzsches Zusammenbruch in Turin verlorengegangen sei. Doch »da hat sie hoch und heilig versichert, daß in Turin nichts abhanden gekommen sein könnte.«[7] Horneffer vermutete, daß sich Elisabeth aus Wut und Frustration erst anders besann, als sich Overbeck weigerte, ihr die Briefe ihres Bruders zu übergeben, da sie in ihnen eine potentielle Bedrohung ihrer Stellung als einzige legitime Vertreterin von der Nietzscheschen Philosophie sah.

Als Antwort an ihre Kritiker veröffentlichte Elisabeth eine Streitschrift mit dem Titel *Das Nietzsche-Archiv, seine Freunde und seine Feinde*, in der sie mit ihren männlichen Gegnern erbarmungslos abrechnet. Warum nur griffen sie ausgerechnet sie, eine schutzlose Frau, an? Natürlich weil sie neidisch auf ihr Werk seien! Als sie aus Paraguay als trauernde Witwe zurückgekehrt sei, habe sie Overbeck und die Universität Basel inständig gebeten, die Manuskripte und Notizbücher ihres geliebten Bruders in Schutz zu nehmen. Aber diese Bitte habe Overbeck mit Verachtung abgelehnt und damals seien weder Basel noch eine deutsche Universität an Nietzsche interessiert gewesen. Ein amerikanischer Millionär habe ihr 200 000 Dollar für den literarischen Nachlaß ihres Bruders angeboten, den er der Universität Harvard habe schenken wollen. Aber sie habe dieses ehrenvolle und einträgliche Angebot abgelehnt, weil Nietzsches Manuskripte in Deutschland bleiben sollten. Trotz größter Hindernisse, die die Kraft jedes Mannes überfordert hätten, sei es ihr gelungen, ihrem geliebten Bruder ein ehrenvolles Denkmal zu errichten. Sie sei fest entschlossen, ihre Arbeit als die Hüterin der heiligen Flamme weiter zu verrichten, unbeirrt von dem Haß kleiner Männer.

Während dieser langen und bitteren Kontroverse wurde Nietzsches Ruhm noch größer, ebenso Elisabeths Ruf als einer Frau, mit der man rechnen mußte. Anläßlich ihres sechzigsten Geburtstags im Jahre 1906 wurde sie mit hunderten von privaten und öffentlichen

Glückwünschen überschüttet und das Nietzsche-Archiv durch die
zahlreichen Blumengeschenke geradezu in einen blühenden Garten
verwandelt. Daß unter den vielen Lobesstimmen auch einige satiri-
sche Stimmen laut wurden, wie etwa die von Alfred Kerr in einer
Berliner Zeitung, störte niemanden. Amüsiert lasen Elisabeth und
ihre Weimarer Freunde Kerrs Persiflage:

Die Übermenschin

Nietzsches Schwester sechzigjährig.
Aktus. Feiert sie gehörig.
Jubel-Dame, Bild geschenkt,
Festlich ins Archiv gehängt.

Im Hotel ist unterdessen
Großes Gala-Nietzsche-Essen.
Oben um den Lüster schwebt
Friedrich. Hätt' er's doch erlebt.

Komplimente. Wundersame
Blumenspenden. Telegramme.
Toaste. Reden. Dank. Sperenzchen.
Übermenschenkaffeekränzchen.

21. Ein schwedischer Engel

Im Februar 1905 erhielt Elisabeth einen Brief von einem ihr unbekannten schwedischen Nietzsche-Verehrer, der ihr aufrichtigen Dank zollte für ihre Beschreibung des Lebens ihres Bruders, die er mit tiefer Rührung gelesen habe. Nietzsche sei seit Jahren der Leitstern seines Lebens, er wolle einige seiner Werke ins Schwedische übersetzen und bitte Elisabeth um die Genehmigung dazu.

»Ich höre so viel Liebes und Schmeichelhaftes über die Biographie«, erwiderte Elisabeth, »aber es kommt doch immer darauf an, wer es sagt, damit es wirklich wohltut.«[1] Als Elisabeth diesen Satz schrieb, wußte sie, außer Namen und Adresse, – Ernst Thiel, Blockhusudden, Stockholm – noch nichts von ihrem Verehrer in Schweden. Sie wußte nicht, daß Thiel ein sehr wohlhabender schwedischer Bankier und Industrieller war, erzogen in dem strengen Glauben eines orthodoxen Juden. Thiel seinerseits wußte nichts von Elisabeth Förster-Nietzsches antisemitischer Vergangenheit. Er verehrte in Friedrich Nietzsche den »guten Europäer«, dem er sich zu tiefem Dank verpflichtet fühlte, weil ihn seine Schriften von den Fesseln der viktorianischen Gesellschaft Schwedens befreit hatten.

Seiner Herkunft nach war Thiel selbst ein guter Europäer. Sein Vater Jacques, ein französisch-sprechender, katholischer Wallone, 1827 in Eupen geboren, war als junger Mann nach Stockholm ausgewandert, wo er zu einer führenden Stellung in einer großen Tuchfabrik aufstieg. Thiels Mutter, Fanny Stiebel, war deutsche Jüdin. Sie war 1837 in Bockenheim bei Frankfurt geboren und ging als Dienstmädchen nach Stockholm in die Familie eines reichen jüdischen Geschäftsmannes. Jacques hatte Fanny an einer Stockholmer Dampfschiffanlegestelle kennengelernt und war von den Reizen der »belle juive« so tief beeindruckt, daß er sie bat, seine Frau zu werden. Fanny war durchaus willig, ihren gutaussehenden katholischen Verehrer zu heiraten, aber ihre Eltern, orthodoxe Juden, weigerten sich, ihre Einwilligung zu geben, bis Jacques versprach, alle Kinder dieser Ehe im jüdisch-orthodoxen Glauben zu erziehen. Jacques war viel zu sehr in Fanny verliebt, um sich durch eine solche Bedingung abschrecken zu lassen. Aber da eine Ehe zwischen Christen und Juden in Schweden gesetzlich verboten war, mußte das junge Paar nach Kopenhagen reisen, wo sie im Juli 1858 heirateten. Im August 1859 wurde ihr Sohn Ernst und ein Jahr später ihr zweites und letztes Kind, der Sohn Arthur, geboren. Beide wurden Mitglieder der jüdischen Gemeinde in Stockholm, besuchten die Synagoge regelmäßig und sprachen mit ihrer Mutter deutsch und mit ihrem Vater französisch. Schwedisch war während der ersten Schuljahre ihr schlechtestes Fach. Die Bande, die die Familie Thiel mit der jüdischen Gemeinde in Stockholm verband, waren so eng, daß Jacques bestimmte, er selbst wolle in dem jüdischen, und nicht in dem katholischen Friedhof in Stockholm begraben werden.

Ernst Thiel war ein brillianter junger Mann, diszipliniert und zielbewußt. Sein von Edvard Munch gemaltes Portrait spiegelt seine innere Kraft wider – sowohl durch seine stolze Haltung als auch durch den furchtlosen Blick seiner dunklen, forschenden Augen. Thiel beschloß, Bankier zu werden, trat in die Firma Wallenberg ein, und erwarb durch erfolgreiche internationale Spekulationen noch vor seinem dreißigsten Lebensjahr ein Vermögen. Ihm gehörte eine Bank in Stockholm, und er beteiligte sich aktiv an dem raschen Wachstum der schwedischen Industrie.

Im Frühling 1884 heiratete er Anna Josephson, die Tochter einer prominenten jüdischen Familie in Stockholm. Seine erstaunlichen Erfolge als internationaler Finanzier fanden in schwedischen Regierungskreisen große Beachtung, und sein Name war schon als künftiger Finanzminister im Gespräch, als etwas geschah, was seine Freunde und seine Familie tief empörte, die schwedische Gesellschaft schockierte und den Lauf seines Lebens von Grund auf verändern sollte. Während seine Frau mit ihrem fünften Kind schwanger war, verliebte sich Thiel in die Gesellschaftsdame der Familie, Signe Hansen, eine attraktive, blonde Witwe und beschloß, sich – trotz allgemeiner Mißbilligung – von seiner Frau scheiden zu lassen und Signe zu heiraten.

Signe Hansen, geborene Peters, die nicht gerade schuldlose Figur in dieser Affaire, war die Tochter eines deutschen Seemannes, der seine schwedische Frau bald nach Signes Geburt verlassen hatte und nach Amerika ausgewandert war, wo sich seine Spur verloren hatte. Signe wuchs bei ihrer Mutter und im Kreise ihrer schwedischen Verwandten auf und war eine sensible, blonde Schönheit, kunstbeflissen, aber auch ziemlich launenhaft. Kaum achtzehnjährig heiratete sie einen wohlhabenden Geschäftsmann, um sich – finanziell unabhängig – ganz ihren künstlerischen Interessen widmen zu können. Unter ihren Freunden waren junge Maler und Dichter, die, von ihren Reizen bezaubert, romantische Träume träumten. Doch Signe war fünfundzwanzig Jahre alt, als eine doppelte Tragödie über sie hereinbrach: ihr Mann erlitt schwere geschäftliche Verluste, mußte den Bankrott erklären, starb und hinterließ sie mittellos. Wenige Monate später starb auch ihr geliebter kleiner Sohn. Ihre Heirat mit Thiel sollte ihr helfen, diese Schicksalsschläge zu überwinden; sie trat in eine ihr unbekannte Welt des Reichtums ein, die es ihr wieder erlaubte, ihren künstlerischen Neigungen zu frönen. Und doch schien ein Schatten von Wehmut über ihr zu liegen, der in den Jahren ihrer Ehe stärker wurde und dann schließlich zu ihrem tragischen Ende führte.

In einem autobiographischen Gedicht gestand Thiel, daß es Nietzsches Kapitel im *Zarathustra* über Kind und Ehe war, das ihm den Mut gegeben hatte, die Verachtung der schwedischen Gesellschaft zu ertragen und sich von seiner Frau zu trennen. Nietzsche sagt: »Aber das, was die Viel-zu-vielen Ehe nennen, diese Überflüssigen, – ach, wie nenne ich das? Ach, diese Armut der Seele zu zweien! Ach, dieser Schmutz der Seele zu zweien! Ach, dies erbärmliche Behagen zu zweien!«[2] Indem Thiel über seine eigene zehnjährige Ehe nachdachte, erkannte er die Wahrheit dieser Worte Nietzsches, folgte Zarathustras Rat, brach eine von Anfang an unwahre Ehe und heiratete die Frau, die er liebte und deren Ideale er teilte.

Um die Jahrhundertwende – Ernst Thiel stand erst am Anfang seiner Vierzigerjahre – gab er seine Stellung als Bankier auf und widmete sich nur noch kulturellen und philanthropischen Interessen. Sein Ziel war, eine repräsentative Sammlung zeitgenössischer, schwedischer Kunst zu erwerben und sie in einem eigens dafür errichteten Gebäude, dessen Stil die Züge des traditionellen schwedischen Herrenhauses mit denen eines modernen Kunstmuseums verband, unterzubringen. Mit der enthusiastischen Teilnahme seiner jungen Frau überwachte Thiel den Entwurf und Bau eines Kunstpalastes, der in der Weihnachtszeit 1905 fertiggestellt wurde.

Thiel beschäftigte sich in diesen Jahren mit der Übersetzung von Nietzsches *Genealogie der Moral*, einer Schrift, in der Nietzsche behauptet, es gebe zwei Arten von Moral – eine Moral für die Starken und eine andere für die Schwachen – eine Herren- und eine Sklaven-Moral. Die Handlungen der Herrenmenschen – Nietzsches Beispiel ist Napoleon – können nicht nach den moralischen Maßstäben der Viel-zu-vielen beurteilt werden. Dieser Gedanke faszinierte Thiel, denn er drückte seine eigene Überzeugung aus. Als Herrenmensch war er nicht an die moralischen Regeln der schwedischen Gesellschaft gebunden. Zarathustra lehrte:»Der Übermensch ist der Sinn der Erde« und befahl:»Euer Wille sage, der Übermensch *sei* der Sinn der Erde!« Amen – war Thiels Antwort auf Zarathustras Befehl, denn auch das Ziel seines eigenen Lebens hatte von Anfang an darin bestanden, seine bescheidene Herkunft zu überwinden und Herr über seine Zeitgenossen zu werden. Daher fühlte er sich mit dem Verfasser des *Zarathustra* verwandt.

Im Frühjahr 1905, bald nach seinem ersten Brief, machte Thiel eine Wallfahrt nach Weimar, um der Schwester des so verehrten Philosophen seine Verehrung zu erweisen. Elisabeth empfing ihn mit offenen Armen. Aber zu ihrem Bedauern hatte sie an dem Tage seiner Ankunft so viele gesellschaftliche Verpflichtungen, daß sie nicht so viel Zeit, wie sie wünschte, für ihn allein hatte. Doch lud sie ihn ein, sie zu verschiedenen Veranstaltungen zu begleiten und schlug folgendes Programm vor:»Um ein Uhr bitte ich Sie, im ganz kleinen Kreis mit mir zu frühstücken. Wir sind nur sechs Personen. Halb vier Uhr bittet Graf Harry Kessler Sie auf das herzlichste, ein Konzert bei ihm anzuhören, wozu er Konrad Ansorge und ein hiesiges Streichquartett aufgefordert hat. Um acht Uhr bitte ich sie, bei mir abend zu essen, diesmal in ziemlich großem Kreis. Sie treffen Herrn und Frau von Hofmannsthal, Herrn und Frau Ludwig von Hoffmann, Herrn van de Velde, Graf Harry Kessler, Baron und Baronin von Nostitz-Wallwitz, Herrn und Frau Professor Richter, Herrn Alfred Heymel und einige andere.«[3]

Thiel war von Elisabeths Charme und von ihrem gesellschaftlichen Know-how beeindruckt. Sie trug ein langes, schwarzseidenes Kleid, ihr hochgekämmtes, graues Haar war unter einer reizenden Spitzenhaube verborgen. Es gelang ihr, jeden der zahlreichen Gäste ihrer Abendgesellschaft in eine zwanglose Unterhaltung dadurch einzubeziehen, daß sie das Gespräch sehr geschickt auf verschiedene

Themen lenkte. Sie sprach mit der gleichen Beredsamkeit über Kunst und Politik, Musik und Philosophie wie über Kinderpflege und Erziehung oder deutsche Kolonien und ihre eigenen Erlebnisse in Paraguay. Und ganz nebenbei überwachte sie ihre Dienstboten mit der Souveränität der geborenen Gastgeberin.

Ehe Thiel die Herrin des Nietzsche-Archivs verließ, versicherte er ihr, daß er, der seit vielen Jahren ihren Bruder bewundert hatte, erst jetzt erkannt habe, wie glücklich sich Nietzsche schätzen konnte, eine solche Schwester zu haben. Elisabeths Antwort auf Thiels Kompliment war, sie bedaure es tief, daß Thiel ihren Bruder nicht kennengelernt habe, denn sie sei überzeugt, sie wären gute Freunde geworden. Mit derartigen Beteuerungen gegenseitiger Bewunderung begann eine dreißigjährige Freundschaft, die allen Krisen der Zeit widerstand – vom Ersten Weltkrieg, dem Aufstieg und Fall der Weimarer Republik bis zur Machtergreifung Hitlers – und die erst mit Elisabeths Tod im Jahre 1935 endete.

Aus dem umfangreichen Briefwechsel dieser langen Freundschaft geht der gemeinsame Entschluß Thiels und Elisabeths hervor, das Nietzsche-Archiv zum Zentrum der Verbreitung und Popularisierung von Nietzsches Ideen zu machen. Thiel unterstützte das Archiv mit beträchtlichen Geldzuwendungen, weil er in Nietzsches Lehre vom Streben nach Größe eine heilsame Gegenströmung gegen den modernen Trend der Vermassung und der Mittelmäßigkeit sah. Elisabeth nahm Thiels bedeutende Schenkungen mit der Beteuerung tiefsten Dankes an, und nannte ihn »ihren guten Engel, dessen gütige Stiftung die Gegner ganz wütend und verrückt gemacht hat vor Neid; so wollten sie das Nietzsche-Archiv ruinieren!«[4]

In dem ersten Brief, den Thiel nach seiner Rückkehr nach Stockholm von Elisabeth erhielt, berichtet sie, daß der norwegische Maler Edvard Munch vor kurzem auch in Weimar gewesen sei und unter den Weimarer Künstlern und in Hofkreisen großes Interesse erweckt habe.»Van de Velde will sich von ihm malen lassen, aber bei den bescheidenen Preisen, die Munch für seine Portraits nimmt, ist eine Bestellung nicht genug... so bin ich auf den Gedanken gekommen, ob Sie nicht bei Munch vielleicht ein Bild meines Bruders bestellen möchten? Im schlimmsten Falle eines von mir selbst? Ich kann mir zwar nicht vorstellen, daß ein Maler, wer es auch sei, ein leidliches Bild von mir machen könnte (ich habe gar kein Malgesicht!), aber um verschiedenen Künstlern hier die Freude zu machen, Munch ein-

mal wieder hier zu haben, will ich mich opfern.«[5] Nachdem sie noch
kurz auf die politischen Differenzen, die zur Zeit zwischen Norwe-
gen und Schweden bestanden, zu sprechen kommt, in der Hoffnung
allerdings, daß die Künstler nicht davon betroffen werden – da
Munch Norweger, Thiel Schwede war, – rät sie Thiel, er solle selbst
an Munch herantreten, damit es so aussähe, als ob der Gedanke,
Nietzsche oder Elisabeth malen zu lassen, ihm selbst gekommen sei:
»was ja auch der Fall ist.«[6] Thiel muß sich über diesen letzten Satz
ziemlich gewundert haben, denn es war bestimmt nicht seine Idee gewesen, Munch zu beauftragen, Nietzsche und Elisabeth zu malen;
doch er tat, was Elisabeth wollte. Sowohl Elisabeths Bitte als auch
Thiels Reaktion darauf sind bezeichnend für ihrer beider Verhältnis.

Ein paar Monate später berichtet Elisabeth, daß Munch in Weimar ist und Skizzen mache für ein Portrait ihres Bruders. »Aber, lieber Herr Thiel, ist es nicht ein Irrtum, daß Munch behauptet, Sie hätten auch ein Bild von mir bestellt? Trotz meines Widerspruches
bleibt er bei dieser Behauptung und hat schon mehrere Skizzen von
mir gemacht.«[7] In demselben Brief beglückwünschte sie Thiel dazu,
daß es ihm finanziell möglich sei, junge Künstler, die um ihre Existenz rängen, zu fördern. Sie wünschte, sie könnte es auch, aber leider erlaubten es ihre bescheidenen Mittel nicht. Nachdem sie so das
Thema »bescheidene Mittel« angeschnitten hatte, das Thiel überraschte, denn ihre Lebenshaltung in Weimar war alles andere als bescheiden, trat sie einige Monate später an ihn heran mit der dringenden Bitte um ein Darlehen. Sie brauchte umgehend 11 000 Mark, um
ihrem Verleger eine Anleihe von 16 000 Mark zurückzahlen zu können. Naumann verdiente zwar ein Vermögen an Nietzsche, aber weigerte sich, ihr Kredit zu bewilligen. Sie hatte gehofft, die Anleihe innerhalb einiger Jahre aus den ihr zustehenden Honoraren zurückzahlen zu können, doch Naumann bestand auf sofortiger Zurückzahlung und war zur Stundung nur dann bereit, wenn sie einen bereits unterzeichneten Verlagsvertrag über die Veröffentlichung einer
zehnbändigen Taschenbuchausgabe der Werke ihres Bruders, die
sie editiert habe, modifizieren würde. Naumann hatte sich verpflichtet, ihr dafür Tantiemen in Höhe von 96 000 Mark zu zahlen, aber
war nach reiflichen Überlegungen zu der Überzeugung gelangt, daß
das zu viel war. Elisabeth hielt Naumanns Forderung auf sofortige
Zurückzahlung des 16 000-Mark-Darlehens für reine Schikane. Er
wußte, daß sie nicht soviel Geld besaß. Im Augenblick konnte sie

nur über 5000 Mark verfügen. Sie brauchte dringend noch 11 000 Mark, und da Thiel der Wohlhabendste all ihrer Freunde war – die meisten waren unvermögende Künstler und Gelehrte –, wandte sie sich an ihn um Hilfe.

Thiel schickte ihr umgehend einen Scheck über 11 000 Mark und zwar nicht als Darlehen, sondern als Geschenk an das Nietzsche-Archiv. Jubelnd schrieb ihm Elisabeth: »Nun wird sich alles auf das Beste ordnen und der Verleger wird mit süßsaurer Miene auf Pläne verzichten müssen, die mich recht peinlich gebunden hätten.«[8] Von nun an wandte sich Elisabeth immer an ihren schwedischen Engel, wenn sie in finanziellen Schwierigkeiten war – ein Zustand der »ewigen Wiederkehr« in ihrem Leben –, und Thiel half immer. Die 11 000 Mark seiner ersten Schenkung vervielfachten sich und hatten bei Elisabeths Tod die Halbmillionengrenze erreicht.

Elisabeth hielt die Tatsache, daß Thiel Schwede war, für ein besonderes günstiges Omen, da es ihr größter heimlicher Ehrgeiz war, den Nobelpreis zu erhalten. Sie hoffte, daß Thiels Beziehungen zur Schwedischen Akademie ihr den Weg dazu öffnen würden. Zur größten Überraschung Thiels trat im Juni 1907 Elisabeths Vetter, Doktor Richard Oehler, an ihn heran und teilte ihm mit, daß eine Gruppe führender deutscher Universitätsprofessoren – er nannte Hans Vaihinger, Alois Riehl und Richard Heinze – Elisabeth für den Nobelpreis für Literatur des Jahres 1908 vorgeschlagen hätten. »Da aber Nietzsche in der Öffentlichkeit noch immer ein etwas umstrittener Gegenstand ist, halten es die genannten Herren für nicht unmöglich, daß der Antrag abgelehnt wird und meinten, es sei gut, wenn vielleicht noch von anderer Seite her für die Sache gewirkt werden könnte. Und so möchte ich es nun wagen, an Sie, hochgeehrter Herr Thiel, die Anfrage zu richten, ob sie wohl vermöge Ihrer persönlichen Beziehungen in Stockholm in der Lage wären, auf diese oder jene Weise für die Verleihung des Nobelpreises an Frau Förster-Nietzsche zu wirken?«[9] Thiel antwortete, daß eine Intervention seinerseits für Elisabeth nicht nur nutzlos wäre, sondern ihm von der Schwedischen Akademie auch übelgenommen werden würde. Er ersuchte aber Dr. Oehler, ihn über die finanziellen Verhältnisse des Nietzsche-Archivs aufzuklären. Oehler gab zu, nicht mit allen Einzelheiten vertraut zu sein, aber zu wissen, daß Villa Silberblick mit einer hohen Hypothek belastet sei. Elisabeth hatte Schulden gemacht, weil sie den verschiedenen Herausgebern der Werke ihres

Bruders hohe Gehälter hatte zahlen müssen und auch beträchtliche Summen für den Ankauf der Briefe Nietzsches ausgegeben hatte. Oehler wußte, daß sich Elisabeth um die Zukunft des Nietzsche-Archivs Sorgen machte. Sie plante, es nach ihrem Tode entweder der Stadt Weimar oder der Universität Jena zu vermachen. Aber es war zweifelhaft, ob eine öffentliche Institution ein so schwer verschuldetes Archiv übernehmen würde. Daher beschäftigten sich einige von Elisabeths Freunden und Verehrern ihres Bruders mit dem Gedanken der Errichtung einer Stiftung unter der Aufsicht eines Kuratoriums. Oehler meinte, er selbst zweifele an der Realisierbarkeit dieses Planes, weil dafür ein Kapital von zwei- bis dreihunderttausend Mark erforderlich sei. »Und diese Summe auf privatem Wege zusammen zu bringen, dünkt mich eine äußerst schwierige Sache... ich halte es nicht für ausgeschlossen, daß der Inhalt des Nietzsche-Archivs an einen Amerikaner verkauft wird und damit Europa für immer verloren geht.«[10] Oehlers Hinweis auf einen amerikanischen Käufer des Nietzsche-Archivs ist interessant, denn auch Elisabeth erwähnte diese Möglichkeit immer, wenn sie sich in finanziellen Schwierigkeiten befand.

Thiel dachte eine Zeitlang über den Stiftungsplan nach, besprach ihn mit seiner Frau und informierte Elisabeth Anfang September 1907, daß er in seinem Testament dem Nietzsche-Archiv 300 000 Mark vermacht habe, zahlbar nach seinem, beziehungsweise Elisabeths Tod. Der Bestand ihres Lebenswerkes sei dadurch gesichert. Überwältigt von Thiels Großzügigkeit schrieb Elisabeth ihrem lieben, hochherzigen Freund, daß ihr beim Lesen seines wunderbaren Briefes ganz schwach geworden sei: »Ich setzte mich hin und weinte, weinte. Die Sorge um die Zukunft war mir leicht geworden, und ich blickte wie von Bergeshöhen auf eine weite Welt von Glück.«[11]

Einige Tage später, nachdem sie sich von ihrem Glücksschock erholt hatte, schrieb Elisabeth Thiel jedoch einen langen Klagebrief. Sie fürchte, daß seine hochherzige Schenkung nach ihrem Tode zu spät kommen würde, denn sie bräuchte jetzt dringend Geld. Einige Männer, die sie um das Nietzsche-Archiv beneideten, hätten sich gegen sie verschworen und sie in sechs verschiedene Gerichtsverfahren verwickelt. Sie schulde bereits jetzt ihren vier Anwälten 3000 Mark und es sei nicht abzusehen, wie hoch sich die Prozeßkosten belaufen würden, bis alle Verfahren abgewickelt sein würden. Außerdem sei ihr Haus, das Sterbehaus ihres geliebten Bruders, so hoch verschuldet, daß es wahrscheinlich verkauft werden müsse, denn eine Hypothek in Höhe von 9000 Mark sei im kommenden Jahr fällig. Sie wagte daher die Anfrage, ob Thiel nicht die gesamte Hypothekenlast von 60 000 Mark übernehmen könne, oder ihr 9000 Mark leihen und 21 000 Mark – als erste Zahlung im Rahmen der Schenkung – überweisen könne, damit die Stiftung bereits jetzt gegründet werden könnte; wenn er das täte, stünde sie, eine schutzlose Frau, ihren Gegnern nicht allein gegenüber.»Es ist für eine alleinstehende Frau doch schwer, wenn sich eine Gruppe gekränkter Eitelkeiten gegen sie verbindet.«[12]

Thiel entsprach auch dieser Bitte Elisabeths.»Es brauchte zwei Tage, ehe ich mich von der Erschütterung erholen konnte, die durch ihre herrlichen Worte und grandiosen Vorschläge hervorgerufen worden waren; die Tragik, daß mein geliebter Bruder nicht diese wundervolle Donation erlebt hat, sondern, ach, nur ich! kam mir mit solchem bitteren Schmerz zum Bewußtsein und gab mir eine solche Gemütsbewegung, daß ich zwei Tage niemand sprechen konnte.«[13] Als sie hörte, daß Thiels Frau, Signe, an der Schenkung mit beteiligt war, schrieb sie an»Meine geliebte Frau Signe, teure Freundin – ich umarme sie, meine teure holde Stifterin, als ihre von ganzem Herzen dankbare Elisabeth Förster-Nietzsche.«[14] Als Zeichen ihrer Dankbarkeit sandte sie Thiel das Originalmanuskript von *Götzendämmerung* – ein Werk ihres Bruders, das Thiel ins Schwedische übersetzt hatte – mit den Worten:»Die Besten sollen das Beste haben. Alle meine Freunde nehmen Ihre wundervolle Donation als eine Belohnung und Auszeichnung für Tapferkeit vor dem Feind.«[15] Der Versuch ihrer Feinde, das Nietzsche-Archiv zu zerstören, war gescheitert. In einem Zeitungsartikel ließ sie die Welt wissen, daß ihr Lebenswerk vor allen Gefahren gefeit und für alle Ewigkeit gesichert sei.

Thiels Antworten auf Elisabeths Herzensergüsse waren kürzer, aber nicht minder herzlich. «Ach, liebste Freundin, Sie danken mir ja viel zu viel – ich möchte mich in irgendeine Ecke verkriechen – ich schäme mich. Es handelt sich doch nur um Geld.«[16]

Aber als Elisabeth vorschlug, er solle ihr eine jährliche Pension von 10 000 Mark gewähren, stellte Thiel die Frage:»Was schließlich die jährlichen zehn Tausend betrifft, so möchte ich wissen, ob ich mich verpflichten soll, dieselben jährlich zu bezahlen, ich glaubte nämlich, daß ich diejenige Summe zu verlegen hätte, die jährlich an diesen zehn Tausend *fehlt*, und zwar so lange Sie am Leben sind. Ist dem nicht so?«[17]

Dem war so, aber Elisabeth benötigte ein sicheres jährliches Einkommen, und Thiel gewährte es ihr. Im April 1908 – Elisabeth war in der Mitte ihres Prozessierens und fast am Ende ihrer Kräfte – kamen Thiel und seine Frau nach Weimar und unterzeichneten die Stiftungsurkunde mit einer Klausel, die die jährliche Pension für Elisabeth garantierte. Wie ihr Mann so war auch Signe tief gerührt von der Wärme, mit der sie von Elisabeth empfangen wurde. Sie kam sich vor wie eine verlorene Tochter, die nach Hause zurückgekehrt war. Elisabeth nannte sie ›Herzenstöchterchen‹ und überschüttete sie mit mütterlicher Liebe. Signe, die nie in ihrem Leben etwas derartiges erfahren hatte, nannte Elisabeth »liebste kleine Großmutti«, küßte ihr die Hände und versicherte ihr, daß sie immer an sie denken werde. Darauf Elisabeth: »Daß Sie mir schreiben, Ihre Herzen gehören mir, hat mich in tiefster Seele beglückt. Wenn man so liebe Freunde hat, mit denen man sich so innig verbunden fühlt, dann ›mag die Welt voll Teufel sein, es muß uns doch gelingen‹.«[18]

Einen Monat später, am 23. Mai 1908, unterzeichnete der Staatssekretär des Großherzogtums von Sachsen-Weimar ein Dokument, das die Nietzsche-Stiftung als gemeinnützige wissenschaftliche und kulturelle Institution bestätigt. Ihr Ziel war, das Nietzsche-Archiv für alle Zeiten als Zentrum der Nietzsche-Forschung und als Sammelplatz für Bücher, Aufsätze und Artikel, die sich mit Nietzsches Philosophie befaßten, zu erhalten. Ein Kuratorium von sieben Mitgliedern, aus dem ein Präsident gewählt wurde, leitete die Stiftung. Viele Jahre lang hatte Elisabeths Vetter, Doktor Adalbert Oehler, dieses Amt inne. Formal war die Nietzsche-Stiftung eine vom Nietzsche-Archiv getrennte Institution, doch in Wirklichkeit verwaltete Elisabeth beide: Stiftung und Archiv. Oehler gab zu, daß, solange Elisabeth lebte, keine klare Grenze gezogen werden konnte zwischen den Einnahmen und Ausgaben der Stiftung und denen des Archivs. Davon jedoch, wie sein Geld ausgegeben wurde, wußte Thiel nichts, oder es kümmerte ihn nicht. »Daß die Stiftung nunmehr Tatsache geworden ist, ist für mich und meine Frau ein tiefempfundenes Glück: ich habe das Gefühl, nicht umsonst zur Welt gekommen zu sein.«[19]

22. Der Nietzsche-Kult und der Erste Weltkrieg

»Hurrah, hurrah, nun ist die Sache glänzend gewonnen!«[1] Mit diesen Worten beglückwünschte Elisabeth Gast und sich selbst für den Sieg, den sie im Jahre 1908 durch ein Jenaer Gerichtsurteil errungen hatten, welches besagte, daß Zitate aus persönlichen Briefen nicht ohne Erlaubnis des Briefschreibers veröffentlicht werden konnten. Es ging vor allem um die Briefe, die Gast an Overbeck geschrieben hatte; Auszüge daraus sollten in einer umfangreichen wissenschaftlichen Arbeit Bernoullis über Overbecks Beziehungen zu Nietzsche erscheinen. Aufgrund dieses Gerichtsurteils enthält der zweite Band von Bernoulli, *Franz Overbeck und Friedrich Nietzsche: eine Freundschaft*, leere Stellen anstatt der untersagten Zitate.

Elisabeths Freude war verständlich, denn die Entscheidung des Jenaer Gerichtes konnte als Präzedenzfall für ihr eigenes, noch schwebendes Verfahren bezüglich der Veröffentlichungsrechte der Briefe ihres Bruders dienen, obgleich in ihrem Fall der Briefschreiber tot war, während Gast gegen die Veröffentlichung seiner privaten Briefe zu seiner Lebenszeit protestiert hatte. Er hatte Bernoulli und dessen Verleger Eugen Diederichs verklagt, nicht nur weil Elisabeth ihn dazu aufgefordert hatte, sondern auch weil er Elisabeths Zorn – wegen einiger sehr kompromittierender Äußerungen über sie, die er in seinen Briefen an Overbeck gemacht hatte – befürchtete. Es wäre sehr peinlich gewesen, wenn Elisabeth jetzt, da er ihr Mitarbeiter geworden war, erführe, was er von ihr hielt, beziehungsweise gehalten hatte.

Nachdem Peter Gast im Jahre 1900 wieder in ihre Dienste getreten war, hatte er die Absicht gehabt, nur ein oder zwei Jahre zu bleiben. Doch die Arbeit im Nietzsche-Archiv erwies sich als interessant und das Leben in Weimar angenehm. Er lebte in einer glücklichen Ehe, hatte eine junge Tochter und seine Tätigkeit bot ihm die Gelegenheit, zahlreiche berühmte Männer und Frauen kennenzulernen. Und trotz allem ist ihm der Umgang mit Elisabeth nie leicht gefallen. So verlangte sie zum Beispiel, daß die Archiv-Mitarbeiter viel schneller arbeiten sollten, als Gast dies für nötig hielt. Und sie verlangte von all ihren Angestellten in ihren ewigen Prozessen mit Verlegern und ihren Baseler Feinden absolute Loyalität ihr gegenüber.

Gast war von Natur aus ein konzilianter und gutmütiger Mensch. Elisabeths Streitsüchtigkeit und ihre scharfe Zunge und Feder irritierten ihn. Er war hauptsächlich deswegen acht Jahre bei ihr geblieben, weil er als Beamter des Nietzsche-Archivs ein sicheres Einkommen hatte, und weil er sich verpflichtet fühlte, die Veröffentlichung der nachgelassenen Werke seines Freundes zu überwachen. Da er mit Nietzsches Handschrift vertraut war, konnte er die schwer lesbaren Manuskripte entziffern und verschiedene Fehler früherer Herausgeber verbessern.

Gasts Vertrauen in Nietzsche wurde schwer erschüttert, als er durch Zufall erfuhr, daß sein verehrter Lehrer und Freund angeblich in Briefen an Elisabeth verächtlich von ihm als »Tölpel, schwerfälliger Klotz mit mangelhaftem Takt und plebeischen Sitten«[2] gesprochen hatte, mit dem Umgang zu pflegen ihn große Überwindung gekostet habe. Gast hatte diese unschönen Worte in einer Aktennotiz gefunden, die Frau Overbecks Anwalt in seiner Verleumdungsklage gegen Elisabeth aufgezeichnet hatte.

Nach Angaben des Anwaltes hatte Elisabeth Overbeck im Jahre 1894, als sie im Begriff war, Gast zu entlassen, darüber informiert, daß ihr Bruder in Briefen an sie diese abfälligen Bemerkungen über Gast gemacht habe. Da Elisabeth keinerlei Skrupel hatte, die Briefe ihres Bruders ihren Wünschen gemäß zu korrigieren, was Gast ja sehr wohl wußte, ist es durchaus möglich, daß Nietzsche nie in so abfälligem Ton über seinen »maestro Gasti« gesprochen hat. Andererseits war Nietzsche, wenn er irritiert war, durchaus fähig, sarkastische, ja auch beleidigende Bemerkungen über seine Freunde zu machen. Diesen Charakterzug teilte er mit seiner Schwester.

Tief verletzt durch Nietzsches Treulosigkeit, wie er es empfand, schrieb Gast an Elisabeth: »Ich hatte keine Ahnung, wie Nietzsche und die Seinen über mich eigentlich dachten, sonst hätte ich ja bei so elender Beschimpfung meiner selbst, meiner Vorfahren und meiner Familienehre, mich überhaupt von Nietzsche sofort zurückgezogen, anstatt ihm Opfer an Zeit und Mühe zu bringen, wie sie kein anderer ihm gebracht hat.«[3] Gast verließ Weimar endgültig im Jahre 1909. Nietzsches Briefe an ihn nahm er mit sich. Elisabeth war froh, daß er fort war – der Mohr hatte seine Schuldigkeit getan, und Elisabeth konnte nun endlich seine Stellung ihrem Lieblings-Vetter, Max Oehler, anbieten. Sie wurde wütend, als sie entdeckte, daß Gast die Briefe ihres Bruders mitgenommen hatte und bestand darauf, die Briefe gehörten dem Nietzsche-Archiv, da sie Gast dafür bezahlt habe. Sie verlangte die Briefe zurück, andernfalls, drohte sie, würde sie gerichtlich gegen Gast vorgehen. Aber Gast ließ sich nicht einschüchtern. Solange er lebte, schützte das Urteil des Jenaer Gerichts sein Recht auf Nietzsches Briefe. Elisabeth fühlte sich überlistet und schrieb empört an den Präsidenten der Nietzsche-Stiftung, ihren Vetter Doktor Adalbert Oehler: »Das Unerfreulichste ist jetzt, wie er sich über Nietzsche äußert. Ihn gekannt und genützt zu haben, ist doch das einzige große Erlebnis seines Lebens.«[4]

Gasts Fortgang und Overbecks Tod stärkten Elisabeths Stellung als einzig autorisierte und legitime Repräsentantin ihres Bruders. Wieder einmal konnte sie über ihre männlichen Konkurrenten triumphieren. Da sie, dank der Thielschen Stiftung, nicht mehr auf Honorareinkommen angewiesen war, konnte sie sich nun völlig ihrer selbst erwählten Aufgabe widmen, die »Nietzsche-Bewegung«, wie sie sie nannte, aufgrund der wachsenden Schar der Nietzsche-Verehrer in Deutschland und anderen Teilen der Welt zu fördern. Sie empfing persische Gesandte, die sich dafür bedankten, daß Nietzsche einen persischen Heiligen, Zarathustra, als Propheten einer neuen und höheren Menschenrasse erwählt hatte, französische und italienische Intellektuelle, die ihres Bruders Lehre von dem »guten Europäer« lobten, amerikanische Professoren und japanische Gelehrte, indische Studenten und deutsche Nietzsche-Verehrer aus allen Volks- und Berufsschichten. Fast jeder deutsche Schriftsteller wallfahrte zu Zarathustras Schwester. Im Gästebuch der Villa Silberblick findet man Namen wie Stefan George, Hugo von Hofmannsthal, Richard Dehmel, Detlev von Liliencron, Paul Ernst, Ernst Hart, Gerhart Hauptmann, Hermann Graf Keyserling, Thomas Mann, Oswald Spengler und andere. Im ersten Jahrzehnt des Zwanzigsten Jahrhunderts hatte Nietzsches Lehre mehr Anhänger und überzeugte Jünger als jede andere kulturelle Bewegung der Zeit. Selbst Mitglieder der englischen Fabier-Gesellschaft, wie Bernard Shaw, sahen in Nietzsches Begriff der Herrenrasse keinen Widerspruch zu ihren sozialistischen Idealen. Durch die Veröffentlichung einer begrenzten Luxusausgabe des *Ecce homo* im Jahre 1908, die van de Velde entworfen hatte, und die so teuer war, daß nur reiche Bibliophile sie sich leisten konnten, hörten Nietzsches Jünger aus dem Mund ihres Meisters, daß er kein gewöhnlicher Mensch, sondern ›Dynamit‹ sei und daß mit ihm ein neues Kapitel in der Geschichte der Menschheit begonnen habe, in dem es Kriege geben werde »wie es noch keine auf Erden gegeben hat. Erst von mir an gibt es auf Erden *große Politik*«.[5]

Anstatt entsetzt zu sein über solch düstere Prophezeiungen, jubelten die jungen wie die alten Nietzsche-Jünger. Die Zeit war reif für eine neue Ordnung der Gesellschaft. Eine Herrenrasse mußte gezüchtet werden, um den – infolge der plebejischen Gleichmacherei – drohenden Untergang des Abendlandes zu verhindern.

Graf Kessler schlug die Errichtung eines Nietzsche-Tempels auf einem Hügel in der Umgebung von Weimar vor – eine würdige Stätte für die Nietzscheaner zur Huldigung ihres Messias. Ihm schwebte ein Gebäude vor, das van de Velde im Stil eines klassischen Grabgewölbes entworfen hatte, mit Statuen des Apollo und Dionysos, die von dem französischen Bildhauer Aristide Maillol aus Stein gemeißelt werden sollten.

Ein internationales Komitee sollte den Bau dieser Gedenkstätte überwachen und die dafür nötigen Mittel aufbringen. Aber kaum war dieser Plan von allen interessierten Parteien angenommen worden – Elisabeth entschloß sich erst nach einigem Zögern, ihre Einwilligung dazu zu geben, da sie meinte, die Mittel, die zur Errichtung der Gedenkstätte nötig seien, seien von größerem Nutzen für das Nietzsche-Archiv –, als Graf Kesslers kühne Phantasie bereits einen Schritt weiter gegangen war. Ein Nietzsche-Tempel war ihm nicht genug. Da der Meister aktive Teilnahme an allen Lebensprozessen gelehrt habe, müsse neben seiner Gedenkstätte ein Stadion erbaut werden, in dem sich die europäische Jugend, im Geiste Griechenlands, in athletischen Wettkämpfen messen sollte. Kessler war sich bewußt, daß es Millionen kosten würde, dieses grandiose Projekt zu verwirklichen. Aber da er überzeugt war, eine Weihestätte allein wäre nicht repräsentativ genug für Nietzsches Werk, arbeitete er auch dann noch an der Verwirklichung seines Projektes weiter, als Elisabeth dagegen protestierte. Elisabeths Opposition war durch eine Gruppe deutscher Patrioten erweckt worden, denen der Kosmopolit Kessler und sein internationales Komitee verhaßt waren, und die behaupteten, Nietzsche wäre empört über die Errichtung eines solchen Stadions, das seinen Namen trüge. Sie unterbreiteten Elisabeth einen Brief ihres Bruders, in dem Nietzsche seine Verachtung ausdrückt gegen »die Nachäfferei des Griechentums durch dieses reiche, müßiggängerische Gesindel aus ganz Europa ... Die Leute ahnen nicht, aus welchen tiefen religiösen und politischen Vorstellungen die griechischen Feste hervorgegangen sind. Ich flüchte vor diesem hohlen Lärm sensationsgieriger Darsteller und Zuschauer in die Einsamkeit und Stille.«[6]

Aber Kessler ließ sich durch Elisabeths Einspruch nicht abschrecken, sondern bemühte sich, die Unterstützung seiner einflußreichen Freunde in Frankreich, Italien und England für sein Projekt zu gewinnen. Positive Antworten erhielt er unter anderen von André Gide, Anatole France, Gabriele d'Annuncio, Gilbert Murray und H. G. Wells. In der deutschen Öffentlichkeit jedoch wuchs das Mißtrauen gegen Kesslers »ehrgeizigen Plan«, wie er in der Presse genannt wurde. Die braven Bürger Weimars fürchteten, daß ihre friedliche Stadt von Horden fremder Athleten überschwemmt werden würde und verlangten von den Stadtvätern, sie vor einer solchen Kalamität zu bewahren. Vom Großherzog konnte Kessler keine Unterstützung seiner kühnen Pläne erwarten, denn Wilhelm Ernst war ihm nicht gut gesinnt – er hatte ihn in Gegenwart seines ganzen Hofes beleidigt und gezwungen, seine Stellung als Direktor des Weimarer Kunstmuseums aufzugeben. Trotz dieser Opposition berief Kessler eine Versammlung des Internationalen Nietzsche-Komitees ein und dies beschloß am 9. Juni 1912 – kraft eines Vertrauensvotums für Kessler –, die geplante Weihestätte für Nietzsche, einschließlich des Stadions in Weimar zu errichten und den Ehrenvorsitz des Projektes dem deutschen Reichskanzler, Fürst Bernhard von Bülow, zu übertragen.

Eine auf dreihundert Namen beschränkte Subskriptionsliste wurde aufgestellt, und man begann, Gelder zu sammeln. Bald machte das Gerücht die Rede, Kessler habe bereits Millionen für sein Projekt erhalten. Daraufhin überlegten sich Elisabeth und der Großherzog ihre Einwände gegen das Projekt noch einmal und schlossen sich jenen an, die von Kesslers goldenem Reichtum zu profitieren hofften. Elisabeth behauptete plötzlich, sie hätte nie Einwände gegen den Plan als solchen gehabt, nur sollte Kessler nicht vergessen, daß auch das Nietzsche-Archiv Geld brauchte. Sie hoffte, daß etwaig überschüssige Mittel der Nietzsche-Stiftung überwiesen würden. Der

Großherzog wandte sich an van de Velde und erklärte, er hätte gegen Kesslers Millionenprojekt in Weimar nichts einzuwenden, nur frage er sich:»Ist es wohl unerläßlich, das Projekt des Grafen Kessler so offen mit dem Namen Friedrich Nietzsches zu verbinden, lieber Professor?«[7]

Der Grundstein der Nietzsche-Gedenkstätte und des Stadions sollte anläßlich Nietzsches siebzigsten Geburtstags am 15. Oktober 1914 in Weimar gelegt werden, und zwar im Rahmen eines feierlichen Festakts, in Gegenwart eines internationalen Publikums. Doktor Oscar Levy, der englische Herausgeber von Nietzsches Werken, gab im Mai 1914 bekannt:»Eine beträchtliche Summe für die Gedenkstätte ist bereits eingesammelt worden, etwaige Überschüsse sollen zur Unterstützung des Nietzsche-Archivs verwendet werden, das unter der Leitung von Nietzsches Schwester so erfolgreiche Arbeiten für das Studium der Philosophie Nietzsches leistet. Es ist vorgesehen, das Nietzsche-Archiv zu einem kulturellen Zentrum für die Einheit Europas zu machen – als Vorläufer für die politische und wirtschaftliche Einigung Europas«.[8]

Neun Wochen nach dieser Ankündigung brach der erste der großen Kriege aus, die Nietzsche prophezeit hatte und die guten Europäer, die sich in Weimar zu seinem Andenken treffen wollten, standen sich über Nacht als Todfeinde gegenüber.

In den Jahren, die diesen umwälzenden Ereignissen vorausgingen, war Elisabeth eifrig dabei, eine neue und kürzere Fassung der Biographie ihres Bruders vorzubereiten. Die Nachfrage nach einem populären Buch über das Leben Nietzsches war groß, und wer war ein kompetenterer Autor dafür als sie? Und obwohl ihre ausgiebigen gesellschaftlichen Verpflichtungen ihr nicht viel Zeit zum Schreiben ließen, vollendete sie den ersten Band ihrer neuen Biographie – *Der junge Nietzsche* – bereits Ende 1911. Das Buch sollte gleichzeitig in Deutschland, Frankreich und England erscheinen, und Elisabeth war überzeugt, es würde sich gut verkaufen, da es »sich wie ein Roman liest, obwohl doch jedes Wort buchstäblich wahr ist.«[9] Und sie hatte recht:»da haben Sie wieder ein Wunderwerk vollbracht«, schrieb ihr Thiel,»ein Büchlein, mit welchem ich meinen kleinen Sohn erziehen werde.«[10]

Elisabeth war über dieses Lob hocherfreut. Thiel und seine Frau Signe waren ihre engsten Verbündeten in ihrem fortwährenden Kampf um die Sicherung ihres Lebenswerkes. In ihren Briefen an sie beklagte sie sich ständig über die immer noch prekäre finanzielle Lage des Nietzsche-Archivs. Ihr neuer Verleger Kröner sei genauso geizig und unzuverläßlich im Zahlen der Honorare wie Naumann. Und der Insel Verlag, in dem *Ecce homo* erschienen sei, bestehe auf der sofortigen Rückzahlung einer Hypothek von 30 000 Mark auf Villa Silberblick, die sie ursprünglich im Laufe einiger Jahre zu amortisieren vorgehabt hätte. Vorsichtig fragte Elisabeth an, ob Thiel – abgesehen von seinen anderen Schenkungen – auch diese Hypothek übernehmen könnte. Und um beiden Thiels für ihre großzügige Hilfe zu danken, schickte sie »ihren treuen und geliebten Freunden« zahlreiche Geschenke. Als sie von der Geburt Tages, Thiels Sohns, hörte, bestand sie darauf, dessen Patin zu werden und schickte ein Juwelenkästchen mit dem Schlangenring ihres Bruders und einigen seiner Haarsträhnen. Ihrem geliebten ›Herzenstöchterchen‹ Signe schickte sie ein Spitzentuch aus Paraguay und schrieb ihr, es würde sie sehr freuen, wenn Signe ihre neue Nietzsche-Biographie ins Schwedische übersetzte, weil »ich glaube, daß durch die Darstellung des edlen Lebens meines Bruders die vielen Vorurteile gegen ihn und seine Lehre auch in Schweden zerstört würden, wenn die Herren von der Akademie es in ihrer eigenen Sprache lesen könnten.«[11]

Diese Bitte, wenn auch in verhüllter Form ausgedrückt, war für Elisabeth sehr wichtig, denn sie war zum zweiten Male von einer Gruppe bekannter deutscher Professoren für den Nobelpreis vorgeschlagen worden. Sie beteuerte zwar, daß dieser Vorschlag nicht von ihr gekommen sei, und daß sie auch nicht weiter insistieren werde, wenn Thiel meine, sie habe keine Chance, den Preis zu erhalten. Gleichzeitig betonte sie, der Preis wäre natürlich für sie eine Ehre und für das Nietzsche-Archiv von finanziellem Nutzen. Aber sie rechne nicht damit. Dank Thiels Hilfe habe sie die größten Schwierigkeiten überwunden, nun brauche sie nur noch einen vertrauenswürdigen Archivar; sie habe die Stellung ihrem Lieblingsvetter, Max Oehler, angeboten, aber dieser sei Offizier und bereite sich auf eine militärische Laufbahn vor.

Thiel riet ihr nicht ab, sich um den Nobelpreis zu bewerben, aber er wiederholte, daß er selbst keinen Einfluß auf die Mitglieder der Schwedischen Akademie habe. Elisabeths Buch müsse für sie sprechen. Thiel schwärmte:»Ihr Büchlein ist so einfach, so natürlich, so sonnenklar – jeden Tage in dem Leben Ihres Bruders habe ich miterlebt… Dieser Mann, den ich nie gekannt, steht meinem Herzen, meinem Instinkte näher als irgendein lebender Mensch es getan, und er hat es fertiggebracht, daß ich seit sechzehn Jahren nichts anderes als seine Schriften lesen kann. Und die *Ihrigen* – für mich ist das fortan Eins. In ehrfurchtsvoller Liebe küsse ich Ihnen die kleinen gesegneten Hände, welche dieses vollbrachten.«[12]

Im Oktober 1913 wurde den Thiels ein weiteres Kind geboren, eine Tochter, die sie Inge Maria Elisabeth tauften. Sie planten, im Sommer 1914 nach Weimar zu kommen, um »Großmutti Elisabeth ihre kleine Enkelin vorzustellen.« Aber dazu kam es nicht, denn der Krieg brach aus und verhinderte den friedlichen Verkehr zwischen Menschen verschiedener Nationalitäten. Offiziell war Schweden neutral, aber viele Schweden waren es nicht. Die Thiels leugneten ihre starken pro-deutschen Gefühle nicht. Und Elisabeths patriotisches Herz schlug höher beim Anblick ihres Volkes in Waffen: »Wenn mein Bruder heute lebte, würde er trotz seiner siebzig Jahre ins Feld ziehen.«[13] Deutschlands Mobilisation war ein Kunstwerk: »Unsere Truppen rollen wie eine Sturmwelle über Belgien und Frankreich. Dieser Krieg zeigt, wie tief die Lehre meines Bruders ›werdet hart‹ gewirkt hat.«[14] Die geheime Quelle deutscher Siege sei *Der Wille zur Macht*. Thiel, der Nietzsches sarkastische Bemerkungen über die Deutschen gelesen hatte, antwortete: »Ich denke daran, was wohl ihr Bruder gesagt hätte, falls es ihm gegönnt worden wäre, diese *herrliche* Zeit zu erleben! Sicher hätte er in einer gewissen Hinsicht seine Auffassung über Deutschland und dessen Heldensöhne einigermaßen korrigiert.«[15]

Elisabeth erwartete zuversichtlich – wie die meisten ihrer Landsleute – daß Deutschlands unbesiegbare Heere den Feind in ein paar Wochen besiegen würden. Als das nicht der Fall war, informierte sie Thiel darüber, daß die Begeisterung der ersten Wochen einer harten Entschlossenheit Platz gemacht habe: »unsere Truppen geben nichts von den eroberten Gebieten zurück,«[16] die Engländer würden sich wundern, wenn sie entdeckten, daß Deutschland hart geworden sei, nicht mehr ein Land der Dichter und Träumer, sondern ein Volk in Waffen, ein Land der Krieger geworden sei.

Um zu beweisen, daß auch sie hart geworden war, entließ Elisabeth ihre Gourmet-Köchin und stellte ein Bauernmädchen an, die unter ihrer Aufsicht nur noch einfache Mahlzeiten kochte. Die Mehrarbeit im Haushalt verzögerte die Beendigung eines neuen, kurz zuvor begonnenen Buches, das die Zeit der Freundschaft zwischen Wagner und Nietzsche behandelte. Die Arbeit an diesem Buche machte Elisabeth Freude, da es viele schöne Erinnerungen an ihre Besuche bei den Wagners in Tribschen und Bayreuth erweckte. Wagners Briefe an ihren Bruder klangen so herzlich, es war ein Genuß, sie zu lesen. Daß Cosima mehr als 100 Briefe, die ihr Bruder an Wagner geschrieben hatte, verbrannt hatte, hielt sie für ein Verbrechen, denn »diese Briefe waren Kulturdokumente ersten Ranges. Wahnfried tut alles, um Nietzsche herabzusetzen.«[17]

Der Traum eines baldigen deutschen Sieges war im Herbst 1915 ausgeträumt. Der schnelle deutsche Vormarsch im Westen war gestoppt worden, ein erbitterter Grabenkrieg hatte begonnen, und die britische Blockade verursachte die erste Verknappung an Lebensmitteln in Deutschland. In dieser düsteren Zeit erhielt Elisabeth die schreckliche Nachricht vom Tod ihrer geliebten Wahltochter Signe Thiel. Aus unerklärlichen Gründen hatte Signe durch eine Überdosis an Opium ihrem Leben ein Ende gesetzt. Elisabeth beklagte diese ihr »unverständliche Tatsache« bitterlich und flehte Thiel an, ihr zu erklären, was dazu geführt habe, fügte jedoch hinzu, daß sie verstehen könne, wenn Thiel nicht darüber schreiben wolle. Und Thiel schwieg. Aber er begann, die 300 000 Mark, die er der Nietzsche-Stiftung nach seinem Tod versprochen hatte, nach und nach in verschieden hohen Beträgen noch während des Krieges nach Weimar zu überweisen.

1917 teilte Thiel Elisabeth mit, er habe seinen zweitältesten Sohn beauftragt, eine Reihe japanischer Papiere, die er 1905 gekauft habe und die gerade fällig seien, der Nietzsche-Stiftung zu vermachen. Sie brachten 125 000 Mark ein. Elisabeth war außer sich vor Überraschung und Freude über dieses so unerwartete Geschenk. Sie nannte Thiel den Schirmherrn des Nietzsche-Archivs: »durch diese schwere Zeit der Sorgen und Schrecken führen Sie mein geliebtes Kind, die Stiftung, das Nietzsche-Archiv und mich selbst mit treuer fester Hand hindurch.«[18] Und sie informierte ihn, sie habe einen Teil seines Geldes in deutscher Kriegsanleihe investiert, wofür ihr Thiel besonders herzlich dankte. Als Neujahrsgeschenk 1918 schickte er ihr weitere 60 000 Mark mit der Bemerkung, es freue ihn ganz besonders, diese Summe überweisen zu können, weil sie von einer englischen Firma stamme: »diese 60 000 Mark repräsentieren somit die erste Kriegsentschädigung Englands an Deutschland.«[19]

Ernst Thiel teilte Eisabeths unerschütterlichen Glauben an einen deutschen Endsieg. Als in Weimar bekannt wurde, daß ihr Bruder – der verrückte deutsche Philosoph – in einigen englischen Zeitungen für den Ausbruch des Krieges verantwortlich gemacht würde, sprang Elisabeth für ihn in die Bresche. Nur Narren oder Engländer könnten ihres Bruders »Willen zur Macht« mit »Willen zur Gewalt« verwechseln. Glücklicherweise glaube das deutsche Volk an starke Führer und sei nicht der unsinnigen Meinung, daß alle Menschen gleich seien. Und zum Glück seien 11 000 Exemplare des *Zarathustra* in weniger als sechs Wochen verkauft worden, was aber nicht bedeutete, daß ihr Bruder oder seine Anhänger Kriegsverbrecher seien. Die wirklich Schuldigen seien französische und englische Politiker, die den Krieg angezettelt hätten aus Neid auf Deutschlands Aufstieg zur Weltmacht. Sie seien verantwortlich für das schreckliche Leid, das sie allein über die Menschheit gebracht hätten.

Weite Kreise des deutschen Volkes teilten diese Meinung und feierten Zarathustras Schwester anläßlich ihres siebzigsten Geburtstages »fast zu Tode«. Mehr als fünfhundert Glückwunschdepeschen und Hunderte von Blumenspenden wurden im Nietzsche-Archiv in Empfang genommen. Als Ausdruck ihrer Dankbarkeit und ihrer patriotischen Gesinnung bewirtete Elisabeth an ihrem Geburtstag eine Gruppe verwundeter Kriegsveteranen. »Eine ungeheuer schreckliche Zeit ist es, in der wir leben,« schrieb sie an Thiel, »aber noch nach tausend Jahren wird man das Heldenlied zum Ruhm Deutschlands anstimmen, das die ganze Welt zum Feind hat und trotzdem Sieger bleibt. Wenn jemals Weltereignisse die Lehre meines Bruders bestätigen, so ist es diese furchtbare Gegenwart. Es kommt nicht auf die Massen an, sondern auf die Einzelnen, die großen Führer.«[20] Sie begann, ein Büchlein von Nietzsches Sprüchen über Krieg und Kriegsvölker zusammenzustellen, weil sie sich über die wachsende Stärke der Sozialdemokratischen Partei Sorgen machte. Es war ihr unverständlich, warum auch nur ein Deutscher eine Partei unterstützte, deren Ziel es war, den Viel-zu-Vielen die Macht im Staat zu überlassen: »bewiesen doch Deutschlands Siege, daß eine feste monarchische Ordnung eines Staates einem Volke die höchste Macht verleiht.«[21] Ihr Bruder habe recht gehabt, wenn er die Demokratie als Zeichen der Dekadenz eines Volkes und als Produkt einer Sklavenmentalität gesehen habe.

Als die Mehrheitsparteien im Reichstag eine Friedensresolution verabschiedeten, da sie einen deutschen Sieg für zweifelhaft hielten, war Elisabeth entsetzt und versicherte Thiel, die Mehrheit des deutschen Volkes teile diese Friedensgefühle keineswegs und glaube weiterhin felsenfest an den Sieg. Sie meinte, wenn die Engländer hofften, sie könnten Deutschland durch ihre Hungerblockade in die Knie zwingen, so würden sie eine schöne Überraschung erleben. Die deutschen Unterseeboote würden ihnen eine gehörige Lektion erteilen. Schweden sei, Gott sei Dank, neutral geblieben trotz der perfiden Machenschaften Albions. Der Wille des deutschen Volkes, den Krieg bis zum Endsieg zu führen, sei durch die Gründung einer neuen Partei – der Deutschen Volkspartei – gestärkt worden, der sie und alle ihre Freunde angehörten.

Die Russische Revolution bestärkte Elisabeth in ihrer Überzeugung, daß eine schwache Regierung den Ruin eines Volkes bedeutet, denn wäre der Zar ein entschlossener Führer gewesen, so hätte er ihrer Meinung nach die Revolution im Keim erstickt. Für Deutschland sei Rußlands Zusammenbruch ein Segen, denn jetzt würden Getreide und andere Nahrungsmittel aus der Ukraine dem hungernden deutschen Volke zugute kommen. Elisabeth selbst hatte allerdings an Nahrungsmittelknappheit kaum gelitten. Sie hatte sich an ihre Tätigkeit als Farmerin in Paraguay erinnert, einen Gemüsegarten angelegt, Hühner und sogar ein Schwein gehalten. Und finanziell ging es ihr besser denn je, da die Bücher ihres Bruders massenweise gekauft wurden – im Jahre 1917 zum Beispiel allein 40 000 Exemplare des *Zarathustra*. Zweifellos würde auch in der nahen Zukunft die Nietzsche-Bewegung rasch wachsen. Die ferne Zukunft allerdings sah anders aus und machte Elisabeth Sorgen, denn das Urheberrecht für Nietzsches Bücher erlosch im Jahre 1930. Damit war auch ihr Honorareinkommen aus den Büchern ihres Bruders zu Ende; wenn sie also über 80 Jahre alt werden sollte, würde sie möglicherweise ohne kontinuierliche Einkünfte sein. Ihre Gelder der Nietzsche-Stiftung deckten kaum mehr als die Hälfte ihrer Ausgaben. Sie schlug daher die Errichtung eines besonderen Alterfonds für sich vor. Im Januar 1918 wurde Thiel von Elisabeths Vetter, Doktor Adalbert Oehler, dem Präsidenten der Nietzsche-Stiftung, darüber informiert, daß ein solcher Fonds gegründet worden sei und daß die Gelder in deutscher Reichsanleihe investiert würden: «dem besten Wertpapier der Welt.«[22] Als Antwort schickte Thiel einen Scheck über 2000 Mark. Elisabeth bedankte sich dafür »tiefgerührt« und erwähnte, sie plane eine Luxusausgabe der Werke Nietzsches, weil sie zuversichtlich sei, daß der Krieg bald enden werde, denn »unsere Feinde müssen doch einsehen, daß wir nicht zu besiegen sind; im Gegenteil, daß wir die Siegesfahne überall aufpflanzen.«[23]

Aber sie irrte sich. Der Krieg ging weiter und schleppte sich noch durch den Frühling und Sommer 1918 hindurch. Im September sah selbst Elisabeth ein, daß sich Deutschlands Lage verschlechtert hatte. »Wir und unsere siegesgewohnten Heerscharen können uns schwer in Rückzüge finden, obgleich sie, um unsere herrlichen Truppen und Menschenmaterial zu sparen, ein ausgezeichneter strategischer Schachzug waren. Aber nun triumphieren die Feinde und vergessen ganz, daß sich alles auf französischer Erde abspielt, und daß wir noch weit weit von der deutschen Grenze sind. Wir vertrauen fest auf unseren *Endsieg*, und wenn die Feinde fordern, wir sollen Belgien und das Stück Frankreich herausgeben, so rufen wir lachend: ›holt es euch!‹ «[24]

Zwei Monate später mußte Deutschland, von revolutionären Ausbrüchen erschüttert, um Frieden bitten. In theatralischer Verzweiflung schrieb Elisabeth eine Zeile aus einem Gedicht ihres Bruders ab: »…›das ist der Herbst, der bricht mir noch das Herz‹: daß die Deutschen unser herrliches Vaterland selbst vernichten, das ist das Furchtbare, was man nicht überwinden kann. Das Heer an der Front war völlig unbesiegt, und nur das alberne Heimatheer, Narren und Kinder, sind unseren tapferen Frontsoldaten in den Rücken gefallen. Die Sozialdemokraten gebärden sich so würdelos und beschimpfen unsere besten und größten Führer. Deutschland bietet jetzt ein furchtbares Schauspiel, und jeden Tag wünsche ich mir den Tod.«[25]

23. Der Kampf gegen die Weimarer Republik

Elisabeths Todeswunsch beim Anblick ihres geliebten Vaterlandes, umbrandet von einer Revolution, die den Kaiser vertrieb und alle Throne stürzte, sogar den des unbeliebten Großherzogs Wilhelm Ernst von Sachsen-Weimar, machte bald wieder ihrem starken Lebenswillen Platz. Entsetzt beobachtete sie das Erstehen einer neuen Gesellschaftsordnung, gegen die ihre tiefste Überzeugung und ihr Instinkt rebellierten. Es war unmöglich, sie davon zu überzeugen, daß sich ein Volk selbst regieren könne. Der Slogan – »Volksregierung durch das Volk« – schien ihr purer Blödsinn. Ohne Führer war ein Volk ihrer Ansicht nach verloren, und es sei absurd anzunehmen, daß ein Führer aus einem Haufen streitender Politiker erstehen könne. Sie hatte Gelegenheit, das persönlich zu beobachten, denn Weimar war als Tagungsort der deutschen Nationalversammlung gewählt worden, weil Berlin von spartakistischen Aufständen bedroht war und nicht der geeignete Platz für eine Versammlung schien, die einberufen wurde, um der jungen deutschen Republik eine Verfassung zu geben.

Von einem reservierten Platz in der Besuchergalerie aus verfolgte Elisabeth einige Sitzungen und war entsetzt von den fanatischen Zügen in den Gesichtern einiger Delegierten. Sie schienen entschlossen zu sein, die traditionelle Ordnung der deutschen Gesellschaft von Grund aus zu zerstören und durch ihre sozialistische Utopie zu ersetzen. Elisabeth schauderte, als sie den revolutionären Redeschwall über sich ergehen ließ und fürchtete, eines Tages persönlich angegriffen zu werden, da es ja kein Geheimnis war, daß das Nietzsche-Archiv Zentrum einer starken konterrevolutionären Strömung war. Daß der Einfluß der Ideen ihres Bruders rapide anstieg, war ebenfalls kein Geheimnis. »In diesem Herbst, als die Revolution ausbrach, die ich nur den Pöbelaufstand nenne, sind in vier Wochen 25 000 Exemplare des billigen *Zarathustra* verkauft worden.«[1]

Elisabeth war nicht allein in ihrem Kampf gegen die Weimarer

Republik. Die Nietzsche-Bewegung zog nach und nach deutsche Patrioten aus allen Gesellschaftsschichten an. Um einen Anreiz zu bieten, stiftete der wohlhabende Hamburger Kaufmann, Konsul Christian Lassen, einen Preis, dotiert mit 5000 Mark für das beste, im Geiste Nietzsches geschriebene Buch. Der erste Gewinner des Nietzsche-Preises war Thomas Mann, der für sein gerade veröffentlichtes Werk *Betrachtungen eines Unpolitischen,* eine scharfe Abrechnung mit den westlichen Demokratien, ausgezeichnet wurde. Elisabeth gratulierte dem Schriftsteller für seine so notwendige Warnung vor dem vulgären Zeitgeist und wünschte ihm, daß sein Buch viele Leser finden würde. Mann nahm den Nietzsche-Preis mit einem Ausdruck ergebener Dankbarkeit an und versicherte Elisabeth »dieses Lob von dieser Seite ergreift mich mehr, als ich sagen kann.«[2]

Im unruhigen Frühjahr 1919, als viele Teile Deutschlands durch spartakistische Aufstände terrorisiert wurden, glich das Nietzsche-Archiv einer belagerten Festung. Elisabeths Vetter, Doktor Adalbert Oehler, Bürgermeister von Düsseldorf und von Spartakisten aus seinem Amt gejagt, fand Unterkunft und Schutz in Weimar, ebenso ihre beiden Großvettern, Major Oehler, inzwischen arbeitsloser Berufssoldat und der Bibliothekar Richard Oehler. In jenen Monaten glich ganz Weimar einer belagerten Stadt, denn sie war zum Schutz der Nationalversammlung von Truppen umschlossen. Unglücklicherweise aßen und tranken die meist jungen Soldaten sehr viel und erregten Unwillen bei der Bevölkerung, weil ihre Anwesenheit die ohnehin prekäre Nahrungsmittelknappheit noch verstärkte. Das Gespenst einer Hungersnot, die Deutschland schon während des Krieges bedroht hatte, wurde nun Wirklichkeit. Elisabeth schrieb an Thiel: »Deutschland ist gelähmt, Grund ist einmal die Unterernährung, aber die Hauptsache ist doch die üble Ansteckung von Rußland, durch leidenschaftliche Agitatoren verbreitet, was unser deutsches Volk vollkommen ruiniert ... ob wir uns jemals wieder aus dem Staub erheben? Wer kann es wissen. Ich selbst bin ganz resigniert.«[3]

Während Elisabeth solch melancholischen Gedanken nachhing, diskutierte die Nationalversammlung die Friedensbedingungen, die die Alliierten in Versailles – ohne Beratung mit der deutschen Delegation – diktiert hatten. Die Bedingungen waren hart und gnadenlos. Elisabeth war außer sich, als sie davon erfuhr, und verlangte, wie viele ihrer Landsleute, die Nationalversammlung solle sie ablehnen.

Damit ihre Ansicht auch gehört würde, lud sie die führenden Mitglieder der Nationalversammlung zu einem diplomatischen Tee ein. Das Ergebnis war besser, als sie erwartet hatte. Selbst die Sozialdemokraten waren gegen den Friedensvertrag und versicherten ihr, sie würden einen diktierten Frieden niemals annehmen. Es wurde jedoch bald klar, daß ihnen keine andere Wahl blieb. Elisabeth fühlte sich persönlich verraten, als die Nationalversammlung den Friedensvertrag annahm, wenn auch unter Protest. Das Versailler Diktat war der zweite Nagel im Sarg der Weimarer Republik. Der erste sei der »Dolchstoß« im Rücken des siegreichen deutschen Heeres durch einen feigen Mob vaterlandsloser Gesellen gewesen, schrieb Elisabeth an ihren schwedischen Freund: »Solche elende Burschen, wie Erzberger, der uns in jeder Richtung verraten hat, spielen eine große Rolle jetzt. Ich bin in einer unbeschreiblichen Melancholie. Deutschland ist ein Chaos geworden.«[4] Während Matthias Erzberger und seine Partei Deutschland an seine Feinde verrieten, treibe das Land einer wirtschaftlichen Katastrophe entgegen. Die Preise stiegen täglich. Ein Pfund Tee, das 1918 zehn Mark gekostet habe, koste ein Jahr später 75 Mark und Zucker gebe es kaum mehr. Auch Bücher seien sehr teuer geworden, aber die Nachfrage nach Nietzsches Büchern sei nie so groß gewesen wie während des Krieges und unmittelbar danach. 165 000 Exemplare von *Zarathustra* seien allein zwischen 1914 und 1919 verkauft worden, verglichen mit 100 000 in den vorhergehenden 22 Jahren. Falls diese Zahlen etwas bedeuteten, so werde die Zeit kommen, wo eine neue Generation junger Deutscher sich im Namen Nietzsches gegen den dekadenten Geist ihrer jetzigen Führer erheben werde.

Elisabeths größter Trost während der schwierigen Nachkriegsjahre war, daß sie sich immer auf die Hilfe ihres schwedischen Freundes verlassen konnte. »Wie soll ich Worte des Dankes finden?«[5] schrieb sie Thiel im Dezember 1919, nachdem sie ganz unerwartet einen Scheck über 100 000 Mark als Weihnachtsgeschenk erhalten hatte. Und Doktor Oehler fügte hinzu: »Selten ist eine gute Botschaft so zur rechten Zeit gekommen, wie diese. Wir beide waren zunächst ganz überwältigt. Ein wundervoller Lichtblick in dieser trüben Zeit.«[6] Wie alle ihre konservativen Freunde war Elisabeth beunruhigt von dem raschen Anwachsen der »roten Gefahr« in den Städten und Dörfern Thüringens. »In allen Städten Thüringens gibt es Kämpfe über Kämpfe. Die Arbeiter entwickeln einen wahren Blutdurst, der nur mit Mühe mit unseren viel zu wenigen Soldaten in Schranken gehalten wird.«[7]

Sie war fest davon überzeugt, daß die Alliierten einen schweren Fehler begangen hatten, Deutschland nicht die nötigen Truppen zur Unterdrückung der Revolution zu überlassen und daß die Revolution nicht an Deutschlands Grenzen Halt machen würde. Zu spät hatten einige von Deutschlands früheren Feinden erkannt, welche Gefahr der Bolschewismus für die gesamte westliche Welt bedeutete. Sie hatte gehört, daß der britische Botschafter in Berlin sich mit dem Vorschlag an Ludendorff gewandt hatte, daß »diesem herrlichen Heerführer die Entente – und die deutschen Truppen zur Verfügung gestellt werden, um den Bolschewismus zu bekämpfen.«[8] Sie selbst kämpfte diesen Kampf im Namen ihres Bruders mit wachsendem Erfolg – jedenfalls nach den Briefen zu urteilen, die das Nietzsche-Archiv aus vielen ehemaligen Feindesländern erhielt. Offenbar wuchs die Nietzsche-Bewegung auch im Ausland, nicht zuletzt infolge Elisabeths Biographie, die den Werken ihres Bruders zahlreiche Leser zuführte. Selbst in England, wo man ihn während des Krieges so bösartig verleumdet hatte, fand Nietzsche wieder Verehrer. Elisabeth hatte einen Brief von einem Engländer erhalten, den sie Thiel schickte und in dem es hieß: »Ich erlaube mir, meine Verehrung der besten Schwester, die ein Mann je gehabt hat, auszudrücken. Ich habe gerade Ihre zwei Bände der Biographie Ihres *jetzt* so berühmten Bruders gelesen und bin tief ergriffen von der aufopfernden Liebe, mit der Sie Ihren Bruder so viele Jahre lang betreut haben. Unter den Namen der berühmten Frauen, die je gelebt haben, wird man auch den Ihren nennen.«[9]

Es tat Elisabeth wohl, solche Worte zu hören, besonders jetzt, da sie, wie alle ihre Mitbürger, vor Kälte zitternd in ihrem Hause sitzen mußte, ohne Heizung, Licht oder Wasser, weil die Regierung einen Generalstreik ausgerufen hatte, um einen Coup rechter Extremisten zu verhindern. »Dieses unglaubliche Mittel wendet die Regierung in Berlin an, um im Sattel zu bleiben... Ich habe das Gefühl, daß wir am Anfang vom Ende der Kultur in Deutschland stehen. Wenn das Archiv nicht Sie, unseren liebsten, besten Freund gehabt hätte, so müßte es in diesen Jahren geschlossen werden,«[10] schrieb Elisabeth im März 1920 an Thiel. Ein schwedischer Oberst, der auf einer Vortragsreise in Deutschland war, hatte sie kurz zuvor besucht und ihr erzählt, er versuche öffentliches Interesse für eine neue politische

Ordnung in Europa zu erwecken, basierend auf einer Vereinigung aller germanischen Völker und der Gründung eines Großgermanischen Reiches. Elisabeth befürchtete, daß sich infolge der sehr harten Lebensbedingungen im gegenwärtigen Deutschland nur wenige für ein solch grandioses Projekt interessieren würden. Thiel hätte ja keine Ahnung, wie rapid die Preise stiegen. Es sei für Leute mit festem Einkommen fast unmöglich, genügend Nahrungsmittel zu erstehen. Erst vor kurzem hätten sich zwei alleinstehende alte Damen in Weimar das Leben genommen, aus Angst sie müßten verhungern. Tragödien aller Art, wohin man auch blicke – und die Regierung sei ohnmächtig, weil die politischen Parteien sich im Kampf gegeneinander aufrieben, anstatt zusammen für die Wiedergeburt ihres Vaterlandes zu kämpfen.

Anläßlich des zwanzigsten Todestages ihres Bruders, im August 1920, wandte sich Elisabeth öffentlich, in einem Appell, an die alten deutschen Tugenden. Sie schrieb einen Artikel für die *Vossische Zeitung* mit dem Titel »Der glückliche Nietzsche«, in dem sie Goethe und Nietzsche über »Das Streben nach Glück« zu Worte kommen ließ. Ihr Bruder habe recht gehabt: Der Mensch strebe nicht nach Glück – nur Engländer und Amerikaner täten das, – sondern er strebe nach Größe. Es sei an der Zeit, daß sich das deutsche Volk wieder an seine große Vergangenheit erinnere und aufgebe, billigen Idealen nachzulaufen. Selbstdisziplin, Gehorsam, Ordnungsliebe, und harte Arbeit – dadurch sei Deutschland groß geworden und diese Tugenden brauche es, um die Folgen des tragisch verlorenen Krieges zu überwinden und die Achtung seiner früheren Feinde wiederzugewinnen.

Obgleich Elisabeth kein Geheimnis aus ihrer Verachtung für die Weimarer Republik machte, wurden ihr zahlreiche öffentliche Ehrungen anläßlich ihres 75ten Geburtstages, am 15. Juli 1921, zuteil. Abordnungen aus der Stadt Weimar, dem Land Thüringen und dem Reich machten ihr Aufwartungen, beglückwünschten sie zu ihrem Geburtstag und dankten ihr für ihre patriotische Gesinnung. Der Dekan der philosophischen Fakultät der Universität Jena erschien »in prachtvoller Amtstracht, (rot und violetter Samt mit viel Gold) von vier Ordinarien begleitet« und verlieh ihr die Würde des Ehrendoktors. In seiner Ansprache betonte er, daß Elisabeth die erste Frau sei, die diese hohe Ehrung empfangen habe. Elisabeth nahm sie mit einigen höflichen Dankesworten an, flüsterte jedoch wenig später einer alten aristokratischen Freundin zu, es sei ja ganz schön, Ehrendoktor zu sein, aber lieber wäre ihr der Titel ›Exzellenz‹.

Doch weder Titel noch Ehrungen konnten sie vor der Sturzwelle der Inflation beschützen, die nun über Deutschland hereinbrach. Die Preise erreichten astronomische Höhen und der Wert der Mark sank täglich. Auch politisch verschlechterte sich die Lage: in Weimar war eine sozialistische Regierung an die Macht gekommen. »Wenn die rote Regierung erkennt, welch ein Feind ihrer Anschauungen Friedrich Nietzsche ist, dann könnte es unangenehm werden,«[11] schrieb Elisabeth ihrem Freund Thiel. Sie war dabei, eine Anthologie der Sprüche ihres Bruders über Völker und Staaten zusammenzustellen. »Mein Bruder hat uns Zeiten der Gefahr gewünscht; nun, jetzt leben wir gefährlich genug, und es wäre nur zu wünschen, daß aus diesem Chaos ein großer Stern, das heißt ein wahrhaft großer Mensch und Führer bei uns erstehen möchte – wie nach der Französischen Revolution Napoleon: die Jugend will anbeten, lieben und verehren. Das macht man ihr jetzt ganz unmöglich.«[12]

Im September 1922 wurde Elisabeth abermals von einer Gruppe deutscher Professoren, deren Freundschaft sie kultiviert hatte, für den Nobelpreis vorgeschlagen. Sie bat ihren Vetter, Max Oehler, Thiel davon zu unterrichten und gleichzeitig zu betonen, daß, den Statuten der Nobelstiftung nach, sie durchaus berechtigt sei, den Preis zu erhalten, denn er werde den Verfassern von Werken verliehen, die von großer kultureller Bedeutung seien. Oehler erwähnte die verschiedenen Fassungen von Elisabeths Biographie ihres Bruders, die in vielen Sprachen übersetzt worden waren, ihre Arbeit als Herausgeberin der zehnbändigen Taschenbuchausgabe von Nietzsches Werken und die Gründung des Nietzsche-Archivs, einem der führenden Kultur-Zentren Europas. Er deutete auch an, daß sie zur Zeit an einer Anthologie Nietzsches Aphorismen über Staaten und Völker arbeite und fragte an, ob es weise sei, der Schwedischen Akademie mitzuteilen, »daß in diesem Buch der Wert des einzelnen im Gegensatz zur Masse betont wird – kontra Sozialismus, Kommunismus und Bolschewismus. Oder soll man es nicht tun?«[13] Er fragte Thiel, ob er bereit sei, den von der deutschen Seite vorbereiteten Vorschlag an die Schwedische Akademie durchzulesen, ehe er offiziell abgesandt werde? Gerade jetzt wäre der Nobelpreis sehr willkommen, da er in Schwedischen Kronen bezahlt würde und die deutsche Mark fast völlig wertlos sei.

In ihrem Brief an Thiel zu diesem Thema beteuert Elisabeth, daß ein abermaliger Vorschlag an die Schwedische Akademie, ihr den Nobelpreis zuzuerkennen, nicht auf ihre Anregung zurückgegangen sei, sondern »da sind einige Gelehrte auf den Gedanken gekommen, mir den Nobelpreis zu verschaffen. Mir ist es, aufrichtig gesagt, ein gräßlicher Gedanke, daß von den Herren dieser Versuch gemacht werden soll, denn ich fühle mich einer solchen Auszeichnung nicht würdig. Aber die Herren behaupten, daß ich um das Werk meines Bruders so außerordentliche Verdienste hätte, und das Nietzsche-Archiv wäre eine so vorzügliche Institution, daß sie die Verfolgung ihrer Wünsche als vollkommen berechtigt empfinden. Seitdem ich Ehrendoktor der Universität Jena bin, die noch niemals eine Frau zum Ehrendoktor gemacht hatte, ist mein Ruhm ins Ungemessene gestiegen.«[14] Die Schwedische Akademie nahm von den Leistungen der Schwester Nietzsches gebührend Notiz, entschied jedoch, den Nobelpreis für Literatur im Jahre 1923 dem irischen Dichter William Butler Yeats zu verleihen, der den deutschen Philosophen Friedrich Nietzsche hoch verehrte und ihn einen »starken Zauberer« nannte.

Unbeirrt von ihrem dritten Nobelpreis-Fehlschlag, und obgleich die galoppierende Inflation das gesamte Kapital der Nietzsche-Stiftung zu verschlingen drohte und »wir durchaus das Gefühl haben, auf einem Vulkan zu wandeln,«[15] gab Elisabeth weiterhin ihre öffentlichen Sonnabend-Empfänge. Sie erzählte ihrem schwedischen Freund, daß sie in den letzten acht Wochen zweimal große Nachmittags-Tees mit bis zu sechzig Personen gehabt habe, mit Musik und interessanten Vorträgen, und daß »die Zuhörer entzückt und dankbar waren, daß ich in diesen schweren Zeiten versuche, einige gesellschaftliche Zusammenkünfte wie in der guten alten Zeit fortzusetzen.«[16]

Den Kaffee, Tee oder die Schokolade, die sie bei ihren Empfängen anbot, hatte sie entweder von Thiel erhalten, der sie mit Nahrungsmitteln, die in Deutschland nicht zu bekommen waren, versorgte, oder sie wurden mit schwedischen Kronen von ihrem Dienstpersonal auf dem schwarzen Markt gekauft.

Der einzige Lichtstrahl in diesen düsteren Monaten war, daß sich die Bücher ihres Bruders, obwohl sie jetzt – in der Inflationswährung – Millionen kosteten, noch immer gut verkauften, und daß auch ihr Einkommen von ihren eigenen Büchern beträchtlich war. Tausende von Exemplaren ihres Büchleins *Nietzsches Worte über Staaten und*

Völker wurden in wenigen Monaten verkauft. Ihre beständige Klage war nur, daß ihr Einkommen noch höher sein würde, wenn ihre Verleger weniger geldgierig wären. Ihrem Ärger darüber machte sie Luft, indem sie gegen ihren Verleger Kröner einen Prozeß anstrengte, den selbst ihr Vetter, Doktor Adalbert Oehler, für so kapriziös hielt, daß er sein Amt als Präsident der Nietzsche-Stiftung niederlegte. Elisabeth nannte diese Handlungsweise einen treulosen Verrat, begangen zu einer Zeit, in der sie Oehler wirklich gebraucht hätte. Sie schrieb ihm:»Von Geld verstehe ich zwar nichts, aber ich weiß, was ein Verlag, der das Glück hat, die Werke Nietzsches zu verlegen, dem großen Namen Nietzsche schuldig ist.«[17] Und ohne ihrem Vetter die Gelegenheit zu geben, seine Amtsniederlegung rückgängig zu machen, übertrug sie ihrem alten Freund, Doktor Paulssen, einem früheren Minister im Kabinett des Großherzogs Wilhelm Ernst, die Präsidentschaft der Nietzsche-Stiftung.

Im August 1923 – inzwischen kostete ein Pfund Butter 180 000 Mark – betrug das Kapital der Nietzsche-Stiftung 100 Millionen Mark.»Mein armer, alter Kopf, der so lange Jahre an unsere gute alte Mark gewöhnt war, kann sich nicht an diese entsetzlichen Zahlen gewöhnen. Ich muß immer weinen.«[18] Elisabeth weinte noch mehr, als sie Ende 1923 erfuhr, daß das gesamte Kapital der Nietzsche-Stiftung null und nichtig sei. Die deutsche Regierung hatte den Bankrott der Mark erklärt und sie durch eine neue Währung, die Rentenmark, ersetzt. Da der Umtauschwert von Mark zu Rentenmark praktisch gleich null war, verschwanden fast alle Ersparnisse über Nacht spurlos. Die Auswirkungen dieser finanziellen Katastrophe auf den traditionell sparsamen und hart arbeitenden deutschen Mittelstand waren traumatisch. Man fühlte sich von der eigenen Regierung um seine Lebensersparnisse betrogen und war bereit, jede gegen das verhaßte Regime gerichtete Bewegung zu unterstützen. Inflation und Währungsverfall sind verantwortlich für den dritten Nagel im Sarg der Weimarer Republik.

Es dauerte eine Zeit, ehe Elisabeth begriffen hatte, daß das bedeutende Vermögen, welches ihr Thiel, ihr schwedischer Engel, in den vielen Jahren geschenkt hatte, um den Bestand des Nietzsche-Archivs für alle Zeit zu sichern, verloren war, und daß sie von jetzt an völlig auf ihre Honorarzahlungen angewiesen war. Und auch diese würden 1930, mit dem Erlöschen des Urheberrechtes, aufhören.

Eine Regierung, die eines solchen infamen Betruges an ihren

Bürgern fähig war, verdiente gestürzt zu werden. So war Elisabeth hoch erfreut, als sie erfuhr, daß sich in Bayern eine nationale Widerstandsbewegung gebildet hatte, angeführt von Erich Ludendorff, den sie sehr bewunderte und Adolf Hitler, dem Führer einer kleinen Schar von Patrioten. Wäre sie jünger gewesen, wäre sie sofort nach München gefahren, um sich am Marsch nach Berlin zu beteiligen – selbst auf die Gefahr hin, daß dieser mißlingen und sie wegen Hochverrats angeklagt würde.

Sie beneidete das italienische Volk um ihren großen Führer Benito Mussolini, der sein Land von bolschewistischen Drohungen und demokratischer Anarchie befreit hatte. Als Ausdruck ihrer Bewunderung schickte sie dem neuen Cäsar eine Glückwunsch-Depesche und ein Bild ihres Bruders. Sie war entzückt, von Mussolini einen persönlichen Brief zu erhalten, in dem dieser ihr mitteilte, er sei seit Jahren ein großer Bewunderer der Philosophie ihres Bruders, habe alle seine Bücher gelesen und würde, in einer Rede vor dem kommenden Faschistenkongreß in Rom, Nietzsches Gedanken über Zucht und Züchtigung, Ordnung und Disziplin, vortragen. Elisabeths Vetter, Max Oehler, ihr Archivist und persönlicher Assistent, teilte ihre Begeisterung für den Duce. Er schickte Thiel einen Aufsatz über *Mussolini und Nietzsche*, den er geschrieben hatte, mit der Bitte, Thiel möge ihn einer großen schwedischen Zeitung vorlegen, obgleich Oehler befürchtete, daß die linksgerichtete Presse Schwedens an einem solchen Artikel nicht interessiert sei. Im Nietzsche-Archiv dagegen war Mussolinis Name in aller Munde, und es herrschte große Freude, als der italienische Botschafter in Begleitung zweier Botschaftsräte von Berlin nach Weimar kam, um Mussolinis persönliche Grüße zu übermitteln.

»Der Ruhm meines geliebten Bruders breitet sich in der ganzen Welt aus, und so kommen jetzt verehrende Briefe aus Tiflis, Chile, Nord- und Südamerika und auch aus Paris. Auch viele Franzosen haben das Nietzsche-Archiv besucht: Romain Rolland mit Frau, Marquise de Brion, Graf und Gräfin Pourtales. Alle hatten literarische Wünsche. Sie wollten eine Auswahl aus Nietzsches Briefen ins Französische übersetzen. Eigentlich wollte ich mich jetzt zur Ruhe setzen, aber es hilft nichts. Ich muß mich trotz meines hohen Alters weiter plagen. Das Archiv kommt sonst nicht durch. Überall wird über Geldmangel geklagt. Selbst in Frankreich, England und Italien, – den Siegerstaaten – ist das Geld knapp.«[19]

Als sich die Zwanzigerjahre ihrem Ende näherten, war Elisabeths Hauptsorge, was nach 1930 geschehen sollte. Wovon sollte sie und das Nietzsche-Archiv existieren? Für die beste Lösung hielt sie die Verlängerung des Urheberrechtes für die Werke ihres Bruders von 30 auf 50 Jahre; um dieses Ziel zu erreichen, begann Elisabeth einen regelrechten Feldzug. Sie schrieb Artikel, Bittschriften und beriet mit Rechtsanwälten die Vorbereitung von Petitionen an das Gericht. Aber nach wie vor verließ sie sich hauptsächlich auf die Unterstützung ihres schwedischen Freundes, obwohl Thiel selbst mit finanziellen Schwierigkeiten zu kämpfen hatte. Im Februar 1926, als sie dringend einige Tausend Mark brauchte, adressierte sie folgendes SOS an Thiel: »nun schlagen die Sorgenwellen über mich zusammen, nun heißt es: ›Schiff in Not‹«[20] und Thiel kam ihr wie immer zu Hilfe.

Offensichtlich benötigte Elisabeth tatsächlich ein sicheres Einkommen. Sie war in den späten Siebzigern, und wenn auch noch erstaunlich rüstig für ihr Alter, so war sie doch nicht mehr fähig, so viel zu arbeiten wie früher. Nach längeren Beratungen im Nietzsche-Archiv entschied man sich, eine von prominenten Persönlichkeiten unterzeichnete Petition an Präsident Hindenburg zu richten – mit der Bitte, er möge Elisabeth anläßlich ihres 80sten Geburtstages einen Ehrensold gewähren. Es war eine delikate Angelegenheit, da Hindenburg ein sehr frommer Mann war, und sich hätte sträuben können, die Schwester des Autors des *Antichrist* obendrein zu belohnen. Obgleich kaum anzunehmen war, daß Hindenburg den Titel des Buches kannte und es bestimmt nicht gelesen hatte, war Vorsicht geboten. Zumindest dieses Werk Nietzsches durfte auf keinen Fall erwähnt werden.

Der Text der Petition, die Hindenburg vorgelegt bekam, betonte die ethische Kraft der Schriften Nietzsches. Selbst zur Vollbringung der großen deutschen Taten während des Weltkrieges habe Nietzsches Geist mit beigetragen. »Sein Hauptwerk *Also sprach Zarathustra* war das Buch, das neben der Bibel und Goethes Faust, am häufigsten von den deutschen Soldaten mit hinaus ins Feld genommen wurde. Es unterstreicht den Wert solcher soldatischen Tugenden wie Härte, Gehorsam, Disziplin. Indem Nietzsches Schwester diese Ideen zu verbreiten half, hat sie die ethische Wirkung der Schriften ihres Bruders möglich gemacht. Sie hat die Kenntnis seines vorbildlichen, makellosen Lebens durch eine umfassende Biographie in

einer großen und einer gekürzten Ausgabe vermittelt, hat den
Nachlaß gesammelt, geordnet und in elf Bänden veröffentlicht, hat
seine Briefe mit unendlicher Mühe und ohne Scheu vor Kosten zu-
sammengebracht und in sechs Bänden herausgegeben; Sie hat endlich mit dem Nietzsche-Archiv in Weimar nicht nur eine Zentralstelle
für die Manuskripte und Bibliothek Nietzsches, für die Kunstwerke,
die sich auf den Philosophen beziehen, endlich für die Nietzsche-
Literatur geschaffen, sondern dieses Haus zugleich zu einer Kultur-
stätte geistig-künstlerischen Charakters oberster Ordnung herausge-
staltet. Ihre Tapferkeit, ihr Mut und ihre Verdienste um die deutsche
Sache sind weltbekannt. Da das Stiftungsvermögen, das sie über
viele Jahre angesammelt hatte, durch die Inflation verloren gegangen ist, gebührt ihr die Unterstützung vom Staat. Durch die Gewäh-
rung eines Ehrensoldes würde die verdienstvolle Frau in ihrem hohen Alter wenigstens der schwersten materiellen Sorgen enthoben
werden.«[21]

Diese vom Präsidenten der Nietzsche-Stiftung entworfene Petition
wurde von einer Anzahl bekannter Persönlichkeiten unterzeichnet,
darunter Rudolf Eucken, Nobelpreisträger für Literatur 1908, Harry
Graf Kessler, Oswald Spengler und Professor Hans Vaihinger. Sie
hatte die gewünschte Wirkung: »Unser ausgezeichneter Reichsprä-
sident Hindenburg gibt mir für den Rest meines Lebens einen Ehrensold. Es ist ein bescheidener Ehrensold, aber das Reich gibt auch
noch 300 Mark monatlich dazu, so daß ich jetzt, beides zusammen,
450 Mark monatlich habe, was gerade dazu reicht, alle Gehälter zu
bezahlen.«[22]

Nachdem Elisabeth ihrem schwedischen Freund diese gute Botschaft mitgeteilt hatte, beschrieb sie die Festlichkeiten anläßlich ihres achtzigsten Geburtstags. Die Nachricht von Hindenburgs Ehrensold wurde ihr fünf Minuten vor dem Festessen, bei dem 52 Personen zugegen waren, durch den Reichsminister der Finanzen, Peter
Reinhold, überbracht. Zum Hauptempfang von halb fünf Uhr an
strömten 150 Gratulanten, die sie persönlich begrüßte. Sie las »ungefähr 90 Artikel, in welchen mein kulturgeschichtlicher Wert gefeiert
wurde, brieflich aber schrieben mir die Leute noch mehr Übertriebe-
nes und Unsinn, zum Beispiel feierte mich einer als ›die erste Frau
Europas‹.«[23]

Thiel jedoch hielt es nicht für Unsinn: »Du bist also gefeiert worden als die erste Frau Europas – und Du scheinst diese Huldigung

abweisen zu wollen. Ich möchte mir aber die Frage erlauben, welche Frau wäre es denn sonst?«[24] Und einige Zeit darauf schreibt er: »...oft schwebt es mir vor wie eine Art Vision: zwei Geschwister als die beiden Portalfiguren einer neuen Zeit – und über ihnen das einzige Wort: Redlichkeit. Diese neue Zeit hätte doch aus Dankbarkeit an Dir wieder gutmachen müssen, was alles früher an Deinem Bruder gesündigt worden ist... denn Du stehst heute da als der kulturelle Gipfel unseres Weltalls!«[25]

Für Elisabeths Ego waren diese Worte Gift. Sie begann sich immer mehr als Vollstreckerin des politischen Willens ihres Bruders zu sehen. Nietzsche habe die Vereinigung Europas gefordert und das Heraufkommen des »guten Europäers« proklamiert. Und Elisabeth berichtet: »das Nietzsche-Archiv wird jetzt als Mittelpunkt der Völkerversöhnung betrachtet. Prinz Karl Anton Rohan hielt vor kurzem einen höchst interessanten Vortrag für die kulturelle Vereinigung Europas im Archiv, und vor vierzehn Tagen gab ich ein diplomatisches Frühstück für Professor Henri Lichtenberger von der Sorbonne in Paris, was auch denselben Zweck hatte.«[26] Besonders erfreut war sie darüber, daß französische Intellektuelle ihren Bruder als Quelle der europäischen Einheit betrachteten, und sie beeilte sich, Thiel mitzuteilen, daß ein junger Franzose soeben ein Buch veröffentlicht hatte mit dem Titel: *La divinité de Frédéric Nietzsche, germe d'une religion d'Europe.*

Die Voraussagungen ihres Bruders bewahrheiteten sich also endlich – ein in seinem Namen und durch seine Ideen vereintes Europa war im Entstehen. Damit es die nötige politische Führung bekam, mußte ein Orden »höherer Menschen« gegründet werden, der die europäische Jugend zur Selbstdisziplin und Opferwilligkeit erziehen sollte – gegen den dekadenten Trend der Gleichmacherei. Gestützt auf Zarathustras Lehre sollte er Härte und Überwindung des Mitleides fordern und Ausdruck des Willens zur Macht einer neuen Aristokratie sein, den künftigen »Herren der Erde«.

Trotz ihres hohen Alters propagierte Elisabeth diese Gedanken sehr aktiv. Sie übernahm das Präsidium eines internationalen Kongresses über »Nietzsche und das Zwanzigste Jahrhundert«, gab allen Anhängern ihrer Sache Audienzen und öffnete ihr Herz und ihr Haus besonders denen, die den verruchten Versailler Friedensvertrag attackierten, wie zum Beispiel Professor Henry Elmer Barnes, dem »mutigen, prachtvollen amerikanischen Kämpfer gegen die

Kriegsschuldlüge Deutschlands.«[27] Und sie schrieb eine neue Einleitung zu einer einbändigen Dünndruckausgabe von *Der Wille zur Macht.*

Reife ist alles – und die Zeit war reif für einen Führer, der diese, in vielen Köpfen brodelnden Ideen zu einer großen politischen Bewegung zusammenfassen sollte.

24. Elisabeth und Hitler

Sylvester 1929. In Deutschland wurden Millionen von Sektgläsern zur Feier des Eintritts in die dritte Dekade des 20. Jahrhunderts geleert. Prost Neujahr! klang es auf den Straßen Berlins und anderer Städte, wo man sich einem hektischen Vergnügungsrausch hingab: Iß, trink und amüsiere Dich, denn morgen schon kannst Du arm und arbeitslos sein! Eine Stimmung verzweifelter Fröhlichkeit lag in der Luft. Jeder wollte sich noch einmal ausleben, ehe die tickende Zeitbombe die fragile Nachkriegsordnung in die Luft sprengen würde. Fast täglich gab es Saal- und Straßenschlachten zwischen nationalsozialistischen Sturmabteilungen und kommunistischen Kampfverbänden, oder beide kämpften verbündet gegen die Staatsgewalt. Und im Hintergrund lauerte das Gespenst der großen Wirtschaftskrise – der vierte Nagel im Sarg der Weimarer Republik.

Für das Nietzsche-Archiv war 1930 das Jahr der Entscheidung. Würde es weiter bestehen können, nachdem der Reichsrat Elisabeths Petition für eine zwanzigjährige Verlängerung des Urheberrechtes auf die Werke ihres Bruders abgelehnt hatte? Den Gedanken, es schließen zu müssen, fand Elisabeth unerträglich. Sie bombardierte führende Politiker in Berlin und Weimar mit Hilferufen. Das Reich schuldete ihr Unterstützung, hatte es doch durch die Inflation den Stiftungsfond des Archivs vernichtet. Finanzielle Hilfe war gerade jetzt dringend nötig, denn die Arbeit an der historisch-kritischen Ausgabe der Werke Nietzsches, die auf vierzig Bände geplant war, hatte bereits begonnen. Allein für die Gehälter der Herausgeber mußte Elisabeth im Monat 1000 Mark aufbringen, eine beträchtliche Summe, die ihr viele schlaflosen Nächte bereitete.

Der drohende Verlust aller Honorareinkommen Ende 1930 bedeutete daher eine echte Existenz-Krise für das Archiv, um so mehr, als sie zusammenfiel mit der Existenz-Krise der Weimarer Republik. Denn die Regierung mußte Ausnahmegesetze proklamieren, um den durch die ständig steigende Arbeitslosigkeit immer gefährlicher werdenden Bürgerkrieg zwischen SA und Rotfront im Schach zu halten. In dieser turbulenten Zeit war Präsident Hindenburg das einzige stabile Element, doch seine Amtsperiode lief 1932 ab. Er war fünfundachtzig Jahre alt und man merkte ihm sein Alter, körperlich wie geistig, an, doch wenn er sich weigerte, noch einmal für das Amt des Reichspräsidenten zu kandidieren, so bestand die Gefahr, daß das Reich, durch Machtkämpfe erschüttert, im Chaos versinken würde. Gemäßigte Politiker, die das Schlimmste verhüten wollten, überzeugten Hindenburg, es sei seine patriotische Pflicht, noch einmal zu kandidieren. In einer Radioansprache an das deutsche Volk gab Hindenburg bekannt, er sei trotz seines hohen Alters willig, die Bürde der Präsidentschaft weiter zu tragen, weil er die Wahl eines Parteipolitikers verhindern wollte, dessen extreme Ansichten er verabscheute. Gemeint war Adolf Hitler, der von seiner Partei für das Amt des Reichspräsidenten nominiert worden war.

Die Beamten des Nietzsche-Archivs, besonders Doktor Emge, Professor für Jurisprudenz an der Universität Jena, der zum Herausgeber der historisch-kritischen Ausgabe ernannt worden war, und Elisabeths Vetter, Major Max Oehler, waren begeisterte Parteigänger Hitlers. Elisabeth sagte zwar, sie sei für Hindenburg, der ihr einen Ehrensold bewilligt hatte, aber sie änderte ihre Meinung, als infolge der Finanzkrise alle Banken geschlossen wurden, und sie von ihrer eigenen Bank in Weimar die Mitteilung erhielt, man könne ihr keinen Kredit mehr bewilligen.»Du machst Dir keine Vorstellung, wie katastrophal die große Krisis mit all den Notverordnungen in Deutschland gewirkt hat... Es wäre tragisch, wenn gerade jetzt, wo die große kritische Ausgabe in Vorbereitung ist, das Archiv geschlossen werden müßte. Daß in meinem hohen Alter, meiner Lebensarbeit noch ein so tragisches Ende erteilt werden könnte, ist schwer verständlich.«[1] Doch wenn kein Wunder geschehe, müßte sie das Archiv Ende 1931 schließen.

Elisabeths fünfundachtzigster Geburtstag im Jahre 1931 fiel in die Mitte dieser großen wirtschaftlichen und politischen Krise, die viele Deutsche mit Furcht und Verzweiflung erfüllte. Nietzsches Schwester jedoch empfing zahlreiche weitere öffentliche und private Ehrungen; Mussolini telegrafierte Geburtstagswünsche und sandte ihr einen Scheck über 20 000 Lire und im Archiv zählte man mehr als 300 Telegramme aus allen Teilen der Welt. Elisabeth freute sich besonders über das der Kaiserin Hermine, der Frau des ehemaligen deutschen Kaisers, die sie ›meine liebe Freundin‹ nannte. Kessler dagegen meinte »man möchte weinen, wohin Nietzsche und das Nietzsche-Archiv gekommen sind, wenn man die Einstellung seiner Majestät zu Nietzsche vor dem Kriege bedenkt. Damals war Nietzsche Revolutionär und fast ebenso vaterlandsloser Geselle wie die Sozis.«[2] Kritische Bemerkungen dieser Art ließen Elisabeth kalt. Sollte es wahr sein, daß der Kaiser ihren Bruder nicht geschätzt hatte, so lag der Grund dafür einfach darin, daß er Nietzsches Werke nicht gekannt hatte. Die Kaiserin kannte sie, und daher sei sie ihre Freundin geworden.

Die wertvollsten Geburtstagsgeschenke, die Elisabeth erhielt, waren öffentliche Schreiben von Karl Severing, dem sozialistischen Minister in Berlin, und Doktor Wilhelm Frick, den nationalsozialistischen Minister in Weimar, die beide finanzielle Unterstützung für das Nietzsche-Archiv versprachen. Nur konnten die Versprechungen, die im Juli gemacht worden waren, im November nicht eingelöst werden, da weder das Reich noch das Land Thüringen Gelder für kulturelle Zwecke zur Verfügung hatte. Alle Mittel wurden für Arbeitslosenunterstützung und soziale Fürsorge gebraucht. Ende des Jahres war die Lage so hoffnungslos geworden, daß Elisabeth Thiel mitteilte, sie müsse nun doch das Nietzsche-Archiv im Februar 1932 schließen. Wie das Reich sei auch sie am Ende ihrer finanziellen Kräfte. Das Nietzsche-Archiv sei ihr Kind; es begraben zu müssen, würde ihr zwar das Herz brechen, doch sie sehe keinen Ausweg mehr.

Thiel war von dieser Nachricht tief betrübt und wünschte, er könnte wieder helfend einspringen, wie er es so oft getan hatte, doch es war ihm nicht mehr möglich, da sich seine eigene finanzielle Lage sehr verschlechtert hatte. Er atmete daher erleichtert auf, als ihm Elisabeth ein paar Wochen später die gute, auf den ersten Blick geheimnisvolle Botschaft übermittelte, sie habe »das merkwürdigste Weihnachten hinter sich, das sie je erlebt hatte«.[3]

Sechs Tage vor Weihnachten hatte sie ihren zweiten Prozeß gegen ihren Verleger gewonnen. Dies bedeute, schrieb sie, daß ihr Kröner weiter Honorar zahlen müsse für alle Werke, die ihr Bruder nicht selbst druckfähig gemacht habe, wie zum Beispiel *Der Wille zur Macht*. Das Gericht habe Elisabeths Argument, das Urheberrecht dieser Werke gehöre rechtens ihr und nicht ihrem Bruder, da ja *sie* und nicht er die fraglichen Werke fertig gemacht habe, anerkannt.

Solange sie lebe und 30 Jahre nach ihrem Tode könne das Archiv mit Honorareinnahmen aller Werke Nietzsches, die Elisabeth herausgegeben hatte, rechnen. Es war dies ein sehr wichtiges Urteil mit langfristigen finanziellen Konsequenzen für den Verleger sowie für das Nietzsche-Archiv.

Der zweite weihnachtliche Glücksfall war die Nachricht, daß sowohl das Reich wie das Land Thüringen die Versprechungen, die sie ihr anläßlich ihres fünfundachtzigsten Geburtstages gemacht hatten – nämlich dem Archiv Mittel für das kommende Jahr zu überweisen –, einlösten. Ein gutes Omen für die Zukunft.

Am wunderbarsten jedoch war, daß sie einen Tag vor Weihnachten von dem unbekannten Gönner, der ihr schon einige Male geholfen hatte, einen Scheck über 20 000 Mark erhalten hatte. Es war wie im Märchen, nur daß der Märchenprinz zunächst unsichtbar blieb. Als seine Identität schließlich bekannt wurde, stellte es sich heraus, daß es der reiche Zigarettenfabrikant Philipp Reemtsma war. Daß Reemtsma auch Naziführern bedeutende Summen gegeben hatte (er wurde später, im Nürnberger Prozeß, angeklagt, Göring bestochen zu haben), wußte Elisabeth nicht, und sie hätte sich auch nicht besonders darüber aufgeregt. Für sie war Reemtsma, wie früher Thiel, vor allem ein Schutzheiliger des Nietzsche-Archivs.

Nachdem sich ihre finanzielle Misere auf so wunderbare Weise gebessert hatte, widmete sich Elisabeth mit erneutem Eifer ihrer Arbeit. Sie beaufsichtigte die beiden jungen Gelehrtens, Karl Schlechta und Friedrich Mette, die an der historisch-kritischen Gesamtausgabe arbeiteten, erklärte ihnen, was für Schwierigkeiten sie beim Herausgeben der Notizbücher ihres Bruders zu überwinden gehabt habe, und deutete an, daß verschiedene Texte – infolge von Nietzsches schwer lesbarer Handschrift – unterschiedlich entziffert worden seien. Frühere Herausgeber hätten Fehler beim Entschlüsseln der Texte gemacht. Sie selbst habe immer darauf betanden, die Texte wortgetreu zu drucken. Die Lage zwischen ihr und den jungen, an der kritischen Ausgabe arbeitenden Gelehrten, spitzte sich zu, als sie die Originale der Briefe ihres Bruders an sie und ihre Mutter vorlegen sollte. Sie erklärte, einige der Briefe seien in Paraguay verlorengegangen und andere von ihrer streng gläubigen Mutter verbrannt worden. Jedoch könne sie für die Richtigkeit des veröffentlichten Wortlautes dieser Briefe einstehen. Die beiden Gelehrten, die von der Notgemeinschaft der deutschen Wissenschaft beauftragt worden waren, die historisch-kritische Ausgabe vorzubereiten, weigerten sich, diese Erklärung für bare Münze zu nehmen. Sie prüften Nietzsches Notizbücher sorgfältig und entdeckten, daß Elisabeth in zahlreichen Fällen Briefentwürfe ihres Bruders, an andere Personen als an sie und ihre Mutter gerichtet, veröffentlicht hatte. Schlechta berichtet, daß, als er der fast neunzigjährigen Elisabeth die Beweise dieser Umdatierung vorlegte, sie so wütend wurde, daß sie ihren schweren eichenen Krückstock mit einem Schrei der Entrüstung drohend gegen ihn erhob:»Ich hatte das Gefühl, sie wollte mich totschlagen.«[4]

Trotz ihres hohen Alters und der immer lauter werdenden Kritik an ihrer Tätigkeit herrschte Elisabeth über das Archiv mit ungebrochener Autorität. Selbst ihr Vetter, Major Oehler, beklagte sich über die Art, wie sie ihn behandelte und drohte, sein Amt niederzulegen, falls sie ihm nicht ein größeres Verfügungsrecht einräume – eine Drohung, die Elisabeth völlig kalt ließ. Im Gegenteil, sie riet ihm, er solle sich doch nach einer anderen Stellung umsehen, sie dulde keine Kritik an ihrer Verwaltungstätigkeit. Kritik sei in ihren Augen Ungehorsam und die Strafe für Ungehorsam sei Entlassung. Oehler akzeptierte die Verwarnung und beschloß, im Archiv zu bleiben. Elisabeth konnte ja nicht ewig leben, obgleich sie noch erstaunlich rüstig war. Sie führte noch immer eine umfangreiche Korrespondenz, nahm an Redaktionskonferenzen teil und war im Begriff, ein Buch über *Nietzsche und die Frauen seiner Zeit* zu schreiben, in dem sie die Verachtung, die ihr Bruder für das »intellektuelle Weib« hegte, darstellen wollte. Jeden Sonnabend empfing sie nach wie vor Gäste, Weimarer Freunde und prominente Besucher, gab Abendgesellschaften und organisierte Vortrags- und Musikabende. Außerdem verfolgte sie mit großem Interesse die gespannte politische Lage in Deutschland. Ihrem Einfluß hinter der Bühne war es hauptsächlich zu verdanken, daß ein Theaterstück über Napoleon, dessen Mitautor Mussolini war, im Februar 1932 im Weimarer Nationaltheater uraufgeführt wurde.

Für ein Provinztheater war es sensationell, die Erlaubnis für die reichsdeutsche Uraufführung eines Stückes, dessen Bedeutung mehr in seinem ideologischen als im literarischen Wert lag, zu einer Zeit zu erhalten, als der Kampf zwischen Faschismus und Demokratie in

Deutschland am heftigsten tobte. Der *Völkische Beobachter* schrieb: »Wir sind neugierig, ob sich andere ... Staats- und Landestheater, die ja heute alle von der Gnade der Parlamente und der Antifaschisten abhängen, den Mut fassen werden, das italienische Drama aufzuführen.«[5] Derartige Überlegungen interessierten Elisabeth nicht. Was ihr imponierte, war das großartige Portrait Napoleons in diesem Stück – wie ihr Bruder war Elisabeth ein großer Bewunderer des korsischen Eroberers und tief betrübt über sein unrühmliches Ende.

Mussolinis 1931 erschienenes Drama *Campo di Maggio*, (dt.: *Hundert Tage*; Berlin, Wien, Leipzig 1933) behandelt die Ereignisse von Napoleons Flucht aus Elba bis zu seiner endgültigen Niederlage in der Schlacht von Waterloo. Es stellt Napoleon als Helden ohne Fehl und Makel dar, der nur deshalb fällt, weil er sich selbst entmachtet hatte, indem er Frankreich eine Verfassung gegeben hatte. Er wurde nicht auf dem Schlachtfeld von Waterloo besiegt, sondern war das Opfer eines Dolchstoßes von Intriganten aus Paris, unter Führung von Fouché, dem Schurken des Stückes. Diese Interpretation des Sturzes ihres Helden imponierte Elisabeth und ließ sie zurückblicken auf die Ereignisse, denen ihrer Ansicht nach Deutschlands unbesiegtes Heer im Ersten Weltkrieg zum Opfer gefallen war: Verrat durch Intriganten in der Heimat. Wie überzeugend Mussolini diese tragische Wahrheit darstellte!

Elisabeth war nicht die einzige, die des Duces dramatische Kunst bewunderte. Das gesamte Publikum des bis zum letzten Platz besetzten Theaters teilte ihre Bewunderung, die noch durch das Gerücht verstärkt wurde, Adolf Hitler sei anwesend. Als der Vorhang aufging, erblickte man ihn tatsächlich. Er hatte seine Wahlkampagne für die Präsidentschaft unterbrochen und war in Begleitung einer Phalanx von Sturmtrupplern nach Weimar gekommen. Als er erfuhr, daß Nietzsches Schwester im Theater sei, entschloß er sich kurzerhand, sie in ihrer Loge zu besuchen und ihr ein Bouquet roter Rosen zu überreichen. Elisabeth, die gerade in ein Gespräch mit einer Gruppe italienischer Journalisten vertieft war, war außer sich vor Überraschung, sich jedoch nicht ganz im klaren darüber, ob sie diesen unerwarteten Besuch als Ehre betrachten sollte oder nicht. Vielleicht wollte er sie nur kompromittieren – Hitler hatte ja vor, in den kommenden Wahlen gegen Hindenburg anzutreten und Elisabeth zweifelte daran, daß er die Wahl gewinnen würde. Es verstimmte sie auch, als Hitler in Gegenwart der Italiener eine lebhafte, politische

Diskussion begann und sich ziemlich unvorsichtig, so schien es ihr, über die Beziehung zwischen Deutschland und Österreich äußerte. An einer wirtschaftlichen oder politischen Union beider Länder, wie sie einigen demokratischen Politikern vorschwebte, läge ihm nichts, sagte Hitler, da ja Wien keine wirklich deutsche Stadt sei. Das hätte er nicht sagen sollen, meinte Elisabeth, denn sie war für den Anschluß Österreichs an Deutschland und zwar schon seit 1919, als man zum erstenmal darüber gesprochen hatte. Als Kessler sie fragte, welchen Eindruck Hitler auf sie gemacht habe und ob er nach ihrem Gefühl »Format« habe, antwortete Elisabeth: »aufgefallen seien ihr vor allem seine Augen, die faszinierend seien und einem durch und durch blickten, aber er habe mehr den Eindruck eines religiös als politisch bedeutenden Menschen auf sie gemacht.«[6]

Thiel gegenüber, dem sie sonst alle wichtigen Ereignisse ihres Lebens mitteilte, schwieg sich Elisabeth über ihre erste Begegnung mit Hitler aus. Sie schrieb ihm nur, es würde zur Zeit im Archiv viel politisiert und alle ihre Angestellten seien überzeugte Nationalsozialisten. Sie selbst verfolge aufmerksam die sich rasch wechselnden Zeitläufe: »Sowie ich klarer sehe, werde ich Dir einmal meine persönliche Ansicht über diese Vorkommnisse, die Deinen Ansichten sehr nahe stehen, schreiben.«[7]

Infolge der politischen Unruhe fiel es ihr schwer, sich auf ihre eigenen Arbeiten zu konzentrieren. Außerdem nahmen die Herausgeber der kritischen Ausgabe viel mehr von ihrer Zeit in Anspruch, als sie erwartet hatte, da sie darauf bestanden, sie müsse die Originalmanuskripte derjenigen Texte, die sie vor vielen Jahren veröffentlicht hatte, vorlegen. Und schließlich mußte sie an langen Verhandlungen mit Vertretern des Landes Thüringen und der Universität Jena teilnehmen, um über einen möglichen Zusammenschluß aller Weimarer Archive – des Goethe- und Schiller-Archivs und des Nietzsche-Archivs mit der Universität – zu beraten. Gelänge dies, würde das Land Sachsen-Weimar die Betriebskosten des Archivs übernehmen, aber auch Einspruchsrecht in Verwaltungsdingen erhalten. Ehe Elisabeth diese Bedingung annahm, wollte sie wissen, wieviel Kontrolle das Land ausüben würde, und wieviel sie selbst behalten würde. Um diesen Punkt zu klären, lud sie Vertreter des Landes und der Universität zu einem Frühstück ein – ein von ihr für geschäftliche Besprechungen bevorzugter Rahmen. Doch die Gespräche blieben erfolglos und wurden von einem Ereignis überrollt, das viele Deutsche befürchteten, viele andere erhofften: Hitlers Machtergreifung. Hatte Elisabeth bis dahin ihre Sympathie für Hitler für sich behalten, so machte sie fortan keinen Hehl mehr daraus. Hitlers Aufstieg aus der Anonymität zum Ruhm erinnerte sie an das Schicksal ihres Bruders. Schließlich konnte es kein Zufall sein, daß ein österreichischer Korporal deutscher Reichskanzler geworden war: Hitlers Wille hatte über seine Feinde triumphiert. Elisabeth war sicher, ihr Bruder, lebte er noch, würde ihr recht geben.

»Am vorigen Sonntag«, schrieb sie Thiel am 17. Februar 1933 freudig bewegt, »hatte ich das besondere Glück, unseren wundervollen Reichskanzler und den von mir besonders hochgeschätzten Innenminister Doktor Frick persönlich zu sprechen. Es war im Theater eine feierliche Aufführung von Tristan zu Ehren des fünfzigsten Todestages Wagners, wozu die beiden genannten der Reichsregierung hierher kamen und mich im Theater so liebenswürdig aufsuchten.« Daß es ihre zweite Begegnung mit Hitler im Theater war, erwähnte Elisabeth nicht, fügte nur hinzu, für sie und »ich glaube auch für das Archiv war dieses Treffen sehr wertvoll.«[8] Und sie täuschte sich nicht. Ihre Bitten um finanzielle Unterstützung fanden ein offenes Ohr. Hitler gab Zuschüsse aus seiner Privatschatulle und befahl, daß dem Nietzsche-Archiv auch öffentliche Mittel zur Verfügung gestellt würden. Freudigen Herzens fühlte Elisabeth, daß der deutsche Napoleon, der ›Übermensch‹, wie ihn ihr Bruder genannt haben würde, endlich erstanden war und daß sie die Ehre hatte, ihm begegnet zu sein.

»Wir leben eigentlich in einem Rausch der Begeisterung, weil eine so wundervolle, geradezu phänomenale Persönlichkeit, unser herrlicher Reichskanzler Adolf Hitler an der Spitze unserer Regierung steht, und deshalb erscheinen uns alle die ungeheuren Umwälzungen in Deutschland wahrscheinlich sehr anders als bei Euch im Ausland. Alle diese Umwälzungen sind so tief und einschneidend, daß es gewiß das Ausland gar nicht begreift, daß wir so fröhlichen Mutes und aufrecht durch alle diese Wandlungen hindurchkommen. Plötzlich haben wir nun das *Eine* Deutschland, nach welchem die deutschen Dichter seit Jahrhunderten so sehnsüchtige Verse machten, und wir alle so sehnsüchtig danach ausschauten. Ein Volk, ein Reich, ein Führer.«[9]

Aber obwohl Elisabeth in ihren Briefen an ihren nichtarischen, schwedischen Freund so begeistert von Hitlers Deutschland schwärmte, war sie sich dessen bewußt, daß sie auch eine Erklärung für die heftige antisemitische Kampagne finden mußte. Sie schrieb Thiel, sie persönlich sei sehr gegen die »plötzliche Judenverfolgung, damit hätte man getrost noch etwas warten können, denn es leiden darunter ausgezeichnete, hochbegabte Menschen, gute Freunde, an denen wir innigsten Anteil nehmen.«[10] Da sie die Witwe eines der ersten Antisemitenführer sei, glaube man überall, auch sie selbst sei antisemitisch gesinnt. Doch das stimme nicht. Für die »antisemitische Epoche im Leben Försters hatte ich so wenig Mitgefühl, daß er entschuldigend zu seinem ehemaligen Kampfgenossen sagte: ›meine Frau hat kein Talent für den Antisemitismus‹.« Nachdem sie Thiel diese Versicherung gegeben hatte, fuhr sie fort:»mein lieber und verehrter Freund, ich möchte Dir doch einige Beispiele aus der Statistik mitteilen, um Dir begreiflich zu machen, warum die antisemitische Bewegung mit einer solchen All-Gewalt hervorgebrochen ist. Unser oberstes höchstes deutsches Gericht, das Kammergericht mit seinen dreißig Senatspräsidenten, hat 138 höchste Richterstellen, davon sind 52 mit Juden besetzt. In Berlin gibt es 3800 Rechtsanwälte, davon sind 3000 Juden und nur 800 Deutsche. In dem berühmten großen Virchow-Krankenhaus sind 80 Ärzte angestellt; davon sind 76 Juden und nur 4 Deutsche. Du kannst Dir vorstellen, daß solche Feststellungen jetzt, wo Tausende von Deutschen amts-und beschäftigungslos sind, sehr peinlich berühren. Aber nun hilft es alles nichts. Viele unter diesen jüdischen Beamten sind edle und gute Menschen und stehen uns freundschaftlich nahe, und nun sollen wir auch gegen sie anders empfinden als bisher. Das bringe ich nicht fertig.« Sie schließt mit der Hoffnung »daß noch mildere Gesetze kommen und uns die Besten der fremden Rasse als Deutsche erhalten bleiben.«[11]

Thiels Antwort auf Elisabeths lange und begeisterte Liebeserklärung für »unseren herrlichen Führer« scheint recht positiv gewesen zu sein, denn sie bestätigt freudigen Herzens den Empfang seines »großartigen Hitlerbriefes, gerade jetzt, wo im Ausland solch schrecklicher Unsinn von Deutschland gelogen und verbreitet wird, tat es mir ungeheuer wohl, daß ein so unabhängiger und unterrichteter Mann wie Du in diesen anerkennenden Worten über Hitler urteilt.«[12]

Sie lud Thiel ein, er solle sie in Weimar besuchen und sich selbst überzeugen, wie freudig die Menschen jetzt sind. »In den letzten Tagen hatte ich zwei ausgezeichnete amerikanische Professoren hier, und heute kommen rumänische Gelehrte, und es ist mir eine große Freude, zu sehen, welchen guten Eindruck Deutschland auf die Ausländer macht.« Aber Thiel kam nicht. Als seine Briefe kritischer wurden, warnte ihn Elisabeth, er solle sich nicht von feindlicher Propaganda beeinflussen lassen. Das Deutschlandbild in der ausländischen Presse sei grotesk verzerrt und verlogen. Es sei einfach nicht wahr, daß man sich in Deutschland unfrei fühle. »Die Knechtschaft, unter der uns das Ausland sieht, erträgt Deutschland sehr gut.«[13] Im Gegenteil, man fühle sich befreit vom Terror der Kommunisten und ihrer Sympathisanten. Und es herrsche wieder Ruhe und Ordnung in Deutschland. Außerdem »dürfen wir doch nicht vergessen, daß wir eine ganz außerordentliche Revolution erleben. Sonst waren solche Umwälzungen mit schrecklichen Blutvergießen verbunden und das ist doch diesmal vollständig vermieden.«[14] Hitler hatte ihr persönlich versichert, er erlaube keine Grausamkeiten. »Im letzten Jahr hat mich der innigst verehrte Führer dreimal besucht. Wie gern würde ich erzählen, welchen großen Eindruck dieser herrliche Mann in seiner edlen Einfachheit und Güte macht.«[15]

Während einige von Elisabeths ältesten Freunden gezwungen wurden, Deutschland zu verlassen – Graf Kessler zum Beispiel, dem die Tränen kamen, als er daran dachte, was aus Nietzsche und dem Nietzsche-Archiv geworden war –, informierte Elisabeth ihren schwedischen Freund stolz, daß das von ihm so viele Jahre geförderte Archiv zum Zentrum der Verbreitung der nationalsozialistischen Ideologie erklärt worden sei. Zusammen mit Hitlers *Mein Kampf* und Rosenbergs *Mythos des Zwanzigsten Jahrhunderts* hatte man *Also sprach Zarathustra* im Grabgewölbe des Tannenberg-Denkmals deponiert, das als Gedenkstätte für Deutschlands Sieg über Rußland im Ersten Weltkrieg errichtet worden war. Damit Thiel sehe, »wie sehr das Nietzsche-Archiv mitten in der gegenwärtigen Bewegung steht«[16] schickte ihm Elisabeth einen langen Zeitungsartikel und teilte ihm mit, daß es eine feierliche Tagung gegeben habe, an der die großen Führer Hans Frank und Alfred Rosenberg und 18 berühmte Professoren und Juristen teilgenommen hätten. »Für mich waren die Reden von Doktor Frank und Rosenberg, die nicht in aller Ausführlichkeit im *Völkischen Beobachter* stehen, wahrhaft erschütternd, denn ich fühlte deutlich, wie sehr mein Bruder in dieser ganzen Bewegung mitwirkt. Einer der Herren sagte: ›Für Sie sind diese Stunden eine gloriose Auferstehung Ihres Bruders‹...«[17]

»glaube mir, Fritz wäre entzückt von diesem Mann, der mit unbeschreiblichem Mut die ganze Verantwortung für sein Volk übernahm.«[18] Da dieser Brief offenbar unbeantwortet blieb, ist anzunehmen, daß es Thiel für weiser hielt, sich nicht auf eine politische Kontroverse mit seiner alten Freundin einzulassen.

Als Elisabeth sich ihrem neunzigsten Jahre näherte, begann sie, die Last ihres Alters zu fühlen. Sie litt an Schwindelanfällen, an häufigen Erkältungen und drohte am Grauen Star zu erblinden, unterzog sich aber einer Operation und diktierte, zum Teil noch im Krankenhaus, das letzte Kapitel ihres Buches *Nietzsche und die Frauen seiner Zeit*. Darin nahm sie noch einmal Rache an Lou Andreas Salomé, indem sie Lou als Abenteuerin entlarvte, die im Leben ihres Bruders überhaupt keine Rolle gespielt habe und ihre kurze Bekanntschaft mit ihm nur dazu benutzt habe, verschiedene Artikel und ein Buch über Nietzsche zu schreiben – ohne das geringste Verständnis für seine Philosophie. Die ganze Lou-Affaire sei eine unglückliche Episode und verdiene vergessen zu werden.

Von ihrem Krankenhausbett aus diktierte Elisabeth außerdem einen langen Brief an Hitler, worin sie die Bitte aussprach, er möge den Plan, die Landesschule Pforta in eine nationalsozialistische Ausbildungsstätte umzugestalten, verhindern, denn dadurch würde die vierhundertjährige und »gewissermaßen heilige Tradition« der Schule zunichte gemacht. Ihr teurer Bruder habe dort eine umfassende wissenschaftliche Bildung erhalten, die er hoch geschätzt habe. »Es waren damals und von jeher in Pforta Erziehungsmethoden und Eigenschaften zu rühmen, die durch den Nationalsozialismus ihren höchsten Wert erhalten, wie Kameradschaftsgeist, Erziehung der Jugend durch die Jugend, körperliche Ertüchtigung, Abhärtung, Strenge des Pflichtgefühls.«[19] Ein Erziehungssystem, das schon solange derartige Leistungen erzielt habe, müsse erhalten bleiben. Sie schließt ihren langen Brief mit einigen Worten wärmsten Dankes für die Stärkung, die sie in ihrer langen Leidenszeit, »allein in Hitlers wundervollem Buch *Mein Kampf* «[20] gefunden habe. Sie habe das Buch natürlich sofort gelesen, nachdem es erschienen sei, habe es sich aber jetzt nochmals vollständig vorlesen lassen. »Wie haben mich diese wundervollen starken Empfindungen und Ansichten über die Neuschöpfung des deutschen Charakters von neuem so tief ergriffen, so daß ich jedem Leidenden raten möchte, sich in die einzelnen Kapitel dieses wunderbaren Buches zu versenken und dort den Mut und die Tapferkeit zu finden, den drohenden Schicksalen mutig entgegenzusehen.«[21] Sie zeichnet mit Worten innigsten Dankes an den hochverehrten Führer als seine in tiefster Verehrung und Bewunderung ergebene Elisabeth Förster-Nietzsche. Als weiteren Beweis ihrer Verehrung schickte sie Hitler ein eigenhändig signiertes Exemplar ihres neuen Buches, wofür der Führer am 26. Juli 1935 »mit aufrichtigsten Wünschen und freundlichen Grüßen« herzlichst dankte.

Einige Monate später stattete Hitler ihr, begleitet von seinem Architekten Albert Speer, einen unerwarteten Besuch ab. Er wollte ihr persönlich mitteilen, daß er die Mittel zur Errichtung einer monumentalen Nietzsche-Gedenkstätte und Bibliothek, angrenzend an die Villa Silberblick, zur Verfügung stellen würde. Ein solches Gebäude würde dringend gebraucht, um größeren Gruppen junger Deutscher durch Tagungen, Seminare und Vorträge mit Nietzsches Gedanken über Herrenrassen und Herrenmenschen vertraut zu machen. Freudentränen rannen über Elisabeths Wangen, als sie diese unerwartete Nachricht hörte. So hatte sie schließlich doch den langen Kampf um den Bestand ihres Lebenswerkes gewonnen. Was auch immer nun geschehen würde, ihr Werk und das Werk ihres Bruders stand in dem persönlichen Schutz des Architekten des ›Tausendjährigen Reiches‹.

Tiefbewegt schrieb sie Thiel am 31. Oktober 1935, daß der Führer aus eigener Initiative erklärt habe, er würde eine Nietzsche-Gedenkstätte errichten lassen: »Man muß diesen großen herrlichen Mann lieben, wenn man ihn so gut kennt wie ich.«[22]

Zehn Tage später war Elisabeth tot. Sie war an einer leichten Grippe, friedlich schlafend, gestorben. Ihr Begräbnis war Anlaß eines Trauerzeremoniells, das normalerweise gekrönten Häuptern vorbehalten ist. Hitler und führende Männer seiner Partei waren anwesend, ebenso wie Vertreter des Landes Thüringen, der Stadt Weimar, der Universität Jena und zahlreicher wissenschaftlicher Organisationen. Auch Winifred Wagner, Cosimas Schwiegertochter, eine gebürtige Engländerin, war zugegen, denn die Wagner-Nietzsche-Feindschaft war inzwischen längst begraben.

Am 11. November 1935 berichtete der *Völkische Beobachter* auf seiner ersten Seite ausführlich über die Trauerfeierlichkeiten bei der Beerdigung von ›Zarathustras Schwester‹. In einer langen Laudatio rühmten Reichsstatthalter und Gauleiter Sauckel Elisabeth als eine unbeugsame deutsche Frau, die das Werk ihres großen Bruders, allen Gewalten zum Trotz, erhalten und dadurch die Wiedergeburt des Deutschen Reiches ermöglicht habe, denn Nietzsches Ideen seien das Fundament der nationalsozialistischen Weltanschauung. Das nationalsozialistische Deutschland stehe daher in tiefer Verehrung an der Bahre dieser tapferen deutschen Frau.«Nach Beendigung der Trauerfeier legte der Führer persönlich einen wundervollen Lorbeerkranz mit Chrysanthemen am Sarge der Entschlafenen nieder.«[23]

Nachwort – Zornige Asche

Zum Leiter des Nietzsche-Archivs wurde nach Elisabeths Tod ihr Vetter, Major Max Oehler, der ihr fünfzehn Jahre lang zur Seite gestanden hatte, ernannt. Elisabeths Mitarbeiter zu sein, war eine undankbare Aufgabe gewesen, denn sie hatte keinerlei Einwände gegen ihre Art der Führung des Nietzsche-Archivs geduldet. Oehler war 30 Jahre jünger als sie; sie mochte ihn gern, nannte ihn ihren Lieblingsvetter und wollte ihn sogar adoptieren, als er noch ein junger Mann war, damit er den Namen Nietzsche hätte führen können. Als Peter Gast im Sommer 1904 das Archiv verlassen hatte, bot Elisabeth ihrem Vetter die Stellung des Archivars an, ein Angebot, das Oehler gern angenommen hätte. Er war von Natur aus Gelehrter, nämlich Verfasser einer zweibändigen Geschichte über den Deutschen Ritterorden und fühlte sich wohler in der Gesellschaft von Büchern als in der von Menschen. Aber er war von Beruf Soldat. Und nach langen Überlegungen kam er zu der Überzeugung, daß er es sich nicht leisten konnte, seinen Beruf und die wirtschaftliche Sicherheit, die dieser bot, für das unsichere Amt eines Archivars im Nietzsche-Archiv aufzugeben, weil er verheiratet war und für seine wachsende Familie sorgen mußte. Seinen militärischen Pflichten oblag er gewissenhaft und zur völligen Zufriedenheit seiner Vorgesetzten. Im Ersten Weltkrieg diente er als Offizier im Preußischen Generalstab. Deutschlands Niederlage bedeutete das Ende seiner militärischen Karriere, und er war froh, als ihn Elisabeth aufforderte, nach Weimar zu kommen und ihr bei der Verwaltung des Archivs zu helfen, das inzwischen unter ihrer Leitung eine weltbekannte Institution geworden war.

Den Aufgaben im Nietzsche-Archiv, die Oehler zu erfüllen hatte, war dieser durchaus gewachsen; nur behandelte ihn Elisabeth nicht als Berater, sondern als Befehlsempfänger und traf alle wichtigen Entscheidungen selbst, ohne ihn zu Rate zu ziehen. »Mein lieber Vetter«, schrieb sie einer Freundin, »ist ja für das Archiv, wie ich immer sage, eine sehr schöne Verzierung, aber nicht absolut notwendig.«[1] Als Oehler um eine Gehaltserhöhung bat – er tat es ungern, denn es verstieß gegen seinen Stolz – riet ihm Elisabeth, er solle sich doch nach einer anderen Stelle umsehen, wenn er für sich und seine Familie mehr Geld brauche; dabei wußte sie sehr wohl, daß es im Nachkriegsdeutschland für einen Berufssoldaten fast unmöglich war, eine Stellung zu finden. Nach außen hin blieb das Verhältnis zwischen Elisabeth und ihrem Vetter trotz einiger stürmischen Szenen ungetrübt, aber innerlich entfremdeten sie sich immer mehr. Max hielt sich verbittert zurück, Elisabeth blieb freundlich und indifferent. Nur in einem waren sie sich einig: in ihrer Bewunderung für Adolf Hitler und seine Partei. Als alter Soldat begrüßte Oehler den militärischen Geist, der nach der Machtergreifung 1933 die deutsche Jugend erfüllte und fühlte sich beglückt durch die Ehre, dem Führer persönlich begegnet zu sein. Er war tief beeindruckt, als Elisabeth ihm mitteilte, Hitler habe versprochen, den langgehegten Plan einer Nietzsche-Gedenkstätte zu finanzieren. Oehler war begeistert von diesem Projekt und wollte sich mit allen Kräften dafür einsetzen, vorausgesetzt Elisabeth erlaubte es ihm. Ihr plötzlicher Tod gab ihm Gelegenheit dazu.

Unter all den Anwesenden, die an der Trauerfeier für Elisabeth Förster-Nietzsche teilnahmen, fühlte sich Major Oehler wahrscheinlich am meisten erleichtert, daß diese Frau nun tot war. Endlich konnte er die Angelegenheiten des Archivs ohne ihr beständiges Dazwischenreden abwickeln. Er tat es gründlich und gewissenhaft. Bereits zwei Jahre nach Elisabeths Tod waren die monumentalen Umrisse der Nietzsche-Gedenkstätte – Auditorium, Kreuzgang und Bibliothek – erstanden und in Gegenwart hoher Nazivertreter eingeweiht worden. Aber es dauerte noch einige Jahre und kostete mehr als eine halbe Million Mark, den Bau fertigzustellen. Als der Zweite Weltkrieg ausbrach, war die Gedenkstätte noch nicht vollständig eingerichtet, die Arbeit daran wurde jedoch auch während des Krieges fortgesetzt. In einem 1942 vorgelegten Bericht über die Finanzen des Nietzsche-Archivs schätzt Oehler, es würde weitere 150 000 Mark kosten, die Nietzsche-Gedenkstätte für den öffentlichen Gebrauch fertigzustellen. Wie viele Deutsche glaubte Oehler damals noch zuversichtlich an den deutschen Endsieg. Ob er ein Jahr später immer noch daran glaubte, mag dahingestellt sein. Durch einen Telefonanruf vom Vorsteher des Weimarer Güterbahnhofs wurde er benachrichtigt, daß eine lang erwartete Statue des Dionysos – des griechischen Gottes orgastischer Kulte und ein Hauptsymbol innerhalb Nietzsches Philosophie –, ein Geschenk Mussolinis, soeben eingetroffen sei. Doch das Gespräch wurde plötzlich durch Luftschutzsirenen unterbrochen und der erschrockene Beamte rief entsetzt aus, der Bahnhof würde gerade bombardiert. Was solle er mit dem italienischen Güterwagen, worin die schwere Statue lag, tun? Oehler befahl ihm, die Statue auszuladen: »Danach blieb mir nichts anderes übrig, als durch die leeren Straßen zum Güterbahnhof zu eilen, während englische Weihnachtsbäume in bezaubernder Schönheit am Himmel brannten. Trotzdem schleppte eine Zugmaschine den Gott auf den Bahnhofsplatz, wo ich mich eiligst in den Transportwagen schwang und neben dem bärtigen Marmorhaupt niederließ, um die Fahrt zum Archiv zu dirigieren! Sprengbombenhagel ging nieder. Ich kann wohl sagen, daß es in göttlicher Gesellschaft die interessanteste und abenteuerlichste Fahrt meines Lebens war.«[2] Unter dem Schutz des griechischen Gottes kam Oehler unversehrt ins Archiv zurück – das war allerdings der letzte Glücksfall seines Lebens.

Das Undenkbare war geschehen. Deutschland hatte den Krieg verloren – das Tausendjährige Reich lag in Trümmern und russische Soldaten besetzten Weimar. Auf der schwarzen Liste, die sie mitbrachten, stand das Nietzsche-Archiv als Zentrum für faschistische Propaganda und obenan dessen Verwalter, das NSDAP-Mitglied Major Oehler. Wie viele seiner Landsleute hätte sich Oehler nach dem Westen absetzen können, doch das verbot ihm sein Pflichtgefühl. Er fühlte sich verantwortlich für Nietzsches Manuskripte und die vielen unschätzbaren Gegenstände, die Elisabeth im Archiv zusammengetragen hatte. Bis ein Nachfolger ernannt sei, meinte er, müsse er auf seinem Posten ausharren.

Die ersten Russen, die im Nietzsche-Archiv erschienen, waren deutschsprechende Offiziere. Sie schienen ausgezeichnet informiert zu sein, baten Oehler, er solle ihnen das Archiv zeigen, sahen sich einige Manuskripte an und tauschten flüsternd Bemerkungen in russischer Sprache miteinander aus. Ehe sie gingen, sagten sie, Oehler solle vorläufig auf seinem Posten verbleiben. Am 6. Dezember erschien eine russische Dolmetscherin, die Oehler auffordert, sie zum Verhör ins Hauptquartier zu begleiten. Wie lange es dauern würde, wisse sie nicht. Drei Tage später wurde das Nietzsche-Archiv auf Befehl des russischen Kommandanten geschlossen.

Frau Oehler wartete angstvoll auf die Rückkehr ihres Mannes; aus Tagen wurden Wochen, aus Wochen Monate. Schließlich verließ sie Weimar und zog nach Westdeutschland. Erst zehn Jahre später erfuhr sie, daß ihr Mann, nachdem er am Tage seiner Verhaftung zu Zwangsarbeit in Sibirien verurteilt worden war, erkrankte und in den Keller eines Hauses – nicht weit vom Nietzsche-Archiv – geworfen wurde, wo er verhungerte. Während der ersten angstvollen Tage ihres Wartens auf seine Rückkehr war Frau Oehler oft an diesem Haus, in dem ihr Mann im Sterben lag, vorbeigelaufen.

»Werdet hart und habt kein Mitleid«, lehrt Nietzsche im *Zarathustra,* »denn das Böse ist des Menschen beste Kraft ... Das Böseste ist nötig zu des Übermenschen Bestem.«[3] In ihrem Schmerz über ihres Mannes grausames Schicksal vergaß Frau Oehler, daß das Nietzsche-Archiv diese Lehre jahrzehntelang verbreitet hatte. Nietzsche selbst nannte sie ›Dynamit‹ und hatte eine ängstliche Vorahnung davon, daß sie der Menschheit zum Fluch gereichen würde. Daher warnte er seine Leser, sie sollten vor ihm auf der Hut sein und sich nicht täuschen lassen. Doch seine Warnungen fielen auf taube Ohren. Indem Elisabeth die Ideale ihres Bruders vulgarisierte, pervertierte sie sie: aus Übermenschen wurden Unmenschen. Wie Millionen anderer fiel Max Oehler der Interpretation zum Opfer, die Zarathustras Lehre durch Hitler und die Nationalsozialisten erfahren hat.

Bibliographie

I. Die Schriften der Elisabeth Förster-Nietzsche

a) Bücher

Dr. Bernhard Försters Kolonie Neu-Germania in Paraguay, Berlin 1891
Das Leben Friedrich Nietzsches, 1. Band Leipzig 1895, 2. Band/ 1. Teil 1897, 2. Band/ 2. Teil 1904
Das Nietzsche-Archiv, seine Freunde und seine Feinde, Berlin 1907
Der junge Nietzsche, Leipzig 1912
Der einsame Nietzsche, Leipzig 1914
Wagner und Nietzsche zur Zeit ihrer Freundschaft, München 1915
Friedrich Nietzsche und die Frauen seiner Zeit, München 1935

b) Einführungen zu den Werken Friedrich Nietzsches
Zu: »Über die Zukunft unserer Bildungsanstalten«, in: *Magazin für Literatur,* Dezember 1893
Zu: *Der Wille zur Macht. Nietzsches Werke,* hrsg. von Peter Gast und Ernst und August Horneffer, Band XV, Leipzig 1901
Zu: *Nietzsches gesammelte Briefe,* Band 1 und 2, Berlin 1902
Zu: *Nietzsches Werke,* Taschenbuch-Ausgabe, Band 1–10, Leipzig 1906
Zu: *Nietzsches Worte über Staaten und Völker,* Leipzig 1922
Zu: *Also sprach Zarathustra. Ein Buch für Alle und Keinen,* Leipzig 1922
Zu: »*Der werdende Nietzsche*« (autobiographische Aufzeichnungen Nietzsches), München 1924

c) Beiträge in Zeitschriften und Zeitungen
»Wie der Zarathustra entstand«, in: *Die Zukunft,* Berlin, 2. Okt. 1897
»Nietzsches Ahnen«, in: *Die Zukunft,* Berlin, 25. Juni 1898
»Einiges von unseren Vorfahren«, in: *Pan,* 5. Jahrg., Heft 4, 1899
»Jakob Burckhardt und Friedrich Nietzsche«, in: *Neue deutsche Rundschau,* Febr. 1899
»Nietzsche und die Franzosen«, in: *Die Zukunft,* Berlin, 18. März 1899
»Friedrich Nietzsche über Weib, Liebe und Ehe«, in: *Neue Deutsche Rundschau,* Okt. 1899
»Die Krankheit Friedrich Nietzsches«, in: *Die Zukunft,* Berlin, 6. Januar 1900
»Der Kampf um die Nietzsche-Ausgabe«, in: *Die Zukunft,* 21. April 1900
»Nietzsche und Heinrich von Stein«, in: *Neue Deutsche Rundschau,* Juli 1900
»Malwida von Meysenbug und Friedrich Nietzsche«, in: *Neue Deutsche Rundschau,* Januar 1901
»Genueser Gedankengänge«, in: *Die Insel,* Leipzig, April 1901
»Der Fall Nietzsche contra Wagner«, in: *Neue Deutsche Rundschau,* Juni 1901
»Nietzsche und seine Briefwechsel«, in: *Deutsche Rundschau,* August 1901

»Friedrich Nietzsche und sein Verkehr«, in: *Der Zeitgeist. Beilage zum Berliner Tageblatt*, 3. Okt. 1904
»Nietzsches Tod«, in: *Die Zukunft*, Berlin 15. Okt. 1904
»Lettres inéditées de Nietzsche à Hugo v. Senger«, in: *Revue Germanique*, Paris, Januar/Februar 1905
»Nietzsche-Legenden«, in: *Die Zukunft*, Berlin, 28. Jan. 1905
»Nietzsches literarischer Nachlaß und Franz Overbeck«, in: *Berliner Tageblatt*, 26. Juli 1905
»Der unveröffentlichte Briefwechsel Nietzsche-Overbeck«, in: *Neue freie Presse*, 10. Sept. 1905
»Handschriften und Briefe von Friedrich Nietzsche«, in: *Neue Zürcher Zeitung*, 2./3. Okt. 1905
»Nietzsches Werke und Briefe« in: *Die Zukunft*, Berlin, 8. Juni 1907
»Friedrich Nietzsche und die Kritik«, in: *Morgen. Wochenschrift für deutsche Kultur*, Berlin, Sept. 1907; auch: *Dortmunder Generalanzeiger*, Sept. 1907
»Erinnerungen«, in: *Die Zukunft*, Berlin, 12. Okt. 1907
»Briefe Nietzsches aus dem Jahre 1888«, in: *Die neue Rundschau*, Nov. 1907
»Die Nietzsche-Briefe an Overbeck«, in: *Deutsche Zeitung*, 7. Dez. 1907
»Die Nietzsche-Stiftung«, in: *Berliner Tageblatt*, 12. Dez. 1907
»Mitteilungen aus dem Nietzsche-Archiv«, Privatdruck, Weimar, Mai 1908
»Die Begründung des Nietzsche-Archivs«, in: *Weimarische Zeitung*, 30. Juli 1908
»Ariadne und andere Torheiten«, in: *Die Zeit*, Wien, 17. Nov. 1908
»Ungedruckte Briefe Nietzsches an Mutter und Schwester«, in: *Süddeutsche Monatshefte*, Jan. 1909
»Zu Professor Andlers Artikel: Nietzsche-Overbeck«, in: *Die Propyläen*, München, 3. März 1909 und 21. April 1909
»Max Heinze«, in: *Die Zukunft*, Berlin, 4. Dez. 1909
»Nietzsches Krankheit«, in: *Der Tag*, Berlin, 14. Jan. 1910
»Aus dem Nietzsche-Archiv«, in: *Die Zukunft*, Berlin, 2. Juli 1910
»Contra Dr. Olshausen«, in: *Euphorion*, Bd. 18, Heft 2/3, 1911
»August von Kotzebue und die Revaler Theaterchronik«, in: *St. Petersburger Zeitung*, 19. Dez. 1911
»Die Schiller-Stiftung«, in: *Die Zukunft*, Berlin, April 1912
»Zur Parsifalfrage (persönliche Erinnerungen)«, in: *Der Tag*, Berlin, 1. Sept. 1912
»Die Freundschaft zwischen Wagner und Nietzsche«, in: *Der Tag*, Berlin, 14. Dez. 1912
»Friedrich Nietzsches Bibliothek«, in: *Deutscher Bibliophilen-Kalender*, 1913
»Der einsame Nietzsche«, in: *Die Zukunft*, Berlin, 28. Febr. 1914
»Wie Friedrich Nietzsche sich kleidete«, in: *Landeszeitung Deutschland*, Weimar, 7. Mai 1914
»Nietzsche und der Krieg«, in: *Der Tag*, Berlin, 10. Sept. 1914
»Eine Erinnerung an 1870« (Erste Veröffentlichung der Komposition Nietzsches ›Ade, ich muß nun gehen‹), in: *Kladderadatsch*, Febr. 1915
»Nietzsche und Deutschland«, in: *Berliner Tageblatt*, 5. Sept. 1915
»Die Honorare für Nietzsches Werke«, in: *Das literarische Echo*, Berlin, 1. Dez. 1915
»Nietzsche, Frankreich und England«, in: *Neue freie Presse*, 11. Juni 1916
»Eine kleine Hindenburg-Geschichte«, in: *Hannoverscher Kurier*, 1. Sept. 1916
»Cosima Wagner zu ihrem 80. Geburtstag«, in: *Vossische Zeitung*, 25. Dez. 1917
»Gräfin von Bünaus Kleist-Roman«, in: *Vossische Zeitung*, 14. März 1918
»Nietzsche und das Nietzsche-Archiv«, in: *Vossische Zeitung*, 21. Juni 1918
»Der Hymnus an das Leben«, in: *Das Inselschiff*, Juni 1920

»Der glückliche Nietzsche«, in: *Vossische Zeitung*, 18. Aug. 1920
»Welche Nietzsche-Ausgabe kauft man?«, in: *Vossische Zeitung*, 21. Nov. 1920
»Mazzini und Nietzsche«, in: *Neue freie Presse*, 10. Febr. 1921
»Zur Neugestaltung der Goethe-Gesellschaft«, in: *Der Türmer*, Stuttgart, Sept. 1923
»Nietzsche-Erinnerungen«, in: *Deutsche Zeitung*, Berlin, 23. März 1924
»Wagner und Nietzsche«, in: *Neue Zürcher Zeitung*, 16. Aug. 1924
»Die deutsche Flagge im Urwald« (Eigene Erlebnisse), in: *Deutsche Allgemeine Zeitung*, 27. Juni 1926
»Friedrich Nietzsche im Verkehr«, in: *Der Türmer*, Stuttgart, Juli 1926
»Dreißig oder fünfzig Jahre? (Offener Brief an Herrn Verlagsbuchhändler Dr. Kirstein)«, in: *Leipziger Neueste Nachrichten*, 20. Okt. 1926
»Nietzsche in Sils-Maria«, in: *Der Türmer*, Stuttgart, Juli 1926
»August von Kotzebue«, in: *Monatsschrift Thüringen*, 2. Jahrg., Heft 12, März 1927
»Cosima Wagner«, in: *Nord und Süd*, Berlin, 50. Jahrg., Heft 8, Dez. 1927
»Das Paradiesische Weihnachtsfest« (Weihnachten im Nietzsche-Haus 1862), in: *Neues Tageblatt*, Stuttgart, 22. Dez. 1928
»Mussolinis Italien« (Brief an den italienischen Botschafter in italienischer Sprache), in: *Piccoli della Sera*, Triest, 7. Mai 1929
»Antwort an Oscar Levy«, in: *Das Tagebuch*, Berlin, 1. Juni 1929
»Quirinal und Vatikan«, in: *Kölnische Zeitung*, 9. Juni 1929
»Das geheimnisvolle Manuskript«, in: *Naumburger Tageblatt*, 20. Dez. 1929
»Friedrich Nietzsches Wunschzettel«, in: *Neueste Nachrichten*, Braunschweig, 22. Dez. 1929
»Cosima Wagner und Friedrich Nietzsche. Wahrheit und Dichtung«, in: *Der Tag*, 15. Mai 1930
»Die Geschichte von Nietzsches Werk. Bericht einer Lebensarbeit«, in: *Berliner Tageblatt*, 6. Juni 1930
»Die Begründung des Nietzsche-Archivs« (zum 30. Todestag des Philosophen), in: *Deutsche Allgemeine Zeitung*, 22. August 1930
»Das Nietzsche-Archiv und die kritische Ausgabe von Nietzsches Werken«, Sonderdruck, 5. Dez. 1930
»Nietzsche – polnischer Abstammung?«, in: *Neue Preußische Kreuzzeitung*, Berlin, 16. Sept. 1931
»Ausklang« (Nietzsches Zustand in seinen letzten Lebensjahren), in: *Deutsche Allgemeine Zeitung*, 5. Juni 1932

II. Weitere Literatur zum vorliegenden Buch

Algermissen, Konrad, *Nietzsche und das Dritte Reich*, Celle 1946
Andler, Charles, Nietzsche, sa vie et sa pensée, 6 Bde., Paris 1920–1931
Andreas Salomé, Lou, *Friedrich Nietzsche in seinen Werken*, Wien 1894
Andreas Salomé, Lou, *Lebensrückblick*, (hrsg. von E. Pfeiffer), Zürich, Wiesbaden 1951
Ansprachen zum Gedächtnis der Frau Dr. phil.h.c. Elisabeth Förster-Nietzsche bei den Trauerfeierlichkeiten in Weimar und Röcken am 11. u. 12. Nov. 1935, Weimar 1935
Bernoulli, Carl Albrecht, »Nietzsches Lou-Erlebnis«, in: *Raschers Jahrbuch I*, (1910)

Bernoulli, Carl Albrecht, *Franz Overbeck und Friedrich Nietzsche*, 2 Bände, Jena o. J. (1908)

Bradish, J. A. von, »Elisabeth Förster-Nietzsche«, in: *Monatshefte*, 1935

Deussen, Paul, *Erinnerungen an Friedrich Nietzsche*, Leipzig 1901

Förster-Nietzsche, Elisabeth und Henri Lichtenberger, *Nietzsche und sein Werk*, Dresden 1929

Förster-Nietzsche, Elisabeth und P. Cohn, *Um Nietzsches Untergang*, Weimar 1931

Friedländer, S.: *Nietzsche. Eine intellektuelle Biographie*, Berlin 1931

Günther, Joachim, »Elisabeths Wille zur Macht?«, in: *Neue deutsche Hefte*, Berlin 1957

Heidegger, Martin, *Nietzsche*, 2 Bände, Pfullingen 1961

Hesse, Hermann, *Zarathustras Wiederkehr. Ein Wort an die deutsche Jugend*, Berlin 1919 – Wiederabdruck in: *Krieg und Frieden*, Zürich 1946

Hildebrandt, Kurt, *Gesundheit und Krankheit in Nietzsches Leben und Werk*, Berlin 1926

Janz, Curt P., *Friedrich Nietzsche. Biographie in 3 Bänden*, München 1978/79

Jaspers, Karl, *Nietzsche*, München 1936

Lessing, Theodor, *Nietzsche*, Berlin 1925

Marcelle, Luise, *Die Schwester; Elisabeth Förster-Nietzsche*, Berlin 1934

Meysenbug, Malwida von, *Der Lebensabend einer Idealistin*, Berlin 1898

Muckle, Friedrich, *Friedrich Nietzsche und der Zusammenbruch der Kultur*, München 1921

Oduev, Stepan F., *Auf den Spuren Zarathustras. Der Einfluß Nietzsches auf die bürgerliche deutsche Philosophie*, Berlin 1977

Oehler, Adalbert, *Nietzsches Mutter*, München 1940

Oehler, Max, *Mussolini und Nietzsche. Ein Beitrag zur Ethik des Faschismus*, Weimar 1930

Overbeck, Franz, *Selbstbekenntnisse*, Basel 1941

Pfeiffer, Ernst (Hrsg.), *Friedrich Nietzsche. Paul Rée. Lou von Salomé. Die Dokumente ihrer Begegnung*, Frankfurt/Main 1970

Podach, Erich F., *Nietzsches Zusammenbruch*, Heidelberg 1930

Podach, Erich F., *Gestalten um Nietzsche*, Weimar 1932

Podach, Erich F., *Der kranke Nietzsche. Briefe seiner Mutter an Franz Overbeck*, Wien 1937

Podach, Erich F., *Friedrich Nietzsche und Lou Salomé. Ihre Begegnung 1882*, Zürich 1938

Podach, Erich F., *Friedrich Nietzsches Werke des Zusammenbruchs*, Heidelberg 1961

Pütz, Peter, *Friedrich Nietzsche*, Stuttgart 1967 (= Sammlung Mezler 62)

Rohrmoser, Günter, *Nietzsche und das Ende der Emanzipation*, Freiburg/Breisgau 1971 (= Rombach Hochschul Paperback, Bd. 21)

Rosenberg, Alfred, *Friedrich Nietzsche*, München 1944

Ross, Werner, *Der ängstliche Adler. Friedrich Nietzsches Leben*, Stuttgart 1980

Schlechta, Karl, *Der Fall Nietzsche*, München 1959

Schlechta, Karl, *Nietzsche-Chronik. Daten zu Leben und Werk*, München 1975 (Reihe Hanser 198)

Selow, E., »Elisabeth Förster-Nietzsche«, in: *Neue Deutsche Biographie*, 1961

Steiner, Rudolf, *Friedrich Nietzsche. Ein Kämpfer gegen seine Zeit*, Dornach 1926

Anmerkungen

Einleitung

1 Rainer Maria Rilke, *Auguste Rodin*, Leipzig 1930, S. 7
2 Friedrich Nietzsche, *Werke, Kritische Gesamtausgabe*, hrsg. von Giorgio Colli und Mazzino Montinari, Berlin 1968, VI/1, S. 8 (im folgenden: *Nietzsche-Werke*)
3 *Ebd.*, S. 55
4 *Nietzsche-Werke*, op.cit., VII/3, S. 339
5 Friedrich Nietzsche, *Werke in 3 Bänden*, hrsg. von Karl Schlechta, München 1960, 3. Bd., S. 1420 (im folgenden: *Nietzsche (Schlechta)*)
6 *Nietzsche-Werke*, op.cit., VI/3, S. 363
7 *Ebd.*, VI/1, S. 97
8 *Ebd.*, VI/3, S. 363

1. Pastorales Vorspiel

1 *Unveröffentl. Brief an Berta Stromboli-Rohr*, 29. Dez. 1893
2 Carl Albrecht Bernoulli, *Franz Overbeck und Friedrich Nietzsche. Eine Freundschaft*, Jena 1908, Bd. 2, S. 263 (im folgenden: *Overbeck/Nietzsche*)
3 *Unveröffentl. Brief*, Nueva Germania, Paraguay, 9. April 1889
4 Adalbert Oehler, *Nietzsches Mutter*, München 1940, S. 28 (im folgenden: *Nietzsches Mutter*)

2. Eine Naumburger Kindheit

1 Elisabeth Förster-Nietzsche, *Der junge Nietzsche*, Leipzig 1913, S. 25 (im folgenden: *Der junge Nietzsche*)
2 *Nietzsche (Schlechta)*, op.cit., III., S. 94
3 *Der junge Nietzsche*, op.cit., S. 44
4 *Ebd.*
5 Luise Marcelle, *Die Schwester*, Berlin 1934, S. 26 (im folgenden: *Die Schwester*)
6 *Unveröffentl. Brief*, Dresden, Juni 1862
7 *Der junge Nietzsche*, op.cit., S. 66
8 *Ebd.*, S. 76

3. Wir Narren des Schicksals

1 Richard Blunck, *Friedrich Nietzsche: Kindheit und Jugend*, München/Basel 1953, S. 53 (im folgenden: *Kindheit*)
2 *Nietzsche (Schlechta)*, op.cit., III., S. 149
3 Friedrich Nietzsche, *Briefe: Historisch-kritische Gesamtausgabe*, hrsg. von

Wilhelm Hoppe und Karl Schlechta, München 1938–1942, Bd. 1, S. 38 (im folgenden: *Briefe*)
4 *Ebd.*, S. 43
5 *Die Schwester,* op.cit., S. 50
6 *Briefe,* op.cit., S. 177
7 *Ebd.,* S. 382
8 *Ebd.,* S. 182
9 *Ebd.,* S. 225
10 *Ebd.*
11 *Ebd.,* S. 411
12 Friedrich Nietzsche, *Briefwechsel,* Kritische Gesamtausgabe, hrsg. von Giorgio Colli und Mazzino Montinari, I/3, S. 274 (Briefwechsel)
13 *Ebd.* II/2, S. 310
14 *Briefe,* op.cit., S. 419
15 *Ebd.,* S. 318
16 *Ebd.*
17 *Ebd.,* S. 58
18 *Nietzsche (Schlechta),* op.cit., Bd. 3, S. 148

4. Das Leben mit dem Bruder

1 *Briefwechsel,* op.cit., I/3, S. 338
2 *Ebd.*
3 *Ebd.,* I/2, S. 359
4 *Ebd.,* S. 338
5 *Ebd.,* II/1, S. 5
6 *Ebd.,* II/2, S. 61
7 *Ebd.,* II/1, S. 117
8 *Die Schwester,* op.cit., S. 78
9 *Der junge Nietzsche,* op.cit., S. 256
10 *Briefwechsel,* op.cit., II/1, S. 131
11 *Briefe,* op.cit., S. 427
12 *Briefwechsel,* op.cit., II/1, S. 164
13 *Ebd.,* II/2, S. 292
14 *Ebd.,* II/2, S. 293
15 *Ebd.*
16 *Ebd., II/1, S. 185*
17 *Briefe, op.cit., IV, S. 233*
18 *Unveröffentl. Brief,* Zürich, 8. Okt. 1884

5. Mißklänge in Bayreuth

1 *Nietzsche (Schlechta),* op.cit., III., S. 303
2 *Briefe,* op.cit., Bd. 4, S. 294
3 *Ebd.,* S. 295
4 *Ebd.,* S. 296
5 *Ebd.*
6 *Ebd.,* S. 298

6. Wendepunkt

1 Ernest Newman, *The Life of Richard Wagner,* New York 1946, Bd. 4, S. 639 (im folgenden: *Newman*)
2 *Briefe,* op.cit., Bd. IV, S. 467

3 *Ebd.*
4 *Ebd.*
5 *Ebd.*, S. 457
6 *Nietzsche-Werke*, op.cit., IV/4, S. 37
7 *Briefe*, op.cit., Bd. IV, S. 326
8 *Ebd.*, S. 341
9 *Ebd.*, S. 339
10 *Ebd.*, S. 474
11 *Nietzsche-Werke*, op.cit., IV/2, S. 116f
12 *Ebd.*, IV/4, S. 42
13 Elisabeth Förster-Nietzsche, *Der einsame Nietzsche*, Leipzig 1913, S. 46 (im folgenden: *Der einsame Nietzsche*)
14 *Nietzsche (Schlechta)*, op.cit., S. 1148
15 *Nietzsche-Werke*, op.cit., IV/4, S. 55
16 *Ebd.*, S. 62
17 *Ebd.*
18 *Ebd.*, IV/2, S. 289
19 *Ebd.*, IV/4, S. 63
20 *Friedrich Nietzsches Briefe an Peter Gast*, Leipzig 1924, S. 31
21 *Nietzsche-Werke*, op.cit., IV/4, S. 81
22 *Friedrich Nietzsches Briefe an Mutter und Schwester*, Leipzig 1926, S. 271 (im folgenden: *Briefe an Mutter und Schwester*)
23 Erich F. Podach, *Gestalten um Nietzsche*, Weimar 1932, S. 138 (im folgenden: *Gestalten um Nietzsche*)
24 *Unveröffentl. Brief*, Berlin, 7. Mai 1880

7. Lou ein Melodram in vier Akten

I. Akt

1 *Newman*, op.cit., S. 12
2 Lou Andreas Salomé, *Lebensrückblick*, Zürich/Wiesbaden 1951, S. 93 (im folgenden: *Lebensrückblick*)
3 *Nietzsche (Schlechta)*, op.cit., S. 1179
4 *Friedrich Nietzsches Briefwechsel mit Franz Overbeck*, Leipzig 1916, S.169f (im folgenden: *Nietzsche-Overbeck*)
5 *Ebd.*, S. 171
6 *Lebensrückblick*, op.cit., S. 305
7 *Nietzsche-Werke*, op.cit., IV/1, S. 82
8 *Overbeck/Nietzsche*, op.cit., Bd. 1, S. 447

II. Akt

1 *Briefe an Mutter und Schwester*, op.cit., S. 308f
2 Ernst Pfeiffer (Hrsg.), *Friedrich Nietzsche, Paul Rée, Lou von Salomé: Die Dokumente ihrer Begegnung*, Frankfurt/Main 1970, S. 118 (im folgenden: *Pfeiffer*)
3 *Ebd.*, S. 139
4 *Gestalten um Nietzsche*, S. 138
5 *Pfeiffer*, op.cit., S. 174
6 *Ebd.*, S. 175

III. Akt

1 *Ebd.*, S. 254
2 *Ebd.*, S. 255

3 *Ebd.*, S. 217
4 *Ebd.*, S. 255
5 *Ebd.*, S. 256
6 *Ebd.*, S. 228f.
7 Erich F. Podach, *Friedrich Nietzsche und Lou Salomé: Ihre Begegnung 1882,* Zürich 1937, S. 73
8 *Pfeiffer,* op.cit., S. 258

IV. Akt
1 *Ebd.*, S. 230
2 *Lebensrückblick,* op.cit., S. 315f
3 *Pfeiffer,* op.cit., S. 250
4 *Ebd.*, S. 269
5 *Ebd.*, S. 277
6 *Ebd.*, S. 287
7 *Ebd.*, S. 288
8 *Ebd.*, S. 289
9 *Ebd.*
10 *Ebd.*, S. 290
11 *Ebd.*, S. 291f.
12 *Ebd.*, S. 284
13 *Ebd.*
14 *Nietzsche-Werke,* op.cit., VI/1, S. 10
15 Bernhard Förster, *Deutsche Colonien in dem oberen Laplata Gebiete mit beson-derer Berücksichtigung von Paraguay,* Naumburg (im Selbstverlag) 1886, S. 7 (im folgenden: *Bernhard Förster*)
16 *Pfeiffer,* op.cit., S. 303
17 *Ebd.*, S. 304
18 *Ebd.*, S. 483
19 *Unveröffentl. Brief,* Rom, 4. April 1883
20 *Pfeiffer,* op.cit., S. 294
21 *Ebd.*, S. 312
22 *Ebd.*, S. 313
23 *Unveröffentl. Brief,* Rom, 10. Juni 1883
24 *Pfeiffer,* op.cit., S. 321
25 *Ebd.*, S. 344
26 *Unveröffentl. Brief,* Naumburg, 15. Sept. 1883
27 *Pfeiffer,* op.cit., S. 351

8. Die Jagd nach dem Mann

1 *Unveröffentl. Brief,* Naumburg, Jan. 1883
2 *Unveröffentl. Brief,* Naumburg, 28. Nov. 1883
3 *Unveröffentl. Brief,* San Bernardino, 30. Nov. 1883
4 *Unveröffentl. Brief,* Naumburg, 12. Jan. 1884
5 *Ebd.*
6 *Ebd.*
7 *Unveröffentl. Brief,* Naumburg, 28. Jan. 1884
8 *Ebd.*
9 *Ebd.*
10 *Unveröffentl. Brief,* San Bernardino, 15. Mai 1884
11 *Ebd.*

12 *Unveröffentl. Brief,* Naumburg, 5. Juli 1884
13 *Ebd.*
14 *Unveröffentl. Brief,* Naumburg, 2. Aug. 1884
15 *Unveröffentl. Brief,* Naumburg, 20. Aug. 1884
16 *Ebd.*
17 *Unveröffentl. Brief,* Naumburg, 28. Aug. 1884
18 *Ebd.*
19 *Unveröffentl. Brief,* Zürich, Pension Neptun, 12. Okt. 1884
20 *Unveröffentl. Brief,* Naumburg, 1. Nov. 1884
21 *Unveröffentl. Brief,* Naumburg, 15. Dez. 1884

9. Ritter, Tod und Teufel

1 *Nietzsche-Overbeck,* op.cit., S. 291
2 *Briefe an Mutter und Schwester,* op.cit., S.. 345
3 *Ebd.,* S. 389
4 *Nietzsche-Overbeck,* op.cit., S. 295
5 *Bernhard Förster,* op.cit., S. 3
6 *Ebd.*
7 *Briefe an Mutter und Schwester,* op.cit., S. 379
8 *Ebd.,* S. 393
9 *Ebd.*
10 *Nietzsche-Overbeck,* op.cit., S. 304f.
11 *Unveröffentl. Brief,* Naumburg, 13. Sept. 1885
12 *Nietzsche-Overbeck,* op.cit., S. 305
13 *Unveröffentl. Brief,* Naumburg, 15. Sept. 1885
14 *Unveröffentl. Brief,* Naumburg, nicht datiert
15 *Unveröffentl. Brief,* Naumburg, nicht datiert
16 *Unveröffentl. Brief,* Naumburg, 30. Sept. 1885
17 *Unveröffentl. Brief,* Naumburg, nicht datiert
18 *Ebd.*
19 *Ebd.*
20 *Nietzsche-Overbeck,* op.cit., S. 311
21 *Briefe an Mutter und Schwester,* op.cit., S. 422

10. Die Königin von Neugermanien

1 *Nietzsche-Overbeck,* op.cit., S. 412
2 *Briefe an Mutter und Schwester,* op.cit., S. 445
3 *Unveröffentl. Brief,* Asunción, 12. Sept. 1887
4 *Unveröffentl. Brief,* Nueva Germania, 18. März 1888
5 *Briefe an Peter Gast,* op.cit., S. 285
6 *Briefe an Mutter und Schwester,* op.cit., S. 511
7 *Gestalten um Nietzsche,* op.cit., S. 151
8 *Ebd.,* S. 152f.
9 *Bayreuther Blätter,* Bd. IX, 1889, S. 285
10 *Ebd.,* S. 288

11. 1889 – Drama und Tragödie

1 *Nietzsche-Overbeck,* op.cit., S. 412
2 *Briefe an Peter Gast,* op.cit., S. 263

3 *Ebd.*, S. 272
4 *Nietzsche-Overbeck*, op.cit., S. 421
5 *Briefe an Mutter und Schwester*, op.cit., S. 503
6 *Nietzsche-Overbeck*, op.cit., S. 433f.
7 *Ebd.*, S. 446
7a*Ebd.*, S. 446
8 *Nietzsche-Werke*, op.cit., VI/3, S. 251
9 *Ebd.*, VI/3, S. 338
10 *Ebd.*, VI/3, S. 363
11 *Briefe an Mutter und Schwester*, op.cit, S. 526
12 *Nietzsche-Overbeck*, op.cit., S. 452
13 *Unveröffentl. Brief*, Nueva Germania, 6. Sept. 1888
14 *Nietzsche (Schlechta)*, op.cit., III, S. 1345
15 *Unveröffentl. Brief*, Nueva Germania, Ende März 1889
16 *Unveröffentl. Brief*, Nueva Germania, 9. April 1889
17 *Unveröffentl. Brief*, Nueva Germania, 24. März 1889
18 *Unveröffentl. Brief*, Nueva Germania, 28. Febr. 1890
19 Julius Klingbeil, *Enthüllungen über die Dr. Bernhard Förster'sche Ansiedlung Neu-Germanien in Paraguay*, Leipzig 1889, S. 36
20 *Ebd.*, S. 37
21 *Ebd.*, S. 40
22 *Ebd.*, S. 41
23 *Ebd.*, S. 43
24 *Gestalten um Nietzsche*, op.cit., S. 159

12. Heimkehr

1 Elisabeth Förster-Nietzsche, *Dr. Bernhard Försters Kolonie Neu-Germania in Paraguay*, Berlin 1891, S. 127
2 *Unveröffentl. Brief*, Naumburg, 20. Nov. 1893
3 Adalbert Oehler, *Zur Geschichte des Nietzsche-Archivs*, Unveröff. Manuskript, S. 10 (im folgenden: *Nietzsche-Archiv*)
4 *Unveröffentl. Brief*, Annaberg, 4. April 1891
5 *Unveröffentl. Brief*, Naumburg, 28. Sept. 1891
6 *Unveröffentl. Brief*, Naumburg, 14. Febr. 1892

13. Flucht

1 *Gestalten um Nietzsche*, op.cit., S. 159
2 *Unveröffentl. Brief*, Nueva Germania, 28. Nov. 1892
3 *Ebd.*
4 *Ebd.*
5 *Ebd.*
6 *Unveröffentl. Brief*, Naumburg, 28. Nov. 1892
7 *Unveröffentl. Brief*, Naumburg, 2. Febr. 1892
8 *Gestalten um Nietzsche*, op.cit.
9 *Bayreuther Blätter*, Bd. IV/V, 1894, S. 176
10 *Ebd.*
11 *Ebd.*

14. Meines Bruders Hüter

1 *Unveröffentl. Brief*, Naumburg, 17. Sept. 1893

2 *Unveröffentl. Brief,* Naumburg, 22. Sept. 1893
3 *Unveröffentl. Brief,* Naumburg, 27. Sept. 1893
4 *Unveröffentl. Brief,* Berlin 20. Okt. 1893
5 *Ebd.*
6 *Unveröffentl. Brief,* Naumburg, 5. Okt. 1893
7 *Unveröffentl. Brief,* Annaberg, 6. Okt. 1893
8 *Unveröffentl. Brief,* Berlin, 20. Okt. 1893
9 *Unveröffentl. Brief,* Naumburg, 20. Nov. 1893
10 *Ebd.*
11 *Unveröffentl. Brief,* Naumburg, 2. Dez. 1893
12 *Unveröffentl. Brief,* Naumburg, 24. Okt. 1893
13 *Unveröffentl. Brief,* Berlin, 24. April 1894
14 *Unveröffentl. Brief,* Annaberg, 19. Nov. 1893
15 *Overbeck/Nietzsche,* op.cit., Bd. 2, S. 362
16 *Unveröffentl. Brief,* Berlin, 24. April 1894
17 *Ebd.*

15. Der arme Koegel

1 Gustav Naumann, *Der Fall Elisabeth,* unveröffentl. Manuskript, S. 30 (im folgenden: *Der Fall Elisabeth*)
2 *Unveröffentl. Brief,* Naumburg, 22. Aug. 1895
3 *Nietzsche-Archiv,* op.cit., S. 56
4 *Unveröffentl. Brief,* Naumburg, 21. Nov. 1894
5 *Nietzsche-Archiv,* op.cit., S. 89
6 *Ebd.,* S. 89
7 *Ebd.,* S. 90
8 *Unveröffentl. Brief,* Naumburg, 11. August 1895

16. Mutter und Tochter

1 *Unveröffentl. Brief,* Naumburg, 29. Aug. 1895
2 *Unveröffentl. Brief,* Naumburg, 9. März 1897
3 *Unveröffentl. Brief,* Naumburg, 14. Febr. 1895
4 *Ebd.*
5 *Ebd.*
6 *Unveröffentl. Brief,* Naumburg, 4. Dez. 1895
7 *Unveröffentl. Brief,* Leipzig, 19. Sept. 1895
8 Erich F. Podach, *Der kranke Nietzsche. Briefe seiner Mutter an Franz Overbeck,* Wien 1937, S. 193 (im folgenden: *Der kranke Nietzsche*)
9 *Nietzsche-Archiv,* op.cit., S. 77

17. Der Fall Elisabeth

1 *Unveröffentl. Brief,* Berlin, 29. Dez. 1895
2 *Unveröffentl. Brief,* Naumburg, 24. Jan. 1896
3 *Ebd.*
4 *Ebd.*
5 *Unveröffentl. Brief,* Naumburg, 2. Febr. 1896
6 *Nietzsche-Archiv,* op.cit., S. 88
7 *Der kranke Nietzsche,* op.cit., S. 202
8 *Unveröffentl. Brief,* München, 29. März 1896
9 *Der Fall Elisabeth,* op.cit., S. 15

10 *Ebd.*, S. 17
11 *Ebd.*, S. 23
12 *Ebd.*
13 *Ebd.*, S. 24
14 *Unveröffentl. Brief,* Weimar, 26. Dez. 1896
15 *Der Fall Elisabeth,* op.cit., S. 32
16 *Ebd.*, S. 33
17 *Ebd.*
18 *Ebd.*, S. 4
19 *Unveröffentl. Brief,* Leipzig, 10. Dez. 1896
20 *Der Fall Elisabeth,* op.cit., S. 1
21 *Ebd.*, S. 38
22 *Unveröffentl. Brief,* Weimar, 15. Febr. 1897
23 *Unveröffentl. Brief,* Annaberg, 7. Okt. 1897

18. Villa Silberblick

1 *Unveröffentl. Brief,* Kiel, 5. März 1897
2 *Ebd.*
3 *Der kranke Nietzsche,* op.cit., S. 184
4 *Unveröffentl. Brief,* Weimar, 5. Aug. 1897
5 *Ebd.*
6 *Unveröffentl. Brief,* Marschlins, 16. Aug. 1897
7 *Ebd.*
8 *Unveröffentl. Brief,* Weimar, 18. Aug. 1897
9 *Ebd.*
10 *Ebd.*
11 *Ebd.*
12 *Ebd.*
13 *Unveröffentl. Brief,* Marschlins, 26. Aug. 1897
14 *Unveröffentl. Brief,* Marschlins, 1. Jan. 1898
15 *Unveröffentl. Brief,* Marschlins, 4. April 1898
16 *Unveröffentl. Brief,* Marschlins, 2. Jan. 1898
17 *Unveröffentl. Brief,* Weimar, 8. Jan. 1898
18 *Unveröffentl. Brief,* Weimar, 14. Juli 1898

19. Die Grablegung Zarathustras

1 *Der Monat,* Bd. 170, Nr. 15, 1962, S. 56
2 *Sonderdruck aus dem Jahrbuch der deutschen Schiller-Gesellschaft,* Bd. XII, 1968, S. 72 (im folgenden: *Sonderdruck*)
3 *Ebd.*, S. 74
4 *Ebd.*, S. 75
5 *Ebd.*
6 *Unveröffentl. Brief,* Annaberg, 6. Okt. 1893
7 *Ebd.*
8 *Unveröffentl. Brief,* Annaberg, 14. April 1898
9 *Unveröffentl. Brief,* Annaberg, 4. Aug. 1900
10 *Ebd.*
11 *Sonderdruck,* op.cit., S. 77f.
12 Fritz Schumacher, *Erinnerungen eines Baumeisters. Stufen des Lebens,* Stuttgart 1949, S. 201

13 *Sonderdruck,* op.cit., S. 80
14 Elisabeth Förster-Nietzsche, *Das Leben Friedrich Nietzsches,* Leipzig, Bd. II, S. VIII, 1913

20. Das verlorene Manuskript

1 *Der Fall Elisabeth,* op.cit., S. 18
2 Friedrich Nietzsche, *Der Wille zur Macht,* Bd. XV, Leipzig 1901, S. XV
3 *Unveröffentl. Brief,* Rapallo, März 1903
4 *Overbeck/Nietzsche,* op.cit., Bd. II, S. 431
5 *Unveröffentl. Brief,* Basel, 21. Mai 1905
6 *Literarisches Echo 8,* Bd. 5, 1. Dez. 1905
7 Ernst Horneffer, *Nietzsches letztes Schaffen,* Jena 1907, S. 28
8 *Overbeck/Nietzsche,* op.cit., Bd. II, S. 441

21. Ein schwedischer Engel

1 *Unveröffentl. Brief,* Weimar, 20. Febr. 1905
2 *Nietzsche-Werke,* op.cit., VI/1, S. 86f.
3 *Unveröffentl. Brief,* Weimar, 4. April 1905
4 *Unveröffentl. Brief,* Weimar, 2. Okt. 1907
5 *Unveröffentl. Brief,* Weimar, 3. Juli 1905
6 *Ebd.*
7 *Unveröffentl. Brief,* Weimar, 14. April 1906
8 *Unveröffentl. Brief,* Weimar, 18. Nov. 1906
9 *Unveröffentl. Brief,* Weimar, 28. Juni 1907
10 *Unveröffentl. Brief,* Weimar, 9. Juli 1907
11 *Unveröffentl. Brief,* Weimar, 10. Sept. 1907
12 *Unveröffentl. Brief,* Weimar, 5. Dez. 1907
13 *Unveröffentl. Brief,* Weimar, 2. Okt. 1907
14 *Unveröffentl. Brief,* Weimar, 23. Okt. 1907
15 *Unveröffentl. Brief,* Weimar, 5. Nov. 1907
16 *Unveröffentl. Brief,* Blockhusudden, 10. Okt. 1907
17 *Unveröffentl. Brief,* Blockhusudden, 23. Dez. 1907
18 *Unveröffentl. Brief,* Weimar, 26. April 1908
19 *Unveröffentl.Brief,* Blockhusudden, 19. Juni 1908

22. Der Nietzsche-Kult und der Erste Weltkrieg

1 *Unveröffentl. Brief,* Weimar, 2. Okt. 1908
2 *Unveröffentl. Brief,* Weimar, 7. April 1894
3 *Unveröffentl. Brief,* Annaberg, 4. April 1911
4 *Unveröffentl. Brief,* Weimar, 16. Juni 1911
5 *Nietzsche-Werke,* op.cit., IV/3, S. 364
6 Henry van de Velde, *Geschichte meines Lebens,* München 1962, S. 351
7 *Ebd.,* S. 354
8 David Thatcher, *Nietzsche in England 1890–1914,* University of Toronto Press, Toronto 1970, S. 268
9 *Unveröffentl. Brief,* Weimar, 7. März 1911
10 *Unveröffentl. Brief,* Blockhusudden, 26. April 1911
11 *Unveröffentl. Brief,* Weimar, 17. Juli 1911
12 *Unveröffentl. Brief,* Blockhusudden, 28. April 1912
13 *Unveröffentl. Brief,* Weimar, 4. Sept. 1914

14 *Unveröffentl. Brief,* Weimar, 15. Febr. 1915
15 *Unveröffentl. Brief,* Blockhusudden, 25. August 1915
16 *Unveröffentl. Brief,* Weimar, 15. Febr. 1915
17 *Unveröffentl. Brief,* Weimar, 8. Juli 1914
18 *Unveröffentl. Brief,* Weimar, 15. Jan. 1917
19 *Unveröffentl. Brief,* Blockhusudden, 1. Jan. 1918
20 *Unveröffentl. Brief,* Weimar, 5. April 1915
21 *Unveröffentl. Brief,* Weimar, 22. Juni 1917
22 *Unveröffentl. Brief,* Weimar, 27. Jan. 1918
23 *Unveröffentl. Brief,* Weimar, 2. März 1918
24 *Unveröffentl. Brief,* Weimar, 19. Sept. 1918
25 *Unveröffentl. Brief,* Weimar, 20. Dez. 1918

23. Der Kampf gegen die Weimarer Republik

1 *Unveröffentl. Brief,* Weimar, 7. Febr. 1919
2 *Unveröffentl. Brief,* München, 19. Dez. 1918
3 *Unveröffentl. Brief,* Weimar, 11. April 1919
4 *Unveröffentl. Brief,* Weimar, 12. August 1919
5 *Unveröffentl. Brief,* Weimar, 21. Dez. 1919
6 *Unveröffentl. Brief,* Weimar, 15. März 1920
7 *Unveröffentl. Brief,* Weimar, 29. März 1920
8 *Ebd.*
9 *Unveröffentl. Brief,* Stoke-on-Trent, 25. April 1920
10 *Unveröffentl. Brief,* Weimar, 15. März 1920
11 *Unveröffentl. Brief,* Weimar, 6. Febr. 1922
12 *Unveröffentl. Brief,* Weimar, 3. Juni 1922
13 *Unveröffentl. Brief,* Weimar, 7. Sept. 1922
14 *Unveröffentl. Brief,* Weimar, 18. Sept. 1922
15 *Unveröffentl. Brief,* Weimar, 13. Dez. 1922
16 *Ebd.*
17 *Unveröffentl. Brief,* Weimar, 20. Juni 1923
18 *Unveröffentl. Brief,* Weimar, 3. Aug. 1923
19 *Unveröffentl. Brief,* Weimar, 27. Juni 1925
20 *Unveröffentl. Brief,* Weimar, 12. Febr. 1926
21 *Unveröffentl. Brief,* Weimar, 10. Juli 1926
22 *Unveröffentl. Brief,* Weimar, 26. August 1926
23 *Ebd.*
24 *Unveröffentl. Brief,* Stockholm, 9. Sept. 1926
25 *Unveröffentl. Brief,* Stockholm, 24. Febr. 1928
26 *Unveröffentl. Brief,* Weimar, 10. Febr. 1927
27 *Unveröffentl. Brief,* Weimar, 16. Juni 1927

24. Elisabeth und Hitler

1 *Unveröffentl. Brief,* Weimar, 4. Aug. 1931
2 Harry Graf Kessler, *The Diaries of a Cosmopolitan,* London 1971, S. 426 (im folgenden: *Kessler*)
3 *Unveröffentl. Brief,* Weimar, 13. Jan. 1932
4 *Persönliche Mitteilung von Karl Schlechta*
5 *Völkischer Beobachter,* 9. Febr. 1932
6 *Kessler,* op.cit., S. 426

7 *Unveröffentl. Brief,* Weimar, 15. Aug. 1932
8 *Unveröffentl. Brief,* Weimar, 17. Febr. 1932
9 *Unveröffentl. Brief,* Weimar, 12. Mai 1932
10 *Ebd.*
11 *Ebd.*
12 *Unveröffentl. Brief,* Weimar, 28. Juli 1933
13 *Unveröffentl. Brief,* Weimar, 29. Mai 1934
14 *Ebd.*
15 *Unveröffentl. Brief,* Weimar, 14. Febr. 1935
16 *Unveröffentl. Brief,* Weimar, 29. Mai 1934
17 *Ebd.*
18 *Unveröffentl. Brief,* Weimar, 31. Okt. 1935
19 *Unveröffentl. Brief,* Jena, 19. Juni 1935
20 *Ebd.*
21 *Ebd.*
22 *Unveröffentl. Brief,* Weimar, 31. Okt. 1935
23 *Völkischer Beobachter,* 11. Nov. 1935

Nachwort – Zornige Asche

1 Margot Boger-Langhammer, *Erinnerungen an Elisabeth Förster-Nietzsche,* unveröffentl. Manuskript, S. 46
2 *Ebd.,* S. 69
3 *Nietzsche (Schlechta),* op.cit., II, S. 524

Namenverzeichnis

Äschylos 44
Alexandra von Sachsen-Altenburg,
  Großfürstin Konstantin 19, 124
Andreas-Salomé, Lou 82ff., 170,
  183, 249, 301
Annuncio, Gabriele d' 270
Ansorge, Konrad 259

Barnes, Harry Elmer 289
Bernoulli, Carl Albrecht 7, 19, 252,
  266
Biedermann, Prof. 46
Binswanger, Ludwig 252
Bismarck, Otto von 57, 81, 130, 149,
  166, 248
Bonnet, Jules 90f.
Brandes, Georg 8, 10, 18, 153, 156f.
Breysig, Kurt 240f.
Brion, Marquise de 286
Brockhaus, Hermann 45
Brockhaus, Ottilie 45
Bülow, Bernhard von 270
Bülow, Cosima von 47ff., 59, 62f.,
  74, 77f., 111, 185, 232, 245, 274
Bülow, Hans von 47
Burckhardt, Jacob 67, 167, 242
Byron, George Gordon Noel
  (Lord) 7
Byron, Augusta 7

Caballero (Präsident von
  Paraguay) 141
Cron, Bernhard (Pseudonym
  Friedrich Nietzsches) 74

Darwin, Charles 8, 231
Dehmel, Richard 253, 268
Deussen, Paul 44, 223
Diederichs, Eugen 253, 266
Dürer, Albrecht 127, 133

Eiser, Otto 78
Elisabeth von Sachsen-Altenburg,
  Großherzogin von Oldenburg 19,
  124
Emge, Dr. 292
Erck, Oscar 141, 145, 164, 176
Ernst, Paul 268
Erzberger, Matthias 280
Eucken, Rudolf 288

Förster, Bernhard 11, 63f., 66ff., 75,
  80f., 94, 108ff., 112ff., 116ff., 125ff.,
  148ff., 155, 157ff., 182, 299
France, Anatole 270
Frank, Hans 300
Frankenberg-Lüttwitz, Baron
  von 179
Franz Joseph I., Kaiser 64
Frick, Wilhelm 293, 298

Gast, Elise, s. Wagner, Elise
Gast, Peter (Pseudonym für Heinrich
  Köselitz) 73, 79, 107, 110, 155,
  171ff., 177, 184ff., 197, 216, 222,
  235, 238ff., 246f., 252, 260ff.
Gelzer, Emily, s. Koegel, Emily
Gelzer, Heinrich 99, 122ff.
George, Stefan 11, 268
Gersdorff, Carl von 54, 67, 241
Gide, André 270
Gillot, Hendrik 89
Goethe, Johann Wolfgang von 8,
  117, 133, 282, 287
Goltz, Provost von der 166
Göring, Hermann 294
Gustav Adolf, König von
  Schweden 18, 19
Gutjahr, Dr. 24, 202

Hansen, Signe, s. Thiel, Signe
Hart, Ernst 268

Hauptmann, Gerhart 268
Hecker, Dr. 210f., 217, 232
Hecker, Frau (Mutter von Dr. H.) 211
Heinze, Richard 241, 262
Hellen, Dr. von der 195f.
Hermine, Kaiserin 292
Heydt, von der 211
Heymel, Alfred 259
Hindenburg, Paul von 287f., 292
Hitler, Adolf 14, 260, 286, 292, 296ff., 300ff., 305
Hoffmann, Ludwig von 259
Hofmannsthal, Hugo von 259, 268
Hofmiller, Josef 7
Homer 86
Horneffer, August 235f., 246, 253
Horneffer, Ernst 235f., 240, 246, 253

Ibsen, Henrik 31

Joseph, Herzog von Sachsen-Altenburg 24
Josephson, Anna, s. Thiel, Anna
Joukowsky, Graf Paul von 96f., 99

Kant, Immanuel 154
Karl Alexander, Großherzog von Sachsen-Weimar 236, 245
Keller, Gottfried 67
Kerr, Alfred 255
Kessler, Graf Harry 205, 211, 227f., 231ff., 240f., 245f., 249, 259, 269ff., 288, 293, 300
Keyserling, Graf Hermann 268
Klingbeil, Julius 151, 158ff., 168
Klinger, Max 248
Knieling, Gustav 21
Koegel, Emily 214ff., 222
Koegel, Fritz 169ff., 178, 184ff., 192ff., 204f., 210ff., 223, 232f., 247
Köselitz, Heinrich, s. Gast, Peter
Kröner, Alfred 272, 285, 293
Krug, Gustav 26, 28
Kürbitz, E. 130, 143

Lassen, Christian 279
Lenin, Wladimir Iljitsch 9
Levy, Oscar 271
Lichtenberg, Henri 289
Liliencron, Detlev von 268
Liszt, Franz 245

Ludendorff, Erich von 281, 286
Ludwig II., König von Bayern 58, 63, 66, 82
Luther, Martin 19, 154
Maillol, Aristide 269
Mann, Thomas 11, 268, 279
Marcelle, Luise 13
Marx, Karl 9, 10, 67, 231
Mendelssohn, Moses 211
Mendelssohn, Robert 211, 212, 244
Mette, Friedrich 294
Meyerbeer, Giacomo 235
Meysenbug, Malwida von 10, 59, 61, 63, 68, 70ff., 83ff., 88, 91ff., 95ff., 107, 110ff., 234
Möbius, Paul Julius 249ff., 252
Montinari, Mazzino 15
Munch, Edvard 257, 260f.
Murray, Gilbert 270
Mussolini, Benito 14, 286, 292, 295f., 306

Nabokov, Wladimir 231
Napoleon Bonaparte 18, 259, 283
Naumann, Constantin 170f., 219ff.
Naumann, Gustav 170, 173ff., 183ff., 188, 193, 196f., 214ff., 237, 244, 261, 272
Nietzsche, Augusta 23, 26
Nietzsche, Erdmuthe 23, 200
Nietzsche, Franziska 8, 18, 21ff., 25ff., 31, 39, 48ff., 76, 95, 102f., 148, 165ff., 170, 177ff., 186, 194, 200ff., 224
Nietzsche, Carl Ludwig 18ff., 25, 250
Nietzsche, Rosalie 22, 23, 26, 27
Nostiz-Wallwitz, Baron von 259

Oehler, Adalbert 185, 201, 221, 229f., 265, 276, 279ff., 285
Oehler, Edmund 171
Oehler, Franziska, s. Nietzsche, Franziska
Oehler, Max 14, 268, 272, 283, 286, 292, 295, 304ff.
Oehler, (Pastor, Vater von Franziska O.) 22
Oehler, Richard 262f., 279
Osborne, General 148
Overbeck, Franz 7, 20, 52, 67, 76, 87, 90f., 103, 108, 113, 127, 133, 136, 143f., 149, 155, 157, 159, 167, 169,

171ff., 183, 188, 206ff., 224, 234,
237ff., 247, 251ff., 266ff.
Overbeck, Ida 54, 72, 90ff., 107,
143f., 252f., 267

Pareskis, Frl. von 29
Paulssen, Dr. 285
Petry, Frau von 227
Pinder, Sophie 37
Pinder, Wilhelm 26, 28
Pourtalès, Guy de 286

Raabe, Hedwig 40
Rée, Paul 68ff., 74ff., 93, 100f.,
103ff., 108, 111ff.
Rée, Frau (Mutter von Paul R.) 85,
111
Reemtsma, Philipp 294
Reinhold, Peter 288
Richter, Cornelia 234, 245
Richter, Raoul 259
Riehl, Alois 262
Ritschl, Friedrich Wilhelm 38, 41
Robespierre, Maximilien 10
Rohan, Prinz Karl Anton 289
Rohde, Erwin 43, 45, 53, 67, 75
Rolland, Romain 286
Rosenberg, Alfred 300
Rousseau, Jean-Jacques 9, 10

Salis, Meta von 198, 211ff., 223ff.
Salomé, Gustav von 83
Salomé, Louise von, s. Andreas-
Salomé, Lou
Salomé, Louise von, geb. Wilm 82f.
Sand, George 232
Sauckel, Fritz 302
Schenk, Pastor 203
Schlechta, Karl 7, 11, 15, 294f.
Schmeitzner, Ernst 131f., 170, 234
Schopenhauer, Arthur 37, 39, 154
Schrön, Prof. 69
Schubert, Max 130, 149, 163, 176
Schumacher, Fritz 241
Seidl, Arthur 235
Severing, Karl 293
Seydlitz, Reinhold von 76
Shaw, George Bernard 268
Sokrates 154

Solalinde, Cirilio 142
Speer, Albert 302
Spengler, Oswald 268, 288
Staël, Anne Louise Germaine
(Madame de) 232
Steiner, Rudolf 196f., 213ff., 223,
232
Stiebel, Fanny, s. Thiel, Fanny
Stoeving, Curt 201, 227, 241
Strindberg, August 10, 154

Theognis von Megara 40
Therese von Sachsen-Altenburg 19,
124f.
Thiel, Anna 257
Thiel, Ernst 256ff., 264ff., 271ff.,
293ff.
Thiel, Fanny 256
Thiel, Inge Maria Elisabeth 273
Thiel, Jacques 256f.
Thiel, Signe 257f., 264f., 271f.

Vaihinger, Hans 262, 288
Van de Velde, Henry 234f., 245f.,
259f., 269, 271
Vischer, W. (Prof.) 124
Voltaire, François Marie Arouet
de 73, 79

Wagner, Cosima, s. Bülow, Cosima
von
Wagner, Elise 239
Wagner, Richard 45ff., 53f., 57ff.,
62f., 66f., 71, 74ff., 58, 82, 87, 95f.,
111, 115, 126, 162, 174, 185, 231,
238, 274, 302
Wagner, Ottilie, s. Brockhaus, Ottilie
Wagner, Winifred 302
Wallenstein, Albrecht von 18
Wells, H. G. 270
Wilhelm I, Kaiser 231
Wilhelm II., Kaiser 237, 248
Wilhelm Ernst, Großherzog von
Sachsen-Weimar 244, 278, 285
Wolzogen, Graf Hans Paul von 166

Yeats, William Butler 283

Zerbst, Dr. 190, 193f.